werkausgabe edition suhrkamp
Bertolt Brecht   Gesammelte Werke in 20 Bänden

Bertolt Brecht
Gesammelte Werke

Band 16

Suhrkamp Verlag

Herausgegeben vom Suhrkamp Verlag
in Zusammenarbeit mit Elisabeth Hauptmann

Schriften zum Theater 2

Der Messingkauf 1937-1951
Kleines Organon für das Theater 1948
Neue Technik der Schauspielkunst 1949-1955
»Katzgraben«-Notate 1953
Stanislawski-Studien 1951-1954
Die Dialektik auf dem Theater 1951-1956

Redaktion: Werner Hecht

Der Messingkauf
1937 bis 1951

Die Personen des Messingkaufs

DER PHILOSOPH wünscht das Theater rücksichtslos für seine Zwecke zu verwenden. Es soll getreue Abbilder der Vorgänge unter den Menschen liefern und eine Stellungnahme des Zuschauers ermöglichen.

DER SCHAUSPIELER wünscht, sich auszudrücken. Er will bewundert werden. Dazu dienen ihm Fabel und Charaktere.

DIE SCHAUSPIELERIN wünscht ein Theater mit erzieherischer gesellschaftlicher Funktion. Sie ist politisch.

DER DRAMATURG stellt sich dem Philosophen zur Verfügung und verspricht, seine Fähigkeiten und Kenntnisse zum Umbau des Theaters in das Theater des Philosophen zur Verfügung zu stellen. Er erhofft sich eine Neubelebung des Theaters.

DER BELEUCHTER gibt das neue Publikum ab. Er ist Arbeiter und mit der Welt unzufrieden.

Die erste Nacht

Auf einer Bühne, deren Dekoration von einem Bühnenarbeiter langsam abgebaut wird, sitzen auf Stühlen oder Versatzstücken ein Schauspieler, ein Dramaturg und ein Philosoph. Aus einem kleinen Korb, den der Bühnenarbeiter hingestellt hat, nimmt der Dramaturg Flaschen und entkorkt sie, und der Schauspieler gießt den Wein in Gläser und bietet sie den Freunden dar.

DER SCHAUSPIELER Des vielen Staubes wegen macht der Aufenthalt auf einer Bühne durstig. Nehmt also alle einen tüchtigen Schluck!

DER DRAMATURG *mit einem Blick auf den Bühnenarbeiter:* Wir müssen unsern Freund auch bitten, die Kulissen nicht allzu rasch abzubauen, da sonst zuviel Staub aufgewirbelt wird.

DER ARBEITER Ich baue ganz gemächlich ab. Aber weg müssen die Dinger, denn morgen wird etwas Neues probiert.

DER DRAMATURG Hoffentlich fühlt ihr euch wohl hier. Wir hätten uns auch in mein Büro setzen können. Aber es ist kälter dort, denn ich bezahle ja keinen Eintritt wie das liebe Publikum, und dann starren mir die unzähligen ungelesenen Dramenmanuskripte vorwurfsvoll ins Gesicht dort. Andrerseits siehst du als Philosoph ja ganz gern hinter die Kulissen, und du als Schauspieler hast, wenn schon kein Publikum, so doch wenigstens seine Stühle im Rücken. Während wir über das Theater sprechen, können wir hier das Gefühl haben, dieses Gespräch vor einem Publikum zu führen, also selber ein kleines Stück aufzuführen. Auch haben wir die Gelegenheit, ab und zu, wenn dies unsern Gegenstand klären sollte, einige kleine Experimente zu veranstalten. Beginnen wir also und am besten mit der Frage an unsern Freund, den Philosophen, was ihn am Theatermachen überhaupt interessiert.

DER PHILOSOPH An eurem Theatermachen interessiert mich, daß ihr mit eurem Apparat und eurer Kunst Vorgänge nachahmt, welche unter den Menschen stattfinden, so daß man sich bei euch dem wirklichen Leben gegenüber glauben kann. Da mich die Art und Weise des Zusammenlebens der Menschen interessiert, interessieren mich auch eure Nachahmungen desselben.

DER DRAMATURG Ich verstehe. Du willst etwas über die Welt erfahren, und wir zeigen es hier, was auf der Welt vorgeht.

DER PHILOSOPH Ich weiß nicht, ob du mich ganz verstanden hast. Ich weiß es nicht, weil ich in deinem Satz ein gewisses Unbehagen vermisse.

DER DRAMATURG Warum sollte ich denn Unbehagen verraten, wenn du mir sagst, an unserm Theatermachen interessiere dich, daß wir zeigen, was auf der Welt passiert? Das tun wir doch.

DER PHILOSOPH Ich sagte, ihr liefert Nachahmungen, und sie interessieren mich, soweit sie dem Nachgeahmten entsprechen, denn am meisten interessiert mich das Nachgeahmte, nämlich das Zusammenleben der Menschen. Das sagend, erwartete ich, ihr würdet mich mit einigem Mißtrauen betrachten und euch fragen, ob ich mit einer solchen Einstellung ein guter Zuschauer sein kann.

DER DRAMATURG Warum solltest du da kein guter Zuschauer sein? Bei uns treten seit langer Zeit keine Götter, Hexen, Tiere oder Geister mehr auf. Das Theater hat in den letzten Jahrzehnten alles getan, um dem Leben den Spiegel vorzuhalten. Es hat für seinen Ehrgeiz, zur Lösung der sozialen Fragen beizutragen, die größten Opfer gebracht. Es hat gezeigt, wie falsch es ist, daß die Frauen nur als Spielpuppen benutzt werden, daß die Kämpfe der einzelnen auf den Märkten bis in die Wohnungen gedrungen sind und die Ehen zu Kriegsschauplätzen gemacht haben, daß das Geld, mit dem die Reichen ihre Kinder zu Kulturmenschen erziehen lassen, davon stammt, daß anderer Eltern Kinder an das Laster verkauft werden und vieles mehr. Und es hat für diese Dienste, die es der Gesellschaft geleistet hat, damit bezahlt, daß es beinahe alle Poesie eingebüßt hat. Es hat darauf verzichtet, auch nur eine einzige große Fabel hervorzubringen, die denen der Alten verglichen werden könnte.

DER SCHAUSPIELER Oder eine einzige große Figur.

DER DRAMATURG Aber wir zeigen Banken, Kliniken, Ölfelder, Kriegsschauplätze, Slums, Milliardärvillen, Getreidefelder, Börsen, den Vatikan, Lauben, Schlösser, Fabriken, Konferenzzimmer, kurz, die ganze Wirklichkeit, die es gibt. Es werden bei uns Morde begangen, Kontrakte abgeschlossen, Ehebrüche vollzogen, Heldentaten verrichtet, Kriege beschlossen, es wird gestorben ,gezeugt, gekauft, gelästert, geschoben. Kurz, es wird das Zusammenleben der Menschen von allen Richtungen aus vorgeführt. Wir greifen nach jeder starken Wirkung, wir scheuen vor keiner Neuerung zurück, alle ästhetischen Gesetze sind längst über Bord geworfen. Die Stücke haben bald fünf Akte, bald fünfzig, mitunter sind auf einer Bühne gleichzeitig fünf Schauplätze aufgebaut, das Ende ist glücklich oder unglücklich, wir hatten Stücke, wo das Publikum das Ende wählen konnte. Außerdem spielen wir einen Abend stilisiert, den andern ganz natürlich. Unsere Schauspieler sprechen Jamben so geschickt wie den Jargon der Gosse. Die Operetten sind häufig tragisch, die Tragödien enthalten Songs. Den einen Abend steht auf der Bühne ein Haus, das in jeder Kleinigkeit, bis auf die letzte Ofenröhre, einem echten Haus nachgebildet ist, am nächsten deuten ein paar bunte Balken eine Weizenbörse an. Über unsere Clowns werden Tränen vergossen, vor unsern Tragöden hält man sich den

Bauch. Kurz, bei uns ist alles möglich, ich möchte sagen: leider.

DER SCHAUSPIELER Deine Schilderung kommt mir ein wenig verzweifelt vor. Sie klingt, als arbeiteten wir nicht mehr ernst. Aber ich kann versichern, wir sind keine leichtsinnigen Possenreißer. Wir sind hart arbeitende, streng kontrollierte, unser Bestes gebende Leute, schon da die Konkurrenz so ungeheuer ist.

DER DRAMATURG Unsere Darstellungen des wirklichen Lebens waren denn auch mustergültig. Das Publikum konnte bei uns die feinsten Seelenstimmungen studieren. Unsere Familieninterieurs waren minutiös ausgeführt. Einzelne Ensembles spielten sich jahrzehntelang aufeinander ein, und so konnte man Darstellungen etwa des Abends einer Gutsbesitzerfamilie sehen, wo jede Bewegung jedes Darstellers echt war und man glaubte, den Rosenduft vom Garten zu riechen. Ich habe mich oft gewundert, daß die Stückeschreiber immer noch eine neue seelische Verfassung, in die jemand kommen konnte, ausfindig machten, als man schon glaubte, alle seien bekannt. Nein, so wie uns kein Bedenken hinderte, so wurde auch keine Mühe gespart.

DER PHILOSOPH So ist es also eure größte Bemühung, Vorgänge unter Menschen nachzuahmen?

DER DRAMATURG Ohne Vorgänge unter Menschen nachzuahmen, können wir unsere Kunst überhaupt nicht ausüben. Du könntest höchstens vorbringen, daß unsere Nachahmungen schlecht sind. Das würde heißen, daß du uns für schlechte Künstler hältst, denn unsere Kunst besteht darin, unsern Nachahmungen den Stempel der Wahrhaftigkeit zu verleihen.

DER PHILOSOPH Diesen Vorwurf will ich keineswegs erheben. Ich will nicht von eurer Kunst sprechen, wo sie schlecht, sondern wo sie gut ausgeübt wird. Und wo sie gut ausgeübt wird, verleiht sie tatsächlich der Nachahmung den Stempel der Wahrhaftigkeit.

DER SCHAUSPIELER Ich glaube nicht, daß es Größenwahn ist, wenn ich behaupte, daß ich dir jede nur denkbare Handlung, auch die allerunwahrscheinlichste, so darstellen kann, daß du sie ohne Zögern glaubst. Ich zeige dir, wenn du willst, wie der Kaiser Napoleon Schuhnägel frißt, und ich wette, daß du es ganz natürlich finden wirst.

DER PHILOSOPH Sehr richtig.

DER DRAMATURG Erlaube mir, daß ich das als eine kleine Entgleisung bezeichne. Du schießt sozusagen über das Ziel hinaus.

DER SCHAUSPIELER Wieso ist das eine Entgleisung? Ich spreche von Schauspielkunst.

DER PHILOSOPH Ich halte es auch nicht für eine Entgleisung. In einer Beschreibung berühmter Exerzitien für Schauspieler[1], welche dem Schauspieler ein natürliches Spiel beibringen sollen, finde ich folgende Übung: Der Schauspieler soll eine Mütze auf den Boden legen und sich so verhalten, als sei sie eine Ratte. Er soll so die Kunst des *Glaubenmachens* erlernen.

DER SCHAUSPIELER Eine sehr gute Übung! Wenn wir die Kunst des *Glaubenmachens* nicht beherrschten, wie sollten wir da mit ein paar Leinwandfetzen oder gar nur einer beschrifteten Tafel den Zuschauer glauben machen, er sehe jetzt das Schlachtfeld von Aktium, oder mit einigen altmodischen Kleidungsstücken und einer Maske, er sehe den Prinzen Hamlet? Je größer unsere Kunst, desto weniger brauchen wir Hilfsmittel aus der Wirklichkeit, um ein Stück Leben aufzubauen. Es ist vollkommen richtig, daß wir Vorfälle aus dem Leben nachahmen, aber das ist doch nicht alles. Zum Teufel mit den Vorgängen! Es kommt doch darauf an, wozu wir sie nachahmen.

DER PHILOSOPH Nun, und wozu ahmt ihr sie also nach?

DER SCHAUSPIELER Um die Menschen mit Leidenschaften und Gefühlen zu erfüllen, um sie aus ihrem Alltag und ihren

[1] Rapaport über die Schule Stanislawskis.

Vorfällen herauszureißen. Die Vorfälle sind da sozusagen das Gerüst, an dem wir unsere Kunst ausüben, das Sprungbrett, das wir benützen.

DER PHILOSOPH Ganz so.

DER DRAMATURG Dein »Ganz so« gefällt mir ganz und gar nicht. Ich kann mir denken, daß du dich mit den Gefühlen und Leidenschaften, mit denen du gefüllt werden sollst, kaum abfinden wirst. Du hast kein Wort davon gesagt, als du uns erklärtest, warum du zu uns ins Theater kommst.

DER PHILOSOPH Das muß ich zugeben. Es tut mir leid. Auf euer Wohl!

DER DRAMATURG Ich tränke lieber auf dein Wohl, offen gesagt. Denn wir wollten eigentlich darüber sprechen, wie gerade du durch Theatermachen zufriedengestellt werden kannst, und nicht, wie wir dadurch zufriedengestellt werden.

DER SCHAUSPIELER Er wird doch nicht behaupten wollen, daß er dagegen ist, wenn wir sein träges Gemüt etwas in Bewegung bringen? Schön, er interessiert sich mehr für das, was wir nachahmen – ich weiß schon, die Vorfälle –, als er sich für uns interessiert, aber wie sollen wir ihm die Vorfälle nachahmen, wenn wir nicht unsere Gefühle und Leidenschaften mobilisieren? Bei einer kalten Darstellung würde er selber einfach davonlaufen. Übrigens gibt es keine kalte Darstellung. Jeder Vorfall erregt uns, es sei denn, wir seien gefühllos.

DER PHILOSOPH Oh, ich habe nichts gegen Gefühle. Ich stimme zu, daß Gefühle nötig sind, damit Darstellungen, Nachahmungen von Vorfällen aus dem menschlichen Zusammenleben zustande kommen können, und daß die Nachahmungen Gefühle erregen müssen. Was ich mich frage, ist nur, wie eure Gefühle und besonders die Bemühung, besondere Gefühle zu erregen, den Nachahmungen bekommen. Denn ich muß leider dabei bleiben, daß es die Vorfälle aus dem wirklichen Leben sind, die mich besonders interessieren. Ich möchte also noch einmal betonen, daß ich mich als Eindringling und Außenseiter hier fühle in diesem Haus voll von tüchtigen und unheimlichen Apparaten, als jemand, der hereingekommen ist, nicht um Behagen zu empfinden, ja sogar ohne Furcht Unbehagen erzeugen würde, da er mit einem ganz besonderen Interesse gekommen ist, dessen Besonderheit man gar nicht genug unterstreichen kann. Ich fühle diese Besonderheit meines Interesses so stark, daß ich mir wie ein Mensch vorkomme, der, sagen wir, als Messinghändler zu einer Musikkapelle kommt und nicht etwa eine Trompete, sondern bloß Messing kaufen möchte. Die Trompete des Trompeters besteht aus Messing, aber er wird sie kaum als Messing verkaufen wollen, nach dem Wert des Messings, als soundso viele Pfund Messing. So aber suche ich hier nach meinen Vorfällen unter Menschen, welche ihr hier irgendwie nachahmt, wenn eure Nachahmungen freilich einen ganz anderen Zweck haben als den, mich zu befriedigen. Klipp und klar: Ich suche ein Mittel, Vorgänge unter Menschen zu bestimmten Zwecken nachgeahmt zu bekommen, höre, ihr verfertigt solche Nachahmungen, und möchte nun feststellen, ob ich diese Art Nachahmungen brauchen kann.

DER DRAMATURG Ein wenig von dem Unbehagen, das du dir erwartet hast, wie du sagst, beginne ich jetzt tatsächlich zu fühlen. Die Nachahmungen, die wir hier, wie du es ein wenig trocken bezeichnest, anfertigen, sind allerdings von besonderer Art, insofern sie ein besonderes Ziel verfolgen. Es steht schon in der »Poetik« des Aristoteles etwas darüber. Er sagt von der Tragödie, sie sei eine nachahmende Darstellung einer sittlich ernsten, in sich abgeschlossenen, soundso langen Handlung, in verschönter Rede, deren einzelne Arten in verschiedenen Partien gesondert verwandt werden, nicht erzählt, sondern von handelnden Personen aufgeführt, durch die Erregung von Mitleid und Furcht die Reinigung von solchen Gemütsstimmungen bewirkend. Also handelt es sich um Nachahmungen deiner Vorfälle aus dem Leben, und die Nachahmungen sollen bestimmte Wirkungen auf das Gemüt ausüben. Das Theater hat sich, seit Aristoteles dies schrieb, oft gewandelt, aber kaum in diesem Punkt. Man muß annehmen, daß es, wandelte es sich in diesem Punkt, nicht mehr Theater wäre.

DER PHILOSOPH Du meinst, man kann eure Nachahmungen nicht gut von den Zwecken trennen, die ihr damit verfolgt?

DER DRAMATURG Unmöglich.

DER PHILOSOPH Ich benötige aber Nachahmungen von Vorfällen aus dem Leben für meine Zwecke. Was machen wir da?

DER DRAMATURG Von ihrem Zweck getrennt, ergäben die Nachahmungen eben nicht mehr Theater, weißt du.

DER PHILOSOPH Das wäre mir unter Umständen dann weniger wichtig. Wir könnten ja, was dann entstünde, anders nennen, sagen wir: Thaeter. *Alle lachen.* Es wäre dann so: Ich engagierte einfach euch Künstler für eine unkünstlerische Aufgabe. Nirgends anderswo Leute findend, die in der Fertigkeit der Nachahmung von handelnden Menschen geübt sind, engagiere ich euch für meine Zwecke.

DER DRAMATURG Was sind denn das für geheimnisvolle Zwecke?

DER PHILOSOPH *lachend*: Oh, ich wage es kaum zu sagen. Sie werden euch vielleicht recht banal und prosaisch vorkommen. Ich dachte mir, man könnte die Nachahmungen zu ganz praktischen Zwecken verwenden, einfach, um die beste Art, sich zu benehmen, herauszufinden. Ihr versteht, man könnte aus ihnen so etwas machen, wie die Physik es ist (die es mit mechanischen Körpern zu tun hat), und daraus eine Technik entwickeln.

DER DRAMATURG Also wissenschaftliche Zwecke verfolgst du! Das hat allerdings mit Kunst nichts zu tun.

DER PHILOSOPH *hastig*: Natürlich nicht. Darum hieße ich es ja auch nur *Thaeter*.

DER DRAMATURG Schön, wir wollen dir in deinem Gedankengang folgen. Irgend etwas wird da auch für uns herauskommen. Vielleicht gewinnen wir auf diese extreme Art ein paar Winke für die »Herstellung« guter Nachahmungen, auf die wir ja durchaus aus sind, denn unsere Darstellungen wirken erprobtermaßen viel stärker, wenn, was wir darstellen, wahrscheinlich ist. Wer sollte schon Mitleid empfinden mit einer eifersüchtigen Frau, wenn wir behaupten, ihr Mann betrüge sie mit ihrer Großmutter?

DER PHILOSOPH Solche Profite für euch müßtet ihr allerdings, einmal von mir engagiert, so anstreben, daß ich keinen Nachteil davon habe. Zunächst hätte ich ja ernsthaft zu untersuchen, wie zu arbeiten ihr gewohnt seid, damit ich sehe, was an eurer Arbeitsweise zu ändern wäre, damit ich Nachahmungen bekomme, die mir passen.

DER DRAMATURG Vielleicht stellst du dabei sogar fest, daß unsere Nachahmungen gar nicht so ungeeignet sind für deine Zwecke, selbst wenn wir sie auf die alte Art »anfertigen«. In der Tat, ich sehe absolut nicht ein, warum man in unsern Theatern nicht auch praktische Lehren bekommen können soll.

DER PHILOSOPH Ihr müßt wissen, mich verzehrt eine unersättliche Neugierde, die Menschen angehend; ich kann nicht genug von ihnen sehen und hören. Wie sie miteinander verkehren, Feindschaften und Freundschaften eingehen, Zwiebeln verkaufen, Feldzüge planen, Ehen schließen, wollene Anzüge machen, falsches Geld in Umlauf bringen, Kartoffeln ziehen, die Gestirne beobachten, wie sie einander betrügen, bevorzugen, belehren, ausquetschen, einschätzen, verstümmeln, unterstützen, wie sie Versammlungen abhalten, Vereine gründen, intrigieren. Ich will immer wissen, wie ihre Unternehmungen zustande kommen und ausgehen, und ich bin darauf aus, einige Gesetzlichkeiten darin zu erkennen, die mich instand setzen könnten, Voraussagen zu machen. Denn ich frage mich, wie ich selber mich benehmen soll, damit ich durchkomme und möglichst glücklich bin, und dies hängt natürlich auch davon ab, wie die andern sich benehmen, so daß ich auch daran sehr interessiert bin, besonders für die Möglichkeiten, sie zu beeinflussen.

DER DRAMATURG Ich hoffe, daß du dir da bei uns dein Stück Fleisch herausschneiden kannst.

DER PHILOSOPH Ja und nein. Ich gestehe, daß ich gerade darum mit euch reden wollte. Ich bin nicht ganz glücklich bei euch.

DER DRAMATURG Wieso? Siehst du nicht genug bei uns?

DER PHILOSOPH Oh, ich sehe genug. Das ist es nicht.

DER DRAMATURG Vielleicht siehst du manches, was dir nicht richtig dargestellt scheint?

DER PHILOSOPH Ich sehe auch manches, was mir richtig dargestellt scheint. Ich glaube, es ist das, daß ich das Richtige vom Falschen bei euch nicht richtig unterscheiden kann. Ich habe mich noch nicht ganz beschrieben. Ich habe nämlich noch eine Leidenschaft außer der Neugierde. Das ist die Streitsucht. Ich liebe es, alles, was ich sehe, sorgfältig zu begutachten und meinen Senf dazuzugeben, wie man sagt. Es ist da ein lustvoller Zweifel in mir. So wie arme Leute ihre Pfennige, drehe ich menschliche Äußerungen oder Taten sozusagen gern zehnmal in der Hand herum. Und für diesen meinen Zweifel laßt ihr mir hier keinen Raum, das ist es.

DER SCHAUSPIELER Ach, Kritik!

DER PHILOSOPH Hm. Bin ich jemand auf den Fuß getreten?

DER DRAMATURG Wir haben nichts gegen vernünftige Kritik. Wir bekommen zuwenig davon.

DER SCHAUSPIELER Beruhige dich. Ich verstehe das: Etwas Kritik wird sich immer melden müssen.

DER PHILOSOPH Ihr scheint jedenfalls nicht entzückt von meinen Leidenschaften. Ich versichere euch aber, ich habe im Augenblick nicht im Sinn gehabt, eure Kunst herabzusetzen. Ich war nur damit beschäftigt, meine Unruhe zu erklären, die mich in euren Theatern erfüllt und mir einen großen Teil des Genusses raubt.

DER SCHAUSPIELER Ich hoffe, du suchst die Ursache deiner Unruhe auch bei dir selber und nicht nur bei uns.

DER PHILOSOPH Natürlich. Ich kann euch da befriedigende Auskünfte erteilen. Zunächst können wir die Luft wieder reinigen, indem ich mich gar nicht so sehr mit der Art befasse, wie ihr die Dinge darstellt, das heißt, ob ihr sie richtig oder falsch nachahmt, sondern mehr mit den Dingen selber, die ihr nachahmt. Sagen wir, ihr gebt eine gute Nachahmung eines Mordes. Meine Leidenschaft zur Kritik zwingt mich dann, den Mord selber sowie alle Einzelheiten desselben auf ihre Zweckmäßigkeit, Eleganz, Eigenart und so weiter nachzuprüfen.

DER DRAMATURG Und das kannst du bei uns nicht?

DER PHILOSOPH Nein. Ihr laßt mich nicht. Es liegt an der Art, wie ihr eure Nachahmungen, auch die besten, veranstaltet und vor mich bringt. Eine Zeitlang besuchte ich Freilicht-aufführungen und rauchte während der Aufführungen. Ihr wißt, die Haltung des Rauchenden ist sehr angenehm für die Beobachtung. Man lehnt sich zurück, macht sich seine Gedanken, sitzt entspannt da, genießt alles von einem ge-sicherten Platz aus, gehört nur halb zur Sache.

DER DRAMATURG Nun, sahst du da besser?

DER PHILOSOPH Nein, meine Zigarre ging mir aus.

DER SCHAUSPIELER Bravo! Ein zweifaches Bravo! Für den Schauspieler, der dich in seinen Bann ziehen konnte, und für dich, der kein kalter Stockfisch war!

DER PHILOSOPH Halt! Ich muß protestieren. Ich kam nicht auf meine Rechnung. Das Experiment verunglückte.

DER SCHAUSPIELER Glücklicherweise, mein Lieber, glücklicher-weise!

DER PHILOSOPH Nun, ich war nicht befriedigt.

DER SCHAUSPIELER Soll ich dir sagen, wann du befriedigt ge-wesen wärest? Wenn die Burschen oben ihr Handwerk nicht verstanden und miserabel gespielt hätten.

DER PHILOSOPH Ich fürchte beinahe, so ist es.

DER DRAMATURG Was heißt, du fürchtest?

DER PHILOSOPH Nun, ist das nicht fürchterlich, wenn ich um

so weniger zufriedenzustellen bin, je besser ihr spielt? Das klingt hoffnungslos.

DER DRAMATURG *zum Schauspieler*: Patsche ihm nicht immer gönnerisch die Knie. Ich habe es erlebt, wie Leute nur deshalb den vernünftigsten Behauptungen widersprochen haben.

DER PHILOSOPH Es ist wahr, du bist ein ziemlich tyrannischer Mensch. Auch von der Bühne herab fühle ich mich ständig tyrannisiert. Ich soll immer, wie du willst, ohne daß ich Zeit habe, mir zu überlegen, ob ich will, wie du willst.

DER DRAMATURG Siehst du, jetzt fühlt er sich auch von der Bühne herab auf die Knie geklopft! Was sagte ich?

DER PHILOSOPH Ist nicht auch wirklich etwas daran? Denkt nach! Ein Zuschauer sagt euch, er fühlt sich auf das Knie geklopft! Durchschaut, verstanden, besser als er sich versteht, auf geheimen Lüsten ertappt, darin befriedigt! Liegt darin nicht etwas Abscheuliches?

DER SCHAUSPIELER Jetzt laß es aber genug sein. Im Ärger kann man nicht diskutieren. Ich habe meine Hände schon in die Tasche gesteckt.

DER PHILOSOPH Wer sagt mir denn, daß du diskutieren willst, mit oder ohne Ärger? Auf der Bühne jedenfalls diskutierst du nicht. Du erzeugst die allerverschiedensten Leidenschaften, nur nicht die zur Diskussion. Ja, du befriedigst sie nicht einmal, wenn sie vorhanden ist.

DER DRAMATURG Entgegne nicht sogleich. Er spricht durchaus zur Sache.

DER SCHAUSPIELER Ja, ständig. Zur seinen.

DER SCHAUSPIELER Ganz offen heraus, ich habe nicht mehr den Eindruck, daß er ein Philosoph ist.

DER DRAMATURG Das mußt du aber begründen.

DER SCHAUSPIELER Ein Philosoph denkt über das nach, was ist. Da ist die Kunst. Darüber denkt er also nach. Sie ist so und so, und er erklärt unter Umständen, wenn er genug Grütze hat, warum. Dann ist er ein Philosoph.

DER PHILOSOPH Du hast vollkommen recht. Solche Philosophen gibt es. Und auch solche Kunst.

DER SCHAUSPIELER Was für Kunst?

DER PHILOSOPH Kunst, die so und so ist, und damit fertig.

DER SCHAUSPIELER Ach so, es gibt noch eine andere Kunst? Eine, die nicht so und so ist, die es also nicht gibt?

DER PHILOSOPH Laß dir Zeit, du bist nicht gewohnt, dir Zeit zu lassen, aber versuch es.

DER SCHAUSPIELER Ich werde also nachdenken. *Er nimmt eine Pose an.* Macht man es so?

DER PHILOSOPH *greift ihm an die Wadenmuskeln*: Nein. Die Muskeln müssen locker sein. Wir beginnen unser Nachdenken damit, daß ich ein Geständnis mache. Ich bin ein Philosoph, der zu dem Philosophieren, das du eben beschriebst, nicht genug Grütze hatte.

DER SCHAUSPIELER Hier mein Busen, weine dich aus!

DER PHILOSOPH Ich hätte lieber den unserer Freundin, offen gesagt, und mehr zum Michauslachen als zum Michausweinen. Aber was die Frage Philosoph und Grütze angeht: Seit einigen hundert Jahren, als einige Philosophen dazu übergingen, Erfindungen und Entdeckungen in der Natur zu machen, haben andere begonnen, darüber nachzudenken, ob sie genug Grütze hatten, gewisse Behauptungen der Kirche und der übrigen Behörden zu begreifen und zu widerlegen. Es waren Behauptungen darüber, daß alles, so wie es ist, gut und gesetzmäßig ist. Sie erschöpften sich in einer Kritik der Vernunft. Sie hatten wirklich nicht genug Grütze oder sonst Eßbares, um so mächtige Institutionen wie die Kirche zu bekämpfen. Ich nun wiederum habe darüber nachgedacht, wie man ganz allgemein mehr Grütze bekommen könnte.

DER SCHAUSPIELER *lachend*: Ich meinte mit Grütze natürlich Verstand, nicht Essen.

DER PHILOSOPH Oh, da gibt es tiefe Zusammenhänge: Je mehr Grütze, desto mehr Grütze.

Der Naturalismus

DER PHILOSOPH Da ich genauso bin wie ihr, die Kälte hinter mir, vor mir den Zank und nie könnend, was ich kann, gehe auch ich in diese Rauschgiftbuden. Ich verschaffe mir dort etwas Vergessen und etwas Interesse an der Welt. Denn ich bin abends ganz durcheinander wie die Stadt, in der ich lebe.

DER SCHAUSPIELER Was, zum Teufel, habt ihr gegen den Rausch? Und wenn ihr was gegen ihn habt, was habt ihr für die Kunst? Selbst der schäbigste und beschädigteste Spießer wird zu einer Art Künstler, wenn er getrunken hat. Seine Phantasie erwacht. Die Wände seines Zimmers oder seiner Schnapsbutike fallen, besonders die vierte, von der wir hier gesprochen haben. Er bekommt Zuschauer und tritt auf. Der Packträger wirft die Bürden ab, die man ihm aufgeladen hat, und der Kommandierte setzt sich über seinen Vorgesetzten hinweg, denn er ist ein Aufrührer. Die zehn Gebote sieht er mit Humor an, der Ehrbarkeit greift er unter den Rock. Er philosophiert, ja er weint sogar. Meistens schwillt sein Rechtsgefühl an, er gerät in Zorn über Dinge, die nicht ihn selber betreffen. An den Mechanismen, die wider ihn sind, fallen ihm die Witzigkeiten auf. So stellt er sich über sie, solange ihn seine Beine tragen. Kurz, er wird in allem menschlicher und produziert.

DER DRAMATURG Die naturalistischen Aufführungen erweckten die *Illusion*, man befinde sich an einem realen Ort.

DER SCHAUSPIELER In ein Zimmer blickend, vermeinten die Zuschauer, den Geruch der Kirschgärten hinter dem Haus zu riechen, in das Innere eines Schiffs blickend, den Druck des Sturms zu spüren.

DER DRAMATURG Daß es sich *nur* um Illusion handelte, sah man deutlicher an den naturalistischen Stücken als an den naturalistischen Aufführungen. Die Stückeschreiber arrangierten natürlich die Vorgänge ebenso fleißig wie die nichtnaturalistischen. Sie kombinierten, ließen weg, veranstalteten Zusammentreffen von Personen an unwahrscheinlichen Stellen, vergröberten die einen Vorgänge, verfeinerten die anderen und so weiter. Sie machten halt, wo die Illusion, man habe es zu tun mit der Realität, Gefahr lief, verletzt zu werden.

DER SCHAUSPIELER Du willst darauf hinaus, daß es sich nur um einen Gradunterschied handelt, um mehr oder weniger realistische Darstellungen? Aber der Gradunterschied ist eben entscheidend.

DER DRAMATURG Ich meine, es handelt sich um einen Gradunterschied der *Illusion*, man habe es mit der Realität zu tun. Und ich halte es für ergiebiger, diese Illusion zu opfern, wenn man dafür eine Darstellung eintauschen kann, die mehr von der Realität selber gibt.

DER SCHAUSPIELER Eine Darstellung, die unbekümmert um die Aufrechterhaltung der Illusion, man habe es mit der Realität zu tun, arrangiert, kombiniert, wegläßt, zusammenzieht?

DER PHILOSOPH Bacon sagt: Die Natur verrät sich mehr, wenn sie von der Kunst gedrängt wird, als wenn sie sich frei überlassen bleibt.

DER SCHAUSPIELER Es ist euch wohl klar, daß man es dann nur noch mit den Meinungen der Stückeschreiber über die Natur zu tun hat und nicht mehr mit der Natur?

DER DRAMATURG Es ist dir wohl klar, daß man es bei den naturalistischen Stücken auch nur mit den Meinungen der Stückeschreiber zu tun hatte? Die erste naturalistische Dramatik (der Hauptmann, Ibsen, Tolstoi, Strindberg) wurde mit Recht geradezu eine Tendenzkunst geschimpft.

DER DRAMATURG Die Hauptwerke des Stanislawski, der übrigens viel experimentierte und auch phantastische Stücke aufführte, waren die seiner naturalistischen Epoche. Man muß bei ihm von Werken sprechen, denn, wie es bei den Russen üblich ist, laufen einige seiner Aufführungen nun schon über 30 Jahre ganz unverändert, obwohl sie schon von ganz anderen Schauspielern gespielt werden. Seine naturalistischen Werke nun bestehen aus minutiös ausgeführten Gesellschaftsschilderungen. Vergleichen kann man sie mit durch tiefe Spatenstiche gewonnenen Erdklößen, von Botanikern zum Studium auf den Untersuchungstisch gebracht. Die Handlung der Stücke ist minimal, der Ausmalung der Zustände ist alle Zeit vorbehalten, es handelt sich um die Erforschung des Seelenlebens einiger Einzelpersonen, jedoch kommen auch Gesellschaftsforscher auf ihre Rechnung. Als Stanislawski im besten Alter stand, kam die Revolution. Sein Theater wurde mit größtem Respekt behandelt. 20 Jahre nach der Revolution konnte man auf diesem Theater wie in einem Museum noch die Lebeweise inzwischen von der Bildfläche verschwundener Gesellschaftsschichten studieren.

DER PHILOSOPH Warum sprichst du von Gesellschaftsforschern? Konnten nur die sich dort über die Struktur der Gesellschaft orientieren und nicht alle Zuschauer?

DER DRAMATURG Das möchte ich annehmen. Er war nicht Wissenschaftler, sondern Künstler, einer der größten seiner Zeit.

DER PHILOSOPH Ich verstehe.

DER DRAMATURG Es kam ihm auf die Natürlichkeit an, und so schien alles bei ihm viel zu natürlich, als daß man sich dabei aufgehalten hätte, es eigens zu untersuchen. Du untersuchst ja für gewöhnlich auch nicht deine eigene Wohnung oder deine Eßsitten, nicht? Immerhin, ich sage dir ja, und das mag dir zu denken geben, seine Werke haben historischen Wert, wenn er auch kein Historiker war.

DER PHILOSOPH Ja, für Historiker haben sie historischen Wert, wie es scheint.

DER DRAMATURG Er scheint dich nicht zu interessieren.

DER PHILOSOPH Oh, er mag manchem gesellschaftlichen Interesse dienen, aber kaum dem der Gesellschaftsforschung, wenngleich man ihn wohl auch diesem Interesse zuführen kann. Ihr wißt, einer, der einen Stein fallen läßt, hat noch nicht das Fallgesetz dargestellt, noch einer, der den Fall eines Steins lediglich genau beschreibt. Man kann vielleicht sagen, daß seine Aussagen der Wahrheit nicht widersprechen, aber wir wollen etwas mehr, wenigstens ich. Er scheint wie die Natur einfach zu sagen: Fragt mich aus! Aber wie die Natur wird er dem Frager auch die größten Hindernisse in den Weg legen. Und natürlich wird er nicht so gut sein wie die Natur selber. Das Abbild, mechanisch abgenommen und vielen Zwecken dienstbar gemacht, muß unbedingt ein sehr ungenaues sein. Sicher sind da Abkürzungen an den aufschlußreichsten Stellen, sicher ist da alles nur oberflächlich gemacht. Diese Abbilder bringen den Forscher für gewöhnlich in dieselbe Verlegenheit wie die »genau« abgemalten Blumen. Den Bildern gegenüber helfen die Vergrößerungsgläser so wenig weiter wie alle andern Versuchsinstrumente. Dies zu ihrem Wert als Gegenstände der Forschung. Auch hier wird der Gesellschaftsforscher seine Ausbeute eher in den Meinungen über die Zustände finden als in den Zuständen selber. Aber die Hauptsache für uns ist, daß diese Art Kunst Forscher benötigt, um Ergebnisse in der uns interessierenden Richtung zu liefern.

DER DRAMATURG Und doch sind von Werken des Naturalismus gesellschaftliche Impulse ausgegangen. Das Publikum wurde dazu gebracht, eine ganze Menge unhaltbarer Zustände, nun, zu fühlen, daß sie eben unhaltbar waren. Die Pädagogik in den öffentlichen Schulen, die Art, wie die Frauen verhindert wurden, sich selbstständig zu machen, die Heuchelei in sexuellen Dingen und vieles mehr wurde gegeißelt.

DER PHILOSOPH Das klingt gut. Das Theater muß durch das öffentliche Interesse, das es nahm, auch großes öffentliches Interesse gewonnen haben.

DER DRAMATURG Merkwürdigerweise gewann das Theater nicht viel durch seine aufopfernde Tätigkeit. Einige der Mißstände wurden beseitigt oder, häufiger, durch größere überschattet. Der Verschleiß der jeweiligen Substanz der Stücke war rapid, und es wurde oft nachgewiesen, daß die Darstellung der Theater sehr oberflächlich war. Und das Theater hatte so viel geopfert: alle Poesie, viel von seiner Leichtigkeit. Seine Figuren blieben nicht weniger flach, als seine Handlung banal blieb. Der künstlerische Tiefgang war nicht größer als der soziale. Von den Werken Stanislawskis blieben die weniger eingreifenden und mehr beschreibenden länger und wirkten künstlerischer, offen gestanden auch sozial bedeutender. Aber auch sie zeigten keine einzige große Figur und keine einzige Fabel, die denen der Alten an die Seite gestellt werden könnte.

DER DRAMATURG Der Naturalismus konnte sich nicht sehr lange halten. Er wurde beschuldigt, den Politikern zu flach und den Künstlern zu langweilig zu sein, und verwandelte sich in den *Realismus.* Der Realismus ist weniger naturalistisch als der Naturalismus, wenn auch der Naturalismus als für nicht weniger realistisch gilt als der Realismus. Der Realismus gibt keine ganz und gar exakten Abbilder der Realität, das heißt, er vermeidet ungekürzte Wiedergabe von Dialogen, die in der Wirklichkeit stattfinden, und legt weniger Gewicht darauf, mit dem Leben ohne weiteres verwechselt zu werden. Dafür will er die Realität tiefer fassen.

DER SCHAUSPIELER Unter uns: er ist nicht Fisch noch Fleisch. Er ist einfach unnatürlicher Naturalismus. Wenn die Kritiker nach realistischen Meisterwerken gefragt werden, nennen sie immer naturalistische Werke. Wenn man ihnen das entgegenhält, verweisen sie auf gewisse Willkür der Dramatiker, Arrangements der »Wirklichkeit«, Umbiegungen bei der »Wiedergabe« und so weiter. Das zeigt nur, daß der Naturalismus niemals eine genaue Wiedergabe vornahm, sondern nur eine genaue Wiedergabe vortäuschte. Es ging mit den Naturalisten so: In ihre Vorstellungen kommend, glaubte man in eine Fabrik oder in einen Gutsgarten zu kommen. Man sah von der Wirklichkeit so viel (und fühlte auch ebensoviel), als man am Ort selbst sah (und fühlte), also sehr wenig. Man spürte etwa dumpfe Spannungen oder erlebte plötzliche Ausbrüche und so weiter, bekam also nicht mehr als außerhalb des Theaters. Darum fügten die Naturalisten dann meist einen sogenannten Raisoneur ein, eine Person, die die Ansichten des Dramatikers aussprach. Der Raisoneur war ein verhüllter, naturalisierter Chor. Oft besorgte der Held dieses Geschäft. Er sah und fühlte besonders »tief«, das heißt, er war über die geheimen Absichten des Dramatikers unterrichtet. Wenn der Zuschauer sich in ihn einlebte, fühlte er, wie er die Situationen »meisterte«. Damit der Zuschauer sich in den Helden einleben konnte, mußte er eine ziemlich schematische Figur mit möglichst wenigen Einzelzügen sein, damit er möglichst viele Zuschauer »deckte«. Er mußte also unrealistisch sein. Stücke mit solchen Helden nannte man dann realistische, da man von diesen Helden etwas über die Realität erfuhr, aber auf unnaturalistische Weise.

DER PHILOSOPH Aber selbst wenn der Zuschauer sich eindenken oder einfühlen kann in solche Helden, wird er doch noch nicht instand gesetzt, die Realität zu meistern. Ich werde doch kein Napoleon, indem ich mich in ihn einlebe!

DER SCHAUSPIELER Nein. Aber du fühlst dich als Napoleon.

DER DRAMATURG Ich sehe, der Realismus soll auch preisgegeben werden.

DER PHILOSOPH Davon war nicht die Rede, glaube ich. Es scheint nur das, was ihr Realismus nanntet, kein Realismus zu sein. Man hat einfach als realistisch erklärt, was bloße Wiedergabe photographischer Art der Realität war. Nach dieser Definition war der Naturalismus realistischer als der sogenannte Realismus. Dann hat man ein neues Element hineingebracht, die Meisterung der Realität. Dieses Element sprengte den Naturalismus, auf Grund dessen allein man von Realismus gesprochen hatte.

DER DRAMATURG Wo liegt der Fehler?

DER PHILOSOPH Die Figur, welche für die Einfühlung bereitgestellt wird (der Held), kann nicht realistisch geschildert werden, ohne für die Einfühlung des Zuschauers verdorben zu werden. Realistisch geschildert, muß sie sich mit den Geschehnissen ändern, was sie für die Einfühlung zu unstet macht, und sie muß mit begrenzter Blickweite ausgestattet sein, was zur Folge haben muß, daß ihr Standpunkt auch dem Zuschauer zuwenig Rundblick gewährt.

DER DRAMATURG Also ist Realismus auf dem Theater überhaupt nicht möglich!

DER PHILOSOPH Das sage ich nicht. Die Schwierigkeit liegt darin: Daß die Realität auf dem Theater wiedererkannt wird, ist nur eine der Aufgaben des echten Realismus. Sie muß aber auch noch durchschaut werden. Es müssen die Gesetze sichtbar werden, welche den Ablauf der Prozesse des Lebens beherrschen. Diese Gesetze sind nicht auf Photographien sichtbar. Sie sind aber auch nicht sichtbar, wenn der Zuschauer nur das Auge oder das Herz einer in diese Prozesse verwickelten Person borgt.

Die Einfühlung

DER DRAMATURG Wir hatten Abbildungen. Die Abbildungen des Naturalismus führten zu einer Kritik der Wirklichkeit.

DER PHILOSOPH Zu einer ohnmächtigen.

DER DRAMATURG Wie sollten wir eine mächtige erzeugen?

DER PHILOSOPH Eure naturalistischen Abbildungen waren schlecht gemacht. Darstellend wähltet ihr einen Standpunkt, der keine echte Kritik ermöglicht. In euch fühlte man sich ein, und in die Welt richtete man sich ein. Ihr wart, wie ihr wart, und die Welt blieb, wie sie war.

DER DRAMATURG Du kannst nicht behaupten, daß wir auf keine Kritik treffen. Die Durchfälle! Die Verrisse!

DER PHILOSOPH Ihr trefft auf Kritik, wenn ihr die Illusion nicht herstellen könnt. Es geht euch wie dem Hypnotiseur, dem die Hypnose mißlingt. Dann kritisiert der Klient den Apfel, der eine Zitrone ist!

DER DRAMATURG Ach, du meinst, er sollte die Zitrone kritisieren?

DER PHILOSOPH So ist es. Da müßte aber die Zitrone eine Zitrone sein.

DER DRAMATURG Für dich vollführen wir hier anscheinend barbarische Kriegstänze im Dienst obskurer und obszöner Kulte, faulen Zauber, Magie, Teufelsmessen?

DER SCHAUSPIELER Die Darstellung der Nora eine Teufelsmesse! Der edlen Antigone ein barbarischer Kriegstanz! Des Hamlet ein fauler Zauber! Das liebe ich!

DER PHILOSOPH Ich muß euch mißverstanden haben. Ich gebe es zu.

DER SCHAUSPIELER Gründlich, mein Freund!

DER PHILOSOPH Es muß daher kommen, daß ich eure Reden ernst genommen habe und eure Ausdrucksweise nicht als Jux durchschaut habe.

DER DRAMATURG Was steckt da wieder dahinter? Welche Ausdrucksweise?

DER PHILOSOPH Daß ihr »Diener des *Wortes*« seid, eure Kunst einen »Tempel« darstelle, der Zuschauer »gebannt« sitzen solle, daß »etwas Göttliches« in euren Darbietungen sei und so weiter und so weiter. Ich glaubte wirklich, ihr wolltet einen alten Kult aufrechterhalten.

DER DRAMATURG Das sind Ausdrucksweisen! Das bedeutet doch nur, daß es uns ernst ist.

DER SCHAUSPIELER Es grenzt uns gegen das Getriebe des Marktes ab, gegen das niedere Amüsement und so weiter.

DER PHILOSOPH Natürlich, ich wäre nicht darauf hereingefallen, wenn ich nicht wirklich in euren Theatern »gebannte« Zuschauer gesehen hätte. Nimm den heutigen Abend! Als dein Lear seine Töchter verwünschte, fing ein kahlköpfiger Herr neben mir an, so unnatürlich zu schnaufen, daß ich mich wunderte, warum er, sich ganz in deine wunderbare Darstellung der Raserei einlebend, nicht Schaum vor den Mund bekam!

DIE SCHAUSPIELERIN Er hatte schon bessere Abende!

DER DRAMATURG Als die Stückeschreiber lange, ruhige Akte mit viel Seele bauten und die Optiker gute Gläser lieferten, nahm die Mimik einen heftigen Aufschwung. Jetzt passierte viel in den Gesichtern, sie wurden zu Seelenspiegeln und mußten darum möglichst stillgehalten werden, so daß die Gestik verkümmerte. Es kam auf die Empfindungen an, die Leiber waren nur Gefäße der Seelen. Die Mimik war wechselnd, von Abend zu Abend, sie konnte nicht garantiert werden, vielerlei hatte darauf Einfluß. Aber noch weniger organisiert waren die Gesten, sie spielten kaum eine größere Rolle als die der Orchestermusiker, die ja auch bei ihrem Musizieren die verschiedensten Gesten vollführen. Die Schauspieler improvisierten oder versuchten zumindest, diesen Eindruck hervorzurufen. Die russische Schule schuf eigene Exerzitien, die den Schauspieler dazu befähigen sollten, solange das Stück ging, diesen Geist des Improvisierens lebendig zu halten. Immerhin merkten sich die Leute gewisse Töne, die ihnen einmal gelungen waren, indem sie diese Töne oder Ausdrücke »rechtfertigten«, das heißt mit Gründen unterbauten, analysierten, mit Eigenschaftswörtern belegten.

DER SCHAUSPIELER Das System des *Stanislawski* sucht für die Bühne die Wahrheit über die Wirklichkeit zu gewinnen.

DER PHILOSOPH So hörte ich. Was ich sah an Nachbildungen, hat mich enttäuscht.

DER SCHAUSPIELER Schlechte Nachbildungen vielleicht.

DER PHILOSOPH Urteilt selbst! Ich hatte den Eindruck, es handelte sich eigentlich darum, Vorspiegelungen einen Höchstgrad von Wahrheit zu verleihen.

DER SCHAUSPIELER Wie mir das Moralisieren zuwider ist! Den Mächtigen wird der Spiegel vorgehalten! Als ob sie sich nicht durchaus gefielen darin! Und als ob, wie schon ein Physiker des siebzehnten Jahrhunderts gesagt hat, die Mörder, Diebe und Wucherer nur deshalb morden, stehlen und wuchern, weil sie nicht wissen, wie häßlich das ist! Und die Unterdrückten werden gebeten, mit sich selber um Gottes willen endlich Mitleid zu haben! Dieses säuerliche Getränk aus Tränen und Schweiß! Die Bedürfnisanstalten sind zu klein, die Armenhäuser haben rauchende Öfen, die Minister Rüstungsaktien, die Pfarrer Geschlechtsorgane! Gegen all das soll ich auftreten.

DIE SCHAUSPIELERIN 50mal spielte ich die Frau eines Bankdirektors, die von diesem als Spielzeug mißbraucht wurde. Ich trat dafür ein, daß auch die Frauen Berufe haben dürften und an der allgemeinen Jagd teilnehmen könnten, als Jäger oder Gejagte oder beides. Bei den letzten Vorstellungen mußte ich mich betrinken, um das Zeug noch sprechen zu können.

DER SCHAUSPIELER In einem andern Stück pumpte ich von meinem Chauffeur die Hosen seines arbeitslosen Bruders und hielt markige Reden an das Proletariat. Nicht einmal im Kaftan Nathans des Weisen war ich so edel gewesen wie in diesen Hosen. Ich wies darauf hin, daß alle Räder stillstünden, wenn der starke Arm des Proletariats das wolle. In diesem Augenblick gingen Millionen von Arbeitern ohne Arbeit herum. Die Räder standen still, obwohl ihr starker Arm das gar nicht wollte.

[Über die Unwissenheit]

Aus der »Rede des [Philosophen] über die Unwissenheit der vielen« vor den Theaterleuten

DER PHILOSOPH Laßt mich euch berichten, daß die Ursachen der Leiden und Gefahren der Unzahl der Leidenden und Gefährdeten unbekannt sind. Einer nicht kleinen Anzahl sind sie jedoch auch bekannt. Von ihnen wieder wissen nicht wenige sogar eine Menge über die Methoden der Peiniger. Nicht so viele aber sehen Methoden zur Beseitigung der Peiniger. Die Beseitigung der Peiniger kann nur erfolgen, wenn genügend Menschen Bescheid wissen über die Ursache ihrer Leiden und Gefahren, über den genaueren Vorgang, über die Methoden zur Beseitigung der Peiniger. Es kommt also darauf an, möglichst vielen dieses Wissen zu übermitteln. Es ist nicht leicht, auf welche Weise immer man es versucht. Heute möchte ich mit euch, den Leuten vom Theater, darüber sprechen, was ihr tun könntet.

DER PHILOSOPH Wir alle haben sehr unklare Vorstellungen davon, wie unsere Handlungen sich auswirken, ja, wir wissen nur selten, warum wir sie unternehmen. Die Wissenschaft tut wenig, um die Vorurteile auf diesem Gebiet zu bekämpfen. Als Hauptmotive werden immer wieder so fragwürdige genannt wie Habsucht, Ehrgeiz, Zorn, Eifersucht, Feigheit und so weiter. Blicken wir auf Geschehenes zurück, so glauben wir Berechnungen feststellen zu können, gewisse Urteile über unsere Lage damals, Pläne, Wahrnehmungen von Hindernissen, die außer unserem Machtbereich standen. Aber wir haben diese Berechnungen gar nicht angestellt, wir schließen nur aus unserm damaligen Handeln auf solche Berechnungen. Unsere Abhängigkeit auf allen Seiten in allen Entscheidungen ist uns nur dumpf fühlbar. Irgendwie hängt alles zusammen, fühlen wir, aber wie, wissen wir nicht.

So erfährt die Menge den Brotpreis, die Kriegserklärung, den Mangel an Arbeit wie Naturereignisse, Erdbeben oder Überschwemmungen. Lange Zeit scheinen diese Naturereignisse nur Teile der Menschen zu betreffen oder den einzelnen nur in einem kleinen Teil seiner Gewohnheiten. Erst spät zeigt es sich, daß das alltägliche Leben unalltäglich geworden ist, und zwar das Leben aller. Irgend etwas ist unterlassen, irgend etwas falsch gemacht worden. Die Interessen großer Schichten sind bedroht worden, ohne daß diese großen Schichten sich als Interessenverbände in dieser Sache zusammengetan haben.

DER PHILOSOPH Daß die Menschen so wenig über sich selber wissen, ist schuld daran, daß ihr Wissen über die Natur ihnen so wenig hilft. Sie wissen, warum der Stein so und nicht anders fällt, wenn man ihn schleudert, aber warum der Mensch, der ihn schleudert, so und nicht anders handelt, wissen sie nicht. So werden sie fertig mit den Erdbeben und nicht mit ihresgleichen selber. Jedesmal, wenn ich von dieser Insel wegfahre, fürchte ich, daß das Schiff im Sturm untergehen könnte. Aber ich fürchte eigentlich nicht das Meer, sondern die mich unter Umständen auffischen.

DER PHILOSOPH Da der Mensch heute in sehr großen Verbänden lebt und in allem von ihnen abhängt, und er lebt immer zugleich in mehreren Verbänden, muß er überallhin große Umwege gehen, um etwas zu erreichen. Nur scheinbar kommt es nicht mehr auf seine Entscheidungen an. In Wirklichkeit sind die Entscheidungen bloß schwieriger geworden.

DER PHILOSOPH Die Alten haben das Ziel der Tragödie darin erblickt, daß Furcht und Mitleid erweckt werde. Auch jetzt wäre das ein gutes Ziel, wenn bloß unter Furcht Furcht vor den Menschen und unter Mitleid Mitleid mit Menschen verstanden würde und wenn also das ernste Theater mithülfe, jene Zustände unter den Menschen zu beseitigen, wo sie voreinander Furcht und miteinander Mitleid haben müssen. Denn das Schicksal des Menschen ist der Mensch geworden.

DER PHILOSOPH Die Ursachen sehr vieler Tragödien liegen außerhalb des Machtbereichs derer, die sie erleiden, wie es scheint.

DER DRAMATURG Wie es scheint?

DER PHILOSOPH Natürlich nur wie es scheint. Menschliches kann nicht außerhalb des Machtbereichs der Menschen liegen, und die Ursachen dieser Tragödien sind menschliche.

DER DRAMATURG Selbst wenn das so wäre, käme es für das Theater auf das gleiche hinaus. Früher traten die Gegner einander auf der Bühne gegenüber. Wie soll das jetzt geschehen? Ein Mann in Chikago mag einen Apparat in Bewegung setzen, der in Irland zwölf Menschen zerquetscht oder 12 000.

DER PHILOSOPH So muß der Apparat zweifellos bis Irland reichen. Die Gegner können sich gegenübertreten auf der Bühne. Freilich muß sich in der Technik viel ändern. Viele menschliche Eigenschaften und Leidenschaften, früher wichtig, sind belanglos geworden. Dagegen sind andere an ihre Stelle getreten. Jedenfalls kann ohne einen Blick hinaus über die einzelnen auf die großen kämpfenden Verbände wenig erkannt werden.

DER PHILOSOPH Es genügt zur Belehrung der Zuschauer nicht, daß ein Vorfall nur eben vorfällt. Er ist nicht verstanden, wenn er gesehen ist.

DER DRAMATURG Du willst also einen Kommentar haben?

DER PHILOSOPH Oder irgendein kommentarisches Element in der Darstellung, ja.

DER DRAMATURG Und wie ist es mit dem Lernen aus dem Erleben? Denn auf dem Theater sieht man ja nicht nur, sondern man erlebt mit. Gibt es besseres Lernen?

DER PHILOSOPH Da müßten wir untersuchen, wie durch Erleben gelernt wird, ohne daß kommentarische Elemente in das Erleben eingehen. Zunächst gibt es viele Momente, die ein Lernen, also ein Klügerwerden beim Erleben, hindern, zum Beispiel wenn gewisse Änderungen der Lage zu langsam vorgehen, unmerklich, wie man dann sagt. Oder wenn durch gleichzeitige andere Vorfälle die Aufmerksamkeit abgelenkt wird. Oder wenn die Ursachen in Vorfällen gesucht werden, die nicht die Ursachen waren. Oder wenn der Erlebende starke Vorurteile hat.

DER DRAMATURG Kann er nicht auch diese durch gewisse Erlebnisse verlieren?

DER PHILOSOPH Wohl nur, wenn er reflektiert hat. Was immer noch auf die erwähnten Hindernisse gestoßen sein kann.

DER DRAMATURG Aber ist denn nicht das Selbstmachen die beste Schule?

DER PHILOSOPH Das Erlebnis, welches vom Theater vermittelt wird, ist kein Selbstmachen. Und man tut falsch, wenn man jedes Erlebnis für ein Experiment hält und alle Vorteile aus ihm ziehen will, welche ein Experiment ergeben kann. Es ist ein riesiger Unterschied zwischen einem Erlebnis und einem Experiment.

DER SCHAUSPIELER Tue mir den Gefallen, diesen Unterschied nicht umständlich zu erklären, ich kann ihn mir denken.

DER DRAMATURG Wie ist es mit den direkten Gemütsbewegungen, die sich übertragen? So, daß durch abscheuliche Handlungen Abscheu erzeugt wird oder durch Abscheu, den man miterlebt, der eigene Abscheu verstärkt wird?

DER PHILOSOPH Der Fall, daß durch abscheuliche Vorfälle (in der Wiedergabe) Abscheu erregt werden kann, gehört nicht hierher, so lange nicht, wie es auf dem Theater geschieht, dieser Abscheu auf der Bühne durch eine Person stark und ansteckend ausgedrückt wird. Dann gelten einige Erfahrungen, welche die neuere Physiologie gemacht hat. Kennt ihr die Experimente des Physiologen Pawlow mit den Hunden?

DER SCHAUSPIELER Heraus damit, das scheint wenigstens etwas Tatsächliches zu sein.

DER PHILOSOPH Es kann natürlich nur als ein Beispiel betrachtet werden. Menschen sind keine Hunde, wiewohl ihr auf dem Theater sie als solche behandelt, wie ihr sehen werdet. Pawlow warf Hunden Fleisch vor und schlug dabei eine Glocke an. Er maß die Speichelabsonderung der Hunde, welche erfolgte, wenn sie das Fleisch sahen. Dann schlug er die Glocke an, ohne Fleisch zu geben. Die Messungen ergaben, daß die Hunde auch jetzt Speichel absonderten. Sie brauchen ihren Speichel nur zur Verdauung des Fleisches und nicht zum Ertragen der Glockenzeichen, aber sie bekamen ihn doch ins Maul.

DER DRAMATURG Und die Nutzanwendung?

DER PHILOSOPH Eure Zuschauer erleben sehr komplexe, vielfältige, reiche Vorfälle, die man denen der Hunde des Pawlow vergleichen kann: Fütterungen unter Glockengeläute. Es könnte sein, daß die erstrebten Reaktionen dann bei Vorfällen im Leben eintreten, welche nur bestimmte Elemente der bei euch erlebten enthalten, vielleicht die begleitenden Elemente. Ihr hättet sie dann krank gemacht, wie Pawlow seine Hunde. Aber dies gilt natürlich auch im Leben selber. Auch die echten Vorfälle erlebend, unterliegen die Menschen solchen Irreführungen: Sie lernen Falsches.

DIE SCHAUSPIELERIN Unser Star bittet um ein Beispiel.

DER PHILOSOPH Viele Kleinbürger reagieren auf Revolutionen so, als würden dabei nur ihre Ladenfenster zerschlagen.

DER DRAMATURG Daran ist etwas. Ich erinnere mich, daß wir einmal ein Stück über die Kommune aufführten. Es wurde ein Volksauflauf dargestellt. Zuerst zeigten wir realistisch, wie dabei eine Butike zerstört wurde. Dann unterließen wir das, da wir die Kommune nicht als Feindin der kleinen Geschäftsleute zeigen wollten. Der Volksauflauf wurde so sehr unrealistisch.

DER SCHAUSPIELER Schlecht gewähltes Beispiel! Es hätte vollständig genügt, wenn man den Butiker als an diesem »Begleitumstand« uninteressiert gezeigt hätte.

DER DRAMATURG Unsinn. Kein Butiker hätte sich in ihn da eingefühlt.

DER PHILOSOPH Das fürchte ich auch. Nein, solche realistischen Züge müßt ihr streichen.

Was den Philosophen auf dem Theater interessiert

DER DRAMATURG Diderot, ein großer revolutionärer Dramaturg, hat gesagt, das Theater solle der Unterhaltung und der Belehrung dienen. Mir scheint, daß du das erste streichen willst.

DER PHILOSOPH Ihr habt das zweite gestrichen. Eure Unterhaltungen haben nichts Belehrendes mehr. Wir wollen sehen, ob meine Belehrungen nichts Unterhaltendes haben.

DER PHILOSOPH Die Wissenschaft sucht auf allen Gebieten nach Möglichkeiten zu Experimenten oder plastischen Darstellungen der Probleme. Man macht Modelle, welche die Bewegungen der Gestirne zeigen, mit listigen Apparaturen zeigt man das Verhalten der Gase. Man experimentiert auch an Menschen, jedoch sind hier die Möglichkeiten der Demonstration sehr beschränkt. Mein Gedanke war es nun, eure Kunst der Nachahmung von Menschen für solche Demonstrationen zu verwenden. Man könnte Vorfälle aus dem gesellschaftlichen Zusammenleben der Menschen, welche der Erklärung bedürftig sind, nachahmen, so daß man diesen plastischen Vorführungen gegenüber zu gewissen praktisch verwertbaren Kenntnissen kommen könnte.

DER DRAMATURG Ich vermute, daß man diese Demonstrationen nicht einfach ins Blaue hinein veranstalten kann. Irgendeine Richtung muß man haben, nach irgendwelchen Gesichtspunkten muß man die Vorfälle auswählen, zumindest Vermutungen müssen dasein. Wie ist es damit?

DER PHILOSOPH Es gibt eine Wissenschaft über das gesellschaftliche Zusammenleben der Menschen. Es ist eine große Lehre über Ursache und Wirkung auf diesem Gebiet. Sie kann uns die Gesichtspunkte liefern.

DER DRAMATURG Du meinst wohl die marxistische Lehre?

DER PHILOSOPH Ja. Aber ich muß eine Einschränkung machen. Diese Lehre beschäftigt sich vornehmlich mit dem Verhalten großer Menschenmassen. Die Gesetze, welche diese Wissenschaft aufstellte, gelten für die Bewegungen sehr großer Einheiten von Menschen, und wenn auch über die Stellung des einzelnen in diesen großen Einheiten allerhand gesagt wird, so betrifft auch dies eben für gewöhnlich nur die Stellung des einzelnen eben zu diesen Massen. Wir aber hätten bei unseren Demonstrationen es mehr mit dem Verhalten der einzelnen untereinander zu tun. Immerhin geben die Hauptsätze dieser Lehre auch für die Beurteilung des einzelnen sehr viel her, so der Satz, daß das Bewußtsein der Menschen von ihrem gesellschaftlichen Sein abhängt, wobei es für ausgemacht gilt, daß dieses gesellschaftliche Sein in ständiger Entwicklung begriffen ist und so auch das Bewußtsein ständig verändert. Eine große Menge handfester Sätze werden außer Kurs gesetzt, so die Sätze »Geld regiert die Welt« und »Die großen Männer machen die Geschichte« und »Eins = eins«. Sie werden keineswegs durch entgegengesetzte, ebenso handfeste Sätze ersetzt.

Ausführungen des Philosophen über den Marxismus

DER PHILOSOPH Es ist für euch wichtig, den Unterschied zwischen dem Marxismus, der eine bestimmte Art, die Welt anzuschauen, anrät, und dem zu erkennen, was man gemeinhin eine Weltanschauung nennt. Die marxistische Lehre stellt gewisse Methoden der Anschauung auf, Kriterien. Sie kommt dabei zu gewissen Beurteilungen der Erscheinungen, Voraussagen und Winken für die Praxis. Sie lehrt eingreifendes Denken gegenüber der Wirklichkeit, soweit sie dem gesellschaftlichen Eingriff unterliegt. Die Lehre kritisiert die menschliche Praxis und läßt sich von ihr kritisieren. Die eigentlichen Weltanschauungen jedoch sind Weltbilder, vermeintliches Wissen, wie alles sich abspielt, meist gebildet nach einem Ideal der Harmonie. Für euch ist der Unterschied, über den ihr euch anderweitig unterrichten könnt, wichtig, weil ihr eure Nachahmungen von Vorfällen beileibe nicht als Illustrationen zu etwaigen von den Marxisten aufgestellten Sätzen bilden sollt, deren es, wie ich erwähnt habe, viele gibt. Ihr müßt alles untersuchen und alles beweisen. Die Klärung eurer Vorfälle kann nur durch andere Vorfälle geschehen.

DER DRAMATURG Gib ein Beispiel!

DER PHILOSOPH Nehmen wir das Stück »Wallenstein« von dem Deutschen Schiller. Da begeht ein General Verrat an seinem Monarchen. Es wird nicht bewiesen in diesem Stück durch die Folge der Vorfälle, daß dieser Verrat zur moralischen und physischen Zerstörung des Verräters führen muß, sondern es wird vorausgesetzt. Die Welt kann nicht bestehen auf der Basis von Verrat, meint Schiller, er beweist es aber nicht. Er könnte so etwas auch nicht beweisen, denn dann gäbe es keine Welt. Er meint aber, es wäre nicht schön, in einer solchen Welt zu leben, wo Verrat geschieht. Er beweist natürlich auch dies nicht.

DER DRAMATURG Was würde ein Marxist machen?

DER PHILOSOPH Er würde den Fall als historischen Fall darstellen, mit Ursachen aus der Epoche und Folgen in der Epoche.

DER DRAMATURG Und die moralische Frage?

DER PHILOSOPH Die moralische Frage würde er ebenfalls als eine historische Frage behandeln. Er würde den Nutzen eines bestimmten moralischen Systems innerhalb einer bestimmten Gesellschaftsordnung, sein Funktionieren beobachten und durch seine Anordnung der Vorfälle klarlegen.

DER DRAMATURG Würde er die moralischen Anschauungen dieses Wallenstein also kritisieren?

DER PHILOSOPH Ja.

DER DRAMATURG Von welchem Standpunkt aus?

DER PHILOSOPH Nicht von dem seiner Moral.

DER DRAMATURG Trotzdem denke ich es mir schwierig, in den alten Stücken, die tatsächlich nur mit ein paar Andeutungen, Reminiszenzen an die Wirklichkeit, Emotionen erregen wollen, oder den anderen, naturalistischen, diese neue Darstellungsweise zu erlernen. Vielleicht könnten wir so etwas wie echte Gerichtsfälle aus den Gerichtschroniken nehmen und einstudieren. Oder uns bekannte Romane zurechtzimmern. Oder historische Vorgänge in der Art der Karikaturisten wie alltägliche Vorgänge darstellen.

DER SCHAUSPIELER Wir Schauspieler sind ganz von den Stücken abhängig, die man uns zum Spielen gibt. Wir sehen ja nicht einfach einige deiner *Vorfälle* und ahmen sie dann auf der Bühne nach. Also müßten wir erst auf neue Stücke warten, die eine solche Darstellung, wie du sie haben willst, möglich machen.

DER PHILOSOPH Das hieße unter Umständen bis zum Sankt Nimmerleinstag warten. Ich schlage vor, hier nicht vom

Stückebau zu reden, wenigstens zunächst nicht. Im großen und ganzen stutzen eure Stückeschreiber solche Vorfälle aus dem Leben, die genügend Interesse auch im Leben erwekken würden, so zu, daß sie auf der Bühne wirken. Auch wenn sie erfinden, erfinden sie, von den ganz phantastischen Stücken abgesehen, immer so, daß die Vorfälle aus dem Leben genommen scheinen. Alles was ihr tun solltet, ist nur: die Vorfälle möglichst ernst nehmen und ihre Verwertung durch den Stückeschreiber möglichst leicht. Ihr könnt seine Interpretationen ja zum Teil wegstreichen, Neues einfügen, kurz, die Stücke als Rohmaterial verwenden. Und ich nehme von vornherein an, daß ihr nur Stücke wählt mit Vorfällen, die genügend öffentliches Interesse bieten.

DER SCHAUSPIELER Und der Sinn der Dichtung, das geheiligte Wort des Dichters, der Stil, die Atmosphäre?

DER PHILOSOPH Oh, die Absicht des Dichters scheint mir nur so weit von öffentlichem Interesse, als sie dem öffentlichen Interesse dient. Sein Wort sei geheiligt, wo es die richtige Antwort auf die Frage des Volkes ist, der Stil hängt sowieso von eurem Geschmack ab, und die Atmosphäre soll eine saubere sein, durch oder gegen den Dichter. Hat er sich an die Interessen und die Wahrheit gehalten, so folgt ihm, wenn nicht, so verbessert ihn!

DER DRAMATURG Ich frage mich, ob du wie ein kultivierter Mensch sprichst.

DER PHILOSOPH Jedenfalls wie ein Mensch, hoffe ich. Es gibt Zeiten, wo man sich entscheiden muß, ob man kultiviert oder menschlich sein will. Und warum diese üble Sitte mitmachen, nur diejenigen kultiviert zu nennen, die schöne Kleider zu tragen verstehen, statt diejenigen, die sie zu machen verstehen?

DER SCHAUSPIELER Seht ihr nicht, daß er Furcht hat, wir könnten eine beabsichtigte Unverschämtheit als Liebenswürdigkeit verkennen? Was, denkt ihr, hätte der Maler Gauguin gesagt, wenn jemand seine auf Tahiti gemalten Bilder nur betrachtet hätte, weil er sich für Tahiti interessierte, sagen wir des Gummihandels wegen? Er konnte erwarten, daß man sich für Gauguin oder wenigstens für die Kunst im allgemeinen interessierte.

DER PHILOSOPH Und wenn jemand sich für Tahiti interessierte?

DER SCHAUSPIELER Konnte er anderes Material benutzen als Gauguins Kunstwerke.

DER PHILOSOPH Was, wenn es anderes Material nicht gäbe? Nehmen wir an, der Betrachter wollte nicht Ziffern, noch dürre Sachverhalte, sondern einen allgemeinen Eindruck, möchte zum Beispiel wissen, wie es sich dort lebt? Der Gummihandel schafft ja noch kein wirklich tiefes und allseitiges Interesse an einer Insel wie Tahiti, und ich habe gesagt, ich interessiere mich wirklich, also tief und allseitig an dem Gegenstand, den ihr nachahmt.

DER DRAMATURG Aber Gauguin wäre dennoch der falsche Berichterstatter. Er gäbe für seine Zwecke zuwenig.

DER PHILOSOPH Möglich. Er hatte sie nicht im Auge. Aber könnte er einen richtigen Bericht geben?

DER DRAMATURG Vielleicht.

DER SCHAUSPIELER Wenn er seine künstlerischen Interessen opferte!

DER DRAMATURG Oh, das müßte nicht unbedingt geschehen. An und für sich könnte er auch als Künstler an der Aufgabe, die ihm unser Freund stellte, interessiert werden. Ich erinnere mich dunkel, daß Holbein für den englischen König Heinrich VIII. das Porträt einer Dame malte, die der König heiraten wollte, aber nicht kannte.

DER SCHAUSPIELER Ich sehe ihn malen. Die Hofleute um sich. *Er spielt.* »Maestro! Maestro! Sehen Sie wirklich nicht, daß Ihrer Hoheit Lippen feucht und üppig sind wie ... und so weiter.« – »Dulden Sie nicht, daß Dero Lippen sinnlich gemalt werden, Eure Hoheit! Denken Sie an das neblige Klima in England!« – »Abgesehen davon sind sie dünn, dünn, dünn. Wagen Sie nicht, den König hereinzulegen.« – »Was S. M. wissen will, ist, wie es mit dem Charakter der Dame beschaffen ist, er hat seine Erfahrungen gemacht. Nicht nur, ob die Dame ihn lockt, sondern auch, ob sie andere lockt!« – »Das schlimmste ist, daß er den Hintern überhaupt nicht sieht!« – »Und viel zuviel Stirn!« – »Maestro, vergessen Sie nicht, daß Sie hohe Politik machen! Belieben Sie, im Interesse Frankreichs etwas mehr Grau in Ihren Pinsel zu geben!«

DIE SCHAUSPIELERIN Weiß jemand, ob die Heirat zustande kam?

DER PHILOSOPH Es steht jedenfalls nicht in den Kunstgeschichten. Die Ästheten, die sie schrieben, verstanden diese Art Kunst nicht. Unsere Freundin hier hätte sie wohl verstanden, wie ihre Frage beweist.

DIE SCHAUSPIELERIN Ach, die Dame ist tot, und ihr königlicher Bewerber ist ebenfalls Staub! Aber Holbeins Porträt hat seinen Sinn nicht eingebüßt, jetzt, wo nicht mehr geheiratet und nicht mehr Politik betrieben wird!

DER DRAMATURG Immerhin könnte das Bild eine ganz besondere, noch heute wahrnehmbare Qualität bekommen haben. Es hatte so viele wichtige Dinge über eine Frau auszusagen, Dinge, die heute noch interessant sind.

DER PHILOSOPH Wir irren ab, meine Freunde. Es genügt mir, festzustellen, daß das Porträt ein Kunstwerk wurde. Wenigstens über diese Seite der Angelegenheit besteht anscheinend kein Zweifel hier.

DER SCHAUSPIELER Der Auftrag bedeutete für Holbein lediglich den Anlaß, Kunst zu machen.

DER DRAMATURG Seine Künstlerschaft bedeutete aber auch für den König den Anlaß, ihn zu dem Dienst heranzuziehen, den er benötigte.

DER SCHAUSPIELER *steht auf*: Er ist kein Zuschauer.

DIE SCHAUSPIELERIN Was meinst du damit?

DER SCHAUSPIELER Er hat keinen Sinn für Kunst. Er ist hier fehl am Ort. Vom Standpunkt der Kunst aus ist er ein Krüppel, ein armer Mensch, der einen ganz bestimmten Sinn nicht mitbekommen hat bei seiner Geburt: den Kunstsinn. Natürlich kann er durchaus respektabel sein im übrigen. Wo es gilt, herauszufinden, ob es schneit oder regnet, ob Hinz ein guter Mensch ist, ob Kunz denken kann und so weiter und so weiter, kann man auf ihn zählen, warum nicht? Aber von Kunst versteht er nichts, mehr noch: Kunst will er nicht, sie ekelt ihn an, sie soll nicht sein. Ich durchschaue ihn jetzt vollkommen. Er ist der dicke Mann im Parkett, der ins Theater gekommen ist, weil er einen Geschäftsfreund treffen wollte. Wenn ich mir oben mein Herz ausblute über Sein oder Nichtsein, sehe ich sein fischiges Auge auf meine Perücke gerichtet, wenn der Wald von Dunsinan herauf-kommt gegen mich, sehe ich ihn nachschauen, wie er ge-macht wird. Das höchste, wozu er sich aufschwingen kann, ist der Zirkus, davon bin ich überzeugt. Ein Kalb mit zwei Köpfen regt seine Phantasie am ehesten an. Ein Sprung aus einer Höhe von fünf Metern ist ihm der Inbegriff von Kunst. Das ist wirklich schwer, nicht wahr? Das könnten Sie nicht, das ist Kunst, nicht wahr?

DER PHILOSOPH Wenn Sie mich so dringend fragen, muß ich zugestehen, daß ein Sprung aus fünf Meter Höhe mich tat-sächlich interessiert. Ist das schlimm? Aber mich interessiert auch ein Kalb mit einem Kopf.

DER SCHAUSPIELER Gewiß, wenn es nur echt ist, das wirkliche Kalb, kein nachgemachtes, nicht wahr? Das Kalb selbst in seiner Beziehung zu seiner Umgebung mit besonderer Be-rücksichtigung seiner Ernährung. Herr, Sie sind fehl am Ort!

DER PHILOSOPH Aber ich versichere Ihnen, ich habe auch Sie ähnliches wie solche Sprünge machen sehen und mit großem

Interesse. Auch Sie können, was ich nicht kann. Ich meine, ich habe ebensoviel Kunstsinn wie die meisten Menschen, das habe ich oft festgestellt, teils mit Befriedigung, teils mit Besorgnis.

DER SCHAUSPIELER Ausflüchte! Herumrederei! Was Sie unter Kunst verstehen, kann ich Ihnen sagen. Es ist die Kunst, Kopien anzufertigen, Kopien von dem, was Sie die Wirklichkeit nennen. Herr, die Kunst ist selber eine Wirklichkeit! Die Kunst steht so hoch über der Wirklichkeit, daß man eher sie eine Kopie der Kunst nennen könnte. Und eine stümperhafte!

DIE SCHAUSPIELERIN Springst du jetzt mit der Kunst zusammen nicht etwas zu hoch?

Die zweite Nacht

Rede über die Zeit

DER PHILOSOPH Bedenkt, daß wir in einer finsteren Zeit zusammenkommen, wo das Verhalten der Menschen zueinander besonders abscheulich ist und über die tödliche Wirksamkeit gewisser Menschengruppen ein fast undurchdringliches Dunkel gelegt ist, so daß es vielen Nachdenkens und vieler Veranstaltungen bedarf, wenn das Verhalten gesellschaftlicher Art ins helle Licht gezogen werden soll. Die ungeheure Unterdrückung und Ausbeutung von Menschen durch Menschen, die kriegerischen Schlächtereien und friedlichen Entwürdigungen aller Art über den ganzen Planeten hin haben schon beinahe etwas Natürliches bekommen. Die Ausbeutung etwa, die mit Menschen getrieben wird, scheint vielen so natürlich wie die, der wir die Natur unterwerfen, Menschen werden da wie Äcker betrachtet oder wie Rinder. Die großen Kriege scheinen unzähligen wie Erdbeben, als ob gar keine Menschen dahintersteckten, sondern nur Naturgewalten, denen gegenüber das Menschengeschlecht ohnmächtig ist. Das natürlichste von allem vielleicht scheint uns die Art, wie wir unsern Lebensunterhalt erwerben, wie der dem ein Stück Seife, der dem einen Laib Brot, der dem seine Muskelkraft verkauft. Da, glauben wir, werden nur Dinge ausgetauscht, in freier Weise, aber jede genauere Untersuchung ergibt genau wie die schreckliche Erfahrung des Alltags, daß dieser Austausch nicht nur unter Menschen vor sich geht, sondern von gewissen Menschen beherrscht wird. Je mehr wir durch die Organisation der Arbeit und große Erfindungen und Entdeckungen der Natur abzwangen, desto mehr scheinen wir in Unsicherheit der Existenz geraten zu sein. Nicht wir beherrschen, scheint es, die Dinge, sondern die

Dinge beherrschen uns. Das kommt aber nur daher, weil die einen Menschen vermittels der Dinge von den andern Menschen beherrscht werden. Wir werden erst von den Naturgewalten befreit sein, wenn wir von menschlicher Gewalt befreit sind. Unserer Kenntnis der Natur müssen wir die Kenntnis der menschlichen Gesellschaft hinzufügen, des Verhaltens der Menschen untereinander, wie wir unsere Kenntnis der Natur menschlich ausnützen wollen.

K-Typus und P-Typus

Die Dramatik im Zeitalter der Wissenschaft

Es ist unvermeidlich, daß die Dramatik, soweit sie eine Dramatik großer Gegenstände ist, in immer engere Beziehungen zur Wissenschaft gerät. Die Beziehungen sind verschiedener Natur. Einmal handelt es sich um direkte Belehrung, welche die Dramatik aus einigen Wissenschaften schöpft. Um ein Stückchen Lyrik zu formen, mag man zur Not noch ohne Studium auskommen, zur Not, denn mir ist kein Gedicht bekannt, das in unserer Zeit entstanden und einem durchaus ungebildeten Manne zuzutrauen wäre, jemandem, auf den nicht wissenschaftliche Erkenntnisse in der oder jener Form eingewirkt hätten. Für ein so weitläufiges vieldeutiges Werk wie ein Theaterstück, das es unternimmt, das gesellschaftliche Zusammenleben der Menschen darzustellen, genügt bestimmt nicht das Wissen, das die eigene Praxis vermittelt. Die Handlungsweisen unserer Zeitgenossen sind ohne Zuhilfenahme von Ökonomie und Politik nicht zu verstehen. Es ist optimistisch, zu glauben, der Dichter könne auch heute noch etwas darstellen, ohne es zu verstehen. Und er wird umsonst nach sogenannten »einfachen menschlichen Vorgängen« fahnden; es gibt sie nicht mehr. Er benötigt in steigendem Maße Belehrung durch die Wissenschaften. Und langsam beginnt auch seine Kunst selber eine Wissenschaft, zumindest eine Technik zu entwickeln, und zwar eine Technik, die sich zu der früherer Generationen nicht viel anders verhält als die Chemie zur Alchimie. Die Mittel der Darstellung fangen an, etwas anderes zu werden als bloße Kunstgriffe. Aber entscheidend wird die neue Wendung, wo die Dramatik sich in ihrer Funktion den Wissenschaften angleicht. Das letztere ist als etwas, was weitergeht als die Benutzung wissenschaftlicher Erkenntnisse, nicht ganz leicht zu begreifen.

K-Typus und P-Typus in der Dramatik

1

Bei dem Versuch, aufschlußreiche Darstellungen des gesellschaftlichen Zusammenlebens der Menschen auf das Theater zu bringen, stieß die neue Dramatik auf große Schwierigkeiten, die sich aus der gesellschaftlichen Funktion des zeitgenössischen Theaters ergaben. Je besser ihre Darstellungen wurden, das heißt, je mehr sie für das Handeln des Zuschauers hergaben, desto mehr gerieten sie in Widerstreit mit der alten gesellschaftlichen Funktion des Theaters, desto weniger konnte dieses mit ihnen anfangen. Das zeitgenössische Theater gibt, wo es ernsthaft ist, immer mehr verbesserte Darstellungen des gesellschaftlichen Zusammenlebens der Menschen. Es ist lange Zeit versucht worden, diese Verbesserungen im Einklang zu halten mit der alten gesellschaftlichen Funktion des Theaters. Nunmehr scheint jedoch die Grenze der möglichen Verbesserungen auf der alten Grundlage erreicht. Um die Behandlung des Themas zu erleichtern, werden im folgenden zwei Vergleiche für einander entgegengesetzte Typen von Dramatik gebraucht (sie sollen nur der vorläufigen Klarstellung dienen und können dann wieder fallengelassen werden, da sie allerhand Gebrechen haben).
Der neue Typus soll verglichen werden mit einer allbekann-

ten Einrichtung für astronomische Demonstrationen, dem Planetarium. Das Planetarium zeigt die Bewegungen der Gestirne, soweit sie uns bekannt sind. Bevor wir für die Dramatik einen P-Typus reklamieren, müssen wir allerdings aufmerksam machen auf die Schranken, die der Mechanik gesetzt sind und die immer deutlicher werden. Wenn uns in den Planetarien das Gesetzmäßige der Gestirnbewegungen nicht eben menschlich vorkommt, so ist zu sagen, daß es auch nichts Gestirnmäßiges ist. Diese ingeniöse Apparatur hat noch einen Mangel, und zwar da, wo sie zu schematisch ist; ihre vollkommenen Kreise und Ellipsen geben die wirklichen Bewegungen nur unvollkommen wieder, da diese, wie wir wissen, unregelmäßiger sind. Unsere Dramatik muß die Bewegungen der Menschen nicht als mechanische darstellen, denn wenn wir auch auf mittlere summarische Aussagen hinauswollen – andere Voraussagen als solche über Massen von Menschen zum Beispiel können wir kaum machen –, so müssen wir doch diesen mittleren summarischen Charakter unserer Aussagen stark betonen, indem wir den Einzelfall, mit dem wir es in der Dramatik zu tun haben, als solchen bezeichnen, seine Abweichungen vom »Gesetzmäßigen« immer wieder angeben. Nur so kommen wir zu einigermaßen verwertbaren Darstellungen der vermutlichen Folgen bestimmter menschlicher Verhaltungsweisen, welche wieder menschliche Verhaltungsweisen sind. So neuartig immer wir uns als Dramatiker, die wir sind, benehmen mögen, wenn wir die Theater wie Planetarien verwenden, wir bewegen uns auf dem morschen Boden einer sehr alten Wissenschaft, der Newtonschen Mechanik.

Es muß uns klar sein, daß wir uns neuartig benehmen. Um uns dessen zu vergewissern, führen wir unsern zweiten Vergleich durch, den des alten Theaters mit einem Karussell. Am besten wählen wir eines jener weitläufigen Karusselle, die uns auf hölzernen Rossen oder Autos oder Flugzeugen an allerhand auf die Wände gemalten Darstellungen von Gebirgslandschaften vorübertragen. Wir können auch eines finden, das uns in fiktive gefährliche Umgebungen schleppt. Fiktiverweise reiten, fliegen, steuern wir selber. Durch Musik wird eine Art sehr leichten Trancezustandes erzeugt. Die Rosse, Fahr- und Flugzeuge würden den Untersuchungen der Zoologen und Ingenieure, die Wandbemalungen denen der Geographen nicht standhalten, wir gelangen jedoch zu gewissen Empfindungen reitender, fahrender und fliegender Leute. Die Sensationen wechseln: Wir haben einerseits das Gefühl, von dem Mechanismus unweigerlich mitgerissen zu werden (es gibt da Höhen und Tiefen), andrerseits die Fiktion, selber zu dirigieren. Es ist nur teilweise eine Fiktion, wenn wir uns auf einem Karussell tätiger fühlen als in einem Planetarium: Zumindest bewegen wir uns doch selber und betrachten nicht nur. Um zur Aufstellung eines K-Typus für die Dramatik zu gelangen, müssen wir natürlich das Bunte und ein wenig Bizarre, Kindliche unseres Vergleichs entschuldigen. Wir brauchen von ihm nur das Moment der Einfühlung und der Fiktion. Er dient uns dazu, die Aussichten zu beurteilen, die wir haben, wenn wir die Funktionen eines Planetariums mit denen eines Karussells in Einklang bringen wollten. Man sieht auf einen Blick, wie nutzlos es etwa wäre, die Darstellungen der Landschaften und gefährlichen Gegenden oder die der Fahrzeuge in realistischem Sinn zu verbessern. Wir würden auch mit so verbesserten Darstellungen kaum in der Lage sein, die Besucher unseres Karussells über das Reiten, Fliegen, Steuern und über die Umwelt entscheidend besser zu unterrichten. Was das Mechanische betrifft, so hat die Dramatik vom K-Typus (die Einfühlungs-, Fiktions-, Erlebnisdramatik) dieses mit der Dramatik vom P-Typus (der kritischen, realistischen Dramatik) gemein, jedoch ist es da schwerer zu entdecken. Der Lyrismus und Subjektivismus der älteren Dramatik verdeckt den Schematismus und die Kalkulation in ihren Darstellungen der Welt. Die ästhetischen Regeln tun der Welt noch den geringsten Schaden an, nur in den schwächeren Werken verkrüppeln sie diese ganz. Die schlimmeren Täuschungen passieren, wo – weil die Gesellschaft der betreffenden Epoche da ihre bestimmte Ohnmacht im Realen hat – Symbole und »Wesenheiten« auftauchen, die weiterer menschlicher Einflußnahme nicht mehr unterliegen, »ewige Triebe und Leidenschaften«, »göttliche Maxime«. In diesem Punkt bringen die besten Werke grobe Verzeichnungen der Wirklichkeit hervor, ihre Erlebbarkeit leidet darunter keineswegs, sie ist kein gültiges Kriterium. Die Aktivisierung des Zuschauers im K-Typus der Dramatik stellt sich mehr und mehr als eine sehr zweifelhafte heraus: Wir haben allen Grund, an den Impulsen, die sie angeblich dem Zuschauer für sein reales gesellschaftliches Leben geben, zu zweifeln. Die Dramatik vom P-Typus, die auf den ersten Blick den Zuschauer so sehr viel mehr sich selber überläßt, setzt ihn doch mehr instand, zu handeln. Ihr sensationeller Schritt, die Einfühlung des Zuschauers weitgehend aufzugeben, hat nur den Zweck, die Welt in ihren Darstellungen dem Menschen auszuliefern, anstatt, wie es die Dramatik vom K-Typus tut, der Welt den Menschen auszuliefern.

2

Es ist ein Unterschied, ob ich einen andern darstelle oder mich und ob ich einen andern dargestellt sehe oder mich. Der K-Typus der Dramatik verlangt vom Schauspieler, daß er *sich* zeigt, sich in verschiedenen Situationen, Berufen, seelischen Zuständen, vom Zuschauer, daß er ebenfalls *sich* sehe, sich in verschiedenen Situationen, Berufen, seelischen Zuständen. Der P-Typus verlangt vom Schauspieler, daß er andere zeige, vom Zuschauer, daß er andere sehe. Der Zuschauer ist beim K-Typus aktiv, jedoch nur fiktiv, beim P-Typus passiv, jedoch nur vorläufig. Immerhin kann man für den K-Typus einwenden, daß der Zuschauer bei ihm ebenfalls nur vorläufig *fiktiv* aktiv sei; vom Standpunkt des P-Typus aus müßte man entgegnen, daß für die spätere Aktion dann die nötige Instruktion fehle. Der K-Typus kann geltend machen, daß man auch bei ihm lernen könne, allerdings nicht vermittels der überspitzten Vernünftigkeit des P-Typus; der letztere, daß auch er Emotionen hervorrufe, allerdings nicht die ungereinigten und wilden des K-Typus. Tatsächlich versucht der P-Typus, sich von der Last zu befreien, vermittels seiner Darstellungen der Welt Emotionen erregen zu müssen, dagegen hat er nichts gegen Emotionen, die auf Grund seiner Darstellungen sich einstellen.

Ein unzulässiger Einwand scheint mir zu sein, der P-Typus versuche die Geschäfte der Wissenschaft zu besorgen, da man mit mindestens demselben Recht dem K-Typus vorwerfen kann, er besorge die Geschäfte der Religion. Daß man die Religion für eine nähere Verwandte der Kunst hält als die Wissenschaft, ist für die Kunst nicht eben schmeichelhaft.

Der K-Typus der Dramatik verwandelt, gegen Eintrittsgeld, seine Zuschauer kunstvoll in König, Liebhaber, Klassenkämpfer, kurz, in was ihr wollt. Aber im nüchternen Licht des nächsten Vormittags führen die Könige dann die Tramways, die Liebhaber händigen ihren Frauen kleine Lohntüten aus, und die Klassenkämpfer stehen um die Erlaubnis an, ausgebeutet zu werden. Der P-Typus läßt die Zuschauer das sein, was sie sind: Zuschauer. Und sie sehen ihre Feinde und ihre Bundesgenossen.

Der K-Typus vermag starke Appetite zu erwecken, es ist jedoch fraglich, ob er die Wege zu ihrer Befriedigung zu weisen vermag. Ist das Ziel nah und gut sichtbar, der Weg glatt, die Kraft ausreichend, dann kann der K-Typus gute Dienste leisten. Die Bolschewiki ersetzten 1917 im Bürgerkrieg, als sie die Leningrader Oper an die Front transportierten, Nahrung und Heizmaterial durch Musik und gewannen darüber hinaus noch wertvolle Kampfimpulse. Es hätte auch die Oper »La Traviata« sein können. Die Arbeiter- und Kleinbürgerfrauen erkämpften in der Weimarer Republik nach einem Besuch des »§ 218« von den Krankenkassen die Bezahlung von Kontrazeptionsmitteln. Das ist nicht zu unterschätzen. Aber die großen Kämpfe der Klassen verlangen viel. Das Gesicht des Feindes ist schwer zu lesen, die Vereinigung der Menschen gleicher Interessen ist schwierig, die Kämpfe dauern lang, und die Impulse dauern kurz. Die Emotionen sind trügerisch, die Quellen des Instinkts sind künstlich verunreinigt.

Um zu begreifen, daß durch die obenerwähnte Verwertung wissenschaftlicher Kriterien eine Dramatik sich noch nicht in der Funktion den Wissenschaften angleicht, muß man das Phänomen der *Einfühlbarkeit* betrachten, das von der Kunst untrennbar scheint, und zwar, ob sie ihre Modelle der Welt wissenschaftlichen Kriterien unterwirft oder nicht. Die Verwertung wissenschaftlicher Kriterien beim Bau künstlerischer Modelle der Welt hatten, wie man annehmen darf, wenn nicht den Erfolg, so doch den Zweck, die Einfühlbarkeit zu erhalten. Der kritischere Zuschauer unserer Tage konnte sich bei allzusehr klaffendem Zwiespalt zwischen der Welt auf dem Theater und der Welt der Wirklichkeit, nicht mehr genügend einfühlen.

Erst mit diesem Schritt kann man von einer Angleichung der Funktionen einer Kunst und einiger Wissenschaften sprechen. Die Verwertung wissenschaftlicher Kriterien, vorgenommen zur Verstärkung der Einfühlbarkeit, hatte zu ihrer stärksten Bedrohung geführt.
Es ist nicht verwunderlich, daß eine Dramatik bei dem Versuch, in ihrer Weise die Besitznahme der Welt zu ermöglichen, indem sie die Welt dort bloßlegt, wo in ihre Prozesse gesellschaftlich eingegriffen werden kann, jene Art und Weise in die Krise geraten sieht, durch die ihr Zuschauer sich in den Besitz des Kunstwerks setzt. Die Krise der Einfühlung zeigt sich in beinahe allen jenen Werken der neueren Dramatik, welche soziale Auswirkungen erstrebten.

Die Straßenszene

Grundmodell einer Szene des epischen Theaters

Während der ersten anderthalb Jahrzehnte nach dem Weltkrieg wurde auf einigen deutschen Theatern eine verhältnismäßig neue Spielweise ausprobiert, die sich wegen ihres deutlich referierenden, beschreibenden Charakters und weil sie sich kommentierender Chöre und Projektionen bediente, *episch* nannte. Vermittels einer nicht ganz einfachen Technik distanzierte sich der Schauspieler von der Figur, die er spielte, und stellte die Stücksituationen in einen solchen Sehwinkel, daß sie Gegenstand der Kritik der Zuschauer werden mußten. Die Verfechter dieses epischen Theaters führten ins Feld, daß die neuen Stoffe, die sehr komplizierten Vorgänge der Klassenkämpfe im Augenblick ihrer entsetzlichsten Zuspitzung, auf solche Art leichter zu bewältigen seien, weil die gesellschaftlichen Prozesse in ihren kausalen Zusammenhängen damit dargestellt werden könnten. Jedoch ergaben sich für die Ästhetik angesichts dieser Versuche eine ganze Reihe beträchtlicher Schwierigkeiten.

Es ist verhältnismäßig einfach, ein Grundmodell für episches Theater aufzustellen. Bei praktischen Versuchen wählte ich für gewöhnlich als Beispiel allereinfachsten, sozusagen »natürlichen« epischen Theaters einen Vorgang, der sich an irgendeiner Straßenecke abspielen kann: Der Augenzeuge eines Verkehrsunfalls demonstriert einer Menschenansammlung, wie das Unglück passierte. Die Umstehenden können den Vorgang nicht gesehen haben oder nur nicht seiner Meinung sein, ihn »anders sehen« – die Hauptsache ist, daß der Demonstrierende das Verhalten des Fahrers oder des Überfahrenen oder beider in einer solchen Weise vormacht, daß die Umstehenden sich über den Unfall ein Urteil bilden können.

Dieses Beispiel epischen Theaters primitivster Art scheint leicht verstehbar. Jedoch bereitet es erfahrungsgemäß dem

Hörer oder Leser erstaunliche Schwierigkeiten, sobald von ihm verlangt wird, die Tragweite des Entschlusses zu fassen, eine solche Demonstration an der Straßenecke als Grundform großen Theaters, Theater eines wissenschaftlichen Zeitalters, anzunehmen. Gemeint ist damit nämlich, daß dieses epische Theater sich in allen seinen Einzelheiten als reicher, komplizierter, entwickelter geben kann, daß es aber grundsätzlich keine anderen Elemente als diese Demonstration an der Straßenecke zu enthalten braucht, um großes Theater sein zu können, daß es andrerseits kein episches Theater mehr genannt werden könnte, wenn eines der Hauptelemente der Demonstration an der Straßenecke fehlte. Bevor dies begriffen ist, kann das Folgende nicht wirklich begriffen werden. Bevor das Neuartige, Ungewohnte, zur Kritik unbedingt Herausfordernde der Behauptung, eine solche Demonstration an der Straßenecke reiche als Grundmodell großen Theaters aus, begriffen ist, kann das Folgende nicht wirklich begriffen werden.

Man bedenke: Der Vorgang ist offenbar keineswegs das, was wir unter einem Kunstvorgang verstehen. Der Demonstrierende braucht kein Künstler zu sein. Was er können muß, um seinen Zweck zu erreichen, kann praktisch jeder. Angenommen, er ist nicht imstande, eine so schnelle Bewegung auszuführen, wie der Verunglückte, den er nachahmt, so braucht er nur erläuternd zu sagen: er bewegte sich dreimal so schnell, und seine Demonstration ist nicht wesentlich geschädigt oder entwertet. Eher ist seiner Perfektion eine Grenze gesetzt. Seine Demonstration würde gestört, wenn den Umstehenden seine Verwandlungsfähigkeit auffiele. Er hat es zu vermeiden, sich so aufzuführen, daß jemand ausruft: »Wie lebenswahr stellt er doch einen Chauffeur dar!« Er hat niemanden »in seinen Bann zu ziehen«. Er soll niemanden aus dem Alltag in »eine höhere Sphäre« locken. Er braucht nicht über besondere suggestive Fähigkeiten zu verfügen.

Völlig entscheidend ist es, daß ein Hauptmerkmal des gewöhnlichen Theaters in unserer *Straßenszene* ausfällt: die Bereitung der *Illusion*. Die Vorführung des Straßendemonstranten hat den Charakter der Wiederholung. Das Ereignis hat stattgefunden, hier findet die Wiederholung statt. Folgt die *Theaterszene* hierin der *Straßenszene*, dann verbirgt das Theater nicht mehr, daß es Theater ist, so wie die Demonstration an der Straßenecke nicht verbirgt, daß sie Demonstration (und nicht vorgibt, daß sie Ereignis) ist. Das Geprobte am Spiel tritt voll in Erscheinung, das auswendig Gelernte am Text, der ganze Apparat und die ganze Vorbereitung. Wo bleibt dann das *Erlebnis*, wird die dargestellte Wirklichkeit dann überhaupt noch erlebt?

Die *Straßenszene* bestimmt, welcher Art das *Erlebnis* zu sein hat, das dem Zuschauer bereitet wird. Der Straßendemonstrant hat ohne Zweifel ein »Erlebnis« hinter sich, aber er ist doch nicht darauf aus, seine Demonstration zu einem »Erlebnis« der Zuschauer zu machen; selbst das Erlebnis des Fahrers und des Überfahrenen vermittelt er nur zum Teil, keinesfalls versucht er, es zu einem genußvollen Erlebnis des Zuschauers zu machen, wie lebendig er immer seine Demonstration gestalten mag. Seine Demonstration verliert zum Beispiel nicht an Wert, wenn er den Schrecken, den der Unfall erregte, nicht reproduziert; *ja, sie verlöre eher an Wert*. Er ist nicht auf Erzeugung purer *Emotionen* aus. Ein Theater, das ihm hierin folgt, vollzieht geradezu einen Funktionswechsel, wie man verstehen muß.

Ein wesentliches Element der *Straßenszene*, das sich auch in der *Theaterszene* vorfinden muß, soll sie episch genannt werden, ist der Umstand, daß die Demonstration gesellschaftlich praktische Bedeutung hat. Ob unser Straßendemonstrant nun zeigen will, daß bei dem und dem Verhalten eines Passanten oder des Fahrers ein Unfall unvermeidlich, bei einem andern vermeidlich ist, oder ob er zur Klärung der Schuldfrage demonstriert – seine Demonstration verfolgt praktische Zwecke, greift gesellschaftlich ein.

Der Zweck seiner Demonstration bestimmt, welchen Vollständigkeitsgrad er seiner Nachahmung verleiht. Unser Demonstrant braucht nicht alles, nur einiges von dem Verhalten seiner Personen zu imitieren, ebenso viel, daß man ein Bild bekommen kann. Die *Theaterszene* gibt im allgemeinen weit vollständigere Bilder, gemäß ihres weiter gesteckten Interessenkreises. Wie wird die Verbindung zwischen *Straßenszene* und *Theaterszene* hierin hergestellt? Die Stimme des Überfahrenen, um ein Detail herauszugreifen, mag zunächst keine Rolle gespielt haben beim Unfall. Eine Meinungsverschiedenheit unter den Augenzeugen darüber, ob ein Ausruf, den man hörte (»Obacht«), vom Verunglückten oder von einem andern Passanten herrührte, kann unsern Demonstranten dazu veranlassen, die Stimme zu imitieren. Die Frage kann dadurch entschieden werden, daß demonstriert wird, ob die Stimme die eines Greises oder einer Frau war oder ob sie nur hoch oder niedrig war. Ihre Beantwortung kann aber auch davon abhängen, ob die Stimme die eines gebildeten Mannes oder die eines ungebildeten war. Laut oder leise mag eine große Rolle spielen, da je nachdem den Fahrer eine größere oder kleinere Schuld treffen kann. Eine Reihe von Eigenschaften des Überfahrenen bedürfen der Darstellung. War er zerstreut? Wurde er abgelenkt? Durch was vermutlich? Was in seinem Benehmen deutete darauf hin, daß er gerade durch jenen Umstand und nicht durch einen andern abgelenkt werden konnte? Und so weiter und so weiter. Wie man sieht, gibt unsere Demonstrationsaufgabe an der Straßenecke Gelegenheit für ziemlich reiche und vielseitige Abbildung von Menschen. Trotzdem wird ein Theater, das in den wesentlichen Elementen nicht über die Darbietungen unserer *Straßenszene* hinausgehen will, in der Imitation gewisse Schranken anerkennen müssen.[1] Es muß seinen Aufwand rechtfertigen können aus dem Zweck heraus.

1 Wir begegnen häufig Demonstrationen alltäglicher Art, die vollkommenere Imitationen sind, als unser Unfall an der Straßenecke sie nötig

Die Demonstration wird zum Beispiel beherrscht von der Frage des *Schadenersatzes* und so weiter. Der Chauffeur hat seine Entlassung, den Entzug des Führerscheins, Gefängnis zu befürchten, der Überfahrene hohe Klinikkosten, Verlust seiner Stelle, dauernde Verunstaltung, womöglich Arbeitsuntauglichkeit. Das ist das Feld, auf dem der Demonstrant seine Charaktere aufbaut. Der Überfahrene kann einen Begleiter gehabt haben, neben dem Chauffeur kann sein Mädchen gesessen haben. In diesem Falle tritt das *soziale Feld* besser in Erscheinung. Die Charaktere werden reicher gezeichnet werden können.

macht. Sie sind meist komischer Natur. Unser Nachbar (oder unsere Nachbarin) mag uns das habgierige Verhalten unseres Hauswirts »zum besten geben«. Die Imitation ist dann oft ausgiebig und variantenreich. Bei näherer Untersuchung wird man aber doch feststellen, daß auch die anscheinend sehr komplexe Imitation nur ganz Bestimmtes im Verhalten unseres Hauswirts »aufs Korn nimmt«. Die Imitation ist eine Zusammenfassung oder ein Ausschnitt, wobei sorgsam solche Momente ausgelassen sind, in denen der Hauswirt unserem Nachbarn als »ganz vernünftig« erscheint, welche Momente es doch natürlich gibt. Er ist weit entfernt, ein Gesamtbild zu geben; das würde gar keine komische Wirkung haben. Die *Theaterszene,* die größere Ausschnitte geben muß, kommt hier in Schwierigkeiten, die nicht unterschätzt werden dürfen. Sie hat ebenso tüchtig Kritik zu ermöglichen, aber sie muß das besorgen für viel komplexere Vorgänge. Sie muß positive und negative Kritik ermöglichen. Und zwar in ein und demselben Verlauf. Man muß verstehen, was es heißt, wenn die Zustimmung des Publikums auf Grund von *Kritik* zu erlangen ist. Für das letztere haben wir natürlich ebenfalls Vorbilder in unserer *Straßenszene,* das heißt jeder beliebigen Demonstration alltäglicher Art. Unser Nachbar und unser Straßendemonstrant können das »vernünftige« Verhalten eines zu Demonstrierenden ebenso wiedergeben wie das »unvernünftige«, indem sie es der Begutachtung empfehlen. Sie benötigen jedoch, wenn es im Verlauf auftaucht (wenn der eben vernünftig war, unvernünftig wird oder umgekehrt), meist Kommentare, durch die sie den Standpunkt ihrer Darstellung ändern. Hier liegen, wie erwähnt, Schwierigkeiten für die *Theaterszene.* Sie können hier nicht behandelt werden. Vergleiche dazu »Kurze Beschreibung einer neuen Technik der Schauspielkunst, die einen Verfremdungseffekt hervorbringt«. [In »Schriften zum Theater«, S. 341 ff.]

Ein weiteres wesentliches Element der *Straßenszene* ist, daß unser Demonstrant seine Charaktere ganz und gar aus ihren Handlungen ableitet. Er imitiert ihre Handlungen und gestattet dadurch Schlüsse auf sie. Ein Theater, das ihm hierin folgt, bricht weitgehend mit der Gewohnheit des üblichen Theaters, aus den Charakteren die Handlungen zu begründen, die Handlungen dadurch der Kritik zu entziehen, daß sie als aus den Charakteren, die sie vollziehen, unhinderbar, mit Naturgesetzlichkeit hervorgehend dargestellt werden. Für unseren Straßendemonstranten bleibt der *Charakter* des zu Demonstrierenden eine Größe, die er nicht völlig auszubestimmen hat. Innerhalb gewisser Grenzen kann er so und so sein, das macht nichts aus. Den Demonstranten interessieren seine unfallerzeugenden und unfallverhindernden Eigenschaften.[1] Die *Theaterszene* mag fixiertere Individuen zeigen. Sie muß dann aber imstande sein, ihr Individuum als Spezialfall zu bezeichnen und den Umkreis anzudeuten, in dem die gesellschaftlich hauptsächlich relevanten Wirkungen ebenfalls zustande kommen. Die Demonstrationsmöglichkeiten unseres Straßendemonstranten sind eng begrenzt (wir haben das Modell gewählt, um zu möglichst engen Grenzen zu gelangen). Soll die *Theaterszene* in ihren wesentlichen Elementen nicht über die *Straßenszene* hinausgehen, so wird ihr größerer Reichtum nur eine Anreicherung sein dürfen. Die Frage der *Grenzfälle* wird akut.

Wir greifen ein Detail heraus. Kann unser Straßendemonstrant in die Lage kommen, etwa die Behauptung des Chauffeurs, er sei durch zu langen Dienst erschöpft gewesen, in *aufgeregtem Ton* wiederzugeben? (An sich kann er es so wenig, wie etwa ein zurückgekehrter Sendbote seinen Landsleuten die Schilderung seines Gesprächs mit dem König so einleiten könnte: »Ich habe den bärtigen König gesehen.«) Zweifellos

---

1 Alle Personen, die charakterlich die von ihm angegebenen Bedingungen erfüllen, die von ihm imitierten Züge zeigen, werden dieselbe Situation erzeugen.

müßte, damit er es kann, vielmehr, damit er es muß, eine Situation an der Straßenecke gedacht werden können, in der diese Aufgeregtheit (gerade über diese Seite der Angelegenheit) eine besondere Rolle spielt. (In unserem Beispiel oben wäre diese Situation geschaffen, wenn der König zum Beispiel geschworen hätte, sich den Bart so lange stehenzulassen, bis er ... und so weiter.) Wir haben einen Standpunkt zu suchen, von dem aus unser Demonstrant diese Aufgeregtheit der Kritik ausliefern kann. Nur wenn unser Demonstrant einen ganz bestimmten Standpunkt einnimmt, kommt er in die Lage, den aufgeregten Ton des Fahrers zu imitieren, nämlich wenn er zum Beispiel die Fahrer angreift, weil sie zuwenig tun, ihre Arbeitszeit zu verkürzen (»Er ist nicht einmal in einer Gewerkschaft, aber wenn dann das Unglück passiert, große Aufgeregtheit! ›Ich sitze zehn Stunden am Volant!‹«).

Um hierhin zu gelangen, das heißt, um dem Schauspieler einen Standpunkt anweisen zu können, muß das Theater eine Reihe von Maßnahmen ergreifen. Wenn das Theater den Ausschnitt der Schaustellung vergrößert, indem es den Fahrer in noch mehr Situationen zeigt als der Unfallsituation, geht es über sein Modell keineswegs hinaus. Es schafft nur eine weitere Situation mit Modellcharakter. Es ist eine Szene vom Charakter der *Straßenszene* denkbar, in der eine hinreichend begründete Demonstration des Entstehens von Emotionen wie der des Fahrers stattfindet, oder eine solche, in der Vergleiche zwischen Tonfällen gegeben werden. Um über die Modellszene nicht hinauszugehen, muß das Theater nur jeweils jene Technik entwickeln, durch welche die Emotionen der Kritik des Zuschauers unterworfen werden. Damit ist natürlich nicht gesagt, daß der Zuschauer prinzipiell verhindert werden muß, gewisse Emotionen, die vorgeführt werden, zu teilen; jedoch ist die Übernahme von Emotionen nur eine bestimmte Form (Phase, Folge) der Kritik. Der Demonstrant des Theaters, der Schauspieler, muß eine Technik aufwenden, vermittels der er den Ton des von ihm Demonstrierten mit einer gewissen

Reserve, mit Abstand wiedergeben kann (so, daß der Zuschauer sagen kann: »Er regt sich auf – vergebens, zu spät, endlich« und so weiter). Kurz gesagt: der Schauspieler muß Demonstrant bleiben; er muß den Demonstrierten als eine fremde Person wiedergeben, er darf bei seiner Darstellung nicht das »*er tat das, er sagt das*« auslöschen. Er darf es nicht zur *restlosen Verwandlung* in die demonstrierte Person kommen lassen.

Ein wesentliches Element der *Straßenszene* besteht in der natürlichen Haltung, die der Straßendemonstrant in doppelter Hinsicht einnimmt; er trägt ständig zwei Situationen Rechnung. Er benimmt sich natürlich als Demonstrant, und er läßt den Demonstrierten sich natürlich benehmen. Er vergißt nie und gestattet nie, zu vergessen, daß er nicht der Demonstrierte, sondern der Demonstrant ist. Das heißt: was das Publikum sieht, ist nicht eine Fusion zwischen Demonstrant und Demonstriertem, nicht ein selbständiges, widerspruchsloses Drittes mit aufgelösten Konturen von 1 (Demonstrant) und 2 (Demonstriertem), wie das uns gewohnte Theater es uns in seinen Produktionen darbietet.[1] Die Meinungen und Gefühle von Demonstrant und Demonstriertem sind nicht gleichgeschaltet.

Wir kommen zu einem der eigentümlichen Elemente des epischen Theaters, dem sogenannten V-Effekt *(Verfremdungseffekt)*. Es handelt sich hierbei, kurz gesagt, um eine Technik, mit der darzustellenden Vorgängen zwischen Menschen der Stempel des Auffallenden, des der Erklärung Bedürftigen, nicht Selbstverständlichen, nicht einfach Natürlichen verliehen werden kann. Der Zweck des Effekts ist, dem Zuschauer eine fruchtbare Kritik vom gesellschaftlichen Standpunkt zu ermöglichen. Können wir diesen V-Effekt als sinnvoll für unsern Straßendemonstranten nachweisen?

Wir können uns vorstellen, was geschieht, wenn er ihn hervorzubringen unterlassen hat. Folgende Situation könnte entstehen. Ein Zuschauer könnte sagen: »Wenn der Verunglückte,

---

[1] Am klarsten entwickelt durch *Stanislawski*.

wie Sie es zeigen, den rechten Fuß zuerst auf die Straße setzte, dann ...« Unser Demonstrant könnte ihn unterbrechen und sagen: »Ich habe gezeigt, daß er mit dem linken zuerst auf die Straße kam.« Bei dem Streit, ob er wirklich den linken oder rechten Fuß bei seiner Demonstration zuerst auf die Straße setzte und vor allem, was der Überfahrene machte, kann die Demonstration so abgeändert werden, daß der V-Effekt entsteht. Indem der Demonstrant nunmehr auf seine Bewegung genau achtet, sie vorsichtig, wahrscheinlich verlangsamt, vollzieht, erzielt er den V-Effekt; das heißt, er verfremdet den kleinen Teilvorgang, hebt ihn in seiner Wichtigkeit hervor, macht ihn merkwürdig. Tatsächlich erweist sich der V-Effekt des epischen Theaters als nützlich auch für unsern Straßendemonstranten, anders ausgedrückt: kommt auch in dieser alltäglichen, mit Kunst wenig zu schaffen habenden, kleinen Szene natürlichen Theaters an der Straßenecke vor. Leichter erkennbar als Element jeder beliebigen Demonstration auf der Straße ist der unvermittelte Übergang von der Darstellung zum Kommentar, der das epische Theater charakterisiert. Der Straßendemonstrant unterbricht, so oft es ihm möglich erscheint, seine Imitation mit Erklärungen. Die Chöre und projizierten Dokumente des epischen Theaters, das Sichdirekt-an-die-Zuschauer-Wenden seiner Schauspieler sind grundsätzlich nichts anderes.

Wie man feststellen wird, ich hoffe nicht ohne Erstaunen, habe ich unter den Elementen, welche unsere *Straßenszene* und damit auch die *epische Theaterszene* bestimmen, eigentlich *kunst*mäßige nicht genannt. Unser Straßendemonstrant konnte seine Demonstration erfolgreich durchführen mit Fähigkeiten, die »praktisch jeder Mensch hat«. Wie steht es mit dem *Kunstwert des epischen Theaters*?

Es liegt dem epischen Theater daran, sein Grundmodell an eine Straßenecke zu legen, das heißt zurückzugehen auf allereinfachstes »natürliches« Theater, auf ein gesellschaftliches Unternehmen, dessen Beweggründe, Mittel und Zwecke praktische, irdische sind. Das Modell kommt aus, ohne solche Erklärungen des Theaterspielens zu benötigen wie »Trieb, sich auszudrükken«, »Aneignung fremder Schicksale«, »seelisches Erlebnis«, »Spieltrieb«, »Lust am Fabulieren« und so weiter. Ist das *epische Theater* also nicht an Kunst interessiert?

Man tut gut, die Frage zunächst anders zu stellen; nämlich so: Können wir künstlerische Fähigkeiten für die Zwecke unserer *Straßenszene* brauchen? Diese Frage zu bejahen, fällt leicht. Auch in der Demonstration an der Straßenecke stekken künstlerische Elemente. Geringe Grade künstlerischer Fähigkeiten finden sich in jedem Menschen. Es schadet nicht, sich bei großer Kunst daran zu erinnern. Ohne Zweifel können jene Fähigkeiten, die wir künstlerische nennen, jederzeit etabliert werden innerhalb der Grenzen, die durch unser *Straßenszenen*-Modell gesetzt sind. Sie werden als künstlerische Fähigkeiten wirken, auch wenn sie diese Grenzen nicht überschreiten (zum Beispiel wenn keine *restlose Verwandlung* des Demonstranten in die demonstrierte Person stattfinden soll). Tatsächlich ist das *epische Theater* eine sehr künstlerische Angelegenheit, kaum zu denken ohne Künstler und Artistik, Phantasie, Humor, Mitgefühl, ohne das und viel mehr kann es nicht praktiziert werden. Es hat unterhaltend zu sein, es hat belehrend zu sein. Wie nun kann aus den Elementen der *Straßenszene,* ohne Weglassung oder Hinzufügung eines Elementes, *Kunst* entwickelt werden? Wie wird daraus die *Theaterszene* mit ihrer erfundenen Fabel, ihren gelernten Schauspielern, ihrer gehobenen Sprechweise, ihrer Schminke, ihrem Zusammenspiel mehrerer Spieler? Benötigen wir eine Vervollständigung unserer Elemente, wenn wir von der »natürlichen« Demonstration zur »künstlichen« fortschreiten?

Sind die Erweiterungen, die wir an unserm Modell vornehmen, um zu *epischem Theater* zu kommen, nicht tatsächlich elementare? Schon eine kurze Betrachtung kann zeigen, daß sie es nicht sind. Nehmen wir die *Fabel.* Unser Straßenunfall war nichts Erfundenes. Nun hat es das gewöhnliche

Theater auch nicht nur mit Erfundenem zu tun, man denke an das historische Stück. Aber auch an der Straßenecke kann eine Fabel vorgeführt werden. Unser Demonstrant kann jederzeit in die Lage kommen, zu sagen: »Der Fahrer war schuld, denn der Vorgang war, wie ich gezeigt habe. Er wäre nicht schuldig, wenn er so gewesen wäre, wie ich jetzt zeigen werde.« Und er kann einen Vorgang erfinden und diesen demonstrieren. Nehmen wir den *einstudierten Text*, so kann unser Straßendemonstrant vor einer Gerichtsverhandlung, in der er Zeuge sein wird, den genauen Wortlaut der zu demonstrierenden Personen, den er aufgeschrieben haben kann, auswendig lernen und einstudieren. Er bringt dann ebenfalls einstudierten Text. Nehmen wir das einstudierte Spiel *mehrerer Personen*: Eine solche kombinierte Demonstration an und für sich findet nicht immer nur zu künstlerischen Zwecken statt; denken wir an die Praxis der französischen Polizei, die die Hauptteilnehmer eines Kriminalfalles veranlaßt, bestimmte, ausschlaggebende Situationen vor der Polizei zu repitieren. Nehmen wir die *Maske*. Kleine Veränderungen des Aussehens, ein Zerzausen des Haares zum Beispiel, das kann innerhalb des Bezirkes einer Demonstration nichtkünstlerischen Charakters immer vorgenommen werden. Auch Schminke wird nicht nur für Theaterzwecke verwendet. Der Schnurrbart des Chauffeurs in der *Straßenszene* mag eine bestimmte Bedeutung haben. Er kann die Zeugenaussage der als möglich angenommenen Begleiterin beeinflußt haben. Unser Demonstrant kann das zur Darstellung bringen, indem er den Fahrer einen imaginären Bart streichen läßt, wenn er seine Begleiterin zu einer Aussage veranlaßt. Dadurch kann der Demonstrant der Zeugenaussage der Begleiterin viel von ihrem Wert nehmen. Jedoch verursacht der Übergang zur Verwendung eines tatsächlichen Bartes in der *Theaterszene* noch einige Schwierigkeit, die auch bei der *Verkleidung* auftaucht. Unser Demonstrant kann unter bestimmten Umständen die Mütze des Fahrers aufsetzen, zum Beispiel wenn er zeigen will, daß dieser vielleicht betrunken war (er hatte sie schief auf), er kann es allerdings nur unter bestimmten Umständen nicht ohne weiteres (siehe oben die Ausführungen über den *Grenzfall*!). Jedoch können wir bei einer Demonstration durch mehrere Demonstranten von der Art, wie wir sie oben angaben, zu Verkleidungen gelangen, damit die demonstrierten Personen zu unterscheiden sind. Wir gelangen auch hierbei nur zu begrenzten Verkleidungen. Die Illusion, die Demonstranten seien wirklich die Demonstrierten, darf nicht erzeugt werden. (Das *epische Theater* kann diese Illusion vereiteln durch besonders übertriebene Verkleidung oder irgendwie als Schauobjekte gekennzeichnete Kleider.) Außerdem können wir ein Grundmodell aufstellen, das in diesem Punkt das unsrige ersetzen kann: die Straßendemonstrationen der sogenannten fliegenden Straßenverkäufer. Diese Leute stellen, um ihre Krawatten zu verkaufen, sowohl den schlecht als auch den flott gekleideten Mann dar; mit ein paar Requisiten und wenigen Handgriffen führen sie andeutende kleine Szenen auf, wobei sie sich im Grund die gleichen Beschränkungen auferlegen, die unsere Unfallszene dem Demonstranten auferlegt (sich Krawatte, Hut, Stock, Handschuhe zueignend und gewisse andeutende Kopien eines Lebemannes ausführend, sprechen sie von diesem weiter als *er*!). Bei Straßenverkäufern finden wir auch die Verwendung des *Verses* innerhalb des gleichen Rahmens, den unser Grundmodell aufweist.[1] Sie benutzen feste unregelmäßige Rhythmen, ob es sich um den Verkauf von Zeitungen oder Hosenträgern handelt.

Solche Überlegungen zeigen, daß wir mit unserm Grundmodell auskommen können. Es besteht kein elementarer Unterschied zwischen dem natürlichen epischen Theater und dem künstlichen *epischen Theater*. Unser Theater an der Straßenecke ist primitiv. Mit Anlaß, Zweck und Mitteln der Vorführung ist es »nicht weit her«. Aber es ist unbestreitbar ein

---

1 Siehe »Über reimlose Lyrik mit unregelmäßigen Rhythmen« [in »Schriften zur Literatur und Kunst«, S. 403 ff.)].

sinnvoller Vorgang, dessen gesellschaftliche Funktion deutlich ist und alle seine Elemente beherrscht. Die Vorführung hat einen Vorfall zum Anlaß, der verschieden beurteilt werden kann, der sich in der einen oder andern Form wiederholen kann und der noch nicht abgeschlossen ist, sondern Folgen haben wird, so daß die Beurteilung von Bedeutung ist. Zweck der Vorführung ist es, die Begutachtung des Vorfalls zu erleichtern. Die Mittel der Vorführung entsprechen dem. Das *epische Theater* ist hocharistisches Theater mit komplizierten Inhalten und weiter sozialer Zielsetzung. Die *Straßenszene* als Grundmodell *epischen Theaters* aufstellend, teilen wir ihm die deutliche gesellschaftliche Funktion zu und stellen für *episches Theater* Kriterien auf, nach denen bemessen werden kann, ob es sich bei ihm um einen sinnvollen Vorgang handelt oder nicht. Das Grundmodell hat praktische Bedeutung. Es setzt Probenleiter und Schauspieler instand, beim Aufbau einer Vorstellung mit oft schwierigen Teilfragen, artistischen Problemen, sozialen Problemen, eine Kontrolle auszuüben, ob die gesellschaftliche Funktion des Gesamtapparates noch deutlich und intakt ist.

Über die Theatralik des Faschismus

THOMAS Wir haben neulich davon gesprochen, wie man zu einem Theaterspielen kommen könnte, dessen Darstellungen des gesellschaftlichen Zusammenlebens der Menschen den Zuschauern den Schlüssel für die Bewältigung ihrer gesellschaftlichen Probleme aushändigen würden. Wir haben einen gewöhnlichen, tausendfachen Vorgang aus dem Leben gesucht, den man im allgemeinen nicht als theatralischen bezeichnet, weil er nicht unter Künstlern sich abspielt und keine künstlerischen Zwecke verfolgt, der aber doch künstlerische, theatralische Mittel in Verwendung zeigt und zugleich eine Demonstration darstellt, die Zuschauern

den Schlüssel zur Meisterung einer unklaren Situation aushändigen soll. Wir haben eine kleine Szene an einer Straßenecke gefunden, in der der Augenzeuge eines Verkehrsunfalls den Passanten das Verhalten der Betroffenen
vorführte. Aus seiner, des Straßendemonstranten, Art zu
spielen, haben wir einige Züge hervorgehoben, die für unser
Theaterspielen Wert haben können. Wir wollen jetzt eine
andere Art theatralischer Darbietung betrachten, die ebenfalls nicht von Künstlern und nicht zu künstlerischen
Zwecken, aber in tausendfacher Weise und in Straßen und
Versammlungshäusern veranstaltet wird. Wir wollen die
Theatralik im Auftreten der Faschisten betrachten.

KARL Ich denke mir, daß auch diese Betrachtung eigentlich
dem Theater dienen soll, und muß gestehen, daß mir das
einiges Unbehagen verursacht. Wie soll ich an das Theater
denken, wenn das Leben so schrecklich ist? Zu leben, das
heißt am Leben zu bleiben, ist heute zu einer Kunst geworden; wer will da noch darüber nachdenken, wie man
die Kunst am Leben erhalten könnte? Selbst solche Sätze
wie der eben ausgesprochene scheinen mir schon zynisch in
diesen Tagen.

THOMAS Ich verstehe diese Empfindung. Aber wir waren uns
doch darüber einig, daß das Theaterspielen, das wir im
Auge haben, doch gerade diese Kunst zu leben verbreiten
soll. Wenn wir von der Theatralik der Unterdrücker sprechen, so sprechen wir zwar als Sachverständige für das
Theatralische, aber doch auch als Unterdrückte. Angesichts
des Elends der Menschheit, welches durch Menschen erzeugt
wird, sprechen wir von den Diensten, welche unsere Kunst
der Vergewaltigung leisten kann. Wir haben vor, in unserer
Kunst den Kampf gegen die Ausbeutung des Menschen
durch den Menschen zu führen. Da müssen wir genau untersuchen, mit welchen Mitteln wir arbeiten, und am besten
betrachten wir diese Mittel, wo sie nicht von professionellen Künstlern zu künstlerischen Zwecken angewendet

werden. Denn auch wir wollen ja unsere professionelle Kunst nicht zu künstlerischen Zwecken anwenden.

KARL Meinst du denn, das Theater ahmt nicht nur Vorgänge aus dem menschlichen Zusammenleben nach, sondern auch die Art, wie solche Vorgänge »im Leben« nachgeahmt werden?

THOMAS Ja, das meine ich. Und jetzt schlage ich vor, zu untersuchen, wie die Unterdrücker unserer Zeit Theater spielen, nicht in ihren Theatern, sondern auf der Straße und in den Versammlungshäusern sowie in ihren Privatwohnungen und ihren diplomatischen Kanzleien und Sitzungssälen. Und unter Theaterspielen verstehen wir dabei, daß sie sich nicht nur benehmen, wie es ihre direkten Verrichtungen verlangen, sondern daß sie bewußt vor den Augen der Welt agieren und ihre direkten Verrichtungen und Geschäfte einem Publikum als einleuchtende und vorbildliche aufzudrängen versuchen.

KARL Wir wollen die kleinen Dramatisierungen vorausnehmen, die für den Nationalsozialismus so charakteristisch sind. Es handelt sich dabei [darum], gewissen Zuständen, die keine besonders auffallende Form aufweisen, einen theatralischen Ausdruck zu verleihen. Der Reichstagsbrand ist ein klassisches Beispiel dafür. Die kommunistische Gefahr ist hier dramatisiert, zu einem Effekt herausgearbeitet. Ein anderes Beispiel bietet der 30. Juli, wo der Führer einige Homosexuelle in eigener Person in flagranti ertappt und eine wohl nur tendenzielle politische Gegenströmung zu einer faktischen, plastischen und akuten Verschwörung ausgestaltet wurde. Wir können dann aber auf das direkte Schauspielerische übergehen. Es ist da kein Zweifel möglich, daß die Faschisten sich ganz besonders theatralisch benehmen. Sie haben besonderen Sinn dafür. Sie sprechen selber von *Regie*, und sie haben einen ganzen Haufen von Effekten direkt aus dem Theater geholt: die Scheinwerfer und die Begleitmusik, die Chöre und die Überraschungen.

Ein Schauspieler hat mir vor Jahren erzählt, daß Hitler sogar bei dem Hofschauspieler Basil in München Stunden genommen hat, nicht nur in der Sprechtechnik, sondern auch im Benehmen. Er lernte zum Beispiel den Bühnenschritt, das Schreiten der Helden, bei dem man das Knie durchdrückt und die Sohle ganz aufsetzt, um den Gang majestätisch zu machen. Auch die eindrucksvollste Art, die Arme zu kreuzen, lernte er, und auch die lässige Haltung wurde ihm einstudiert. Das hat etwas Lächerliches an sich, nicht?

THOMAS Das will ich nicht sagen. Es ist richtig, daß da ein Versuch vorliegt, das Volk zu täuschen, da es etwas mühsam Einstudiertes und Fremdes für ein dem großen Mann natürliches Benehmen halten soll, einen angeborenen Ausdruck seiner Größe und seines ungewöhnlichen Wesens. Auch ahmte er da einen Schauspieler nach, der, wenn er selber auf der Bühne auftrat, bei den jüngeren Leuten durch sein unnatürliches Benehmen, seine Gespreiztheit und Aufgeblasenheit Heiterkeit hervorrief. Das mag lächerlich sein, aber die Absicht dieses Menschen an sich, sich nach fremden Mustern zu verbessern, ist nicht lächerlich – wenn auch sein Muster lächerlich war. Denk an die ungezählten ganz vernünftigen und keineswegs zur Unnatürlichkeit oder zum Betrug neigenden jungen Leute, die zur selben Zeit das Benehmen von Filmhelden nachzuahmen versuchten. Auch hier gab es falsch gewählte Muster, aber es gab auch gute Muster. Ich schlage vor, nicht allzulang bei dem Versuch des Hitler zu verbleiben, ein imponierendes, starhaftes Auftreten einzustudieren, und zur Betrachtung derjenigen theatralischen Elemente überzugehen, die er und die übrigen Helden seines Schlags nicht direkt vom Theater ausborgten, wenn auch das Theater unserer Zeit sie verwendet. Ich möchte auf das *Repräsentative* seines Benehmens eingehen.

KARL Ja, tun wir das. Betrachten wir ihn, wo er als der große

Beispielhafte auftritt! Als das Urbild des Deutschen, das Muster der Jugend!

THOMAS Ich meinte nicht nur das. Diese Seite ist offenbar. Das gehört noch zum Imponieren. Da ist das Siegfried-muster, ein wenig abgewandelt, so daß auch ein gewisses weltmännisches Air dabei ist, das man besonders auf den Photographien, die seine Verbeugungen (vor Hindenburg oder Mussolini oder hochgestellten Damen) studieren kann. Die Rolle, die er aufbaut (der Musikfreund, Genießer ech-ter deutscher Musik; der unbekannte Soldat des Welt-krieges; der fröhliche Geber und Volksgenosse; der würdig Trauernde, gefaßt), ist individuell angelegt. Im Gegen-satz zum römischen Diktator legt er eine deutliche Ver-achtung körperlicher Arbeit zutage. (Jener zeigt sich gern beim Mauern, Pflügen, Chauffieren, Fechten.) Er liebt die Haltung des Inspizierens. Sehr bemerkenswert ist eine Photographie seiner Ankunft in Italien (Venedig). Musso-lini zeigt ihm anscheinend die Stadt. Der Anstreicher stellt den beschäftigten und geschäftigen Geschäftsreisenden dar, der zugleich der *feine Kenner der Architektur* ist, übrigens auch des Umstands, daß er vermeiden muß, einen weichen Hut aufzusetzen, Sonne hin, Sonne her. Bei einem Besuch in Neudeck bei dem alten und kranken Hindenburg stellt er, vor dem Apparat, den *scherzenden Gast des Hauses* dar. Der Hausherr und sein Enkel scheinen den Apparat nicht so zu vergessen wie er und fallen so aus der Szene. Er hat natürlich vielen Funktionen zu genügen, es gelingt ihm nicht immer, die Rolle wirklich einheitlich zu gestal-ten. Die Darstellung einer Szene, in der der Führer sein Scherflein zur Winterhilfe beisteuert, ist besser geglückt. Er hat ein paar Scheine erhalten, und einer ist so gefaltet, daß er in den Schlitz der Sammelbüchse gesteckt werden kann. Jedoch gelingt es dem Darsteller, eine Gestik zu zei-gen, die vollkommen kleinbürgerlich ist: Er scheint aus einem Portemonnaie eine Münze zu fischen. Bei einer

Tannenbergfeier ist er der einzige, der halbwegs echtes Gedenken an die Gefallenen von 1914 zum Ausdruck zu bringen vermag und das, obwohl er einen Zylinder auf dem Schoß zu halten hat! Das ist exemplarisch im besten Sinn. Aber gehen wir weiter. Betrachten wir vor allem die Art, wie er bei den großen Reden, die seine Schlächtereien vorbereiten oder begründen, agiert. Du verstehst, wir müssen ihn da betrachten, wo er das Publikum dazu bringen will, sich in ihn einzufühlen und zu sagen: Ja, so hätten wir auch gehandelt. Kurz, wo er als *Mensch* auftritt und das Publikum davon überzeugen möchte, seine Handlungen als einfach menschliche, selbstverständliche aufzufassen und ihm so gefühlsmäßig seinen Beifall zu schenken. Das ist sehr interessantes Theater.

KARL Das ist es, und es ist sehr verschieden von dem Theater, das der Augenzeuge des Unfalls an unserer Straßenecke macht.

THOMAS Sehr verschieden. Man könnte geradezu sagen, daß es schon dadurch verschieden ist, daß es viel mehr mit dem Theater, das wir auf der Bühne sehen, zu tun hat. Es entsteht da die *Einfühlung* des Publikums in den Agierenden, die man für gewöhnlich als das wesentlichste Produkt der Kunst ansieht. Da ist dieses Mitreißen, dieses Alle-Zuschauer-in-eine-einheitliche-Masse-Verwandeln, das man von der Kunst fordert.

KARL Ich muß dir sagen, daß mich diese Wendung ein wenig erschreckt. Es scheint mir, daß du jetzt das Erzeugen von Einfühlung mit aller Gewalt an die Darbietungen dieses zweifelhaften Menschen knüpfen willst, um sie in Verruf zu bringen. Es ist natürlich richtig, daß er auf solche Einfühlung ausgeht, aber darauf sind doch auch höchst trefflliche Leute ausgegangen.

THOMAS Sicher, aber wenn sie in Verruf kommen sollte, so müßte wohl eher er als ich dafür verantwortlich gemacht werden. Nur kommen wir nicht weiter, wenn wir unsere

Beobachtung der Furcht unterwerfen, was dabei herauskommen könnte. Studieren wir unerschrocken, oder auch
erschreckend, wie der, von dem wir sprechen, das Kunstmittel der Einfühlung verwendet! Sehen wir, welche
Kunstgriffe er gebraucht! Nehmen wir als Beispiel seine
Art, Reden zu halten! Um die Einfühlung zu erleichtern,
bringt er sich selber in höchst persönliche Stimmungen bei
Reden, welche staatliche Aktionen einleiten oder begründen
sollen, in solche Stimmungen, die dem Privatmann zugänglich sind. An und für sich sind Reden von Staatsmännern
keine impulsiven, spontanen Ausbrüche. Sie werden mehrmals und von verschiedenen Seiten überarbeitet und auf
ein bestimmtes Datum angesetzt. Der Redner fühlt sich
weder besonders mutig noch besonders zornig oder besonders triumphierend und so weiter, wenn er ans Mikrophon
tritt. Im allgemeinen begnügt sich also der Redner, seine
Rede mit einem gewissen Ernst abzulesen, seinen Argumenten eine gewisse Eindringlichkeit zu verleihen und so
weiter. Der Anstreicher und seinesgleichen machen das anders. Durch allerlei Tricks wird zuerst die Erwartung des
Publikums – denn das Volk muß zum Publikum werden –
erregt und gesteigert. Es wird verbreitet, man könne nicht
voraussehen, was der Redner sagen würde. Denn er spricht
nicht im Namen des Volkes und sagt nicht nur laut, was
das Volk zu sagen hat. Er ist eine Einzelperson, ein Held
im Drama, und versucht, das Volk, besser gesagt das Publikum, sagen zu machen, was er sagt. Genauer gesagt, fühlen
zu lassen, was er fühlt. Es kommt also alles darauf an, daß
er selber stark fühlt. Um stark fühlen zu können, spricht
der Anstreicher als Privatmann und zu Privatmännern.
Er streitet mit Einzelpersonen, fremden Ministern oder
Politikern. Es entsteht der Eindruck, als habe er sich in
einen persönlichen Kampf mit diesen Leuten verwickelt,
der bestimmten Eigenschaften dieser Leute wegen. Er ergeht
sich in zornigen Beschimpfungen von der Art der homeri-

schen Helden, beteuert seine Entrüstung, deutet an, daß er sich mühsam im Zaum hält, seinem Gegner nicht einfach an den Hals zu fahren, ruft ihm, unter Nennung seines Namens, Herausforderungen zu, macht sich über ihn lustig und so weiter. In all dem kann der Zuhörer ihm gefühlsmäßig folgen, der Zuhörer nimmt teil an den Triumphen des Redners, er adoptiert seine Haltungen. Ohne Zweifel hat der Anstreicher (wie ihn einige nennen, weil er nur etwas Tünche über die Risse eines baufälligen Gebäudes streicht) ein theatralisches Mittel in der Hand, durch das er sein Publikum dazu bringen kann, ihm ziemlich blindlings zu folgen. Er veranlaßt damit jeden, seinen Standpunkt aufzugeben, um seinen, des Agierenden, Standpunkt einzunehmen, seine Interessen zu vergessen, um seine, des Agierenden Interessen zu verfolgen. Er vertieft seine Zuschauer in sich, verwickelt sie in seine Bewegungen, läßt sie »teilnehmen« an seinen Sorgen und Triumphen und verleidet ihnen jede Kritik, ja jeden Blick auf die Umwelt von ihrem eigenen Standpunkt aus.

KARL Du meinst, er arbeitet nicht mit Argumenten.

THOMAS Das meine ich nicht. Er arbeitet beständig mit Argumenten. Er agiert als ein Argumentierender. Er liebt es, an irgendeinen Satz, der eigentlich fertig ist und mit größter Stimmkraft als unumstößliche und unbestreitliche Wahrheit hervorgebracht wurde, mit geistesabwesender Stimme ein »denn« anzuhängen und eine Pause zu machen, worauf dann Gründe kommen. Er erscheint dann wie einer, der nunmehr eine Handvoll Gründe seinen Behauptungen nachwirft, und zwar solche, wie er sie im Augenblick gerade bei der Hand hat. Manches, was er mit einem solchen »denn« da anhängt, hat übrigens gar nicht den Charakter eines Grundes, es bleibt nur die bekräftigende Gestik, die das Gesagte zu einem Grund stempelt, und manchmal verspricht er (sozusagen sich selber) im Eifer plötzlich drei Gründe, oder fünf, oder sechs, ganz augenscheinlich, ohne vorher gerade diese Anzahl bei der Überprüfung seiner »Gründe« festgestellt zu haben. Er »bringt« dann eben diese Anzahl oder auch nicht, denn manchmal werden es einer weniger oder einer mehr. Worauf es ihm ankommt, ist, den Zuschauer, der sich in ihn einfühlt, zur Haltung eines Argumentierenden zu verführen, eines Argumente Benutzenden, das heißt eigentlich eines Argumente Suchenden.

KARL Und was erreicht er damit?

THOMAS Damit erreicht er, daß sein Verhalten als ein sozusagen naturgesetzliches Verhalten erscheint. Er ist so, wie er ist – und alle (sich in ihn einfühlend) sind so wie er. Er kann nicht anders, als er muß – und alle können nicht anders und müssen so. Seine Anhänger sagen denn auch von ihm, er gehe seinen Weg wie ein Schlafwandler oder als sei er ihn schon einmal gegangen. So scheint er eine Naturerscheinung. Ihm zu widerstehen ist dann einfach unnatürlich, auf die Dauer unmöglich. Er hat Schwächen, aber nur, weil der Mensch, dessen hervorragendster Repräsentant er ist, eben Schwächen hat, und es sind die Schwächen aller, unvermeidliche Schwächen. »Ich bin nur eure Stimme«, pflegt er gerne zu sagen, »das Kommando, das ich euch zurufe, ist nur das Kommando, das ihr euch selber zuruft.«

KARL Ich sehe natürlich, welche Gefahr es ist, sich in ihn einzufühlen, da er das Volk auf einen gefährlichen Weg bringt. Aber ich denke mir, daß du im Grunde nicht nur darauf hinauswillst, daß es gefährlich sein kann, sich in einen Agierenden einzufühlen (wie es gefährlich ist, sich in diesen einzufühlen), sondern daß es gefährlich ist, ganz gleichgültig, ob er wie jener einen auf einen gefährlichen Weg bringt oder nicht. So ist es doch?

THOMAS Ja. Und zwar schon deshalb, weil die Herstellung der Einfühlung es dem, der ihr verfällt, unmöglich macht, noch zu erkennen, ob der Weg gefährlich ist oder nicht.

KARL Wann mißlingt denn die Herstellung der Einfühlung? Wir wissen ja, daß es gewaltige Massen von Menschen gibt, die den Anstreicher kalt und fremd betrachten und [sich] keinen Augenblick auf seinen Standpunkt stellen.

THOMAS Die Herstellung der Einfühlung mißlingt ihm bei denjenigen, deren Interessen durch ihn fortgesetzt verletzt werden, und zwar dann, wenn sie sich immerfort die Wirklichkeit in ihrer ganzen Breite vor Augen halten und ihn nur als einen kleinen Bestandteil davon sehen.

KARL Und nur diese vermögen die Gesetzlichkeiten, nach denen sein Auftreten sich abspielt, wirklich zu erkennen?

THOMAS Ja.

KARL Nun, sie fühlen sich also in diesen nicht ein, weil sie ihre Interessen als von den seinen verschiedene erkennen. Da könnten sie sich aber doch wohl ganz gut in einen solchen einfühlen, der ihre Interessen verträt?

THOMAS Sicherlich könnten sie das. Aber sie würden dann ebenfalls die Gesetzlichkeiten, nach denen dieses Menschen Auftreten sich abspielt, nicht erkennen können. Du könntest sagen: Aber er führt sie ja dann den richtigen Weg, wie kann es da gefährlich sein, ihm blind zu folgen? Aber das wäre eine vollständig falsche Auffassung von einem »richtigen Weg«. Er kann niemals an einem Gängelband gegangen werden. Des Menschen Leben besteht nicht daraus, daß er »wohin« geht, sondern daraus, daß er geht. Der Begriff des richtigen Wegs ist weniger gut als der des richtigen Gehens. Die großartigste Eigenschaft des Menschen ist die Kritik, sie hat die meisten Glücksgüter geschaffen, das Leben am besten verbessert. Wer sich in einen Menschen einfühlt, und zwar restlos, der gibt ihm gegenüber die Kritik auf und auch sich gegenüber. Anstatt zu wachen, schlafwandelt er. Anstatt etwas zu tun, läßt er etwas mit sich tun. Er ist jemand, mit dem andere leben und von dem andere leben, nicht einer, der wirklich lebt. Er hat nur die Illusion, daß er lebt, in Wirklichkeit

vegetiert er. Er wird sozusagen gelebt. Darum ist die theatralische Darbietung, wie sie durch den Faschismus gegeben
wird, kein gutes Beispiel eines Theaters, wenn man von ihm
Darstellungen haben will, die den Zuschauern den Schlüssel
für die Bewältigung der Probleme des gesellschaftlichen Zusammenlebens aushändigen.

KARL Es ist schwierig, zu diesem Schluß ja zu sagen. Er verwirft eine Praxis der Theater, die durch Jahrtausende geübt wurde.

THOMAS Meinst du, die Praxis des Anstreichers ist neu?

Rede des Schauspielers über die Darstellung
eines kleinen Nazis

[DER SCHAUSPIELER] Folgend unsern losen Regeln, versuchte
ich nicht, dieser Figur, um sie interessant zu machen, Un-
ergründlichkeit zu verleihen, sondern ich versuchte, Interesse an ihrer Ergründlichkeit zu erwecken. Da es die Aufgabe war, von diesem Menschen ein Abbild zu geben, das
seine Behandlung durch das die Gesellschaft repräsentierende Publikum unseres Theaters erleichtern würde, mußte
ich ihn natürlich als einen im Grunde veränderlichen Charakter darstellen, wobei mir die besprochenen neuen Mittel der Schauspielkunst zustatten kamen. Ich hatte Einblicke in ihn von der Art zu ermöglichen, daß möglichst
viele Eingriffe der Gesellschaft, die zu verschiedenen Zeiten
erfolgt waren, sichtbar wurden. Ich mußte auch den Grad
seiner Änderbarkeit unter gegebenen Umständen ahnen lassen, denn die Gesellschaft ist ja nicht in jedem Augenblick
imstande, die Kräfte zu mobilisieren, jedes ihrer Mitglieder
so zu ändern, daß es unmittelbar nützlich wird; sie muß
sich mitunter damit begnügen, ein Mitglied unschädlich zu
machen. Auf keinen Fall jedoch durfte ich so etwas wie
»den geborenen Nazi« gestalten. Vor mir hatte ich etwas

Widersprüchliches, eine Art Atom des volksfeindlichen Volks, den kleinen Nazi, der in Masse den Interessen der Masse zuwiderhandelt, ein Vieh vielleicht, wenn unter Nazis, oder ein größeres Vieh, wenn unter den Nazis, zugleich ein gewöhnlicher Mensch, das heißt also ein Mensch.[1] Schon durch seine Massenhaftigkeit genoß er eine gewisse Anonymität, zeigte nur die Charaktereigentümlichkeiten einer Gruppe und diese neben durchaus Individuellem. Da ist ja eine Familie wie die andere, und da ist keine Familie wie die andere. Jeden seiner Schritte hatte ich zu machen wie einen erklärlichen, und zugleich hatte ich auch einen andern Schritt ahnen zu lassen, der ebenfalls erklärlich wäre. Die Menschen dürfen nicht so behandelt werden, als könnten sie nur »so«; sie können auch anders. Die Häuser sind gefallen, sie könnten auch stehen.

[1] Das Ganze ist viehisch, aber das Ganze ist mehr als die Summe seiner Teile. Die älteren grapschten, aber bei den jüngeren gab es wohl eine Art abgedumpften sozialen Träumens.

Die Wissenschaft

[DER PHILOSOPH] Leute, die weder etwas von der Wissenschaft verstehen noch von der Kunst, glauben, daß das zwei ungeheuer verschiedene Dinge sind, von denen sie da nichts verstehen. Sie meinen der Wissenschaft einen Dienst zu erweisen, wenn sie ihr erlauben, phantasielos zu sein, und die Kunst zu fördern, wenn sie jedermann davon abhalten, von ihr Klugheit zu verlangen. Die Menschen mögen in einem bestimmten Fach besondere Begabung besitzen, aber sie sind in ihm nicht um so begabter, je unbegabter sie in allen andern Fächern sind. Wissen gehört zur Menschlichkeit ebenso wie Kunst, wenn sie sich auch in unseren verrotteten Gemeinwesen lange und oft ohne beide behelfen mußte. Ganz ohne Wissen ist niemand, und so ist niemand ganz ohne Kunst.

DER SCHAUSPIELER Da wird bald kein Ende des *Praktischen* sein! Die Themen werden sein: Mängel der Schwemmkanalisation in der Goßstraße und »Kein nächtliches Radiohören bei offenem Fenster!« Alles, was »nicht zur Sache gehört«, gestrichen!

DIE SCHAUSPIELERIN Und das anstelle von »Lebensüberdruß eines jungen Mannes wegen verweigertem Koitus« oder »Mutter erfährt Wechselfälschung einzigen Sohns!« mit allen Details!

DER DRAMATURG Meines Wissens hat unser Freund bisher nichts geäußert, was darauf schließen ließe, daß in seinem *Thaeter* eines der vier von euch genannten Themen nicht vorkommen könnte. Was die Wichtigkeit des Themas betrifft, so ist die Gesellschaft, zu deren Vertreterinnen die

Zuhörerschaft gemacht wird, durchaus imstande, darüber zu befinden. In ihr sind *alle* Interessen vereinigt.

DER PHILOSOPH Ich glaube, der Einwand unseres Freundes, des Schauspielers, richtet sich gegen die Beschränktheit unserer sogenannten reinen Praktiker. Er befürchtet, wir könnten deren neunmalkluge, alle Probleme »resolut anpackende«, jede Frage im Handumdrehen lösende, jede unlösbare wegschiebende Art uns zu eigen machen. Aber warum sollten wir das?

DER DRAMATURG Man muß zugeben, daß wir die *Kunst* so ziemlich verabschiedet haben, indem wir sie als bloßes Mittel engagierten. Und es ist die Art der Kunst, die Frage aufzuwerfen, ohne daß eine Lösung gewußt wird, die Bedrückung auszudrücken, ohne daß die Fessel bekannt ist und so weiter.

DER PHILOSOPH Dies ist auch die Art der Wissenschaft, meine Freunde.

DER DRAMATURG Möglich, aber sie ist doch viel praktischer. Wenn sie vorlegt, was sie nicht versteht, so verzichtet sie doch nicht auf ein Verständnis. Die Kunst treibt einen Kult mit dem Unverständlichen. Sie berauscht sich an dem »Faktum«, daß es Dinge gibt, die über dem Verstand liegen, jenseits des Beherrschbaren sind. Sie steht auf seiten des Schicksals.

DER PHILOSOPH Das tat die Wissenschaft auch in früherer Zeit und tut sie noch jetzt in bestimmten Bezirken. Die Natur war nicht immer gleich beherrschbar, die Menschheit schickte sich nicht immer gleich willig in ihr Schicksal.

DER SCHAUSPIELER Auf dem Theater und auf dem Thaeter haben wir es mit der Natur des Menschen zu tun. Sie bereitet dem Menschen sein Schicksal.

DER PHILOSOPH Für diesen Teil der Natur gilt, was für die Natur selber und im ganzen gilt. Wir wollen nach Verabredung möglichst wenig von der Kunst, ihren eigenen Gesetzen, Beschränkungen, Vorzügen, Verpflichtungen und

so weiter reden. Wir haben sie zum bloßen Mittel degra-
diert, mit Füßen getreten, vergewaltigt, entrechtet und ver-
sklavt. Wir fühlen uns nicht mehr verpflichtet, die dumpfen Ahnungen, unterbewußten Kenntnisse, übermächtigen
Gefühle und so weiter auszudrücken. Aber unsere neue
Aufgabe erfordert allerdings, daß wir, was zwischen den
Menschen vorgeht, in aller Breite, Widersprüchlichkeit, in
dem Zustand der Lösbarkeit oder Unlösbarkeit vorlegen.
Es gibt nichts, was nicht zur Sache der Gesellschaft gehört.
Die klar bestimmten, beherrschbaren Elemente haben wir
vorzuführen in ihrer Beziehung zu den unklaren, unbe-
herrschbaren, so daß also auch diese in unserm Theater
vorkommen.

DER DRAMATURG Ich sehe, dir fehlt das Besondere, Unterschiedliche, Auffällige. Aber wir bringen das doch auch.
Wir tun keineswegs, als ob *alle* Wissenschaftler bei dieser
Zumutung in Zorn verfielen. Wir können solche und solche
darstellen.

DER PHILOSOPH Und wie macht ihr das?

DER SCHAUSPIELER Den Typ, der in Zorn verfällt, lege ich eben
von Anfang an so an. Der Anfall muß ja logisch kommen,
mit anderen Äußerungen zusammenstimmen, aus dem
Gang des Ganzen hervorgehen. *Mein* Mann verfällt in
Zorn, das wird jedermann begreifen.

DER PHILOSOPH Und so wird denn passieren, was passiert.

DER DRAMATURG Du hast eine scheußliche Art, diesen Satz auszusprechen; als lieferten wir nur, was gekauft wird, sagten
nur, was gefällt. Aber der Satz muß heißen: Es geschieht,
was geschehen muß.

DER PHILOSOPH Nehmen wir an, jemand wird zornig über eine
Zumutung, durch die er sich in seiner Würde gekränkt
fühlt. Ein Diener soll seinen Herrn verraten oder ein Wissenschaftler seine Wissenschaft. Der Schauspieler wird zunächst nur so etwas Allgemeines hervorbringen wie eine

Illustration des Gestus: *Wofür hält man mich?* Dieser Gestus ist von so ziemlich jedermann aufnehmbar, so ziemlich jedermann kann sich eine Situation vorstellen, wo er bei dem Gedanken: *Wofür hält man mich?* in Zorn verfällt. Natürlich wird der Schauspieler den Grundgestus für die Figur abwandeln, dem Diener geben, was des Dieners ist, dem Wissenschaftler, was des Wissenschaftlers ist. Die Zeit wird auch angedeutet sein, durch das Kostüm zumindest. Herauskommen wird: Bei einer solchen Zumutung empöre ich mich und empörst du dich; empört sich der Diener und der Wissenschaftler, hat sich der Mensch immer empört und wird sich der Mensch immer empören.

DER SCHAUSPIELER Ganz so. Denn wir spielen jetzt, und von den Leidenschaften alter Zeiten haben wir die zu wählen, die noch existieren, und wir spielen vor Dienern und Wissenschaftlern zugleich.

DER PHILOSOPH Ja, und darum müßt ihr sorgen, daß der Zornanfall nicht auf Erstaunen stößt. Was passiert, muß passieren können in dem Sinn, daß, was vorgeht, durchgehen können muß.

DER PHILOSOPH Es ist auch deswegen wichtig, daß der Schauspieler sein Wissen um das Betrachtetwerden zum Ausdruck bringt, weil der Zuschauer dadurch lernen kann, im gewöhnlichen Leben sich wie einer zu benehmen, der betrachtet wird. In diesem Punkt ist der Schauspieler ein Vorbild. Der einzelne hat ungeheure Vorteile von dem Bewußtsein, betrachtet zu werden, und auch die Gesellschaft hat davon nur Vorteile.

DER PHILOSOPH Wenn wir auf der Bühne den Schmerz betrachten und zugleich mitempfinden, ist in diesem Betrachten auch darinnen, daß wir ihn zugleich betrachten. Wir sind schmerzvolle, aber zugleich solche, die einen Schmerz, den unsrigen, fast fremd betrachten, also wie solche, die ihn nicht haben, denn nur die können ihn so fremd betrachten. So sind wir nicht ganz und gar aufgelöst in Schmerz, sondern noch etwas Festes ist in uns. Der Schmerz ist dem Nachdenken feindlich, er erstickt es in sich, und das Nachdenken ist ihm feindlich.

DIE SCHAUSPIELERIN Es kann eine Lust sein, zu weinen.

DER PHILOSOPH Das Weinen ist kaum der Ausdruck des Schmerzes, eher der einer Lösung. Aber das Klagen, schon wenn es in Tönen, mehr noch, wenn es in Worten erfolgt, bedeutet eine große Befreiung, denn es ist eine Produktion, zu der der Leidende übergeht. Er vermischt den Schmerz schon mit einer Aufzählung der Schläge, er macht schon etwas aus dem ganz niederschmetternden. Die Betrachtung hat eingesetzt.

DER DRAMATURG Deinen Zwecken am besten würde wohl eine Darstellung entsprechen von der Art, wie die Forscher sie etwa von den Sitten und Gebräuchen wilder Völkerschaften geben. Sie beschreiben in leidenschaftslosem Ton die aufgeregtesten Kriegstänze. Allerdings macht es da einen Unterschied aus, wenn die Darstellung eine körperliche sein soll. Abgesehen davon, daß gewisse Bewegungen ohne gewisse Emotionen nur sehr schwer gemacht werden können, und auch davon abgesehen, daß gewisse Bewegungen gewisse Emotionen erzeugen, wie soll der Darsteller das doch auch zu berichtende Merkmal des Leidenschaftlichen darstellen?

DER PHILOSOPH Wer mit Erstaunen die Eßsitten, die Gerichtspflege, das Liebesleben wilder Völkerschaften betrachtet hat, der wird auch unsere Eßsitten, unsere Gerichtspflege und unser Liebesleben mit Erstaunen betrachten können. Der armselige Spießbürger findet in der Geschichte immer nur die gleichen Triebfedern vor, die seinen. Und die nur, soweit er sie kennt, also nicht sehr weit. *Der* Mensch trinkt nachmittags Kaffee, ist eifersüchtig auf seine Frau, will in der Welt vorwärtskommen, und das tut er nur mehr oder weniger und besser weniger. »Der Mensch ändert sich nicht«, sagt er, und wenn er auch seiner Frau unangenehmer ist, als er ihr vor 20 Jahren war, so waren eben alle Menschen mit 45 ihren Frauen unangenehmer als mit 25 Jahren. »Liebe hat es immer gegeben«, sagt er und wünscht nicht zu ahnen, was unter diesem Begriff einmal verstanden und praktiziert wurde. Er ändert sich nur wie der Bachkiesel, der von den andern Bachkieseln abgeschliffen wird. Und wie der Bachkiesel bewegt er sich vorwärts. Da er kein Ziel verfolgt, könnte er eigentlich alles tun, »unter Umständen« zum Beispiel auch die Welt erobern wie *Cäsar*. Passieren kann ihm alles, in jeder Katastrophe fühlt er sich ganz heimisch. Wie *Lear* hat er Undank geerntet, wie der *Dritte Richard* gewütet. Für seine Frau hat er auf allerhand verzichtet wie *Antonius* für Kleopatra, und zugesetzt hat er ihr mehr oder weniger wie *Othello* der seinen. Ein Unrecht blutig auszuwischen, zögert er wie *Hamlet,* und seine Freunde sind von der Art der *Timon*schen. Er ist durchaus wie jedermann, jedermann ist wie er. Unterschiede sind ihm nicht wesentlich, es ist ihm alles eins. In allen Menschen sieht er *den* Menschen, er, der nur ein Singular des Plurals Menschen ist. So steckt er mit seiner geistigen Armut alles an, womit er geistig in Berührung kommt.

DER PHILOSOPH Auch unsere soziale Umwelt betrachten wir als ein Stück Natur, fast als Landschaft. Das Geld, das Zins bringt, sehen wir an wie den Birnbaum, der Birnen bringt. Die Kriege, welche ähnliche Wirkungen haben und so unvermeidlich erscheinen wie Erdbeben, sehen wir eben dann auch an wie Erdbeben. Sehen wir so etwas an wie die Ehe, so sagen wir: Das ist das Natürliche. Mit Erstaunen hören wir, daß an anderen Orten und an unserem Ort zu anderen

Zeiten andere Verbindungen von Mann und Weib als die natürlichen angesehen wurden.

DER PHILOSOPH Nicht daß man nicht alle Glieder der Kette sieht, ist schlimm, sondern daß man die Kette nicht sieht. Wir haben darüber geklagt, daß wir die Gegner so schwer auf ein und dieselbe Bühne bringen können. Wenngleich hier vermittels einer neuen Technik viel geschehen kann, so kommt es doch hauptsächlich darauf an, daß es nicht so scheint, als gäbe es keine solchen Gegner. Oft schiebt der Dramaturg, wenn er den Gegner nicht sieht oder nicht sichtbar machen kann, irgend etwas anderes vor, was »näherliegt« und den Vorgang einigermaßen begründet, Charakterzüge seiner Helden, besondere Ungunst gerade seiner Verhältnisse und so weiter. Und lückenlos fügt er dann seine Motivierungen, während in Wirklichkeit, da ja die bewegenden Ursachen außerhalb wirken, Wendungen erfolgen müßten, die aus dem vorne gegebenen Material nicht erklärbar sind.

DER PHILOSOPH Andrerseits, wenn schon die Gegner auf der Bühne plaziert werden, entsteht doch oft ein falsches Bild, zum Beispiel wenn die Gegnerschaft als eine naturnotwendige scheint. In einem Stück »Die Weber«, das ein Stückeschreiber verfaßt hat, der erst später, als verkommener Greis, unter dem Anstreicher eine unwürdige Rolle spielte, erschien der Fabrikant einfach als geiziger Mensch, und man konnte glauben, das Elend der Weber könne nur behoben werden, wenn man mit diesem Geiz fertig würde. Die Feindschaft zwischen dem Mann, der das Kapital hatte, und den Menschen, die die Arbeit machten, schien eine natürliche, so natürlich wie die zwischen Löwe und Lamm.

DER PHILOSOPH Die Physiker sagen uns, daß ihnen bei der Untersuchung der kleinsten Stoffteilchen plötzlich ein Verdacht gekommen sei, das Untersuchte sei durch die Untersuchung verändert worden. Zu den Bewegungen, welche sie unter den Mikroskopen beobachten, kommen Bewegungen, welche durch die Mikroskope verursacht sind. Andrerseits werden auch die Instrumente, wahrscheinlich durch die Objekte, auf die sie eingestellt werden, verändert. Das geschieht, wenn Instrumente beobachten, was geschieht erst, wenn Menschen beobachten?

DER DRAMATURG Du räumst dem Verstand eine sehr große Rolle ein. Es ist, als ob du nur solches gestatten wolltest, was durch das Filter des Gehirns gegangen ist. Ich bin nicht der Meinung, daß der Verstand der Künstler kleiner ist als der anderer Leute (es gibt diese Meinung), aber sie haben mehr zur Verfügung als nur ihren Verstand, wenn sie arbeiten. Wenn du nur durchläßt, was sie im Gehirn registriert und dort mit einem Passierschein versehen haben, mag recht wenig auf die Bühne kommen.

DER PHILOSOPH Da ist Wahres dran. Die Menschen tun vieles, was verständig ist, ohne daß es durch ihren Verstand gegangen ist. Darauf kann man nicht gut verzichten. Da ist das Instinktive, und da sind jene Handlungsweisen, welche ein unlösbares Bündel der verschiedensten und widersprechendsten Motive und Versuche sind. Ich sehe keine Gefahr darin, sie mit einem großen Schöpflöffel auf die Bühne zu plazieren. Es kommt nur darauf an, sie so darzubieten, daß eine Begutachtung möglich ist, und zwar eine Begutachtung, die ebenfalls Instinktives und Komplexes haben darf. Ihr wißt, daß man die Dinge auch anders plazieren kann.

DER DRAMATURG Vielleicht sprechen wir kurz über das Moralische. Da gibt es auch solche Stempel »gut« und »schlecht«. Soll denn alles diese Stempel tragen?

DER PHILOSOPH Was nicht gar! Das wäre der Gipfel der Torheit. Eine gewisse Liebe zum Menschen muß natürlich beim Künstler dasein. Diese Freude am Menschlichen kann ihn gerade dazu bringen, daß ihn auch die bösen Regungen erfreuen, das heißt die Regungen, die mit Recht oder Unrecht als der Gesellschaft schädliche bezeichnet werden. Ich denke, es genügt, wenn ihr den Standpunkt der Gesellschaft in ihrem weitesten Sinne, also nicht nur einer bestimmten, momentanen Form, vertretet. Ihr müßt nicht den einzelnen Menschen verfolgen, der so oft ein Verfolgter ist. Ihr müßt das Ganze im Auge haben und sorgen, daß es dem Zuschauer im Auge bleibt.

Abbau der Illusion und der Einfühlung

DER DRAMATURG Wie ist es mit der vierten Wand?

DER PHILOSOPH Was ist das?

DER DRAMATURG Für gewöhnlich spielt man so, als ob die Bühne nicht nur drei Wände, sondern viere hätte; die vierte da, wo das Publikum sitzt. Es wird ja der Anschein geweckt und aufrechterhalten, daß, was auf der Bühne passiert, ein echter Vorgang aus dem Leben ist, und dort ist natürlich kein Publikum. Mit der vierten Wand spielen heißt also so spielen, als ob kein Publikum da wäre.

DER SCHAUSPIELER Du verstehst, das Publikum sieht, selber ungesehen, ganz intime Vorgänge. Es ist genau, als ob einer durch ein Schlüsselloch eine Szene belauscht unter Leuten, die keine Ahnung haben, daß sie nicht unter sich sind. In Wirklichkeit arrangieren wir natürlich alles so, daß man alles gut sieht. Dieses Arrangement wird nur verborgen.

DER PHILOSOPH Ach so, das Publikum nimmt dann stillschweigend an, daß es gar nicht im Theater sitzt, da es anscheinend nicht bemerkt wird. Es hat die Illusion, vor einem Schlüsselloch zu sitzen. Da sollte es aber auch erst in den Garderoben klatschen.

DER SCHAUSPIELER Aber durch sein Klatschen bestätigt es doch gerade, daß es den Schauspielern gelungen ist, so aufzutreten, als sei es nicht vorhanden!

DER PHILOSOPH Brauchen wir diese verwickelte geheime Abmachung zwischen den Spielern und dir?

DER ARBEITER Ich brauche sie nicht. Aber vielleicht brauchen die Künstler sie?

DER SCHAUSPIELER Für realistisches Spiel wird sie als nötig angesehen.

DER ARBEITER Ich bin für realistisches Spiel.

DER PHILOSOPH Aber daß man im Theater sitzt und nicht vor einem Schlüsselloch, ist doch auch eine Realität! Wie kann es da realistisch sein, das wegzuschminken? Nein, die vierte Wand wollen wir niederlegen. Das Abkommen ist hiermit gekündigt. Zeigt in Zukunft ganz ohne Scheu, daß ihr alles so arrangiert, wie es für unsere Einsicht am besten ist.

DER SCHAUSPIELER Das heißt, wir nehmen also von euch von jetzt ab offiziell Notiz. Wir können herunterblicken auf euch und sogar mit euch sprechen.

DER PHILOSOPH Natürlich. Wo immer es der Demonstration nützt.

DER SCHAUSPIELER *murmelnd:* Also zurück zu »Er spricht beiseite«, zu »Verehrtes Publikum, ich bin der König Herodes« und dem Die-Beine-Werfen nach den Offizierslogen!

DER PHILOSOPH *murmelnd:* Kein schwierigerer Vormarsch als der zurück zur Vernunft!

DER SCHAUSPIELER *ausbrechend:* Herr, das Theater ist in mancher Hinsicht sehr heruntergekommen, das wissen wir. Aber bisher hat es doch noch die Formen gewahrt. So sprach es zum Beispiel nicht direkt die Besucher an. So geistesschwach und korrupt es auch geworden sein mag, es machte sich immerhin noch nicht gemein. Mit ihm mußte man immerhin noch auf gewissen Umwegen verkehren. Herr, wir spielten hier bisher nicht für Krethi und Plethi, die sich ein Billett kaufen, sondern für die Kunst!

DER ARBEITER Wen meint er mit Krethi und Plethi?

DER PHILOSOPH Uns.

DER SCHAUSPIELER Für die Kunst. Herr! Und Sie sind schlicht und einfach lediglich Anwesende! Vielleicht bemühen Sie sich ein Haus weiter, wo Sie Etablissements finden, in denen die Mädchen Ihnen auf Wunsch den Hintern zeigen.

DER PHILOSOPH Und bei euch zeigen die Mädchen den Hintern nur den Mitspielern, in die uns hineinzuversetzen vornehm anheimgegeben wird, wie?

DER DRAMATURG Meine Herren, Haltung!

DER ARBEITER Die Hintern hat *er* in die Debatte geworfen.

DER PHILOSOPH Dabei zeigen sie uns doch höchstens die Seelen!

DER SCHAUSPIELER Und Sie meinen, das kann man ohne Scham? Und was meinen Sie mit höchstens?

DER DRAMATURG Es ist schlimm, daß Sie jeden Streitapfel aufheben. Könnten Sie nicht wenigstens jetzt, nachdem Sie mit philosophischem Zorn reagiert haben, mit philosophischer Gelassenheit agieren?

DER PHILOSOPH Unsere kritische Haltung kommt davon, daß wir nunmehr ein großes Vertrauen in die menschliche Arbeits- und Erfindungskraft gewonnen haben und ein Mißtrauen dagegen, daß alles bleiben muß, wie es ist, auch wenn es schlecht ist wie unsere staatlichen Einrichtungen. Der Zwang und die Unterdrückung mögen einmal in der Geschichte große Arbeiten erzwungen, die Möglichkeit, Menschen auszubeuten, mag einmal Gehirne zu Plänen in Bewegung gesetzt haben, welche auch der Allgemeinheit einen gewissen Nutzen brachten. Heute lähmt das alles. Darum könnt ihr Schauspieler nunmehr eure Figuren so darstellen, daß man sie auch anders handelnd sich vorstellen kann, als sie handeln, selbst wenn genügend Gründe vorliegen, daß sie ebenso handeln. So wie ein großzügigerer Ingenieur, der mehr Erfahrungen hat, die Zeichnungen seines Vorgängers korrigiert, neue Linien über die alten legt, Zahlen durchstreicht und durch andere ersetzt, kritische Bemerkungen und Kommentare einschreibt, könnt auch ihr bei der Zeichnung eurer Figuren verfahren. Ihr könnt die berühmte erste Szene des »Lear«, in der er sein Reich unter die Töchter verteilt, nach dem Maß ihrer Liebe zu ihm, wobei er ein ganz trügliches Maß benutzt, so darstellen, daß der Zuschauer sich sagt: Er handelt falsch, wenn er nur dies nicht sagte oder nur das dort bemerkte oder doch nachdächte.

DER PHILOSOPH Um was für ein Denken handelt es sich nun? Und ist es ein Denken gegen das Fühlen, jenes bloße Ringen um Nüchternheit? Ein solcher Ruf nach Nüchternheit, ein solches »Laßt uns nicht im Rausch Entscheidungen treffen!« oder »Schalten wir Überlegungen ein!« ist angesichts der Tätigkeit unserer Magier auf der Bühne recht angebracht, aber das ist nur eine niedere Stufe. Wir haben bereits gefunden, daß wir mit der Überzeugung aufräumen müssen, man nähere sich dem Kunstgenuß erst, indem man sich von der Nüchternheit entfernt und dem Rausch nähert – wir wissen schon, daß die ganze Skala von der Nüchternheit bis zum Rausch und daß der Gegensatz von Nüchternheit zum Rausch im Kunstgenuß gegenwärtig ist.

Ganz unnötig, ja hinderlich wäre es für unsere Zwecke, die Figuren und Auftritte einem kalten Zurkenntnisnehmen und Abwägen darbieten zu wollen. Alle Ahnungen, Erwartungen, Sympathien, die wir Leuten in der Wirklichkeit entgegenbringen, mögen wir auch hier aufbieten. Sie sollen nicht Figuren sehen, die nur Täter ihrer Tat sind, das heißt eben noch ihre Auftritte ermöglichen, sondern Menschen: wandelnde Rohstoffe, unausgeformt und unausdefiniert, die sie überraschen können. Nur solchen Figuren gegenüber werden sie echtes Denken praktizieren, nämlich interessebedingtes, von Gefühlen eingeleitetes, begleitetes Denken, ein Denken in allen Stadien der Bewußtheit, Klarheit, Effektivität.

DER SCHAUSPIELER Bin ich nicht durch den Text des Stücke-schreibers an Händen und Füßen gefesselt?

DER PHILOSOPH Du könntest den Text behandeln wie einen authentischen, aber vieldeutigen Bericht. Ein verschwommener Cäsar, erfährst du, habe, umringt von adeligen Attentätern, zu einem gewissen Brutus gemurmelt: »Auch du, Brutus.« – Der Hörer eines solchen Berichts, erhält er ihn nicht in seiner Stückzeile, sondern irgendwie sonst, hat nicht allzuviel erfahren, seine Kenntnis der Welt hat nicht beträchtlich zugenommen. Selbst wenn er geneigt ist, zu verallgemeinern, kann er dies in viele falsche Richtungen besorgen. Nun brichst du, der Darsteller, in diese vage, nebelhafte Vorstellung und repräsentierst das Leben selber. Wenn du fertig bist, sollte dein Zuschauer mehr gesehen haben als selbst ein Augenzeuge des ursprünglichen Vorgangs.

DER DRAMATURG Was ist mit den phantastischen Stücken? Geben die nicht nur Berichte über den Dichter?

DER PHILOSOPH Nein, nicht nur. Das sind für euch Berichte von Träumen oder Entwürfen, in denen der Stückeschreiber ebenfalls über die Wirklichkeit verfügt. Selbst wenn ihr hier zu suchen habt, was er da gesehen haben mag, was die Absicht seiner Erzählung gewesen sein kann und so weiter, bleibt für euch immer noch sehr viel Raum.

DER SCHAUSPIELER Sicher doch, du willst nicht sagen, daß ich eine Figur nachahmen soll, in die [ich] mich nicht im Geiste hineinversetzt habe?

DER PHILOSOPH Um die Figur aufzubauen, sind mehrere Operationen nötig. Für gewöhnlich ahmt ihr ja nicht Leute nach, die ihr gesehen habt, sondern müßt euch die Personen, die ihr nachahmen wollt, erst vorstellen. Ihr geht von

dem aus, was der Text, den ihr zu sprechen habt, die Handlungen und Reaktionen, die euch vorgeschrieben sind, die
Situationen, in denen eure Figur sich entwickeln soll, euch
in die Hand gibt. Ihr werdet wohl immer wieder euch in
die Person, die ihr darstellen sollt, in ihre Lage, in ihre
Körperlichkeit, in ihre Denkweise im Geist hineinversetzen
müssen. Das ist eine der Operationen des Aufbaus der Figur. Es fördert durchaus unsere Zwecke, nur ist nötig, daß
ihr es versteht, euch dann wieder hinauszuversetzen. Es ist
ein großer Unterschied, ob jemand eine Vorstellung von
etwas hat, wozu er Phantasie braucht, oder eine Illusion,
wozu er Unverstand braucht. Wir brauchen für unsere
Zwecke Phantasie; auch dem Zuschauer wollen wir eine
Vorstellung von einer Begebenheit vermitteln, nicht eine
Illusion erzeugen.

DER SCHAUSPIELER Ich glaube, du hast eine übertriebene Meinung, fast eine Illusion darüber, wie tief wir Schauspieler
des alten Theaters uns in die Rollen einfühlen. Ich kann dir
sagen, wir denken an allerhand beim Spielen des Lear,
woran Lear kaum gedacht haben dürfte.

DER PHILOSOPH Ich zweifle nicht daran. Nämlich daran, wie
ihr dies bringen und wie ihr das vermeiden könnt und so
weiter. Auch ob das Requisit zurechtgelegt wurde und ob
der Komiker nicht wieder plötzlich mit den Ohren wak-
keln wird, wenn ihr euren großen Satz habt. Aber das sind
lauter Gedanken, die der Bemühung gewidmet sind, das
Publikum nicht aus seiner Illusion aufwachen zu lassen.
Sie mögen eure Einfühlung stören, aber sie vertiefen die
des Publikums. Und es ist mir ja bei weitem wichtiger, daß
die letzte nicht zustande kommt, als daß die eure nicht
gestört wird.

DER SCHAUSPIELER Das Sichhineinversetzen in die Person soll
also nur bei den Proben vor sich gehen und nicht auch beim
Spielen?

DER PHILOSOPH Ich bin jetzt in einiger Verlegenheit mit meiner

Antwort. Ich könnte einfach antworten: Beim Spielen sollt ihr euch nicht in die Person hineinversetzen. Dazu wäre ich durchaus berechtigt. Einmal, da ich einen Unterschied zwischen Sicheinfühlen und Sichhineinversetzen gemacht habe, dann weil ich wirklich glaube, die Einfühlung ist ganz unnötig, vor allem aber, weil ich fürchte, durch eine andere Antwort, wie immer sie sei, dem ganzen alten Unfug wieder ein Türlein zu öffnen, nachdem ich das Tor vor ihm verschlossen habe. Gleichwohl zögere ich. Ich kann mir Einfühlung als Grenzfall vorstellen, ohne daß Schaden geschieht. Durch eine Reihe von Vorkehrungen könnte man Schaden vermeiden. Sie müßte unterbrochen werden und nur an bestimmten Stellen stehen oder ganz, ganz schwach sein und gemischt mit kräftigen andern Operationen. Ich habe tatsächlich schon ein solches Spiel gesehen, bei dem – es handelte sich um die letzte Probe nach sehr vielen Proben, alle waren müde, man wollte nur noch einmal den Text und die Stellungen memorieren, bewegte sich mechanisch, sprach halblaut – ich über den Effekt befriedigt war, aber nicht zuverlässig feststellen konnte, ob bei den Schauspielern Einfühlung stattfand oder nicht. Ich muß aber sagen, daß die Schauspieler niemals wagen würden, so vor Publikum zu spielen, das heißt so wenig akzentuiert und so lässig, was die Wirkung betrifft (weil so darauf konzentriert, was alle »Äußerlichkeiten« betraf), so daß die Einfühlung, falls sie vorhanden war, wahrscheinlich nur deshalb nicht störte, weil eben das Spiel nicht belebt war. Kurz, wenn ich sicher sein könnte, daß ihr den ungeheuren Unterschied zwischen dem neuen Spiel und dem alten, das auf voller Einfühlung beruht, als kaum weniger ungeheuer sehen könntet, wenn ich ganz schwache Einfühlung für möglich erkläre, dann würde ich es tun. Die Meisterschaft aber würde ich bemessen danach, mit wie wenig Einfühlung ihr auskommt und nicht, wie es sonst geschieht, danach, wieviel ihr davon zustande bringt.

DER DRAMATURG Können wir so sagen: So wie man jetzt diejenigen Dilettanten heißt, die keine Einfühlung zustande
bringen, wird man vielleicht einmal diejenigen Dilettanten
heißen, die nicht ohne sie auskommen? Sei ganz beruhigt.
Du nimmst deiner Spielweise in unseren Augen ihr Befremdliches mit deinem weisen Zugeständnis nicht.

DER SCHAUSPIELER Bedeutet Ausschaltung der *Einfühlung* Ausschaltung alles Gefühlsmäßigen?

DER PHILOSOPH Nein, nein. Weder soll die gefühlsmäßige
Anteilnahme des Publikums noch die des Schauspielers gehindert werden, weder die Darstellung von Gefühlen gehindert noch die Verwendung von Gefühlen durch den Schauspieler vereitelt werden. Nur eine der vielen möglichen
Gefühlsquellen, die Einfühlung, soll unbenutzt oder doch
wenigstens zur Nebenquelle gemacht werden.

[Das Theater des Shakespeare]

DER DRAMATURG Wenige Jahre, bevor Shakespeares erstes
Stück erschien, führte Marlowe den reimlosen Jambenvers
ein und veredelte damit die Volksstücke, so daß diese nunmehr die steifen Seneca-Imitationen der konventionellen
Literaten auch bei den Kennern verdrängten. Das Inein-
anderflechten zweier Handlungen, im »Kaufmann von
Venedig« so virtuos ausgeführt, war ein technisches Novum
in dieser Zeit. Sie war voll von solchen schnellen, unge-
stümen und rücksichtslosen Fortschritten. Die Stücke bekamen eben den Charakter von Waren, aber die Eigentums-
verhältnisse waren noch chaotisch. Weder die Gedanken
noch die Bilder, Vorfälle, Einfälle, Erfindungen waren
gesetzlich geschützt, die Bühne diente ebenso als Fundgrube wie das Leben. Die großen Charaktere sind die
groben Charaktere, die verfeinert sind, die kunstvolle

Sprache ist die rohe Sprache, die veredelt ist. Was war Konzession an die Gebildeten in den Logen, was Konzession an die Stehparterres? Das College kontrollierte den Biergarten und der Biergarten das College.

DER DRAMATURG In einem Schauspielmanuskript von 1601 sind mehrere Varianten angeführt, und am Rand bemerkt der Verfasser: »Die eine oder andere dieser Änderungen, wählt, die euch am besten scheint« und »Wenn diese Formulierung schwer verständlich oder nicht für das Publikum geeignet ist, kann die andere genommen werden«.

DER DRAMATURG Im Theater sitzen schon Frauen, aber die Frauenrollen werden noch von Knaben gespielt. Da es keine Prospekte gibt, übernimmt der Dichter die Aufgabe, Landschaft zu malen. Der Bühnenraum hat keinerlei Bestimmtheit, er kann eine ganze Heide sein. In »Richard III.« (V, 3) tritt zwischen zwei Heerlagern mit Richards und Richmonds Zelten, für beide sichtbar und hörbar, im Traum der beiden ein Geist auf, der sich an beide wendet. Ein Theater voll von V-Effekten!

DER DRAMATURG Es wird auch geraucht in diesen Theatern. Im Zuschauerraum wird Tabak verkauft. Auf der Bühne sitzen also Snobs mit Pfeifen und betrachten träumerisch, wie der Schauspieler den Tod des Macbeth darstellt.

DER SCHAUSPIELER Aber ist es nicht nötig, das Theater herauszuheben aus der Straße, dem Spielen einen besonderen Charakter zu verleihen – da es ja eben nicht auf der Straße und nicht zufällig und nicht durch Laien und nicht angeregt durch einen Vorfall stattfindet?

DER PHILOSOPH All diese Umstände heben es genügend heraus, denke ich. Alle diese Unterschiede, die zwischen Theater und Straße bestehen, sollen ja auch besonders herausgehoben werden. Da soll beileibe nichts weggeschminkt werden!

Aber wenn man die beiden Demonstrationen noch so sehr unterscheidet, so muß doch der theatralischen wenigstens etwas von der ursprünglichen Funktion der alltäglichen bleiben. Gerade durch das Unterstreichen der Verschiedenheit, des Professionellen, Vorbereiteten und so weiter erhält man diese Funktion frisch.

DER DRAMATURG Nichts zeigt uns so glücklich den profanen, nüchternen und gesunden Charakter des elisabethanischen Theaters wie das Studium der Kontrakte Shakespeares mit den Truppen, die ihm einen Aktienanteil von einem Siebtel und einem Vierzehntel an den Einnahmen zweier Theater sichern, der Streichungen, die er in seinen Stücken vornahm, die ein Viertel bis zu einem Drittel aller Verse ausmachten, seiner Anweisungen an die Schauspieler (im »Hamlet«), natürlich und zurückhaltend zu spielen. Wenn man dann noch weiß, daß unter offenem Himmel am Tag gespielt wurde (und natürlich auch geprobt!), meist ohne jede Andeutung des Schauplatzes und in größter Nähe der Zuschauer, die auf allen Seiten, auch auf der Bühne saßen, während eine Menge stand und herumging, bekommt man den richtigen Eindruck davon, wie irdisch, unheilig und zauberlos dies alles vor sich ging.

DER SCHAUSPIELER So wurde »Ein Sommernachtstraum« bei Tageslicht gespielt, und der Geist in »Hamlet« trat bei Tageslicht auf? Und die Illusion?

DER DRAMATURG Es wurde Phantasie vorausgesetzt.

DER DRAMATURG Und die Tragik beim Shakespeare?

DER PHILOSOPH Der Untergang der Feudalen ist dort tragisch gesehen. *Lear,* befangen in patriarchalischen Vorstellungen; *Richard III.,* der nicht Liebenswerte, der sich fürchterlich macht; *Macbeth,* der Ehrgeizige, den die Hexen täuschen; *Antonius,* der Wollüstige, der die Weltherrschaft riskiert; *Othello,* den die Eifersucht umbringt – sie alle existieren in einer neuen Welt, an der sie zerschellen.

DER SCHAUSPIELER Vielen mag diese Erklärung die Stücke platt machen.

DER PHILOSOPH Aber was gibt es Vielfältigeres, Wichtigeres und Interessanteres als den Untergang großer herrschender Klassen?

DER DRAMATURG Die Dramen des Shakespeare sind ungemein lebendig. Sie scheinen nach den Rollenbüchern gedruckt worden zu sein, mit den Extempores der Schauspieler und den Korrekturen bei den Proben. Die Notierung der Jamben zeigt, daß sie oft nach dem Gehör allein vorgenommen wurde. Der »Hamlet« hat mich immer besonders interessiert aus folgendem Grund: Wir wissen, daß er die Bearbeitung eines älteren Stückes, verfaßt von einem gewissen Thomas Kyd, war, das einige Jahre zuvor einen großen Erfolg gehabt hatte. Es behandelte die Reinigung eines Augiasstalls. Der Held, Hamlet, räumte in seiner Familie auf. Er scheint es ohne jede Hemmung getan zu haben, alles scheint auf den letzten Akt angelegt gewesen zu sein. Der Star von Shakespeares Globetheater war aber ein breiter, kurzatmiger Mann, so daß eine Zeitlang die Helden alle breit und kurzatmig sind, Macbeth sowohl als Lear. Für ihn und wohl auch durch ihn wurde die Handlung nun vertieft. Es wurden Stromschnellen eingebaut. Das Stück wurde so viel interessanter. Es sieht ganz so aus, als ob sie das Stück bis zum vierten Akt auf der Bühne modelten und umarbeiteten und dann vor der Schwierigkeit standen, mit diesem zögernden Hamlet zu dem rasanten Schlußblutbad zu kommen, das der Erfolg des älteren Stückes gewesen war. Im vierten Akt stehen mehrere Szenen, jede einzelne eine Lösung der Aufgabe. Vielleicht brauchte der Darsteller sie alle zusammen, vielleicht aber auch nur eine davon, und die anderen kamen dennoch ins Buch. Sie haben alle den Charakter von Einfällen.

DER SCHAUSPIELER Vielleicht sind sie gemacht worden, wie heute Filme gemacht werden.

DER DRAMATURG Möglicherweise. Aber sie müssen von einem literarisch sehr begabten Menschen für die Buchausgabe fixiert worden sein.

DER SCHAUSPIELER Nach deiner Beschreibung sieht man den Shakespeare jeden Tag eine neue Szene bringen.

DER DRAMATURG Richtig. Ich meine, sie experimentierten. Sie experimentierten nicht weniger als Galilei zur selben Zeit in Florenz und als Bacon in London. Darum tut man auch gut, die Stücke experimentierend aufzuführen.

DER SCHAUSPIELER Das wird als Sakrileg angesehen.

DER DRAMATURG Die Stücke verdanken Sakrilegen ihre Existenz.

DER SCHAUSPIELER Man setzt sich dem Vorwurf aus, sie nicht als vollkommen zu betrachten, wenn man sie ändert.

DER DRAMATURG Das ist eine falsche Vorstellung von Vollkommenheit, nichts sonst.

DER PHILOSOPH Die Experimente des Globetheaters wie die des Galilei, der den Globus in besonderer Weise behandelte, entsprachen der Umbildung des Globus selber. Das Bürgertum machte seine ersten zögernden Schritte. Seinem kurzatmigen Charakterspieler hätte Shakespeare die Hamlet-Rolle nicht auf den Leib schreiben können, wenn die feudale Familie sich nicht eben aufgelöst hätte. Das neue bürgerliche Denken des Hamlet ist eine Krankheit des Hamlet. Seine Experimente führen geradewegs in die Katastrophe.

DER DRAMATURG Umwegs, nicht geradewegs.

DER PHILOSOPH Schön, umwegs. Das Stück hat etwas von der Dauerhaftigkeit des Provisorischen, und um es zu behalten, muß man es zweifellos auflösen, ich gebe dir recht.

DER SCHAUSPIELER Wir sollen also solche Dinge wie das *Bis-hierher-und-nicht-weiter* oder das *Nicht-weiter-aber-bis-hierher* zu zeigen versuchen. Das ist allerdings etwas anderes als das grenzenlose Austoben bei den Alten, das mit dem Untergang abschließt. Es ist da ein *Verhältnismäßig* darin, was du immer berücksichtigt haben willst, das hat natürlich nicht die gleiche starke Wirkung wie das Absolute. Wenn ich einen Mann verhältnismäßig ehrgeizig zeige, so geht man kaum so mit, als wenn ich ihn ganz und gar ehrgeizig zeige.

DER PHILOSOPH Aber im Leben sind die Leute eher verhältnismäßig ehrgeizig als ganz und gar ehrgeizig, nicht?

DER SCHAUSPIELER Vielleicht. Aber was mit der Wirkung?

DER PHILOSOPH Die mußt du eben mit dem erzielen, was im Leben eher vorkommt. Deine Sorge.

DER SCHAUSPIELER Ein netter Macbeth: einmal ehrgeizig, einmal nicht und nur verhältnismäßig ehrgeiziger als Duncan. Und dein Hamlet: recht zögernd, aber doch auch recht zu übereiltem Handeln neigend, wie? Und Klytämnestra: ziemlich rachsüchtig. Romeo: einigermaßen verliebt!

DER DRAMATURG Mehr oder weniger, ja. Du brauchst nicht zu lachen. Er ist beim Shakespeare schon verliebt, wenn er seine Julia noch nicht gesehen hat. Danach ist er mehr verliebt.

DER SCHAUSPIELER Aha, gefüllte Samenstränge! Als ob das nicht mehr Leute hätten außer Romeo, und sie sind keine Romeos.

DER PHILOSOPH Immerhin, auch Romeo hat sie. Es ist ein großer realistischer Zug beim Shakespeare, daß er das bemerkt.

DER SCHAUSPIELER Und die Faszination des Dritten Richard, wie soll ich die bringen, wenn ich die Figur nicht ganz und gar damit anfülle?

DER DRAMATURG Du meinst in der Szene, wo er die Witwe des von ihm Ermordeten so fasziniert, daß sie ihm verfällt? Ich habe zwei Lösungen. Entweder man zeigt, daß der Terror sie bezwingt, oder man macht sie häßlich. Aber wie immer man die Faszinierung zeigt, man wird nichts gewonnen haben, wenn man nicht im weiteren Verlauf des Stückes zeigen kann, wie sie versagt. Also muß man eine verhältnismäßige Faszinierungskraft zeigen.

[DER PHILOSOPH] Oh, ihr zeigt es schon. Aber so zeigen Trompeter Messing und der Apfelbaum im Winter Schnee. Ihr verwechselt zwei Dinge: daß man etwas bei euch findet und daß ihr etwas zeigt.

DER DRAMATURG So müssen wir alle die schönen alten Stücke wegwerfen?

DER PHILOSOPH Ich denke nicht, daß ihr das müßt.

DER SCHAUSPIELER Was mit »King Lear«?

DER PHILOSOPH Dieses Stück enthält einen Bericht über das Zusammenleben der Menschen in alter Zeit; ihr braucht nur den Bericht zu vervollständigen.

DER DRAMATURG Viele sind dafür, daß solche Stücke aufgeführt werden, wie sie sind, und nennen jede Änderung daran barbarisch.

DER PHILOSOPH Aber es ist auch ein barbarisches Stück. Natürlich müßt ihr sehr achtsam vorgehen, daß ihr seine Schönheit nicht zerstört. Wenn ihr es nach den neuen Regeln spielt, so daß eure Zuschauer sich nicht restlos in diesen König einfühlen, könnt ihr beinahe das ganze Stück aufführen, mit geringen Zusätzen, welche die Zuschauer bei Vernunft bleiben lassen. Es darf nicht sein, daß die Zuschauer, selbst die Bediensteten unter ihnen, so die Partei des Lear nehmen, daß sie jubeln, wenn ein Diener, wie es in der vierten Szene des ersten Aktes geschieht, geprügelt wird, weil er einen Befehl seiner Herrin ausführt.

DER SCHAUSPIELER Wie soll man das verhindern?

DER DRAMATURG Oh, er könnte geprügelt werden, sich dabei aber einen Schaden zuziehen und mit allen Anzeichen großer

Schmerzen hinauskriechen. Die Stimmung würde dann umschlagen.

DER SCHAUSPIELER Dann würde man, aus einem Grund, der aus ganz neuen Zeiten stammt, gegen den Lear Stellung nehmen.

DER DRAMATURG Nicht, wenn man diese Linie durchführt. Man kann die Bediensteten des überall abgewiesenen Königs zeigen, ein kleines Häuflein, das nirgends mehr genährt wird und ihn verfolgt mit ihren stummen Vorwürfen. Ihr Anblick müßte Lear peinigen, und das würde einen guten Grund für seine Raserei abgeben. Die feudalen Verhältnisse müssen einfach gestaltet werden.

DER SCHAUSPIELER Da könnte man dann auch die Zerteilung des Reiches ernst nehmen und in der ersten Szene eine Karte zerreißen lassen. Lear könnte die Fetzen seinen Töchtern zuwerfen, im Glauben, sich ihre Liebe dadurch zu sichern. Besonders, wenn er den dritten Fetzen, der der Cordelia zugedacht war, noch einmal zerteilt, um die neuen Fetzen den andern Töchtern zuzuwerfen, würde man die Zuschauer zum Nachdenken bringen.

DER DRAMATURG Aber das Stück würde zerstört sein, denn damit würde etwas eingeleitet, was keine Fortführung erfährt.

DER PHILOSOPH Vielleicht gibt es eine Fortführung. Man muß das Stück studieren. Übrigens würde es nichts schaden, wenn solche abnormen Stellen vorkämen, wenn man also auf solche Nester stieße, wo Unstimmigkeiten ausgebrütet werden. Die alten Berichte sind voll von derlei. Für Zuschauer ohne jeden historischen Sinn kann man diese mittelalterlichen Stücke sowieso nicht aufführen. Da wäre nur Dummheit. Meiner Meinung nach würde der Shakespeare, der ein großer Realist ist, diese Prüfung gut bestehen. Er hat immer viel Rohmaterial auf die Bühne geschaufelt, unausgerichtete Schilderungen von Gesehenem. Und in seinen Werken sind jene wertvollen Bruchstellen, wo das Neue seiner Zeit auf das Alte stieß. Auch sind wir die Väter neuer, aber die Söhne alter Zeit und verstehen vieles weit zurück und sind imstande, die Gefühle noch zu teilen, welche einmal überwältigend waren und groß erweckt wurden. Ist doch auch die Gesellschaft, in der wir leben, eine so sehr komplexe. Der Mensch ist, wie die Klassiker sagen, das Ensemble aller gesellschaftlichen Verhältnisse aller Zeiten. Jedoch ist auch viel Totes in diesen Werken, Schiefes und Leeres. Es kann in den Büchern stehenbleiben, da man nicht weiß, ob es nicht nur scheintot ist, und da es andere Erscheinungen dieser vergangenen Zeit erklären mag. Ich möchte euer Augenmerk beinahe mehr noch auf das mannigfache Lebendige lenken, das in diesen Werken enthalten ist an scheinbar toten Stellen. Ein Winziges hinzugetan, und es lebt auf, gerade jetzt, gerade erst jetzt. Die Hauptsache ist eben, diese alten Werke historisch zu spielen, und das heißt, sie in kräftigen Gegensatz zu unserer Zeit setzen. Denn nur auf dem Hintergrund unserer Zeit erscheint ihre Gestalt als alte Gestalt, und ich bezweifle, ob sie ohne diesen Hintergrund überhaupt als Gestalt erschiene.

DER DRAMATURG Was mit den alten Meisterwerken?

DER PHILOSOPH Die klassische Haltung zeigte mir ein alter Arbeiter aus einer Spinnerei, der auf meinem Schreibtisch ein uraltes Messer liegen sah, Teil eines Bauernbestecks, mit dem ich Bücher aufschnitt. Er nahm das schöne Ding in seine große, rissige Hand, betrachtete mit zusammengekniffenen Augen den kleinen, silberbeschlagenen Hartholzgriff und die schmale Klinge und sagte: »Das haben sie also doch schon machen können, als es noch Hexen für sie gab.« Ich konnte deutlich sehen, daß er stolz auf die feine Arbeit war. »Den Stahl machen sie jetzt besser«, fuhr er fort, »aber wie es in der Hand liegt! Heute machen sie die Messer wie Hämmer, kein Mensch wiegt mehr den Griff gegen die Klinge ab. Freilich, an so was hat einer vielleicht tagelang herumgebosselt. Das machen sie jetzt in nullkommafünf, nur könnte es besser sein.«

DER SCHAUSPIELER Er sah alles, was dran schön war?

DER PHILOSOPH Alles. Er hatte diesen sechsten Sinn für Geschichte.

Das Theater des Piscator

DER DRAMATURG In der Zeit nach dem ersten Weltkrieg, bevor der Anstreicher kam, machte *Piscator* sein Theater in Berlin auf. Viele halten ihn für einen der größten Theaterleute. Er bekam das Geld von einem Bierbrauer, der in einem Theater mit seinen schwer kontrollierbaren Einnahmen und Ausgaben eine Möglichkeit sah, die Steuerbehörden an der Nase herumzuführen. Es waren mehr als eine Million Mark, was er für seine Experimente ausgab. Mit jedem Stück, das er aufführte, baute er das Theater, nicht nur die Bühne um. Aber die größten Änderungen traf er auf der Bühne. Er machte den Fußboden beweglich, indem er zwei breite Bänder darüber legte, die, von einem Motor getrieben, zum Laufen gebracht werden konnten, so daß die Schauspieler marschieren konnten, ohne vom Fleck zu müssen. So konnte er ein ganzes Stück in Fluß bringen. Es zeigte den Marsch eines Soldaten zur Front, durch Rekrutierungsbüro, Klinik und Kaserne, über Landstraßen, durch Lager, in Scheunen, in die Schlacht. Das Stück zeigte, wie die Oberen den Soldaten in Marsch setzten, wie er aber ihre Pläne immerfort durchkreuzte und, obwohl er scheinbar alle Befehle ausführte, niemals wirklich aufs Schlachtfeld gelangte. Für dasselbe Stück verwendete er als Rückwand einen gezeichneten Film, in dem die Oberen verspottet wurden. Überhaupt führte er den Film ins Theater ein und machte so die Kulisse zur Schauspielerin. In einem andern Stück baute er, auf zwei einander schneidenden Drehbühnen viele Schauplätze, auf denen mitunter

zu gleicher Zeit gespielt wurde. Dabei senkte sich der Bühnenboden zugleich mit dem Dach: Niemals hatte das Theater,
noch ein anderes, Maschinen tragen müssen.

[DER DRAMATURG] Das Theater des Piscator, geführt mit den
Geldern eines Bierbrauers und eines Kinobesitzers, von denen der eine eine Schauspielerin zur Freundin und der andere
nur gesellschaftlichen Ehrgeiz hatte, wurde beinahe ausschließlich von Großbürgern, Proletariern und Intellek-
tuellen besucht. Das Parkett war sehr teuer, die Galerie sehr
billig; ein Teil der proletarischen Zuschauer abonnierte die
Vorstellungen. Dieser Teil war finanziell eine starke Be-
lastung, da die Ausstattung der vielen Maschinerie wegen sehr
teuer kam. Das Theater war aktuell, nicht nur, wo es Tages-,
sondern auch, wo es Jahrtausendfragen behandelte. Ein Kollektiv von Dramatikern diskutierte auf der Bühne in einer
Art Dauerdiskussion, und die Diskussion setzte sich fort
durch die ganze große Stadt in den Zeitungen, Salons, Kaffee-
häusern und Stuben. Es gab keine Theaterzensur, und die gesellschaftlichen Gegensätze waren stark und wurden stärker.
Die Großbürger fürchteten die Junker, welche immer noch
in den Ämtern und beim Militär herrschten, und die Arbeiter wehrten sich gegen die kleinbürgerlichen Tendenzen in den
eigenen Parteien. Das Theater des Piscator besorgte den An-
schauungsunterricht. Hier konnte man sehen, wie die Revolution von 18 gescheitert war, wie die Kämpfe um Märkte
und Rohstoffe Kriege hervorriefen, wie die Kriege vermittels unwilliger Völker geführt wurden, wie siegreiche Revolutionen gemacht wurden. Das Theater selber als Kunstinsti-
tut veränderte sich gewaltsam mit jeder neuen Aufgabe, der
es sich unterzog, es hatte zuzeiten nur noch sehr wenig mit
Kunst zu tun. Die einmontierten Demonstrationen aller Art
zerrissen Fabel wie Charakterführung der Personen, und
Alltagssprache wechselte brutal mit Deklamation, Schauspiel
mit Film, Referat mit Spiel. Der Hintergrund, ehemals – und

in den benachbarten Theatern noch immer der unbewegte Geselle, wurde zum Star des Theaters und spielte sich groß an die Rampe. Er bestand aus einer Filmleinwand. Aufnahmen von Tagesereignissen, den Wochenschauen der Kinos entrissen, waren auf sinnvolle Art zusammengestellt und lieferten das dokumentarische Material. Auch der Bühnenboden wurde beweglich gemacht. Zwei von Motoren getriebene laufende Bänder gestatteten die Darstellung von Szenen auf der Straße. Es gab Sprech- und Singchöre auf der Bühne. Die Projekte waren so bedeutend wie das, was fertiggestellt wurde oder halb fertiggestellt, denn ganz Fertiges sah man nie. Ich will zwei anführen. Für ein Stück, das die Grausamkeit des Geburtenzwangs zeigte, sollte ein bestimmtes Haus in einem Slumquartier auf der Bühne genau abgebildet werden, so daß jedes geborstene Abzugsrohr vertreten war. In den Pausen sollten genaue Besichtigungen der Bühne durch das Publikum stattfinden. – Für ein Stück über die chinesische Revolution sollten mehrere große Transparente an Stöcken aufgestellt werden, bemalt mit kurzen Schlagzeilen über die Lage (»Die Textilarbeiter treten in Streik« – »Unter den Kleinbauern finden revolutionäre Meetings statt« – »Die Kaufleute kaufen Waffen« und so weiter). Sie sollten auch auf der Rückseite Aufschriften tragen, so daß sie gedreht werden konnten und andere Schlagzeilen hinter den Vorgängen auf der Bühne standen (»Streik zusammengebrochen« – »Die Kleinbauern formen bewaffnete Trupps« und so weiter), welche die neue Lage andeuteten. Auf diese Weise konnte man immerfort sich ändernde Situationen kenntlich machen, zeigen, wie das eine Moment noch besteht, während sich das andere schon geändert hat und so weiter.[1]

1 Tatsächlich wurde dieses bewegliche Tabellarium bei der Aufführung des Stückes nicht vorgeführt. Die Papierstandarten waren zwar auf Vorder- und Rückseite beschrieben, jedoch nur, um zwischen den Szenen ausgewechselt zu werden, so daß sie zweimal benutzbar waren. Während der

Piscator war einer der größten Theaterleute aller Zeiten. Er hat das Theater elektrifiziert und fähig gemacht, große Stoffe zu bewältigen. Für die Schauspielkunst hatte er zwar nicht so wenig Interesse, wie seine Feinde behaupteten, aber doch weniger, als er selber sagte. Vielleicht teilte er ihre Interessen nicht, weil sie seine nicht teilten. Jedenfalls hat er ihnen keinen neuen Stil gegeben, wenn er auch nicht schlecht vorspielte, besonders die kleinen scharfen Rollen. Er gestattete mehrere Spielarten zugleich auf seiner Bühne und zeigte dabei keinen besonderen Geschmack. Es schien ihm leichter, die großen Stoffe kritisch zu bewältigen vermittels ingeniöser und grandioser szenischer Prästationen als vermittels der Schauspielkunst. Seine Liebe zur Maschinerie, die ihm viele vorwarfen und einige allzu hoch anrechneten, zeigte er nur, soweit sie ihm gestattete, seine szenische Phantasie zu betätigen. Er bewies durchaus Sinn für das Einfache – was ihn auch veranlaßte, den Schauspielstil des Stückeschreibers als seinen Intentionen am besten dienend zu bezeichnen –, da das Einfache seinem Ziel entsprach, nämlich in großer Weise das Getriebe der Welt bloßzulegen und nachzubauen, so daß seine Bedienung erleichtert würde.

ersten Aufführungen gingen Piscator und der Stückeschreiber im Hof herum, wie gewöhnlich während der ersten Aufführungen, und besprachen, was in den Proben erreicht und was verfehlt worden war, ziemlich unwissend, was drinnen nun passierte, denn es wurde viel noch im letzten Augenblick geändert, was jetzt improvisiert werden mußte. In diesem Gespräch entdeckten sie das Prinzip des beweglichen Tabellariums, seine Möglichkeiten für die Dramatik, seine Bedeutung für den Darstellungsstil. So gab es oft Resultate der Experimente, welche das Publikum nicht zu Gesicht bekam, weil Zeit und Geld fehlte, aber sie erleichterten doch die weiteren Arbeiten und änderten wenigstens die Ansichten der Experimentatoren selber.

[Das Theater des Stückeschreibers]

DER DRAMATURG Der Piscator machte vor dem Stückeschreiber
politisches Theater. Er hatte am Krieg teilgenommen, der
Stückeschreiber jedoch nicht. Die Umwälzung im Jahre 18,
an der beide teilnahmen, hatte den Stückeschreiber enttäuscht und den Piscator zum Politiker gemacht. Erst später
kam der Stückeschreiber durch Studium zur Politik. Als ihre
Zusammenarbeit begann, hatten beide ihre Theater, Piscator
ein eigenes am Nollendorfplatz, der Stückeschreiber eines
am Schiffbauerdamm, in dem er seine Schauspieler trainier-
te. Der Stückeschreiber arbeitete für den Piscator die meisten großen Stücke durch, schrieb auch Szenen für sie, einmal
einen ganzen Akt. Den »Schwejk« machte er ihm ganz.
Andrerseits kam der Piscator auf die Proben des Stückeschreibers und unterstützte ihn. Beide arbeiteten am liebsten
kollektiv. Ihre Mitarbeiter teilten sie, so den Musiker Eisler
und den Zeichner Grosz. Sie brachten beide große Artisten
zur Zusammenarbeit mit Laienspielern und führten vor der
Arbeiterschaft Revuen auf. Obwohl der Piscator niemals ein
Stück, kaum je eine Szene selber schrieb, bezeichnete ihn der
Stückeschreiber doch als den einzigen fähigen Dramatiker
außer ihm. Hat er nicht bewiesen, sagte er, daß man auch
Stücke machen kann, wenn man anderer Szenen und Entwürfe montiert, inspiriert und mit Dokumenten und
szenischen Prästationen versieht? Die eigentliche Theorie
des nichtaristotelischen Theaters und der Ausbau des V-
Effekts ist dem Stückeschreiber zuzuschreiben, jedoch hat
vieles davon auch der Piscator verwendet und durchaus
selbständig und original. Vor allem war die Wendung
des Theaters zur Politik Piscators Verdienst, und ohne

diese Wendung ist das Theater des Stückeschreibers kaum denkbar.

DER DRAMATURG Bevor der Stückeschreiber sich mit Theater befaßte, studierte er Naturwissenschaften und die Medizin. Die Künste und die Wissenschaften waren für ihn Gegensätze auf einer Ebene. Beide Beschäftigungen hatten sich nützlich zu machen. Er verachtete nicht die Nützlichkeit der Künste wie viele seiner Zeit, so wie er den Wissenschaften gestattete, die Nützlichkeit außer acht zu lassen. Sie waren für ihn ebenfalls Künste.

DER DRAMATURG Er war ein junger Mann, als der erste Weltkrieg zu Ende ging. Er studierte Medizin in Süddeutschland. Zwei Dichter und ein Volksclown beeinflußten ihn am meisten. In diesen Jahren wurde der Dichter Büchner, der in den [dreißiger] Jahren geschrieben hatte, zum erstenmal aufgeführt, und der Stückeschreiber sah das Fragment »Woyzeck«, außerdem sah er den Dichter Wedekind in seinen Werken auftreten, mit einem Stil, der im Kabarett entwickelt worden war. Wedekind hatte als Bänkelsänger gearbeitet, er sang Balladen zur Laute. Aber am meisten lernte er von dem Clown Valentin, der in einer Bierhalle auftrat. Er spielte in kurzen Skizzen renitente Angestellte, Orchestermusiker oder Photographen, die ihren Unternehmer haßten und lächerlich machten. Den Unternehmer spielte seine Assistentin, eine Volkskomikerin, die sich einen Bauch umschnallte und mit tiefer Stimme sprach. Als der Stückeschreiber sein erstes Stück aufführte, in dem eine halbstündige Schlacht vorkam, fragte er den Valentin, was er mit den Soldaten machen sollte: »Wie sind Soldaten in der Schlacht?« Der Valentin antwortete, ohne sich zu besinnen: [»Weiß sans, Angst hams.«]

DER DRAMATURG Das Theater des Stückeschreibers war sehr klein. Nur wenige Stücke wurden aufgeführt, nur wenige Schauspieler wurden ausgebildet.

Die Hauptschauspielerinnen waren: die Weigel, die Neher und die Lenya. Die Hauptschauspieler waren: Homolka, Lorre und Lingen. Auch der Sänger Busch gehörte zu diesem Theater, trat aber nur selten auf der Bühne auf. Der Bühnenbaumeister war Caspar Neher, nicht verwandt mit der Schauspielerin. Die Musiker waren Weill und Eisler.

Das Publikum der ersten Republik besaß nicht die Kraft, Schauspielern wirklichen Ruhm zu verschaffen. So ging der Stückeschreiber darauf aus, jedem seiner Schauspieler so viel Ruhm als möglich bei sich selber zu verschaffen. In einem kleinen Lehrgedicht riet er der Neher zum Beispiel, wie sie sich am Morgen zu waschen habe, wie eine berühmte Person und so, daß Maler davon Bilder gewinnen könnten. Sie waren alle ziemlich berühmt, traten aber auf der Bühne so vor das Publikum, als wären sie noch weit berühmter, nämlich mit Bescheidenheit. [...]

DER DRAMATURG Der Stückeschreiber unterschied sehr genau zwischen Fehlern, die durch Nichtachtung seiner Regeln, und Fehlern, die trotz ihrer Beachtung oder sogar durch ihre Beachtung passierten. »Meine Regeln«, sagte er, »sind nur anzuwenden von Personen, die sich freies Urteil, Widerspruchsgeist und soziale Phantasie erhalten sowie in Kontakt zu den fortschrittlichen Teilen des Publikums stehen, also selber fortschrittliche, vollsinnige, denkende Menschen sind. Ich kann nun dem Ochsen, der da drischt, nicht das Maul verbinden. So gibt es eine Reihe von Fehlern bei meinen Schauspielern, die keine Verstöße gegen meine Regeln bedeuten, weil ein Teil ihres Verhaltens von mir nicht geregelt wird. Selbst die Weigel brach an bestimmten Abenden bei gewissen Stellen in Tränen aus, ganz gegen ihren Willen und nicht zum Vorteil der Darstellung. In einem Stück, wo

sie eine spanische Bäuerin im Bürgerkrieg spielte, hatte sie
ihren Sohn zu verfluchen und ihm den Tod zu wünschen,
weil sie glaubte, er habe gegen die Generäle zu den Waffen
gegriffen – in Wirklichkeit war er schon von den Truppen
der Generäle erschossen, und zwar beim friedlichen Fischen.
Der Bürgerkrieg dauerte noch an während dieser Vorstellung. War es nun, weil der Krieg für die Unterdrückten eine
schlimme Wendung nahm an dem betreffenden Tag oder
weil die Weigel aus irgendeinem andern Grund besonders
empfindlich gestimmt war, jedenfalls kamen ihr die Tränen
beim Sprechen dieser Verdammung des schon Ermordeten.
Sie weinte nicht als Bäuerin, sondern als Darstellerin über
die Bäuerin. Ich sehe da einen Fehler, aber ich sehe keine
meiner Regeln verletzt.«

DER SCHAUSPIELER Aber dieses Weinen war doch nicht gestaltet! Es war ganz privat!

DER DRAMATURG Gewiß. Aber der Stückeschreiber lehnte den
Anspruch des Publikums auf ein völliges Aufgehen der
Schauspieler in ihrem Theaterspielen ab. Seine Schauspieler
waren keine Kellner, die das Fleisch zu servieren hatten und
deren persönliche, private Gefühle unverschämte Beläsi-
gungen genannt wurden. Sie waren weder die Diener des
Dichters noch die des Publikums. Seine Schauspieler waren
keine Beamten einer politischen Bewegung und keine Prie-
ster der Kunst. Sie hatten als politische Menschen ihre soziale Sache vorwärtszubringen vermittels der Kunst und
vermittels aller andern Mittel. Dazu kommt, daß der
Stückeschreiber eine Zerreißung der Illusion mild beurteilte.
Er war gegen die Illusion. Es gab Späße privater Art, Im-
provisationen und Extempores auf seiner Bühne, die im
alten Theater undenkbar waren.

DER PHILOSOPH Vielleicht erblickte er in einer solchen Milde
gegen ein solches zufälliges, nicht gestaltetes, willkürliches
Benehmen seiner Schauspieler auch ein Mittel zur Denunzie-
rung ihrer Autorität? Sie hatten ja ihren Auffassungen nicht

den Stempel des Unbestreitbaren aufzudrücken, wenn ich richtig im Bild bin.

DER DRAMATURG Unter keinen Umständen.

DER DRAMATURG Ich habe mir deine Gedanken durch den Kopf gehen lassen, und sie haben einiges dort gesehen. Auf einer Reise geriet ich vor einigen Jahren in Paris in ein kleines Theater, und dort spielte eine winzige Truppe von exilierten Deutschen einige Szenen aus einem Stück, das die Zustände in ihrer Heimat zeigte. Nie habe ich eine Truppe erlebt, deren Mitglieder so verschieden nach Herkunft, Ausbildung und Talent waren. Zusammen mit einem Arbeiter, der kaum je auf einer Bühne gestanden haben konnte und sich im Dialekt ausdrückte, spielte eine große Artistin, die vielleicht nicht ihresgleichen hat, was Begabung, Material und Ausbildung angeht. Gemeinsam hatten sie jedoch, daß sie alle aus ihrer Heimat vor den Horden des Anstreichers geflohen waren, und einen gewissen Stil des Spielens. Dieser Stil muß der Art des Theatermachens sehr ähnlich sein, wie du es dir vorstellst.

DER PHILOSOPH Beschreib ihr Spiel!

DER DRAMATURG Das Stück, das sie aufführten, hieß »Furcht und Elend des Dritten Reiches«. Man sagte mir, es bestehe aus siebenundzwanzig kleinen Stücken, sie führten davon sieben oder acht auf. Diese Stücke zeigten, wie sich die Menschen in deiner Heimat unter der Stahlrute des Anstreichers verhalten. Man sah Menschen nahezu aller Schichten und die Art ihrer Unterwerfung und Auflehnung. Man sah die Furcht der Unterdrückten und die Furcht der Unterdrücker. Es war wie eine große Sammlung von Gesten, artistisch genommen: der Blick des Verfolgten über die Schulter zurück (und der des Verfolgers); das plötzlich Verstummen; die Hand, die sich vor den eigenen Mund legt, der beinahe zuviel gesagt hätte, und die Hand, die sich auf die Schulter des Ertappten legt; die erpreßte Lüge; die flüsternde Wahrheit; das Mißtrauen zwischen den Liebenden und vieles mehr. Aber das Außerordentliche war, daß die Spieler diese furchtbaren Vorfälle keineswegs so vorführten, daß die Zuschauer versucht waren, ein »Halt!« auszurufen. Die Zuschauer schienen das Entsetzen der Personen auf der Bühne überhaupt nicht zu teilen, und so kam es, daß im Zuschauerraum immerfort gelacht wurde, ohne daß dadurch der tiefe Ernst der Veranstaltung litt. Denn das Lachen schien die Dummheit zu betreffen, die sich hier zur Gewalt gezwungen sah, und die Hilflosigkeit zu meinen, die da als Roheit auftrat. Prügelnde wurden betrachtet wie Stolpernde, Verbrecher wie solche, die Irrtümer begingen oder sich eben täuschen ließen. Das Lachen der Zuschauer hatte sehr viele Schattierungen. Es war ein glückliches Lachen, wenn die Verfolgten ihre Verfolger überlisteten, ein befreites, wenn ein gutes, wahres Wort geäußert wurde. So mag ein Erfinder lachen, wenn er nach langer Bemühung die Lösung gefunden hat: So einfach war es, und er sah es so lange nicht!

DER SCHAUSPIELER Wie machten sie das?

DER DRAMATURG Das ist nicht so leicht zu sagen, jedoch hatte ich nicht den Eindruck, daß es allzu schwierig zu machen war. Vor allem spielten sie so, daß das Interesse des Zuschauers immer auf den weiteren Verlauf gerichtet blieb, auf das Weitergehen, sozusagen auf den Mechanismus der Vorfälle. Auf das Spiel von Ursache und Folge.

DER DRAMATURG Mir scheint, daß wir uns durch deine Vorliebe für die volkstümlichen Bilder ein wenig von dem Wunsch der Zuschauer, etwas zu wissen, auf den du dein Theaterspielen bauen willst, entfernt haben. Diese Bilder wollen Grausen erzeugen. Über die Erdbeben, Brände, Greueltaten, Schicksalsschläge.

DER PHILOSOPH Wir haben uns nicht entfernt, sondern sind nur zurückgegangen. Das Element dieser Volkskunst ist die Unsicherheit. Der Boden schwankt und öffnet sich. Das Dach steht in Flammen eines Tages. Die Könige werden vom Wechsel des Glücks bedroht. Und die Unsicherheit ist auch die Wurzel des Wunsches nach Wissen. Die Fingerzeige für die Rettung und die Abhilfe mögen reichlicher oder ärmlicher sein, je nachdem die Menschheit sich helfen kann.

DER DRAMATURG Da wäre also Freude an der Unsicherheit?

DER PHILOSOPH Bedenkt das englische Sprichwort: Das ist ein übler Wind, der keinem Gutes bringt. Und dann wünscht der Mensch auch so unsicher gemacht zu werden, als er tatsächlich ist.

DER DRAMATURG Dieses Element der Unsicherheit willst du also nicht ausmerzen aus der Kunst?

DER PHILOSOPH Keinesfalls. Keinesfalls.

DER SCHAUSPIELER Also doch wieder Furcht und Mitleid?

DER PHILOSOPH Nicht so eilig! Ich erinnere mich da an eine Photographie, die eine amerikanische Stahlfirma im Anzeigenteil der Zeitungen veröffentlichte. Sie zeigte das durch ein Erdbeben verwüstete Yokohama. Ein Chaos von zusammengeschüttelten Häusern. Aber dazwischen ragten noch einige Eisenzementgebäude, die ziemlich hoch waren. Darunter stand »Steel stood«, Stahl blieb stehen.

DER SCHAUSPIELER Das ist schön.

DER DRAMATURG zum Arbeiter: Warum lachen Sie?

DER ARBEITER Weil es schön ist.

DER PHILOSOPH Diese Photographie gab der Kunst einen deutlichen Fingerzeig.

DER SCHAUSPIELER Dieses eifrige Selbststudium und Zurückgreifen auf die eigene Erfahrung mag einen leicht dazu verführen, den Text zu verändern. Wie stehen Sie dazu?

DER PHILOSOPH Was berichtet der Stückeschreiber?

DER DRAMATURG Die Schauspieler sind meist sehr eigensüchtig bei ihren Änderungen. Sie sehen nur ihre Rollen. So kommt es, daß sie nicht etwa nur antworten auf Fragen, sondern auch Fragen ändern, so daß die Antworten dann nicht mehr stimmen. Wenn das Ändern gemeinsam geschieht, und nicht weniger interessiert und begabt als das Stückschreiben selber, gereicht es dem Stück zum Vorteil. Man darf nicht vergessen, daß nicht das Stück, sondern die Vorstellung der eigentliche Zweck aller Bemühungen ist. Das Ändern erfordert sehr viel Kunst, das ist alles.

DER PHILOSOPH Der letzte Satz scheint mir tatsächlich genug Schranken zu setzen. Ich möchte noch auf die Gefahr hinweisen, daß eine zu große Neigung, zu ändern, das Studium des Textes leichtsinnig machen kann; aber die Möglichkeit, zu ändern, und das Wissen, daß es nötig sein kann, vertieft wiederum das Studium.

DER DRAMATURG Wichtig ist, daß man, wenn man ändert, den Mut und die Geschicklichkeit haben muß, genügend zu ändern. Ich erinnere mich an eine Aufführung der Schillerschen »Räuber« im Theater des Piscator. Das Theater fand, daß Schiller einen der Räuber, Spiegelberg, als Radikalisten für das Publikum ungerechterweise unsympathisch gemacht habe. Er wurde also sympathisch gespielt, und das Stück fiel buchstäblich um. Denn weder Handlung noch Dialog gaben Anhaltspunkte für Spiegelbergs Benehmen, die es als ein sympathisches erscheinen ließen. Das Stück wirkte reaktionär (was es nicht ist, historisch gesehen), und Spiegelbergs Tiraden wirkten nicht revolutionär. Nur durch sehr große Änderungen, die mit historischem Gefühl und viel Kunst hätten vorgenommen werden müssen, hätte man eine kleine Aussicht gehabt, Spiegelbergs Ansichten, die radikaler sind als die der Hauptperson, als die fortgeschritteneren zu zeigen.

DER DRAMATURG Wie wir erfahren haben, zerschneidet der Stückeschreiber ein Stück in kleine selbständige Stückchen, so daß der Fortgang der Handlung ein sprunghafter wird. Er verwirft das unmerkliche Ineinandergleiten der Szenen. Wie nun schneidet er, nach welchen Gesichtspunkten? Er zerschneidet so, daß der *Titel,* der einer Einzelszene gegeben werden kann, einen historischen oder sozialpolitischen oder sittengeschichtlichen Charakter hat.

DIE SCHAUSPIELERIN Ein Beispiel!

DER DRAMATURG »Mutter Courage zieht als Geschäftsfrau in den Krieg« oder »Mutter Courage hat Eile, da sie fürchtet, der Krieg könne schnell wieder aufhören« oder »Während sie den Feldwebel labt, führt der Werber ihren Sohn weg«.

DER SCHAUSPIELER Wieso hat der letzte dieser Titel einen historischen oder sozialpolitischen oder sittengeschichtlichen Charakter?

DER DRAMATURG Es wird als Charakteristikum der Zeit gezeigt, daß gutherzige Handlungen teuer zu stehen kommen.

DER SCHAUSPIELER Das ist auch ein Charakteristikum unserer Zeit, und wo war eine Zeit, die anderes sah?

DER DRAMATURG Eine solche Zeit kann in unserer Vorstellung sein.

[DER DRAMATURG] Der Stückeschreiber nahm einen Film von der Weigel beim Schminken. Er zerschnitt ihn, und jedes einzelne Bildchen zeigte einen vollendeten Ausdruck, in sich abgeschlossen und mit eigener Bedeutung. »Man sieht, was für eine Schauspielerin sie ist«, sagte er bewundernd. »Jede Geste kann in beliebig viel Gesten zerlegt werden, die alle für sich vollkommen sind. Da ist eines für das andere da und zugleich für sich selber. Der Sprung ist schön und auch der Anlauf.« Aber das wichtigste schien ihm, daß jede Muskelverschiebung beim Schminken einen vollkommenen seelischen Ausdruck hervorrief. Die Leute, denen er die Bildchen zeigte und die Frage vorlegte, was die verschiedenen Ausdrücke bedeuteten, rieten bald auf Zorn, bald auf Heiterkeit, bald auf Neid, bald auf Mitleid. Er zeigte ihn auch der Weigel und erklärte ihr, wie sie nur ihre Ausdrücke zu kennen brauchte, um die Gemütsstimmungen ausdrükken zu können, ohne sie jedesmal zu empfinden.

Abstieg der Weigel in den Ruhm

Es soll hier nicht berichtet werden, wie sie ihre Kunst vervollständigte, bis sie imstand war, die Zuschauer nicht nur weinen zu machen, wenn sie weinte, und lachen zu machen, wenn sie lachte, sondern auch weinen zu machen, wenn sie lachte, und lachen zu machen, wenn sie weinte, sondern nur, was dann geschah. Als sie nämlich ihre Kunst beherrschte und sie vor dem größten Auditorium, dem Volk, an die größten Gegenstände, die das Volk angehenden, wenden wollte, verlor sie durch diesen Schritt ihre ganze Stellung, und es begann ihr Abstieg. Schon als sie die erste ihrer neuen Gestaltungen vorführte, eine alte Frau aus dem arbeitenden Volke, und dies so machte, daß man bei allem, was sie tat, genau sehen konnte, was sie zu ihrem Nachteil und was sie zu ihrem Vorteil tat, entstand im Auditorium, das nicht aus Arbeitern bestand, Unruhe. Die schönen, wohleingerichteten Theaterbauten verschlossen sich von da an vor ihr, und wenn sie in den Sälen der Vorstädte auftrat, leugneten die wenigen Kunstkenner, die ihr dorthin folgten, zwar nicht ihre Kunst, fanden diese aber an geringwertige Gegenstände gewendet, so daß überall verbreitet wurde: Man bleibt ganz kalt. Die Arbeiter, die in Massen kamen, begrüßten sie herzlich und fanden sie ausgezeichnet, machten aber, mehr mit den Gegenständen beschäftigt, wenig Wesens daraus. Nicht ohne Schwierigkeit lernte sie, nachdem sie mit solcher Mühe gelernt hatte, das Interesse der Zuschauer auf große Gegenstände, nämlich die Kämpfe der Unterdrückten gegen ihre Unterdrücker, zu lenken, nunmehr dieses Interesse von ihr, der Darstellerin, auf die Gegenstände, das Dargestellte, hinüberwechseln zu sehen. Und doch war gerade dies ihre größte Errungenschaft. Viele Künstler erreichen bei ihren Zuschauern, daß ihnen vor solcher Kunst Hören und Sehen vergeht, und was die Welt betrifft: Die Weigel erreichte, daß sie mehr als nur sie sahen und mehr als nur sie hörten. Denn sie zeigte nicht nur eine Kunst, sondern viele Künste. Sie zeigte zum Beispiel, wie Güte und Weisheit Künste sind, die gelernt werden können und gelernt werden müssen. Jedoch war es nicht ihre Absicht, ihre eigene Größe zu zeigen, sondern die derer, die sie darstellte. Sie geriet in Verlegenheit, als einmal einer, um ihr zu schmeicheln, sagte: »Du spieltest nicht diese Mutter aus dem Volk, sondern du warst sie.« »Nein«, sagte sie schnell, »ich spielte sie, und sie muß dir gefallen haben, nicht ich.« Und in der Tat, wenn sie zum Beispiel eine Fischersfrau spielte, die ihren Sohn im Bürgerkrieg verliert und sich dann selber zum Kampf gegen die Generäle erhebt, so machte sie jeden Augenblick zu einem geschichtlichen Augenblick, jeden Ausspruch zu dem berühmten Ausspruch einer geschichtlichen Persönlichkeit. Dabei war alles völlig natürlich und einfach vorgebracht. Diese Einfachheit und Natürlichkeit war es gerade, was diese neuen geschichtlichen Persönlichkeiten vor den alten auszeichnete. Gefragt, wie sie es anstelle, die Unterdrückten, die sich zum Kampf erheben, so edel darzustellen, antwortete sie: »Durch genaueste Nachahmung.« Sie verstand es, den Menschen nicht nur Gefühle, sondern auch Gedanken zu erregen, und dieses Denken, das sie erregte, war ihnen ganz und gar genußvoll, bald eine heftige, bald eine sanfte Freude. Jetzt spreche ich aber von den Arbeitern, die zu ihrem Spiel kamen. Die Kunstkenner blieben weg, und statt ihrer kamen die Polizisten. Die Wahrheiten, denen sie ihre Stimme und ihre Deutlichkeit lieh, riefen die Justiz herbei, welche dazu da ist, die Gerechtigkeit zu bekämpfen. Nach den Aufführungen fand sie sich nunmehr oft in Polizeizellen. Um diese Zeit trat der Anstreicher die Macht an, und sie war gezwungen, aus dem Land zu flüchten. Sie kannte keine andere Sprache als die, die niemand wie sie kannte. So spielte sie, seltene Male, mit kleinen Truppen, aus Arbeitern gebildet und in wenigen Proben geschult, vor anderen Flüchtlingen; die übrige Zeit verbrachte sie, mit Hausarbeit beschäftigt und ihre Kinder aufziehend, in einem kleinen Fischerhaus, weit weg von jedem Theater. Durch ihr Bestreben, vor vielen spielen zu dürfen,

war sie dazu gelangt, nur noch vor ganz wenigen spielen zu
dürfen. Wenn sie noch auftrat, tat sie es nur in Stücken, welche
die Greuel der Zeit und ihre Ursachen zeigten. Vergaßen die
Verfolgten, die ihr zuhörten, ihren Kummer, so doch niemals
die Ursachen ihres Kummers. Und sie gingen immer gestärkt
für ihren Kampf aus den Aufführungen. Dies kam daher, daß
die Weigel ihnen ihre eigene Weisheit und ihre eigene Güte
zeigte. Sie vervollkommnete ihre Kunst immer mehr, sie
nahm die immer bedeutendere Kunst in die immer tieferen
Tiefen hinunter. So, als sie ihren einstigen Ruhm ganz aufgegeben und verloren hatte, begann ihr zweiter Ruhm, der unten, bestehend im Gedenken weniger und verfolgter Menschen, zu einer Zeit, da sehr viele verfolgt wurden. Sie war
ganz wohlgemut: Von den Unteren gerühmt zu werden, war
ihr Ziel, von möglichst vielen, aber auch von nur diesen wenigen, wenn nicht anders möglich.

Hier gab sie jene Prästation einer Proletarierin, in der sie das
Proletariat als berühmt darstellte und weder dem Realismus
das Idealbild, noch dem Idealbild den Realismus opferte, wie
das so oft geschieht. Die Regierten wurden von ihr als zum Regieren Fähige gezeigt, die Mißbrauchten als Schöpferische. Das,
was an diesen Menschen verkümmert war, erschien als verkümmert, aber jeder konnte sehen, was da verkümmert war,
das heißt ein Unverkümmertes, Strahlendes. Es war, als
ob jemand einen Baum zeichnete, verkrüppelt durch die Umstände, ausgesogenen Boden, Häuserwände, Mißhandlungen
mannigfaltigster Art, und zugleich daneben, in anderem, un-
terscheidbarem Strich den Baum zeichnete, wie er ohne all diese
Hinderungen gewachsen wäre, so daß man den Unterschied
sah. Nur ist das Bild mangelhaft, denn es gibt nicht wieder,
wie sie die Bemühungen ihrer Proletarierin zeigte, die ungünstigen Umstände zu ändern. So brachte sie den Eindruck des
Edeln hervor durch die Darstellung der Bemühung um das
Edle, den Eindruck des Guten durch die Darstellung der

Bemühung um die Verbesserung der Welt. Und all die schweren Bemühungen gab sie mit solcher Leichtigkeit wieder, wie etwa der Meister die Bemühungen seiner Lehrjahre wiedergibt: als gelungene, in der Wiederholung. Sie bat nicht die Unterdrücker um Mitleid mit den Unterdrückten, sondern die Unterdrückten um Selbstvertrauen.

Der V-Effekt

DER PHILOSOPH So wie die Einfühlung das besondere Ereignis alltäglich macht, so macht die Verfremdung das alltägliche besonders. Die allerallgemeinsten Vorgänge werden ihrer Langweiligkeit entkleidet, indem sie als ganz besondere dargestellt werden. Nicht länger flüchtet der Zuschauer aus der Jetztzeit in die Historie; die Jetztzeit wird zur Historie.

DER PHILOSOPH Der Hauptgrund dafür, daß der Schauspieler einen deutlichen Abstand von der Figur haben muß, die er darstellt, ist folgender: Um dem Zuschauer den Schlüssel zu ihrer Behandlung oder Personen, die ihr gleichen oder deren Situation der ihrigen gleicht, den Schlüssel zu ihrem Problem auszuhändigen, muß er auf einem Punkt stehen, der nicht nur außerhalb der Sphäre der Figur, sondern auch weiter vorn in der Entwicklung liegt. Die Klassiker haben gesagt, daß der Affe sich am besten vom Menschen aus, seinem Nachfolger in der Entwicklung, begreifen lasse.

DER DRAMATURG Der V-Effekt bleibt aus, wenn der Schauspieler, ein fremdes Gesicht schneidend, sein eigenes völlig verwischt. Was er tun soll, ist: das Sichüberschneiden der beiden Gesichter zeigen.

DIE SCHAUSPIELERIN *spielt einen Mann.*

DER PHILOSOPH Ein Mann, der diesen Mann gespielt hätte, hätte das gerade Männliche daran kaum so herausgearbeitet, und viele Einzelheiten, die uns als allgemein-menschlich erscheinen, sahen wir, als eine Frau jetzt den Mann spielte, genauer gesagt, den Vorfall spielte, nun als typisch männliche. Wo es sich also um geschlechtliche Dinge handelt, muß der Schauspieler, ist er ein Mann, etwas von dem bringen, was eine Frau dem Mann mitgeben würde und, ist er eine Frau, etwas von dem, was ein Mann der Frau mitgeben würde.

DER SCHAUSPIELER Tatsächlich habe ich kaum je so frauenhafte Frauen gesehen als im Krieg an der Front, wo die Frauen von Männern dargestellt wurden.

DIE SCHAUSPIELERIN Und Erwachsene muß man von Kindern spielen sehen! Wieviel da als befremdlich und sonderbar auffällt an dem Benehmen der Erwachsenen! In einer Schule sah ich, wie Kinder das Stück »Mann ist Mann« spielten. Da wird ein Elefant verkauft. Dieser Vorgang, unmöglich unter Kindern, bekam plötzlich auch im Stück etwas von diesem »Unmöglichen«, zumindest erschien er nur noch »möglich«, eben noch denkbar, unter gewissen vergänglichen Bedingungen vielleicht vorstellbar.

DER DRAMATURG Ein anderes Beispiel des V-Effekts sah ich in einem amerikanischen Film. Ein sehr junger Schauspieler, der bisher immer proletarische Jungens gespielt hatte und wohl auch einer gewesen war, spielte einen Bourgeoisjungen, der für seinen ersten Ball einen Smoking bekommt. Es wurde keineswegs kein bürgerlicher Junge, sondern ein ganz besonders bürgerlicher Junge, was er spielte. Viele sahen wohl nur, daß es ein besonders jungenhafter Junge war. Tatsächlich ist der Unterschied zwischen den Jungen und Alten ein anderer in den beiden Klassen. In bestimmter Hinsicht ist der proletarische Junge erwachsener als der bürgerliche, in andern kindlicher.

DER DRAMATURG Verwendet nicht auch der *Surrealismus* in der Malerei eine Verfremdungstechnik?

DER PHILOSOPH Gewiß. Diese komplizierten und raffinierten Maler sind sozusagen die Primitiven einer neuen Kunstform. Sie versuchen den Betrachter zu schockieren, indem sie seine Assoziationen aufhalten, enttäuschen, in Unordnung bringen, etwa dadurch, daß eine Frau an der Hand statt Finger Augen hat. Sowohl dann, wenn es sich um Symbole handelt (Frau sieht mit Händen), als auch dann, wenn nur einfach die Extremität nicht der Erwartung nach ausläuft, tritt ein gewisser Schock ein, und Hand und Auge werden verfremdet. Gerade indem die Hand keine Hand mehr ist, entsteht eine Vorstellung *Hand,* die mehr mit der gewöhnlichen Funktion dieses Instruments zu tun hat als jenes ästhetische Dekorativum, das man auf 10 000 Gemälden angetroffen hat. Oft freilich sind diese Bilder nur Reaktionen auf die untotale Funktionslosigkeit der Menschen und Dinge in unserm Zeitalter, das heißt, sie verraten eine schwere Funktionsstörung. Auch die Klage darüber, daß alles und jedes zu funktionieren habe, also alles Mittel und nichts Zweck sei, verrät diese Funktionsstörung.

DER DRAMATURG Warum ist es eine primitive Verwertung des V-Effekts?

DER PHILOSOPH Weil auch die Funktion dieser Kunst unterbunden ist in gesellschaftlicher Hinsicht, so daß hier einfach auch die Kunst nicht mehr funktioniert. Sie endet, was die Wirkung betrifft, in einem Amüsement durch den besagten Schock.

DER PHILOSOPH Nehmen wir den Tod des Schurken! Die Vernichtung des Asozialen, durch welche Leben gerettet werden. In irgendeiner Weise muß doch wohl diese Vernichtung in ihrer Notwendigkeit auch bestritten werden. Zu solch letzter Maßnahme greifend, hat doch wohl die Gesellschaft andere Maßnahmen versäumt! Das Recht auf Leben, so

plump durchgesetzt durch die Gesellschaft, daß sie es leugnen
muß, indem sie es durchsetzt, ist das Urrecht selber, auf das
alle andern Rechte bezogen werden müssen. Im Kampf um
dieses Leben, ein ganz nacktes, von allen gesellschaftlichen
Verbreiterungen und Anreicherungen abstrahiertes Schnaufen, im Kampf um den bloßen Stoffwechsel, um das Vegetie-
ren müssen wir dem Sterbenden doch wieder beistehen. Seine
so aufs äußerste reduzierte Menschlichkeit – er will nicht
sterben, er will nicht kein Mensch mehr sein – müssen wir
doch respektieren als eben dies, was wir mit ihm gemeinsam
haben, nehmen wir doch auch an seiner Unmenschlichkeit
teil, eben jetzt, indem wir ihn töten oder tot haben wollen.
Oh, da ist noch viel Gemeinsames, auch jetzt noch. Etwas
von unserer Hilflosigkeit ihm gegenüber war auch in ihm.
Wenn Leben wertvoll sind, sind sie es für die Gesellschaft
und durch sie.

DER PHILOSOPH Angenommen, ihr habt ein Stück, wo in der
ersten Szene ein Mann A einen Mann B zur Richtstätte
führt, in der letzten Szene aber der Zug in umgekehrter
Richtung gezeigt wird, indem jetzt, nach allerlei gezeigten
Vorfällen, der Mann A von dem Mann B zur Richtstätte
geführt wird, so daß also in einem und demselben Vorgang
(Zug zur Richtstätte) A und B ihre Stellungen (Henker und
Opfer) vertauscht haben. Da werdet ihr bestimmt bei der Anordnung der ersten Szene so vorgehen, daß die Wirkung der
letzten Szene so groß wie nur möglich wird. Ihr werdet dafür
sorgen, daß die erste Szene sofort erinnert wird beim Ansehen der letzten, daß die Gleichartigkeit auffällt, und auch
dafür, daß das Verschiedene nicht übersehen werden kann.
DER DRAMATURG Natürlich gibt es solche Vorkehrungen. Vor
allem darf dann die erste Szene nicht als Passage zu einer
andern gespielt werden, sie muß besonderes Gewicht haben.
Jede Bewegung darin muß in bezug auf dieselbe (oder
andere) der letzten Szene entworfen sein.

DER PHILOSOPH Und der Schauspieler, der weiß, daß er später
am Abend den Platz seines Mitspielers wird einnehmen müssen, spielt auch anders, als wenn er das nicht weiß, denke
ich. Er wird den Henker anders darstellen, wenn er daran
denkt, daß er auch das Opfer wird darzustellen haben.

DER DRAMATURG Das ist ganz klar.

DER PHILOSOPH Nun, die letzte Szene verfremdet die erste (so
wie die erste die letzte verfremdet, was der eigentliche Effekt des Stückes ist). Der Schauspieler trifft Vorkehrungen,
welche V-Effekte hervorbringen. Und nun braucht ihr nur
diese Darstellungsart in Stücken anzuwenden, die diese
letzte Szene nicht haben.

DER DRAMATURG Also alle Szenen im Hinblick auf mögliche
andere Szenen spielen, meinst du?

DER PHILOSOPH Ja.

DER PHILOSOPH Der Zuschauer kann um so leichter abstra-
hieren (Lear handelt so, handle ich so?), je konkreter ein
Fall ihm vorgestellt wird. Ein ganz besonderer Vater kann
der allgemeinste Vater sein. Die Besonderheit ist ein Merkmal des Allgemeinen. Man trifft ganz allgemein Besonderes.

DER PHILOSOPH Der Wunsch, der Gesellschaft gewisse Vorgänge
von der Seite zu zeigen, wo die Gesellschaft gewisse Lösungen
von Unstimmigkeiten treffen kann, darf uns nicht dazu
verführen, das außerhalb ihrer Einflußzone Liegende zu vernachlässigen. Es ist auch nicht so, daß wir nur Rätsel aufzugeben hätten, lösbare und unlösbare. Das Unbekannte entwickelt sich nur aus dem Bekannten.

DER PHILOSOPH Man kann die Komplettheit eines Gesetzes an
der Komplettheit der angegebenen Begrenzungen erkennen.
Ihr müßt die Gesetzmäßigkeiten nicht an allzu willfäh-
rigen, allzu »passenden« Typen nachweisen, sondern eher an
(in normalem Maße) widerstrebenden Typen. Also die
Typen müssen etwas Annäherndes haben. Meint ihr zum

Beispiel, daß ein Bauer unter den angegebenen Umständen eine bestimmte Handlung vornimmt, so nehmt einen ganz bestimmten Bauern, der nicht nur nach seiner Willfährigkeit, gerade so zu handeln, ausgesucht oder konstruiert ist. Besser noch, ihr zeigt, wie das Gesetz sich bei verschiedenen Bauern durchsetzt, in verschiedener Weise. In Gesetzen habt ihr nur höchst allgemeine Richtlinien, Durchschnitte, Resumés. Der Begriff *Klasse* zum Beispiel ist ein Begriff, in dem viele Einzelpersonen begriffen, also als Einzelpersonen ausgelöscht sind. Für die Klasse gelten gewisse Gesetzlichkeiten. Sie gelten für die Einzelperson so weit, als sie mit der Klasse identisch ist, also nicht absolut; denn man ist ja zu dem Begriff Klasse gekommen, indem man von bestimmten Eigenheiten der Einzelperson absah. Ihr stellt nicht Prinzipien dar, sondern Menschen.

DER DRAMATURG Zwischen einer wissenschaftlichen Darstellung eines Nashorns, zum Beispiel einer Zeichnung in einem Werk über Naturkunde, und einer künstlerischen besteht der Unterschied, daß die letztere etwas von den Beziehungen verrät, welche der Zeichner zu diesem Tier hat. Die Zeichnung enthält Geschichten, auch wenn sie nur eben das Tier darstellt. Das Tier scheint faul oder zornig oder verfressen oder listig. Es sind einige Eigenschaften hineingezeichnet, welche zum bloßen Studium des Knochenbaus zu wissen überflüssig sind.

DER DRAMATURG Nehmt die Stelle, wo *Lear* stirbt! Dies »Pray you, undo this button: thank you, Sir«! In die Verwünschungen drängt sich ein Wunsch, das Leben ist unerträglich, und dann drückt noch die Kleidung; was gelebt hat, war ein König, was stirbt, ist ein Mensch. Er ist ganz zivil (»thank you, Sir«). Das Thema wird voll abgehandelt, im kleinen und im großen. Der Enttäuschte stirbt, Enttäuschung und Sterben werden gezeigt, sie decken sich nicht

ganz. Es wird keine Verzeihung gewährt, aber Freund-
lichkeiten werden entgegengenommen. Der Mann ist
zu weit gegangen, der Dichter geht nicht zu weit. Die
Vernichtung des Lear ist vollständig, der Tod wird noch
überraschend als Spezialschrecken demonstriert, Lear stirbt
wirklich.

DER SCHAUSPIELER Aber zu den größten Leistungen der Künste
gehört es, daß ihre Abbildungen nicht gemacht sind nach
den Erörterungen des Nutzens, berücksichtigend die moralischen Forderungen der Zeit, bestätigend die herrschenden
Anschauungen.

DER DRAMATURG Halt! Wenn die Abbildungen die herrschenden
Anschauungen nicht bestätigen, das heißt die Anschauungen
der Herrschenden ignorieren, können sie doch dennoch Erörterungen des Nutzens folgen! Viel leichter sogar.

DER SCHAUSPIELER Die Künste gehen aber weiter oder weniger
weit, wenn du willst. Sie sind imstande, die Majestät, Kraft
und Schönheit des reißenden Stroms genießbar zu machen,
der ganze Dörfer überschwemmen mag. Sie holen Genuß
aus der Betrachtung asozialer Individuen, zeigend die
Lebenskraft der Mörder, die Schlauheit der Betrüger, die
Schönheit der Harpyen.

DER PHILOSOPH Das ist in Ordnung, diese Unordnung ist in
Ordnung. Solange die überschwemmten Dörfer nicht versteckt, die Gemordeten nicht beschuldigt, der Betrug nicht
entschuldigt und die Kralle der Harpye nicht lediglich als
ein ingeniöses Werkzeug dargestellt werden, ist ja alles in
Ordnung.

DER SCHAUSPIELER Ich kann nicht den Metzger *und* das Schaf
darstellen.

DER DRAMATURG Du machst nicht allein Theater.

DER PHILOSOPH Du kannst nicht den Metzger und das Schaf
zugleich darstellen, aber doch den Metzger des Schafes,
denke ich.

DER SCHAUSPIELER Entweder appelliere ich an den Schafffleischesser in meinem Zuschauer oder an den Schuldner der Banken.

DER PHILOSOPH Der Schafffleischesser kann ein Schuldner der Banken sein.

DER SCHAUSPIELER Richtig, nur kann der Appell nicht gleichzeitig an beide Eigenschaften gehen. Nein, ich rede zu dem einzelnen Menschen nur als einem Mitglied der gesamten Menschheit. Sie, als Gesamtheit, ist interessiert an der Lebenskraft an und für sich, ganz gleich, wie sie sich auswirkt.

DER DRAMATURG Jede Figur wird aus den Beziehungen zu den andern Figuren aufgebaut. Der Schauspieler ist also an dem Spiel des Partners ebenso interessiert wie an seinem eigenen.

DER SCHAUSPIELER Das ist nichts Neues. Ich lasse meinen Partner immer zur Geltung kommen.

DIE SCHAUSPIELERIN Manchmal.

DER DRAMATURG Nicht darum handelt es sich.

DER DRAMATURG Beachtet ja die Unterschiede zwischen *stark* und *grob*, *locker* und *schlaff*, *schnell* und *hastig*, *phantasievoll* und *abschweifend*, *durchdacht* und *ausgetüftelt*, *gefühlvoll* und *gefühlsselig*, *widerspruchsvoll* und *ungereimt*, *deutlich* und *eindeutig*, *nützlich* und *profitlich*, *pathetisch* und *großmaulig*, *feierlich* und *pfaffenmäßig*, *zart* und *schwach*, *leidenschaftlich* und *unbeherrscht*, *natürlich* und *zufällig*.

DER PHILOSOPH Wenn der Ehemann, nach Hause kehrend, das *Tier mit den zwei Rücken* erblickt, wird er eine Vielfalt von Empfindungen verspüren und zeigen, welche einheitlich und nicht einheitlich sind. Den Triumph des Entdeckers (»Da bin ich ja zur rechten Zeit gekommen!«); den Unwillen, etwas zu entdecken, das ihm nicht gefällt (»Kann ich mich da noch irren?«); den Abscheu vor der Fleischeslust (»Wie animalisch!«); das wehmütige Verständnis für die Notdürfte

(»Sie muß das haben«); das Gefühl der verächtlichen Entsagung (»Was verliere ich da schon, wenn das so ist!«); den Durst nach Rache (»Das soll ihr was kosten!«) und so weiter und so weiter.

DER DRAMATURG Woher kommt es, daß dem Messingkäufer immerfort von den Bürgerlichen Mangel an Gefühl vorgeworfen wurde, eine Sucht, das Gefühlsmäßige zugunsten des Verstandesmäßigen auszurotten?

DER PHILOSOPH Das Vernünftige bei ihm löste in ihren Seelen keine Gefühle aus. Ja, ihr Gefühl rebellierte gegen ihn und seine Vernunft. Er war ihnen bei weitem zu kritisch. Dabei appellierte er nie an ihre Vernunft, nur an die ihrer Feinde. Auch war bei ihm Kritik nur ein Teil der praktischen Änderungsmaßnahmen. Die Klagen über den Lauf von Flüssen und den Geschmack von Früchten sammelte er als einen Teil der Arbeit, deren anderer Teil die Abdämmung von Flüssen und die Veredelung der Obstbäume war. Seine Kritik war etwas Praktisches und damit unmittelbar auch Gefühlsmäßiges, während das, was sie als Kritik kannten, ins Ethische ging, anstatt ins Praktische, das heißt im Gefühlsmäßigen verblieb. So war ihre Kritik größtenteils unfruchtbar, und mit dem Brandmal der Unfruchtbarkeit stempelten sie so alles Kritische überhaupt, auch das Kritische bei ihm.

DER DRAMATURG Ich dachte, es war nur das Mißverständnis, daß man seine Einwände gegen die Einfühlung in der Kunst für Einwände gegen die Gefühle in der Kunst hielt.

DER PHILOSOPH Nein, das Mißverständnis hatte tiefere Tiefen. Die Bürger seiner Zeit riefen den aufständischen Massen immerfort zu, sie verständen in ihrer Gefühlsverwirrung nicht die Vernünftigkeit der bestehenden Gesellschaftsordnung, und den Führern der Massen, sie rechneten nur mit der kalten Vernunft, anstatt mit dem jahrtausendlang gewachsenen Gefühlsleben des Volkes, seinen religiösen, sittlichen, familiären Gefühlen.

Verfremdungseffekte
in der chinesischen Schauspielkunst

Im nachfolgenden soll kurz auf die Anwendung des *Verfremdungseffekts* in der alten chinesischen Schauspielkunst hingewiesen werden. Dieser Effekt wurde zuletzt in Deutschland bei den Versuchen, zu einem *epischen Theater* zu kommen, für Stücke *nichtaristotelischer* (nicht auf Einfühlung beruhender) *Dramatik* angewendet. Es handelt sich hier um Versuche, so zu spielen, daß der Zuschauer gehindert wurde, sich in die Figuren des Stückes lediglich einzufühlen. Annahme oder Ablehnung ihrer Äußerungen oder Handlungen sollten im Bereich des Bewußtseins, anstatt wie bisher in dem des Unterbewußtseins des Zuschauers erfolgen.

Der Versuch, dem Publikum die darzustellenden Vorgänge zu verfremden, kann auf primitiver Stufe schon bei theatralischen und bildnerischen Veranstaltungen der alten Volksjahrmärkte angetroffen werden. Die Sprechweise der Zirkusclowns und die Malweise der Panoramen wenden den Verfremdungsakt an. Die Malweise etwa der auf vielen deutschen Jahrmärkten gezeigten Reproduktion des Bildes »Flucht Karls des Kühnen nach der Schlacht bei Murten« ist gewiß unzulänglich, jedoch verdankt der Verfremdungsakt, der hier erzielt wird (und den das Original nicht erzielt), keineswegs der Unzulänglichkeit des Reproduzenten sein Zustandekommen. Ganz bewußt ist der fliehende Feldherr, sein Pferd, sein Gefolge und die Landschaft so gemalt, daß der Eindruck eines *außer*ordentlichen Ereignisses, einer befremdenden Katastrophe entsteht. Der Maler bringt trotz seiner Unzulänglichkeit ausgezeichnet das Unerwartete zur Wirkung. Staunen führt ihm den Pinsel. Auch die alte chinesische Schauspielkunst kennt den Verfremdungseffekt, sie wendet ihn in sehr raffinierter Weise an.

Man weiß, daß das chinesische Theater eine Menge von Symbolen verwendet. Ein General trägt auf der Schulter etwa kleine

Fähnchen, und zwar so viele, als er Regimenter befehligt. Armut wird dadurch angedeutet, daß auf den seidenen Gewändern unregelmäßig Stücke von anderer Farbe, aber ebenfalls aus Seide, aufgenäht sind, die Flicken bedeuten. Die Charaktere werden durch bestimmte Masken bezeichnet, also einfach durch Bemalung. Gewisse Gesten mit beiden Händen stellen das gewaltsame Öffnen einer Tür vor und so weiter. Die Bühne selber bleibt unverändert, jedoch werden während des Spiels Möbel hereingetragen. All dies ist seit langem bekannt und kaum übertragbar.

Es ist nicht ganz leicht, mit der Gewohnheit zu brechen, eine Kunstdarbietung *als Ganzes* aufzunehmen. Dies ist aber nötig, wenn man unter vielen Effekten gerade einen einzigen studieren will. Der Verfremdungseffekt wird im chinesischen Theater auf folgende Weise erzielt:

Der chinesische Artist spielt vor allem nicht so, als existiere außer den drei Wänden, die ihn umgeben, auch noch eine vierte Wand. *Er bringt zum Ausdruck, daß er weiß, es wird ihm zugesehen.* Das entfernt sogleich eine bestimmte Illusion der europäischen Bühne. Das Publikum kann nicht mehr die Illusion haben, ungesehener Zuschauer eines wirklich stattfindenden Ereignisses zu sein. Eine ganze reich entwickelte Technik der europäischen Bühne, vermittels derer es verborgen werden kann, daß die Szenen so angelegt sind, daß sie vom Publikum bequem eingesehen werden können, wird damit überflüssig. Ebenso wie die Akrobaten wählen die Schauspieler ganz offen jene Positionen, die sie dem Publikum am besten ausstellen. Eine weitere Maßnahme ist: *Der Artist sieht sich selber zu.* Etwa eine Wolke darstellend, ihr unvermutetes Auftauchen, ihre weiche und starke Entwicklung, schnelle und doch allmähliche Veränderung vorführend, sieht er mitunter nach dem Zuschauer, als wolle er sagen: Ist es nicht genau so? Aber er sieht auch auf seine eigenen Arme und Beine, sie anführend, überprüfend, am Ende vielleicht lobend. Ein deutlicher Blick auf den Boden, ein Abmessen des ihm für seine Produktion zur Verfügung stehenden Raumes scheint ihm nichts, was die Illusion stören könnte. Der Artist trennt so die Mimik (Darstellung des Betrachtens) von der Gestik (Darstellung der Wolke), aber die letztere verliert nichts dadurch, denn die Haltung des Körpers wirkt auf das Antlitz zurück, verleiht ihm ganz seinen Ausdruck. Jetzt hat es den Ausdruck gelungener Zurückhaltung, jetzt den vollen Triumphes! Der Artist hat sein Gesicht als jenes leere Blatt verwendet, das durch den Gestus des Körpers beschrieben werden kann.

Der Artist wünscht, dem Zuschauer fremd, ja befremdlich zu erscheinen. Er erreicht das dadurch, daß er sich selbst und seine Darbietungen mit Fremdheit betrachtet. So bekommen die Dinge, die er vorführt, etwas Erstaunliches. Alltägliche Dinge werden durch diese Kunst aus dem Bereich des Selbstverständlichen gehoben. Eine junge Frau, die Tochter eines Fischers, wird gezeigt, wie sie einen Kahn rudert. Stehend lenkt sie mit einem kleinen Ruder, das ihr kaum bis zu den Knien reicht, den Kahn, der nicht vorhanden ist. Jetzt wird die Strömung schneller, jetzt wird es schwieriger, das Gleichgewicht zu halten, jetzt ist sie in einer Bucht, sie rudert etwas lässiger. Nun, so lenkt man einen Kahn. Aber diese Kahnfahrt scheint historisch zu sein, in vielen Liedern besungen, eine ungewöhnliche Fahrt, jedermann bekannt. Jede der Bewegungen dieses berühmten Mädchens ist wohl in Bildern festgehalten, jede Biegung des Flusses war ein Abenteuer, man kennt es, auch die betreffende Flußbiegung ist bekannt. Dieses Gefühl des Zuschauers wird hervorgerufen durch die Haltung des Artisten: sie ist es, die diese Fahrt berühmt macht. Die Szene erinnerte uns an den Marsch nach Budweis in der Piscatorschen Aufführung des »Braven Soldaten Schwejk«. Der Dreitagemarsch des Schwejk unter Sonne und Mond an die Front, die er merkwürdigerweise nie erreicht, war ganz und gar historisch gesehen, als eine Begebenheit, nicht weniger denkwürdig als etwa Napoleons Zug nach Rußland 1812.

Das Sich-selber-Zusehen des Artisten, ein künstlicher und kunstvoller Akt der Selbstentfremdung, verhindert die vollständige, das heißt die bis zur Selbstaufgabe gehende Einfühlung des Zuschauers und schafft eine großartige Distanz zu den Vorgängen. Auf die Einfühlung des Zuschauers wird trotzdem nicht verzichtet. Der Zuschauer fühlt sich in den Schauspieler als in einen Betrachtenden ein: so wird seine betrachtende, zuschauende Haltung kultiviert.

Dem westlichen Schauspieler kommt das Spiel der chinesischen Artisten vielfach kalt vor. Nicht als ob das chinesische Theater auf die Darstellung von Gefühlen verzichtete! Der Artist stellt Vorgänge von großer Leidenschaftlichkeit dar, aber dabei bleibt sein Vortrag ohne Hitzigkeit. In Augenblicken tiefer Erregung der dargestellten Person nimmt der Artist eine Haarsträhne zwischen die Lippen und zerbeißt sie. Aber das ist wie ein Ritus, alles Eruptive fehlt ihm. Es handelt sich deutlich um eine Wiederholung des Vorgangs durch einen andern Menschen, eine, allerdings kunstvolle, Schilderung. Der Artist zeigt: Dieser Mensch ist außer sich, und er deutet die äußeren Zeichen dafür an. So drückt man Außer-sich-Sein schicklich aus, vielleicht ist es auch unschicklich, aber nicht für die Bühne. Jedenfalls sind unter vielen möglichen Zeichen besondere ausgewählt, sichtbar mit großer Überlegung. Zorn unterscheidet sich natürlich von Unmut, Haß von Abneigung, Liebe von Sympathie, aber die unterschiedlichen Bewegungen des Gefühls werden sparsam dargestellt. Die Durchkältung kommt daher, daß der Schauspieler sich in der erwähnten Art von der Figur, die er darstellt, distanziert. Er hütet sich, ihre Empfindungen zu denen der Zuschauer zu machen. Niemand wird von dem Individuum vergewaltigt, das er darstellt: es ist nicht der Zuschauer selber, es ist sein Nachbar.

Der westliche Schauspieler tut alles, um seinen Zuschauer an die darzustellenden Vorgänge und die darzustellende Figur so nahe wie möglich heranzuführen. Zu diesem Zweck bringt er ihn dazu, sich in ihn, den Schauspieler, *einzufühlen*, und verwendet alle seine Kraft darauf, sich selbst in einen andern Typus, den der darzustellenden Person, möglichst restlos zu verwandeln. Ist die *restlose Verwandlung* gelungen, hat sich seine Kunst so ziemlich verausgabt. Ist er einmal der darzustellende Bankkassierer, Arzt oder Feldherr, so hat er ebensowenig Kunst nötig, wie der Bankkassierer, Arzt oder Feldherr »im Leben« sie nötig hat.

Dieser Akt der restlosen Verwandlung ist übrigens ein sehr mühevoller. Stanislawski gibt eine Reihe von Kunstmitteln, ein ganzes System an, vermittels derer das, was er creative mood, Schaffenslaune, nannte, immer von neuem, bei jeder Vorstellung herbeigezwungen werden kann. Dem Schauspieler gelingt es nämlich für gewöhnlich nicht lange, sich wirklich als der andere zu fühlen, bald beginnt er erschöpft nur noch gewisse Äußerlichkeiten in der Haltung und im Stimmfall des andern zu kopieren, worauf die Wirkung beim Publikum sich erschreckend abschwächt. Dies kommt zweifellos daher, daß die Kreierung des andern ein »intuitiver«, also dunkler Akt war, der im Unterbewußtsein vor sich ging, und das Unterbewußtsein ist sehr schwach zu regulieren: es hat sozusagen ein schlechtes Gedächtnis.

Der chinesische Artist kennt diese Schwierigkeiten nicht, er verzichtet auf die restlose Verwandlung. Von vornherein beschränkt er sich darauf, die darzustellende Figur lediglich zu zitieren. Aber mit welcher Kunst tut er das! Er benötigt nur ein Minimum von Illusion. Was er zeigt, ist sehenswert auch für den, der nicht von Sinnen ist. Welcher westliche Schauspieler der alten Art (der eine oder andere Komiker ausgenommen) könnte wie der chinesische Schauspieler Mei Lanfang, mit einem Smoking angetan, in einem Zimmer ohne besonderes Licht, umgeben von Sachverständigen, die Elemente seiner Schauspielkunst zeigen? Etwa König Lears Verteilung des Erbes oder das Auffinden des Taschentuches durch Othello? Er würde wirken wie ein Jahrmarktszauberer, der seine Tricks zeigt – wonach niemand je wieder das Zauberkunststück sehen will. Er würde lediglich zeigen, wie man sich verstellt. Die Hypnose fiele weg, und es blieben ein paar Pfund schlecht verrührte Mimik übrig, eine schnell zusammengemischte Ware für den Verkauf im Dunklen, an eilige Käufer. Natürlich würde kein westlicher Schauspieler solch eine Schaustellung veranstalten. Wo bliebe die Heiligkeit der Kunst? Die Mystik der Verwandlung? Er legt Wert darauf, daß, was er macht, unbewußt ist. Es verlöre sonst an Wert. Ein Vergleich mit der asiatischen Schauspielkunst zeigt das Pfäffische, in dem unsere Kunst noch befangen ist. Allerdings wird es unseren Schauspielern immer schwerer, das Mysterium der restlosen Verwandlung zu vollziehen, das Gedächtnis ihres Unterbewußtseins wird immer schwächer, und es gelingt kaum im Geniefall noch, aus der verunreinigten Intuition eines Mitglieds der Klassengesellschaft die Wahrheit zu schöpfen.

Es ist für den Schauspieler schwierig und strapaziös, jeden Abend gewisse Emotionen oder Stimmungen in sich zu erzeugen, dagegen einfacher, die äußeren Anzeichen vorzutragen, die diese Emotionen begleiten und anzeigen. Allerdings gilt dann nicht so ohne weiteres die Übertragung dieser Emotionen auf den Zuschauer, die *emotionelle Ansteckung.* Der Verfremdungseffekt tritt ein, und zwar nicht in der Form *keiner* Emotionen, sondern in der Form von Emotionen, die sich mit denen der dargestellten Person nicht zu decken brauchen. Beim Anblick von Kummer kann der Zuschauer Freude, bei dem von Wut Ekel empfinden. Wenn wir hier von dem Vortrag der äußeren Anzeichen der Emotionen sprechen, so meinen wir nicht einen solchen Vortrag und eine solche Auswahl der Anzeichen, daß die emotionelle Ansteckung doch erfolgt, weil der Schauspieler die darzustellenden Emotionen doch noch in sich erzeugt hat, indem er nämlich die äußeren Anzeichen vortrug: durch ein Anschwellenlassen der Stimme und ein Anhalten der Atmung zusammen mit einem Zusammenziehen der Halsmuskeln, wodurch das Blut in den Kopf schießt, kann der Schauspieler leicht in sich Zorn erzeugen. In diesem Fall tritt der Effekt natürlich nicht auf. Dagegen tritt er auf, wenn der Schauspieler an einer bestimmten Stelle ohne Übergang eine tiefe Blässe des Gesichts zeigt, die er auf mechanische Weise erzeugt hat, indem er das Gesicht in die Hände verbarg und in diesen einen weißen Schminkstoff hatte. Trägt der Schauspieler zu gleicher Zeit ein anscheinend gefaßtes Wesen zur Schau, dann wird sein Erschrecken gerade bei dieser Stelle (auf Grund dieser Nachricht oder dieser Entdeckung) den V-Effekt auslösen. So zu spielen ist gesünder und wie uns scheint würdiger eines denkenden Wesens, es erfordert ein großes Maß von Menschenkenntnis und Lebensklugheit und ein scharfes Erfassen des gesellschaftlich Wichtigen. Selbstverständlich geht auch hier ein schöpferischer Prozeß vor sich: Er ist höher geartet, weil er in die Sphäre des Bewußtseins gehoben ist.

Selbstverständlich setzt der V-Effekt keineswegs ein unnatürliches Spielen voraus. Man darf hier beileibe nicht an das übliche Stilisieren denken. Im Gegenteil ist die Auslösung des V-Effekts geradezu abhängig von der Leichtigkeit und Natürlichkeit des Vortrags. Nur ist der Schauspieler bei dem Nachprüfen der *Wahrheit* seines Vortrags (einer notwendigen Operation, die Stanislawski in seinem System viel Mühe macht) nicht nur auf sein »natürliches Empfinden« angewiesen: Er kann jederzeit durch einen Vergleich mit der Wirklichkeit (Spricht so wirklich ein zorniger Mensch? Setzt sich so ein Getroffener?) korrigiert werden, also von außen, durch andere Personen. Er spielt so, daß fast nach jedem Satz ein Urteil des Publikums erfolgen könnte, daß beinahe jede Geste der Begutachtung des Publikums unterworfen wird.

Der chinesische Artist befindet sich nicht in Trance. Er kann jeden Augenblick unterbrochen werden. Er wird nicht »drauskommen«. Nach der Unterbrechung wird er seine Vorführung an der Stelle der Unterbrechung fortsetzen. Es ist nicht der »mystische Augenblick der Gestaltung«, in dem wir ihn stören: Als er auf die Bühne vor uns trat, war er mit der Gestaltung schon fertig. Er hat nichts dagegen, wenn um ihn herum während des Spieles umgebaut wird. Geschäftige Hände reichen ihm, was er zu seiner Darbietung braucht, in aller Öffentlichkeit. Während einer Sterbeszene Mei Lanfangs stieß ein neben mir sitzender Zuschauer einen Ton der Verblüffung über eine Geste des Artisten aus. Einige Zuschauer vor uns wandten sich empört um und zischten. Sie verhielten sich, als seien sie bei dem wirklichen Sterben eines wirklichen armen Mädchens zugegen. Ihr Verhalten war vielleicht richtig für eine europäische Theateraufführung, aber unsagbar lächerlich für eine chinesische. Der V-Effekt hatte seine Wirkung bei ihnen verfehlt.

Es ist nicht ganz einfach, den V-Effekt der chinesischen Schauspielkunst als ein *transportables Technikum* (als vom chinesischen Theater loslösbaren Kunstbegriff) zu erkennen. Das chinesische Theater erscheint uns ungemein preziös, seine Darstellung der menschlichen Leidenschaften schematisch, seine Konzeption von der Gesellschaft starr und falsch, nichts von dieser großen Kunst scheint auf den ersten Blick verwendbar für ein realistisches und revolutionäres Theater. Motive und Zwecke des V-Effekts sind uns im Gegenteil fremd und verdächtig.

Es ist zunächst schon schwierig, sich, wenn man Chinesen spielen sieht, frei zu machen von dem Gefühl der Befremdung, das sie in uns, als in *Europäern*, erregen. Man muß sich also vorstellen können, daß sie den V-Effekt auch erzielen bei ihren chinesischen Zuschauern. Es darf einen aber, was weit schwieriger ist, auch nicht stören, daß der chinesische Artist, wenn er den Eindruck des Geheimnisvollen erzeugt, kein Interesse zu haben scheint, uns ein Geheimnis zu entschleiern. Aus den Geheimnissen der Natur (besonders der menschlichen) macht er sein Geheimnis, er läßt sich nicht hineinschauen, wie er das natürliche Phänomen hervorbringt, auch

die Natur gestattet ihm, der das Phänomen schon hervorbringt, noch nicht die Einsicht. Wir stehen vor dem künstlerischen Ausdruck einer primitiven Technik, einer Urstufe
der Wissenschaft. Der chinesische Artist holt seinen V-Effekt
aus dem Zeugnis der Magie. Das »wie man es macht« ist noch
geheimnisvoll, das Wissen ist noch das Wissen von Tricks, es
ist in der Hand weniger, die es sorgsam hüten und aus ihren
Geheimnissen Gewinn ziehen; dennoch wird hier schon in
das Naturgeschehen eingegriffen, das Machenkönnen erzeugt
die Frage, und in Zukunft wird der Forscher, bemüht, das
Naturgeschehen verständlich, beherrschbar und irdisch zu
machen, immer wieder zunächst einen Standpunkt aufsuchen,
von dem aus es geheimnisvoll, unverständlich und unbe-
herrschbar erscheint. Er wird sich in die Haltung des Stau-
nenden bringen, den V-Effekt anwenden. Der ist kein
Mathematiker, dem die Formel »zwei mal zwei ist vier« selbstverständlich erscheint, noch ist der einer, der sie nicht begreift.
Der Mann, der eine an einem Seil schwingende Lampe zum
erstenmal mit Staunen betrachtete und es nicht selbstverständlich, sondern höchst auffällig fand, daß sie pendelte
und daß sie gerade so und nicht anders pendelte, näherte
sich mit dieser Festsetzung sehr dem Verständnis des Phäno-
mens und damit seiner Beherrschung. Man darf auch nicht
einfach ausrufen, die hier vorgeschlagene Haltung gezieme sich
der Wissenschaft, aber nicht der Kunst. Warum sollte die
Kunst nicht versuchen, natürlich mit *ihren* Mitteln, der großen gesellschaftlichen Aufgabe der Beherrschung des Lebens
zu dienen?
Tatsächlich können nur diejenigen ein Technikum wie den
V-Effekt der chinesischen Schauspielkunst mit Gewinn studieren, die ein solches Technikum für ganz bestimmte gesellschaftliche Zwecke benötigen.
Die Experimente des neuen deutschen Theaters entwickelten
den V-Effekt ganz und gar selbständig, es fand bisher keine
Beeinflussung durch die asiatische Schauspielkunst statt.

Der V-Effekt wurde im deutschen epischen Theater nicht nur durch den Schauspieler, sondern auch durch die Musik (Chöre, Songs) und die Dekoration (Zeigetafeln, Film und so weiter) erzeugt. Er bezweckte hauptsächlich die *Historisierung* der darzustellenden Vorgänge. Darunter ist folgendes zu verstehen:

Das bürgerliche Theater arbeitet an seinen Gegenständen das Zeitlose heraus. Die Darstellung des Menschen hält sich an das sogenannte Ewig-Menschliche. Durch die Anordnung der Fabel werden solche »allgemeine« Situationen geschaffen, daß der Mensch schlechthin, der Mensch aller Zeiten und jeder Hautfarbe, sich nunmehr ausdrücken kann. Alle Vorgänge sind nur das große Stichwort, und auf dieses Stichwort erfolgt die »ewige« Antwort, die unvermeidliche, gewohnte, natürliche, eben menschliche Antwort. Ein Beispiel: Der Mensch schwarzer Haut liebt wie der weiße Mensch, und erst wenn ihm von der Fabel der gleiche Ausdruck erpreßt ist, wie ihn der weiße liefert (sie können die Formel theoretisch angeblich umkehren), ist die Sphäre der Kunst geschaffen. Das Besondere, Unterschiedliche kann im Stichwort berücksichtigt werden: die Antwort ist gemeinsam; in der Antwort gibt es nichts Unterschiedliches. Diese Auffassung mag die Existenz einer Geschichte zugeben, aber es ist dennoch eine geschichtslose Auffassung. Es ändern sich einige Umstände, es verwandeln sich die Milieus, aber der Mensch ändert sich nicht. Die Geschichte gilt für das Milieu, sie gilt nicht für den Menschen. Das Milieu ist so eigentümlich unwichtig, rein als Anlaß aufgefaßt, es ist eine variable Größe und etwas eigentümlich Unmenschliches; es existiert eigentlich ohne den Menschen, es tritt ihm als geschlossene Einheit gegenüber, ihm, dem immer Unveränderten, der fixen Größe. Die Auffassung des Menschen als einer Variablen des Milieus, des Milieus als einer Variablen des Menschen, das heißt die Auflösung des Milieus in Beziehungen zwischen Menschen, entspringt einem neuen Denken, dem historischen Denken.

Um die geschichtsphilosophische Exkursion abzukürzen, ein Beispiel: Auf der Bühne sei folgendes darzustellen: Ein junges Mädchen verläßt ihre Familie, um eine Stellung in einer größeren Stadt anzunehmen (Piscators »Amerikanische Tragödie«). Für das bürgerliche Theater ist dies eine Angelegenheit von geringer Tragweite, sichtlich der Beginn einer Geschichte, das, was man erfahren muß, um das Nachfolgende zu verstehen oder um auf das Nachfolgende gespannt zu sein. Die Phantasie der Schauspieler wird kaum sehr dadurch in Gang gesetzt werden. In gewisser Hinsicht ist der Vorgang allgemein: junge Mädchen nehmen Stellungen an (im vorliegenden Fall kann man gespannt sein, was ihr nun besonderes passieren wird). Er ist nur insofern besonders: dieses Mädchen geht weg (wäre sie dageblieben, hätte das Folgende sich nicht ereignet). Daß die Familie sie gehen läßt, ist nicht Gegenstand der Untersuchung, es ist glaubhaft (die Motive sind glaubhaft). Für das historisierende Theater liegt alles anders. Es wirft sich ganz und gar auf das Eigentümliche, Besondere, der Untersuchung Bedürftige des so alltäglichen Vorgangs. Wie, die Familie entläßt aus ihrer Hut ein Mitglied, damit es sich nunmehr selbständig, ohne Hilfe, den Lebensunterhalt verdient? Ist es dazu imstande? Was es hier, als Familienmitglied, gelernt hat, wird ihm das helfen, den Unterhalt zu verdienen? Können Familien ihre Kinder nicht mehr behalten? Sind sie eine Last geworden oder geblieben? Ist das so bei allen Familien? War das immer so? Ist das der Lauf der Welt, der nicht zu beeinflussende? Wenn die Frucht reif ist, fällt sie vom Baum. Gilt hier dieser Satz? Machen sich die Kinder immer einmal selbständig? Taten sie es zu allen Zeiten? Wenn ja, wenn es etwas Biologisches ist, geschieht es immer in der gleichen Weise, aus demselben Grunde, mit den gleichen Folgen? Das sind die Fragen (oder ein Teil von ihnen), welche die Schauspieler zu beantworten haben, wenn sie den Vorgang als einen historischen, einmaligen darstellen wollen, wenn sie hier eine Sitte aufzeigen wollen, die

Aufschluß gibt über das ganze Gefüge der Gesellschaft einer bestimmten (vergänglichen) Zeit. Wie soll aber ein solcher Vorgang dargestellt werden, daß sein historischer Charakter hervortritt? Wie kann die Wirrnis unserer unglücklichen Zeit auffällig gemacht werden? Wenn die Mutter unter Ermahnungen und moralischen Forderungen der Tochter den Koffer packt, der sehr klein ist – wie zeigt man das: So viele Forderungen und so wenig Wäsche? Sittliche Forderungen für ein ganzes Leben und Brot nur für fünf Stunden? Wie hat die Schauspielerin den Satz der Mutter zu sprechen, mit dem sie den so sehr kleinen Koffer übergibt: »So, ich denke, das reicht aus«, damit er als historischer Ausspruch verstanden wird? Das kann nur erreicht werden, wenn der V-Effekt hervorgebracht wird. Die Schauspielerin darf den Satz nicht zu ihrer eigenen Sache machen, sie muß ihn der Kritik überantworten, sie muß das Verständnis seiner Motive ermöglichen und den Protest. Der Effekt ist nur nach langem Studium hervorzubringen. Im Jiddischen Theater in New York, einem sehr fortschrittlichen Theater, sah ich ein Stück von S. Ornitz, das den Aufstieg eines Eastside-Jungen zum großen korrupten Anwalt zeigt. Das Theater konnte das Stück nicht spielen. Und doch waren da Szenen wie die: Der junge Anwalt gibt, auf der Straße, vor seinem Haus sitzend, Rechtsauskünfte, die sehr billig sind. Eine junge Frau kommt mit einer Beschwerde, ihr Bein ist im Verkehr beschädigt worden. Aber der Fall wurde verschlampt, ihre Schadenersatzforderung ist noch nicht eingereicht. Verzweifelt schreit sie, auf ihr Bein zeigend: »Es heilt schon!« Das Theater, arbeitend ohne den V-Effekt, vermochte die Greuel einer blutigen Zeit an dieser außerordentlichen Szene nicht aufzuzeigen. Wenige Leute im Zuschauerraum bemerkten sie, kaum einer, der dies liest, würde sich dieses Ausrufs erinnern. Die Schauspielerin sprach den Ausruf wie eine Selbstverständlichkeit. Aber gerade dies, daß eine solche Klage diesem armen Menschen selbstverständlich erscheint, hätte sie als entsetzter Bote, rückkehrend aus den untersten der Höllen, dem Publikum berichten müssen. Dazu wäre es allerdings nötig gewesen, daß ihr eine besondere Technik erlaubt hätte, das Historische eines bestimmten gesellschaftlichen Zustandes zu unterstreichen. Das ermöglicht nur der V-Effekt. Ohne diesen kann sie nur sehen, wie sie nicht zu völliger Verwandlung in die Bühnenfigur gezwungen wird. Bei der Aufstellung neuer künstlerischer Prinzipien und der Erarbeitung neuer Methoden der Darstellung müssen wir ausgehen von den gebieterischen Aufgaben einer Zeit des Epochenwechsels, Möglichkeit und Notwendigkeit einer Neuformierung der Gesellschaft taucht auf. Alle Vorgänge unter Menschen werden geprüft, *alles* muß vom gesellschaftlichen Standpunkt aus gesehen werden. Ein neues Theater wird unter anderen Effekten für seine Gesellschaftskritik und seinen historischen Bericht über vollzogene Umstellungen den V-Effekt nötig haben.

Rede des Stückeschreibers über das Theater des Bühnenbauers Caspar Neher

Manchmal beginnen wir zu probieren, ohne etwas über die Dekoration zu wissen, und unser Freund fertigt uns nur kleine Skizzen von den Vorgängen an, die wir darzustellen haben, sagen wir sechs Leute, sitzend um eine Arbeiterin, die ihnen Vorwürfe macht. Wir finden im Text dann vielleicht nur fünf Leute im ganzen, denn unser Freund ist kein Pedant, aber er zeigt uns, worauf es ankommt, und eine solche Skizze ist immer ein delikates kleines Kunstwerk. Wo auf der Bühne die Sitzgelegenheiten für die Frau, ihren Sohn und ihre Gäste sein sollen, finden wir selber heraus, und unser Freund stellt sie an diesem Ort auf, wenn er die Dekoration baut. Manchmal bekommen wir von vornherein seine Bilder, und er hilft uns dann, bei den Gruppierungen und Gesten und nicht selten bei der Charakterisierung der Personen und der Art, wie sie sprechen. Seine Dekoration ist getränkt mit dem Geist des betreffenden Stückes und erregt den Ehrgeiz der Schauspieler, in ihr zu bestehen.

Die Stücke liest er in souveräner Weise. Dafür nur ein Beispiel. In der sechsten Szene des ersten Aktes von Shakespeares »Macbeth« loben König Duncan und sein Feldherr Banquo, von Macbeth in sein Schloß eingeladen, dieses Schloß in berühmten Versen:

»... Der Sommergast, die Schwalbe, nistend
An Tempeln, zeigt durch ihre Nester die
Himmlische Luft hier ...«

Neher bestand auf einem halbzerfallenen grauen Kastell von auffallender Ärmlichkeit. Die rühmenden Worte der Gäste waren nur Höflichkeiten. Die Macbeth' waren für ihn kleine schottische Adlige von krankhaftem Ehrgeiz!

Seine Dekorationen sind bedeutende Aussagen über die Wirklichkeit. Er verfährt dabei groß, ohne durch unwesentliches Detail oder Zierat von der Aussage abzulenken, die eine künstlerische und denkerische Aussage ist. Dabei ist alles schön und das wesentliche Detail mit großer Liebe gemacht.

Wie sorgsam wählt er einen Stuhl, und wie bedachtsam plaziert er ihn! Und alles hilft dem Spiel. Da ist ein Stuhl kurzbeinig und auch der Tisch dazu von studierter Höhe, so, daß die an ihm essen, eine ganz besondere Haltung einnehmen müssen, und das Gespräch der tiefer als gewöhnlich gebückten Esser bekommt etwas Besonderes, den Vorgang deutlicher Machendes. Und wie viele Wirkungen ermöglichen seine Türen von sehr verschiedener Höhe!

Dieser Meister kennt alle Handwerke und sorgt dafür, daß die Möbel kunstvoll gezimmert sind, auch die armseligen, denn die Wahrzeichen der Armseligkeit und Billigkeit müssen ja mit Kunst angefertigt werden. So sind die Materialien, Eisen, Holz, Leinwand, fachkundig behandelt und richtig gemischt, sparsam oder üppig, wie das Stück es verlangt. Er geht in die Werkstatt des Schmieds, um die Krummschwerter schmieden zu lassen, und in die Werkstatt der Kunstgärtner, um sich blecherne Kränze schneiden und flechten zu lassen. Viele der Requisiten sind Museumsstücke.

Diese kleinen Gegenstände, die er den Schauspielern in die Hand gibt, die Waffen, Instrumente, Geldtaschen, Bestecke und so weiter, sind immer echt und halten der genauesten Untersuchung stand, aber in der Architektur, das heißt wenn dieser Meister Innenräume oder Außenräume aufbaut, begnügt er sich mit Andeutungen, artistischen und poetischen Darstellungen einer Gegend oder einer Hütte, die seiner Beobachtung ebensoviel Ehre antun wie seiner Phantasie. Sie zeigen in schöner Vermischung seine Handschrift und die Handschrift des Stückeschreibers. Und es gibt bei ihm keinen

Bau, Hof oder Werkstatt oder Garten, der nicht auch sozusagen noch die Fingerabdrücke der Menschen trägt, die da gelebt oder daran gebaut haben. Da werden handwerkliche Fertigkeiten und Wissen der Bauenden sichtbar und der Wohnenden Wohngewohnheiten.

Unser Freund geht bei seinen Entwürfen immer von »den Leuten« aus und von dem, »was mit ihnen und durch sie passiert«. Er macht keine »Bühnenbilder«, Hintergründe und Rahmen, sondern er baut das Gelände, auf dem »Leute« etwas erleben. Nahezu alles, was sonst das Gewerbe der Bühnenbauer ausmacht, das Ästhetische, Stilistische, erledigt er mit der linken Hand. Selbstverständlich war das Rom Shakespeares anders als das Rom Racines. Er baut die Bühne der Dichter und sie strahlte.[1] Er vermag, wenn er will, mit verschiedenen Graus und Weiß in verschiedener Struktur Reicheres zu gestalten als viele andere mit der ganzen Palette. Er ist ein großer Maler. Aber vor allem ist er ein ingeniöser Erzähler. Er weiß wie keiner, daß alles, was einer Geschichte nicht dient, ihr schadet. So begnügt er sich stets mit Andeutungen bei allem, was »nicht mitspielt«. Freilich sind diese Andeutungen Anregungen. Sie beleben die Phantasie des Zuschauers, welche durch »Vollständigkeit« gelähmt wird.

Er benutzt oft eine Erfindung, die seither zu internationalem Gemeingut geworden und ihres Sinns gemeinhin beraubt worden ist. Es ist die Zweiteilung der Bühne, eine Anordnung, durch die vorn ein Zimmer, ein Hof, eine Arbeitsstätte halbhoch aufgebaut ist und dahinter projiziert oder gemalt eine weitere Umgebung, wechselnd mit jeder Szene oder stehend durch das ganze Stück. Dieses weitere Milieu kann auch aus dokumentarischem Material bestehen oder einem Bild oder Teppich. Eine solche Anordnung bereichert natürlich die Erzählung, und zugleich erinnert sie die Zuschauer ständig,

---

[1] Bei der Armseligkeit unserer Lichtanlagen können die photographischen Aufnahmen leider den Glanz jeder Neherschen Dekoration nicht wiedergeben.

daß der Bühnenbauer eine Bühne gebaut hat: Er bekommt die Dinge anders zu sehen als außerhalb des Theaters.

Dieses Verfahren, so wandelbar es ist, ist natürlich nur eines unter vielen, die er anwendet; seine Dekorationen unterscheiden sich ebenso wie die Stücke. Im Grunde hat man die Vorstellung sehr leicht hingebauter, schnell veränderlicher, schöner und dem Spiel nützlicher Gerüste, welche die Geschichte des Abends beredt erzählen helfen. Erwähnt man noch den Schwung, mit dem er baut, seine Verachtung für das Niedliche und Harmlose und die Heiterkeit seiner Bauten, hat man vielleicht eine Andeutung gegeben von der Bauweise des größten Bühnenbauers unserer Zeit.

Rede des Dramaturgen [über Rollenbesetzung]

Man besetzt die Rollen falsch und gedankenlos. Als ob alle Köche dick, alle Bauern ohne Nerven, alle Staatsmänner stattlich wären. Als ob alle, die lieben und alle, die geliebt werden, schön wären! Als ob alle guten Redner eine schöne Stimme hätten!

Natürlich ist so vieles zu bedenken. Zu diesem Faust paßt dieser Mephisto und dieses Gretchen. Es gibt Schauspieler, denen man schwer einen Prinzen glaubt; es gibt sehr verschiedene Prinzen, aber zumindest sind sie alle erzogen worden, zu befehlen; und Hamlet ist ein Prinz unter Tausenden.

Dann ist es nötig, daß die Schauspieler sich entwickeln können. Da ist ein junger Mensch, der ein besserer Troilus sein wird, nachdem er einen Amtsdiener Mitteldorf gespielt hat. Dieser Schauspielerin fehlt für das Gretchen des letzten Akts das Laszive: Kann sie es bekommen, wenn sie die Cressida spielt, der die Situationen es abnötigen – oder die Grusche, der sie es ganz verwehren?

Sicher liegen jedem Schauspieler gewisse Rollen mehr als andere. Und doch ist es für ihn gefährlich, wenn er in ein Fach gezwängt wird. Nur die Begabtesten sind fähig, einander ähnliche Figuren darzustellen, sozusagen Zwillinge, erkennbar als solche und doch unterscheidbar.

Ganz albern ist es, Rollen nach körperlichen Merkmalen zu besetzen. »Der hat eine königliche Gestalt!« Was ist damit gemeint? Müssen die Könige ausschauen wie Eduard VII.? – »Aber der hat kein gebietendes Auftreten!« Wie wenige Arten zu gebieten gibt es eigentlich? – »Die sieht zu vornehm aus für die Courage!« Man sehe sich die Fischweiber an!

Kann man nach der Gemütsart gehen? Man kann es nicht. Auch das heißt, sich die Sache leicht machen.

Freilich gibt es sanfte Menschen und aufbrausende, gewalttätige. Aber es ist auch wahr, daß jeder Mensch alle Gemütsarten hat. Und je mehr Schauspieler er ist, desto mehr trifft für ihn der Satz zu. Und die bei ihm zurückgedrängten Gemütsarten ergeben oft, herausgeholt, besonders starke Wirkungen. Zudem haben die groß angelegten Rollen (auch die kleinen davon) außer kräftigen Merkmalen auch Spielraum für Addierungen; sie gleichen Landkarten mit weißen Stellen. Der Schauspieler muß alle Gemütsarten in sich pflegen, weil seine Figuren nicht leben, wenn sie nicht von ihrer Widersprüchlichkeit leben. Es ist sehr gefährlich, eine große Figur auf eine Eigenschaft hin zu besetzen.

Die fröhliche Kritik

DER SCHAUSPIELER Man kann verstehen, daß das Mitfühlen der Gefühle der dramatischen Personen und das Im-Geiste-Mitmachen ihrer Handlungen Genuß bereiten kann. Wie soll aber die Kritik daran Genuß bereiten?

DER PHILOSOPH Mir hat das Mitmachen der Handlungen eurer Helden oft Verdruß bereitet und das Mitfühlen ihrer Gefühle wahren Abscheu. Dagegen amüsiert mich das Spielen mit euren Helden, das heißt, mich unterhalten die Vorstellungen anderer Handlungsweise und der Vergleich der ihrigen mit der von mir vorgestellten, ebenfalls möglichen.

DER DRAMATURG Aber wie sollen sie anders handeln, so seiend, wie sie sind, oder zu dem gemacht, zu dem sie gemacht sind? Wie kannst du dir also anderes Handeln von ihnen vorstellen?

DER PHILOSOPH Ich kann es. Und dann kann ich sie ja auch mit mir vergleichen.

DER DRAMATURG So ist Kritik üben nichts rein Verstandesmäßiges?

DER PHILOSOPH Natürlich nicht. Ihr könnt eure Kritik keineswegs auf das Verstandesmäßige begrenzen. Auch die Gefühle nehmen an der Kritik teil, vielleicht ist es gerade eure Aufgabe, die Kritik durch Gefühle zu organisieren. Die Kritik, erinnert euch, entsteht aus den Krisen und verstärkt sie.

DER DRAMATURG Wir könnten allerdings nicht genug wissen, um auch nur die kleinste Szene aufzuführen. Was dann?

DER PHILOSOPH Man weiß in sehr verschiedenen Graden.

Wissen steckt in euren Ahnungen und Träumen, in euren Besorgnissen und Hoffnungen, in der Sympathie, im Verdacht. Vor allem aber meldet sich Wissen im Besserwissen, also im Widerspruch. Das alles ist euer Gebiet.

DER SCHAUSPIELER Also der erhobene Zeigefinger! Nichts wird vom Publikum mehr gehaßt. Es soll wieder auf die Schulbank!

DER PHILOSOPH Eure Schulbänke scheinen ja entsetzlich zu sein, wenn sie solchen Haß einflößen. Aber was gehen mich eure schlechten Schulbänke an? Schafft sie ab!

DER DRAMATURG Niemand hat etwas dagegen, daß in einem Stück Sinn steckt, aber er soll nicht immerfort heraustreten. Die Belehrung sollte unmerklich sein.

DER PHILOSOPH Glaubt mir: die die unmerkliche Belehrung wollen, wollen keine Belehrung. Etwas anderes ist es mit dem Sinn, der nicht immer heraustreten soll.

DER DRAMATURG Wir haben jetzt nach bestem Vermögen die mannigfaltigen Anweisungen studiert, durch welche du die Theaterkunst ebenso belehrend machen willst, wie es die Wissenschaft ist. Du hattest uns eingeladen, uns in deinem Thaeter zu betätigen, das ein wissenschaftliches Institut sein sollte, Kunst zu machen sollte nicht unser Ziel sein. In der Tat aber haben wir, um deine Wünsche zu erfüllen, unsere ganze Kunst aufbieten müssen. Offen gestanden, spielend, wie du es willst, und zu dem Zweck, den du willst, machen wir doch Kunst.

DER PHILOSOPH Das ist auch mir aufgefallen.

DER DRAMATURG Es genügte, daß du, der so viel, was für die Ausübung von Kunst allgemein für nötig gehalten wird, gestrichen hast, ein einziges aufrechterhieltst, scheint es mir jetzt.

DER PHILOSOPH Was?

DER DRAMATURG Was du die Leichtigkeit dieser Betätigung

nanntest. Das Wissen, daß dieses Etwas-Vorgeben, für das
Publikum Zurechtmachen nur in einer heiteren, gutmüti-
gen Stimmung vor sich gehen kann, einer Stimmung, in
der man zum Beispiel auch zu Späßen geneigt ist. Du hast
den Ort der Kunst richtig bestimmt, als du uns so auf den
Unterschied zwischen der Arbeit eines Mannes, der fünf He-
bel an einer Maschine bedient, und einem Mann, der fünf
Bälle auffängt, aufmerksam machtest. Und diese Leichtigkeit hast du verbunden mit einem großen Ernst der
Aufgabe gesellschaftlicher Art.

DER SCHAUSPIELER Am meisten hat mich anfangs deine Forderung, einzig und allein mit dem Verstand zu arbeiten, verstimmt. Du verstehst, das Denken ist etwas so Dünnes, im
Grund Unmenschliches. Selbst wenn man es gerade das
Menschliche nennen will, macht man hier einen Fehler, denn
dann fehlte mir an ihm eben das Tierische.

DER PHILOSOPH Und wie steht es jetzt damit?

DER SCHAUSPIELER Oh, dieses Denken scheint mir jetzt nicht
mehr so dünn. Es steht in gar keinem Gegensatz zum Fühlen. Und was ich den Zuschauern errege, sind nicht nur Gedanken, sondern auch Gefühle. Das Denken scheint mir jetzt
einfach eine Art Verhalten, und zwar ein gesellschaftliches
Verhalten. An ihm nimmt der ganze Körper mit allen Sinnen teil.

[DER PHILOSOPH] In einem russischen Stück sah ich, wie Arbeiter einem Räuber ein Gewehr anvertrauten, damit er sie
gegen Räuber beschütze bei der Arbeit. Das Publikum lachte
dabei und weinte zugleich. – Auf dem alten Theater gab
es gegenüber dem Helden die Charge. Die Karikatur ist
die Form, in der die Einfühlung erzeugende Darstellung
Kritik bringt. Hier kritisiert der Schauspieler das Leben,
und der Zuschauer fühlt sich in seine Kritik ein. – Das epische Theater kann Karikaturen wohl nur bringen, wenn es
das Karikieren zeigen will. Die Karikaturen treten dann

auf wie Masken auf einem Maskenball, den die Bühne zeigt. – Die gleitende, weitergehende, vorbeiziehende (aber nicht mitreißende) Darstellung ist auch nötig, weil doch jede Äußerung jeder Figur auffällig gemacht wird, so daß es auch nötig ist, den Verlauf, Zusammenhang, Prozeß aller Äußerungen auffällig zu machen. Echtes Verständnis und echte Kritik ist nur möglich, wenn das Einzelne und das Ganze und auch die jeweilige Beziehung des Einzelnen zum Ganzen verstanden und kritisiert werden können. Die Äußerungen der Menschen sind ja notwendig widerspruchsvoll, es ist also nötig, den ganzen Widerspruch zu haben. – Der Schauspieler braucht keine völlig austerminierte Figur zu geben. Er könnte es nicht und er braucht es nicht. Er gibt ja nicht nur die Kritik über die Sache, sondern auch noch und vor allem die Sache. Er braucht nicht über alles, was er gibt, ausgearbeitete Meinungen zu haben. Er schöpft aus einem Reservoire von Gesehenem und Erlebtem.

DER SCHAUSPIELER Immer noch steht deinem Thaeter unser Theater sehr im Weg, lieber Freund. Die Verwertung unserer Fähigkeiten, die im Theater für das Theater ausgebildet wurden, wird dadurch leiden, daß wir außer dem, was du brauchen kannst, noch einiges können, was du kaum benötigst. Es ist nämlich ebenso hinderlich, daß wir in gewisser Hinsicht mehr können, als daß wir weniger können, als benötigt wird.

DER PHILOSOPH Was könnt ihr mehr?

DER SCHAUSPIELER Du hast uns den Unterschied zwischen einem *Seher* und einem *prüfend Schauenden* deutlich auseinandergesetzt. Du gabst uns zu verstehen, daß der erstere durch den letzteren ersetzt werden muß. Weg mit der Ahnung, her mit dem Wissen! Weg mit dem Verdacht, her mit der Überführung! Weg mit dem Gefühl, her mit dem Argument! Weg mit dem Traum, her mit dem Plan! Weg mit der Sehnsucht, her mit dem Entschluß!

DIE SCHAUSPIELERIN *klatscht Beifall.*

DER SCHAUSPIELER Warum klatschst du nicht?

DER PHILOSOPH Ich habe mich kaum so entschieden ausgesprochen, was die Aufgabe der Kunst im allgemeinen betrifft. Ich habe mich gegen die umgekehrten Losungen gewendet: Weg mit dem Wissen, her mit der Ahnung und so weiter. Ich habe mich dagegen gewendet, daß die Kunst für die Grenzgebiete reserviert bleiben soll. In den Werken bewegter Epochen und progressiver Klassen haben diese Losungen keine Gültigkeit. Aber betrachtet unsere Zeit! Wieviel künstlerischer ausgeführt sind bei uns Werke, aus denen die von mir bekämpften Losungen gezogen werden können! Die Ahnungen werden mit viel mehr Kunst gebracht als die Kenntnisse! Auch in Werken mit klaren Gedanken findet man das Künstlerische in anderem, Unklarem; ich meine, man sucht es nicht nur dort, sondern man findet es auch dort.

DER DRAMATURG Du meinst, für das Wissen gibt es keine künstlerische Form?

DER PHILOSOPH Das fürchte ich. Warum sollte ich die Sphäre des Geahnten, Geträumten, Gefühlten stillegen wollen? Die gesellschaftlichen Probleme werden von den Menschen auch so behandelt. Ahnung und Wissen sind keine Gegensätze. Aus Ahnung wird Wissen, aus Wissen Ahnung. Aus Träumen werden Pläne, die Pläne gehen in Träume über. Ich sehne mich und mache mich auf den Weg, und gehend sehne ich mich. Die Gedanken werden angedacht, die Gefühle angefühlt. Aber da gibt es Entgleisungen und Kurzschlüsse. Es gibt Phasen, wo die Träume nicht zu Plänen werden, Ahnung nicht Wissen wird, Sehnsucht sich nicht auf den Weg macht. Für die Kunst sind das schlechte Zeiten, sie wird schlecht. Die Spannung zwischen Ahnen und Wissen, welche die Kunst ausmacht, reißt ab. Das Feld entlädt sich sozusagen. Mich interessiert im Augenblick weniger, was mit den Künstlern passiert, welche in Mystik versinken. Mehr interessieren mich diejenigen, welche, sich ungeduldig von der planlosen Träumerei abwendend, zu einem traumlosen Planen übergehen, einem gleichermaßen leeren Planen.

DER DRAMATURG Ich verstehe. Gerade wir, bestrebt, der Gesellschaft zu dienen, der wir angehören, sollten *alle* Sphären des menschlichen Trachtens voll durchmessen!

DER SCHAUSPIELER Wir sollen also nicht nur zeigen, was wir wissen?

DIE SCHAUSPIELERIN Auch was wir ahnen.

DER PHILOSOPH Bedenkt, daß manches, was ihr nicht wißt, der Zuschauer erkennen mag!

DER PHILOSOPH Die Gegner des Proletariats sind keine einheitliche, reaktionäre Masse. Auch der Einzelmensch, der den gegnerischen Klassen angehört, ist kein einheitlicher, ganz und gar feindlich abgestimmter und ausgerechneter Korpus. Der Klassenkampf erstreckt sich in ihn hinein. Seine Interessen zerreißen ihn. In der Masse lebend, ist er, wenn auch noch so isoliert, doch auch Teilhaber am Masseninteresse. Vor dem Sowjetfilm »Panzerkreuzer Potemkin« beteiligten sich selbst gewisse Bourgeois an dem Beifall des Proletariats, als die Matrosen ihre Schinder, die Offiziere, über Bord warfen. Dieses Bürgertum hatte, obwohl es von seiner Offizierskaste vor der sozialen Revolution geschützt worden war, doch diese Kaste nicht unter sich gebracht. Es befürchtete und erlitt dauernd »Übergriffe« – gegen sich selber. Gegen den Feudalismus stimmten eben die Bourgeois mit den Proletariern gelegentlich. Und dabei, in solchen Momenten, gerieten diese Bourgeois in einen echten und lustvollen Kontakt mit den vorwärtstreibenden Elementen der menschlichen Gesellschaft, den proletarischen Elementen; sie fühlten sich als ein Teil der Menschheit im ganzen, die da gewisse Fragen groß und gewaltig löste. So kann die Kunst doch eine gewisse Einheit ihres Publikums herstellen, das in unserer Zeit in Klassen gespalten ist.

DER PHILOSOPH Wieviel immer wir aufgeben wollen von dem, was für unentbehrlich an der Kunst des Theatermachens gehalten wird, um unsere neuen Zwecke zu bedienen, so müssen wir, denke ich, doch etwas unbedingt bewahren, das ist seine Leichtigkeit. Sie kann uns nicht hinderlich sein, aber wenn wir sie aufgeben würden, müßten wir unser Mittel überanstrengen und verderben. Im Theatermachen liegt nämlich seiner Natur nach etwas Leichtes. Dieses sich Schminken und einstudierte Stellungen Einnehmen, dieses Nachbilden der Welt mit wenigen Anhaltspunkten, dieses eine Vorstellung von Leben Geben, diese Pointen und Abkürzungen – all das muß seine natürliche Heiterkeit behalten, soll es nicht albern werden. In dieser Leichtigkeit ist jeder Grad von Ernst erreichbar, ohne sie gar keiner. So müssen wir allen Problemen die Fassungen geben, daß sie im Spiel erörtert werden können, auf spielerische Weise. Wir hantieren hier mit einer Goldwaage, in abgemessenen Bewegungen, mit Eleganz, gleichgültig, wie sehr uns der Boden unter den Füßen brennen mag. Es mag ja auch beinahe anstößig erscheinen, daß wir hier jetzt, zwischen blutigen Kriegen, und keineswegs, um in eine andere Welt zu flüchten, solche theatralischen Dinge diskutieren, welche dem Wunsch nach Zerstreuung ihre Existenz zu verdanken scheinen. Ach, es können morgen unsere Gebeine zerstreut werden! Wir beschäftigen uns aber mit dem Theater, gerade weil wir ein Mittel bereiten wollen, unsere Angelegenheiten zu betreiben, auch damit. Aber die Dringlichkeit unserer Lage darf uns nicht das Mittel, dessen wir uns bedienen wollen, zerstören lassen. Hast hilft ja nicht, wo Eile not tut. Dem Chirurgen, dem schwere Verantwortung aufgebürdet ist, muß das kleine Messer doch leicht in der Hand liegen. Die Welt ist gewiß aus den Fugen, nur durch gewaltige Bewegungen kann alles eingerenkt werden. Aber es kann unter manchen Instrumenten, die dem dienen, ein dünnes, zerbrechliches sein, das leichte Handhabung beansprucht.

[DER PHILOSOPH] Ein Theater, in dem man nicht lachen soll,
ist ein Theater, über das man lachen soll. Humorlose Leute
sind lächerlich.

Mit der Feierlichkeit versuchen manche einer Sache eine Bedeutung zu verleihen, die sie nicht hat. Hat eine Sache Bedeutung, so entsteht die genügende Feierlichkeit, indem
dieser Bedeutung Rechnung getragen wird. Auf den Photographien, welche die Bestattung Lenins durch das Volk zeigen, sieht man etwas Feierliches im Gange. Zunächst scheinen nur Menschen einem Menschen noch ein Stück zu
folgen, den sie ungern hergeben wollen. Es sind aber sehr
viele, und es kommt dazu, daß es »geringe« Leute sind und
daß ihr Mitgehen eine Demonstration gegen einige ist, wenige, die diesen, der da gebracht wird, lange weggewünscht
haben. Eine solche Besorgung machend, muß man nicht für
Feierlichkeit besorgt sein.

Definition der Kunst

DER PHILOSOPH Wir haben genug darüber gesprochen, wozu
man Kunst verwenden, wie man sie machen kann und
wovon Kunstmachen abhängt, und wir haben auch Kunst
gemacht in diesen vier Nächten, so daß wir ein paar vor-
sichtige Äußerungen abstrakter Art über dieses eigentümliche Vermögen des Menschen riskieren können, hoffend,
sie werden nicht selbständig und nur für sich, ganz abstrakt
verwertet. Man könnte also vielleicht sagen, Kunst sei die
Geschicklichkeit, Nachbildungen vom Zusammenleben der
Menschen zu verfertigen, welche ein gewisses Fühlen, Denken und Handeln der Menschen erzeugen können, das der
Anblick oder die Erfahrung der abgebildeten Wirklichkeit nicht in gleicher Stärke und Art erzeugen. Aus
dem Anblick und der Erfahrung der Wirklichkeit hat
der Künstler eine Abbildung zum Anblicken und Erfah-

ren gemacht, welche sein Fühlen und Denken reproduziert.

DER DRAMATURG Unsere Sprache hat einen guten Ausdruck: Der Künstler produziert sich.

DER PHILOSOPH Er ist ausgezeichnet, wenn man ihn so versteht, daß im Künstler der Mensch sich produziert, daß es Kunst ist, wenn der Mensch sich produziert.

DER SCHAUSPIELER Aber sicher ist das nicht alles, was die Kunst kann, denn das wäre nicht genug, was ist mit den Träumen der Träumer, der Schönheit mit dem Terror darinnen, dem Leben auf allen Registern?

DER DRAMATURG Ja, wir müssen auf den Genuß zu sprechen kommen. Du, der alle Philosophie darin erblickt, das Leben genußvoller zu machen, scheinst die Kunst so haben zu wollen, daß sie, gerade sie kein Genuß ist. Das Essen einer guten Speise setzt du so hoch; diejenigen, die dem Volk Kartoffeln vorsetzen, verurteilst du. Aber die Kunst soll nichts von einem Essen oder Trinken oder Lieben haben.

DER PHILOSOPH So ist die Kunst ein eigenes und ursprüngliches Vermögen der Menschheit, welches weder verhüllte Moral, noch verschönertes Wissen allein ist, sondern eine selbständige, die verschiedenen Disziplinen widerspruchsvoll repräsentierende Disziplin.

Die Kunst als das Reich des Schönen zu bezeichnen, heißt allzu sammelnd und rezeptiv vorgehen. Die Künstler entwickeln Geschicklichkeit, das ist der Anfang. Das Schöne an den künstlichen Dingen ist, daß sie geschickt gemacht sind. Wenn man einwendet, daß bloße Geschicklichkeit keine Kunstgegenstände hervorbringen kann, so hat man mit dem Ausdruck »bloße« eine einseitige, leere, auf einem »Gebiet« etablierte, anderen Gebieten der Kunst fehlende Geschicklichkeit im Auge, also eine im moralischen oder wissenschaftlichen ungeschickte Geschicklichkeit. Die Schönheit in der Natur ist eine Qualität, welche den menschlichen Sinnen Gelegenheit gibt, geschickt zu sein. Das Auge produziert sich. Das ist kein selbständiger Vorgang, kein Vorgang, »bei dem es bleibt«. Und keiner, der in andern Vorgängen nicht vorbereitet ist, nämlich gesellschaftlichen Vorgängen, Vorgängen anderweitiger Produktion. Wo bleibt die Weite des großen Gebirgs ohne die Enge des Tals, die ungestaltete Gestalt der Wildnis ohne die gestaltete Ungestalt der großen Stadt? Dem Ungesättigten sättigt das Auge sich nicht. Dem Erschöpften oder »in die Gegend Verschlagenen« erzeugt, sofern er ihr ohne Möglichkeit des Gebrauchmachens gegenübergeworfen ist, die »großartigste« Gegend nur einen trüben Reflex, die Unmöglichkeit dieser Möglichkeiten ist es, was da trübend wirkt.

Der Ungebildete hat den Eindruck der Schönheit oft, wenn die Gegensätze sich verschärfen, wenn das blaue Wasser blauer, das gelbe Korn gelber, der Abendhimmel röter wird.

DER PHILOSOPH Wir können sagen, daß wir, vom Standpunkt der *Kunst* aus, folgenden Weg zurückgelegt haben: Wir haben jene Nachbildungen der Wirklichkeit, welche allerhand Leidenschaften und Gemütsbewegungen auslösen, ohne jede Rücksicht auf diese Leidenschaften und Gemütsbewegungen zu verbessern versucht, indem wir sie so anlegten, daß derjenige, der sie gewahrt, instand gesetzt ist, die nachgebildete Wirklichkeit tätig zu beherrschen. Wir haben gefunden, daß durch die genaueren Nachbildungen Leidenschaften und Gemütsbewegungen ausgelöst werden, ja, daß Leidenschaften und Gemütsbewegungen der Beherrschbarkeit der Wirklichkeit dienen können.

DER DRAMATURG Es ist eigentlich nicht mehr merkwürdig, daß die Kunst, einem neuen Geschäft zugeführt, nämlich der Zerstörung der Vorurteile der Menschen über das gesellschaftliche Zusammenleben der Menschen, zunächst beinahe ruiniert wurde. Wir sehen jetzt, daß dies passierte, weil sie das neue Geschäft in Angriff nahm, ohne ein Vorurteil, das sie selber betraf, aufzugeben. Ihr ganzer Apparat diente dem Geschäft, die Menschen mit dem Schicksal abzufinden. Diesen Apparat ruinierte sie, als plötzlich in ihren Darbietungen als Schicksal des Menschen der Mensch auftrat. Kurz, sie wollte das neue Geschäft betreiben, aber die alte Kunst bleiben. So tat sie alles zögernd, halb, egoistisch, mit schlechtem Gewissen, aber nichts steht der Kunst weniger an. Erst als sie sich selber aufgab, gewann sie sich selber wieder.

DER SCHAUSPIELER Ich verstehe, was als unkünstlerisch erschien, war nur etwas, was der alten Kunst nicht gemäß war, nicht etwas, was der Kunst überhaupt nicht gemäß war.

DER PHILOSOPH Daher auch kehrten einige, als die neue Kunst so schwach, besser gesagt, geschwächt, nämlich durch die neuen Aufgaben geschwächt schien, ohne daß die neuen Aufgaben befriedigend bewältigt wurden, reumütig zurück und gaben lieber die neuen Aufgaben auf.

DER SCHAUSPIELER Diese ganze Idee von den praktikablen Definitionen hat für mich etwas Kühles und Kahles. Wir werden nichts bringen als gelöste Probleme.

DER DRAMATURG Auch ungelöste, auch ungelöste!

DER SCHAUSPIELER Ja, damit sie auch gelöst werden! Das ist nicht mehr das Leben. Man mag es als ein Geflecht von gelösten – oder ungelösten – Problemen anschauen können, aber Probleme sind nicht das Leben. Das Leben hat auch Unproblematisches an sich, abgesehen von den unlösbaren Problemen, die es auch gibt! Ich will nicht nur Scharaden spielen.

DER DRAMATURG Ich verstehe ihn. Er will den »tiefen Spatenstich«. Das Erwartete vermischt mit dem Unerwarteten, das Verstehbare im Unverstehbaren. Er will den Schrecken mischen mit dem Beifall, die Heiterkeit mit dem Bedauern. Kurz: er will Kunst machen.

DER SCHAUSPIELER Ich hasse all das Gerede von der Kunst als Dienerin der Gesellschaft. Da sitzt großmächtig die Gesellschaft, die Kunst gehört gar nicht zu ihr, sie gehört ihr nur, sie ist nur ihre Kellnerin. Müssen wir unbedingt alle lauter Diener sein? Können wir nicht lauter Herren sein? Kann nicht die Kunst eine Herrin sein? Schaffen wir die Diener ab, auch die der Kunst!

DER PHILOSOPH Bravo!

DER DRAMATURG Was soll dieses Bravo? Du ruinierst alles, was du gesagt hast mit diesem unbeherrschten Beifallsgeschrei. Irgend jemand braucht nur sich vor dir unterdrückt melden, und sogleich bist du auf seiner Seite.

DER PHILOSOPH Hoffentlich bin ich das. Ich verstehe ihn jetzt. Er hat Sorge, wir könnten ihn in einen Staatsbeamten verwandeln, in einen Zeremonienmeister oder Sittenprediger, der »mit den Mitteln der Kunst« arbeitet. Beruhige dich, das ist nicht die Absicht. Die Schauspielkunst kann nur als eine elementare menschliche Äußerung betrachtet werden, die ihren Zweck in sich hat. Sie ist da anders als die Kriegskunst, die ihren Zweck nicht in sich hat. Die Schauspielkunst gehört zu den elementaren gesellschaftlichen Kräften, sie beruht auf einem unmittelbaren gesellschaftlichen Vermögen, einer Lust der Menschen in Gesellschaft, sie ist wie die Sprache selber, sie ist eine Sprache für sich. Ich schlage vor, daß wir uns erheben, um dieser Anerkennung etwas Dauer in unserm Gedächtnis zu verleihen.

Alle erheben sich.

DER PHILOSOPH Und nun schlage ich vor, daß wir die Gelegenheit, daß wir uns erhoben haben, noch dazu ausnützen, zu gehen und unser Wasser abzuschlagen.

DER SCHAUSPIELER Oh, damit ruinierst du alles. Ich protestiere.

DER PHILOSOPH Wieso? Auch hier folge ich einem Trieb, beuge

mich ihm, ehre ihn. Und zugleich sorge ich dafür, daß die Feierlichkeit einen würdigen Abschluß findet im Banalen. *Es tritt eine Pause ein.*

Das Auditorium der Staatsmänner

DER PHILOSOPH Unser Thaeter wird sich vom Theater, diesem allgemeinen, alterprobten, berühmten und unentbehrlichen Institut, außerordentlich unterscheiden, wie wir gesehen haben, Ein wichtiger Unterschied, einer, der euch beruhigen dürfte, wird der sein, daß es nicht für ewige Zeiten eröffnet werden soll. Nur der Not des Tages, gerade unseres Tages, eines düsteren zweifellos, soll es dienen.

DER PHILOSOPH Es kann nicht länger verheimlicht werden, unmöglich, es euch noch zu verschweigen: Ich habe keine Mittel, kein Haus, kein Theater, nicht ein Kostüm, nicht ein Schminktöpfchen. Hinter mir stehen der *Garniemand* und der *Gehherda*. Für eure Anstrengungen, die größer sein müßten als alle eure bisherigen, könnte kein Geld bezahlt werden; aber auch des Ruhmes willen können wir euch nicht bitten. Denn auch Ruhm können wir nicht verleihen. Da sind keine Zeitungen, die uns unsere Helfer berühmt machten.
Pause.

DER SCHAUSPIELER So bliebe es also bei der Forderung: die Arbeit tun um der Arbeit willen.

DER ARBEITER Das ist eine sehr schlechte Forderung. Das würde ich von niemandem verlangen, denn das höre ich auch immer. »Freut dich denn nicht die Arbeit selber?« fragen sie enttäuscht, wenn ich meinen Lohn verlange. »Tust du denn nicht die Arbeit um der Arbeit willen?« Nein, wir würden auf jeden Fall bezahlen. Wenig, da wir wenig haben, aber nicht nichts, da Arbeit bezahlt werden muß.

DER DRAMATURG Ich glaube, ihr bekämet eher Künstler, wenn ihr gar nichts gebt, als wenn ihr Pfennige anbietet. Das, wenn sie umsonst spielen, macht sie wenigstens zu Gebern.

DER SCHAUSPIELER Also, ihr würdet immerhin Pfennige bezahlen? Nun, ich würde sie dann nehmen. Auf jeden Fall. Es ordnet unsere Beziehung und macht sie zu einer gewöhnlichen, einer Donnerstagvormittagbeziehung. Und einem geschenkten Gaul würdet ihr womöglich nicht ins Maul schauen, und schließlich soll es ja gerade eine Kunst sein, der man ins Maul soll schauen können. Ich habe das verstanden: Diesem Gaul muß daran liegen, daß ihm ins Maul geschaut wird. Die finanzielle Seite ist damit durchgesprochen, im Prinzip.

DER DRAMATURG Der Leichtsinn der Künstler scheint euch da zugute zu kommen. Er vergißt ganz, daß er auch noch darauf verzichten muß, sich allabendlich in einen König zu verwandeln.

DER SCHAUSPIELER Dafür scheine ich in diesem neuen Theater meine Zuschauer in Könige verwandeln zu dürfen. Und nicht in scheinbare, sondern in wirkliche. In Staatsmänner, Denker und Ingenieure. Was für ein Publikum werde ich haben! Vor ihre Richterstühle werde ich, was auf der Welt vorgeht, bringen. Und was für ein erlauchter, nützlicher und gefeierter Platz wird mein Theater sein, wenn es dieser vielen arbeitenden Menschen Laboratorium sein wird! Auch ich werde nach dem Satz der Klassiker handeln: Ändert die Welt, sie braucht es!

DER ARBEITER Es klingt ein wenig großspurig. Aber warum sollte es nicht so klingen dürfen, da ja eine große Sache dahintersteht?

[Erster Nachtrag zur Theorie des »Messingkaufs«]

Die Theorie ist verhältnismäßig einfach. Betrachtet wird der Verkehr zwischen Bühne und Zuschauerraum, die Art und Weise, wie der Zuschauer sich der Vorgänge auf der Bühne zu bemächtigen hat. Das Theatererlebnis kommt, wie schon in der »Poetik« des Aristoteles konstatiert, vermittels eines Einfühlungsaktes zustande. Unter den Elementen, aus denen sich das Theatererlebnis, so zustande gekommen, zusammensetzt, kann sich Kritizismus nicht befinden, je weniger, desto besser die Einfühlung funktioniert. Kritizismus wird in bezug auf das Zustandekommen der Einfühlung erzeugt, niemals in bezug auf die Vorgänge, die der Zuschauer auf der Bühne abgebildet sieht. Es ist nicht ganz gerechtfertigt, beim aristotelischen Theater von »Vorgängen, die der Zuschauer auf der Bühne abgebildet sieht«, zu sprechen. In Wirklichkeit sind Spiel und Fabel des aristotelischen Theaters nicht dazu bestimmt, Abbilder von Vorgängen im Leben zu geben, sondern das ganz festgelegte Theatererlebnis (mit gewissen Katharsiswirkungen) zustande zu bekommen. Handlungen, die an das wirkliche Leben erinnern, werden dazu allerdings benötigt, und sie müssen einigermaßen wahrscheinlich sein, damit die Illusion zustande kommt, ohne welche die Einfühlung nicht gelingt. Jedoch ist es keineswegs nötig, daß etwa auch die Kausalität der Vorgänge in Erscheinung tritt, es genügt vollständig, wenn sie nicht bezweifelt zu werden braucht.[1] Nur derjenige, welcher hauptsächlich an den Vorgängen des Lebens selber interessiert ist, auf die in den Theatern angespielt wird, sieht sich

---

[1] Im Prinzip ist es möglich, mit einer vollständig irreführenden Darstellung eines Vorgangs aus dem Leben ein komplettes Theatererlebnis herbeizuführen.

in der Lage, die Vorgänge auf der Bühne als Abbilder der Wirklichkeit anzusehen und zu kritisieren. Solches tuend, verläßt er den Bezirk der Kunst, denn die Kunst sieht ihre Hauptaufgabe nicht in der Verfertigung von Abbildern der Wirklichkeit schlechthin. Wie gesagt ist sie nur an ganz bestimmten Abbildern, das heißt Abbildern mit bestimmter Wirkung, interessiert. Der Einfühlungsakt, den sie produziert, würde durch ein kritisches Eingehen des Zuschauers auf die Vorgänge selber lediglich gestört. Die Frage ist nun, ob es überhaupt unmöglich ist, die Abbildung der wirklichen Vorgänge zur Aufgabe der Kunst zu machen und damit die kritische Haltung des Zuschauers zu den wirklichen Vorgängen zu einer kunstgemäßen Haltung. Bei dem Studium dieser Frage ergibt sich, daß zur Herbeiführung dieser großen Wendung die Art des Verkehrs zwischen Bühne und Zuschauerraum geändert werden müßte. Die Einfühlung verlöre ihre beherrschende Stellung in der neuen Kunstausübung. Dagegen wird nunmehr der Verfremdungseffekt (V-Effekt) hervorgebracht, der ebenfalls ein Kunsteffekt ist und zu einem Theatererlebnis führt. Er besteht darin, daß die Vorgänge des wirklichen Lebens auf der Bühne so abgebildet werden, daß gerade ihre Kausalität besonders in Erscheinung tritt und den Zuschauer beschäftigt. Emotionen kommen auch durch diese Kunst zustande, und zwar ist es die Meisterung der Wirklichkeit, welche, durch diese Vorführungen ermöglicht, den Zuschauer in Emotion versetzt. Der V-Effekt ist ein altes Kunstmittel, bekannt aus der Komödie, gewissen Zweigen der Volkskunst und der Praxis des asiatischen Theaters.

Zweiter Nachtrag zur Theorie des »Messingkaufs«

Einige Punkte können das Auftreten der materialistischen Dialektik in der Theorie zeigen:

1

Die *Selbstverständlichkeit,* das heißt die besondere Gestalt, welche die Erfahrung im Bewußtsein angenommen hat, wird wieder aufgelöst, wenn sie durch den V-Effekt negiert und dann in eine neue *Verständlichkeit* verwandelt wird. Eine Schematisierung wird hier zerstört. Die eigenen Erfahrungen des Individuums korrigieren oder bestätigen, was es von der Gesamtheit übernommen hat. Der ursprüngliche Findungsakt wird wiederholt.

2

Der Widerspruch zwischen Einfühlung und Distanzierung wird vertieft und wird ein Element der Darstellung.

3

Bei der *Historisierung* wird ein bestimmtes Gesellschaftssystem vom Standpunkt eines anderen Gesellschaftssystems aus betrachtet. Die Entwicklung der Gesellschaft ergibt die Gesichtspunkte.

Wichtiger Punkt: Die aristotelische Dramaturgie berücksichtigt nicht, das heißt gestattet nicht zu berücksichtigen die objektiven Widersprüche in den Prozessen. Sie müßten in subjektive (im Helden verlagerte) umgewandelt werden.

Dritter Nachtrag zur Theorie des »Messingkaufs«

Das Bedürfnis des Zuschauers unserer Zeit nach Ablenkung vom täglichen Krieg wird ständig vom täglichen Krieg wieder reproduziert, streitet aber ebenso ständig mit dem Bedürfnis, das eigene Schicksal lenken zu können. Die Scheidung der Bedürfnisse nach Unterhaltung und nach Unterhalt ist eine künstliche, in der Unterhaltung (der ablenkenden Art) wird der Unterhalt ständig bedroht, denn der Zuschauer wird nicht etwa ins Nichts geführt, nicht in eine Fremde, sondern in eine verzerrte Welt, und er bezahlt seine Ausschweifungen, die ihm nur als Ausflüge vorkommen, im realen Leben. Nicht spurlos gehen die Einfühlungen in den Gegner an ihm vorüber, er wird sein eigener Gegner damit. Der Ersatz befriedigt das Bedürfnis und vergiftet den Körper, die Zuschauer wollen zugleich abgelenkt werden und zugelenkt werden, und beide müssen sie wollen, aus dem täglichen Krieg heraus.

Das neue Theater ist einfach ein Theater des Menschen, der angefangen hat, sich selbst zu helfen. 300 Jahre Technik und Organisation haben ihn gewandelt. Sehr spät vollzieht das Theater die Wendung. Der shakespearische Mensch ist seinem Schicksal, das heißt seinen Leidenschaften, hilflos ausgeliefert. Die Gesellschaft bietet ihm keine Hand. Innerhalb eines durchaus fixierten Bezirks wirkt sich Großartigkeit und Vitalität eines Types dann aus.

Das neue Theater wendet sich so an den gesellschaftlichen Menschen, denn der Mensch hat sich gesellschaftlich geholfen in seiner Technik, Wissenschaft und Politik. Der einzelne Typus und seine Handlungsweise wird so bloßgelegt, daß die sozialen Motoren sichtbar werden, denn nur ihre Beherrschung liefert ihn dem Zugriff aus. Das Individuum bleibt Individuum, wird aber ein gesellschaftliches Phänomen, seine Leidenschaften etwa werden gesellschaftliche Angelegenheiten und auch seine Schicksale. Die Stellung des Individuums in der Gesellschaft verliert ihre »Naturgegebenheit« und kommt in den Brenn-

punkt des Interesses. Der V-Effekt ist eine soziale Maßnahme.

[Vierter] Nachtrag zur Theorie des »Messingkaufs«

1

Bei der aristotelischen Stückkomposition mit der dazugehö-
rigen Spielweise (die beiden Begriffe sind eventuell umzu-
stellen) wird die Täuschung des Zuschauers über die Art und
Weise, wie die Vorgänge auf der Bühne sich im wirklichen
Leben abspielen und dort zustande kommen, dadurch gefördert, daß der Vortrag der Fabel ein absolutes Ganzes bildet.
Die Details können nicht einzeln mit ihren korrespondie-
renden Teilen im wirklichen Leben konfrontiert werden. Man
darf nichts »aus dem Zusammenhang reißen«, um es etwa in
den Zusammenhang der Wirklichkeit zu bringen. Das wird
durch die verfremdende Spielweise abgestellt. Die Fortführung
der Fabel ist hier diskontinuierlich, das einheitliche Ganze besteht aus selbständigen Teilen, die jeweils sofort mit den kor-
respondierenden Teilvorgängen in der Wirklichkeit konfrontiert werden können, ja müssen. Ständig zieht diese Spielweise
alle Kraft aus dem Vergleich mit der Wirklichkeit, das heißt, sie
lenkt das Auge ständig auf die Kausalität der abgebildeten
Vorgänge.

2

Um den V-Effekt zu setzen, muß der Schauspieler die *restlose
Verwandlung* in die Bühnenfigur aufgeben. Er *zeigt* die Figur,
er *zitiert* den Text, er *wiederholt* einen wirklichen Vorgang.
Der Zuschauer wird nicht völlig »in Bann gezogen«, see-
lisch nicht gleichgeschaltet, nicht in eine fatalistische Stimmung dem vorgeführten Schicksal gegenüber gebracht. (Er

kann Zorn empfinden, wo die Bühnenfigur Freude empfindet und so weiter. Es ist ihm freigestellt, mitunter sogar nahegelegt, sich einen andern Verlauf vorzustellen oder einen andern Verlauf zu suchen und so weiter.) Die Vorgänge werden *historisiert* und sozial *milieurisiert*. (Das erstere findet natürlich vor allem bei Vorgängen der Gegenwart statt: Was ist, war nicht immer und wird nicht immer sein. Das zweite stellt ständig die momentane Gesellschaftsordnung in Frage und zur Diskussion.) Die Setzung des V-Effekts ist eine Technik, die in den Grundzügen gelehrt wird.

3

Um Gesetzlichkeiten festzustellen, muß man die natürlichen Vorgänge sozusagen verwundert aufnehmen, das heißt, man muß ihre »Selbstverständlichkeit« auflösen, um zu ihrem Verständnis zu gelangen. Um die Gesetzlichkeit beim Fall eines geschleuderten Körpers ausfindig zu machen, muß man für ihn in der Phantasie noch andere Möglichkeiten setzen; unter den gedachten Möglichkeiten ist die natürliche, tatsächliche dann die richtige, und die gedachten anderen Möglichkeiten stellen sich als Unmöglichkeiten heraus. Das Theater, das mit seinem V-Effekt eine solche staunende, erfinderische und kritische Haltung des Zuschauers bewirkt, ist, indem es eine Haltung bewirkt, die auch in den Wissenschaften eingenommen werden muß, noch kein wissenschaftliches Institut. Es ist lediglich ein Theater des wissenschaftlichen Zeitalters. Es verwendet die Haltung, die sein Zuschauer im Leben einnimmt, für das Theatererlebnis. Anders ausgedrückt: Die Einfühlung ist nicht die einzige, der Kunst zur Verfügung stehende Quelle der Gefühle.

4

Im Begriffskreis des aristotelischen Theaters wäre die beschriebene Spielweise nur eine Stilangelegenheit. Sie ist viel mehr. Jedoch verliert das Theater mit ihr keineswegs seine alten Funktionen der *Unterhaltung* und *Belehrung*, sondern erneuert sie geradezu. Die Darstellung wird wieder eine völlig natürliche. Sie kann die verschiedenen Stile aufweisen. Die Beschäftigung mit der Wirklichkeit setzt die Phantasie erst in den rechten genußvollen Gang. Heiterkeit und Ernst leben in der Kritik auf, die eine schöpferische ist. Im ganzen handelt es sich um eine Säkularisierung der alten kultischen Institution.

Kleines Organon für das Theater

1948

Kleines Organon für das Theater

Vorrede

In der Folge wird untersucht, wie eine Ästhetik aussähe, bezogen von einer bestimmten Art, Theater zu spielen, die seit einigen Jahrzehnten praktisch entwickelt wird. In den gelegentlichen theoretischen Äußerungen, Ausfällen, technischen Anweisungen, publiziert in der Form von Anmerkungen zu Stücken des Verfassers, wurde das Ästhetische nur beiläufig und verhältnismäßig uninteressiert berührt. Eine bestimmte Spezies Theater erweiterte und verengte da seine gesellschaftliche Funktion, vervollständigte oder siebte seine artistischen Mittel und etablierte oder behauptete sich in der Ästhetik, wenn darauf die Rede kam, indem es die herrschenden moralischen oder geschmacksmäßigen Vorschriften mißachtete oder für sich anführte, je nach der Kampflage. Es verteidigte etwa seine Neigung zu gesellschaftlichen Tendenzen, indem es gesellschaftliche Tendenzen in allgemein anerkannten Kunstwerken nachwies, unauffällig nur dadurch, daß sie eben die anerkannten Tendenzen waren. In der zeitgenössischen Produktion bezeichnete es die Entleerung von allem Wissenswerten als ein Verfallsmerkmal: es beschuldigte diese Verkaufsstätten für Abendunterhaltung, sie seien herabgesunken zu einem Zweig des bourgeoisen Rauschgifthandels. Die falschen Abbildungen des gesellschaftlichen Lebens auf den Bühnen, eingeschlossen die des sogenannten Naturalismus, entlockten ihm den Schrei nach wissenschaftlich exakten Abbildungen und der abgeschmackte Kulinarismus geistloser Augen- oder Seelenweiden den Schrei nach der schönen Logik des Einmaleins. Den Kult des Schönen, der betrieben wurde mit der Abneigung gegen das Lernen und der Verachtung des Nützlichen, lehnte es verächtlich ab, besonders, da nichts Schönes mehr hervor-

gebracht wurde. Angestrebt wurde ein Theater des wissenschaftlichen Zeitalters, und wurde es seinen Planern zu be-
schwerlich, aus dem Zeughaus der ästhetischen Begriffe genug
auszuleihen oder zu stehlen, womit sie sich die Ästheten der
Presse vom Leibe halten konnten, drohten sie einfach die Absicht an, »aus dem Genußmittel den Lehrgegenstand zu entwickeln und gewisse Institute aus Vergnügungsstätten in Pu-
blikationsorgane umzubauen« (»Anmerkungen zur Oper«)[1],
das heißt aus dem Reich des Wohlgefälligen zu emigrieren. Die
Ästhetik, das Erbstück einer depravierten und parasitär gewordenen Klasse, befand sich in einem so beklagenswerten Zustand, daß ein Theater sowohl Ansehen als Bewegungsfreiheit
gewinnen mußte, wenn es sich lieber Thaeter nannte. Dennoch
war, was als Theater eines wissenschaftlichen Zeitalters praktiziert wurde, nicht Wissenschaft, sondern Theater, und die
Häufung von Neuerungen bei dem Fortfall praktischer Demonstrationsmöglichkeiten in der Nazizeit und im Krieg
legen nun den Versuch nahe, diese Spezies Theater auf
seine Stellung in der Ästhetik hin zu prüfen oder jedenfalls Umrisse einer denkbaren Ästhetik für diese Spezies anzudeuten. Es wäre zu schwierig, etwa die Theorie der theatralischen Verfremdung außerhalb einer Ästhetik darzustellen.
Es könnte ja heute sogar eine Ästhetik der exakten Wissenschaften geschrieben werden. Galilei schon spricht von der Eleganz bestimmter Formeln und dem Witz der Experimente,
Einstein schreibt dem Schönheitssinn eine entdeckerische
Funktion zu, und der Atomphysiker R. Oppenheimer preist
die wissenschaftliche Haltung, die »ihre Schönheit hat und der
Stellung des Menschen auf Erden wohl angemessen scheint«.
Widerrufen wir also, wohl zum allgemeinen Bedauern, unsere
Absicht, aus dem Reich des Wohlgefälligen zu emigrieren, und
bekunden wir, zu noch allgemeinerem Bedauern, nunmehr die
Absicht, uns in diesem Reich niederzulassen. Behandeln wir

1 [Siehe »Schriften zum Theater«, S. 1004 ff.]

das Theater als eine Stätte der Unterhaltung, wie es sich in einer Ästhetik gehört, und untersuchen wir, welche Art der Unterhaltung uns zusagt!

1

Theater besteht darin, daß lebende Abbildungen von überlieferten oder erdachten Geschehnissen zwischen Menschen hergestellt werden, und zwar zur Unterhaltung. Dies ist jedenfalls, was wir im folgenden meinen, wenn wir von Theater sprechen, sei es von altem oder neuem.

2

Um noch mehr unterzubringen, könnten wir auch Geschehnisse zwischen Menschen und Göttern hinzufügen, aber da es uns nur um eine Bestimmung des Minimums zu tun ist, kann derlei unterbleiben. Selbst wenn wir etwa diese Erweiterung vornähmen, müßte jedoch die Beschreibung der allgemeinsten Funktion der Einrichtung *Theater* als einer Vergnügung dieselbe bleiben. Es ist die nobelste Funktion, die wir für *Theater* gefunden haben.

3

Seit jeher ist es das Geschäft des Theaters wie aller andern Künste auch, die Leute zu unterhalten. Dieses Geschäft verleiht ihm immer seine besondere Würde; es benötigt keinen andern Ausweis als den Spaß, diesen freilich unbedingt. Keineswegs könnte man es in einen höheren Stand erheben, wenn man es etwa zum Beispiel zu einem Markt der Moral machte; es müßte dann eher zusehen, daß es nicht gerade erniedrigt würde, was sofort geschähe, wenn es nicht das Moralische vergnüglich, und zwar den Sinnen vergnüglich machte – wovon das Moralische allerdings nur gewinnen kann. Nicht einmal zu lehren

sollte ihm zugemutet werden, jedenfalls nichts Nützlicheres,
als wie man sich genußvoll bewegt, in körperlicher oder gei-
stiger Hinsicht. Das Theater muß nämlich durchaus etwas
Überflüssiges bleiben dürfen, was freilich dann bedeutet, daß
man für den Überfluß ja lebt. Weniger als alles andere brauchen Vergnügungen eine Verteidigung.

4

So ist, was die Alten nach dem Aristoteles ihre Tragödie tun
lassen, weder etwas Höheres noch etwas Niedrigeres zu nennen, als die Leute zu unterhalten. Wenn man sagt, das Theater
sei aus dem Kultischen gekommen, so sagt man nur, daß es
durch den Auszug Theater wurde; aus den Mysterien nahm
es wohl nicht den kultischen Auftrag mit, sondern das Vergnügen daran, pur und simpel. Und jene Katharsis des Aristoteles, die Reinigung durch Furcht und Mitleid, oder von
Furcht und Mitleid, ist eine Waschung, die nicht nur in vergnüglicher Weise, sondern recht eigentlich zum Zwecke des
Vergnügens veranstaltet wurde. Mehr verlangend vom Theater
oder ihm mehr zubilligend, setzt man nur seinen eigenen
Zweck zu niedrig an.

5

Selbst wenn man spricht von einer hohen und einer niedrigen
Art von Vergnügungen, schaut man der Kunst in ein eisernes Ge-
sicht, denn sie wünscht, sich hoch und niedrig zu bewegen und in
Ruhe gelassen zu werden, wenn sie damit die Leute vergnügt.

6

Dagegen gibt es schwache (einfache) und starke (zusammen-
gesetzte) Vergnügungen, bereitbar durch das Theater. Die letzteren, mit denen wir es bei der großen Dramatik zu tun

haben, erreichen ihre Steigerungen, etwa wie der Beischlaf sie
in der Liebe erreicht; sie sind verzweigter, reicher an Vermitt-
lungen, widersprüchlicher und folgenreicher.

7

Und die Vergnügungen der verschiedenen Zeiten waren natürlich verschieden, je nach der Art, wie da die Menschen gerade zusammenlebten. Der von Tyrannen beherrschte Demos
des hellenischen Zirkus mußte anders unterhalten werden als
der feudale Hof des Vierzehnten Ludwig. Das Theater mußte
andere Abbildungen des menschlichen Zusammenlebens liefern, nicht nur Abbildungen anderen Zusammenlebens, sondern auch Abbildungen anderer Art.

8

Je nach der Unterhaltung, welche bei der jeweiligen Art des
menschlichen Zusammenlebens möglich und nötig war, mußten die Figuren anders proportioniert, die Situationen in
andere Perspektiven gebaut werden. Geschichten sind sehr anders zu erzählen, damit diese Hellenen sich mit der Unentrinn-
barkeit göttlicher Gesetzlichkeiten, deren Unkenntnis nicht
vor Strafe schützt, amüsieren können, diese Franzosen mit
der graziösen Selbstüberwindung, die der höfische Kodex der
Pflichten von den Großen der Erde erheischt, diese Engländer
der elisabethanischen Ära mit der Selbstbespiegelung des sich
frei austobenden neuen Individuums.

9

Und man muß sich vor Augen halten, daß das Vergnügen an
den Abbildungen so verschiedener Art kaum jemals von dem
Grad der Ähnlichkeit des Abbilds mit dem Abgebildeten ab-
hing. Unkorrektheit, selbst starke Unwahrscheinlichkeit störte

wenig oder gar nicht, sofern nur die Unkorrektheit eine gewisse Konsistenz hatte und die Unwahrscheinlichkeit von derselben Art blieb. Es genügte die Illusion eines zwingenden Verlaufs der jeweiligen Geschichte, welche durch allerhand poetische und theatralische Mittel geschaffen wurde. Auch wir übersehen gern derlei Unstimmigkeiten, wenn wir an den seelischen Waschungen des Sophokles oder den Opferakten des Racine oder den Amokläufen bei Shakespeare schmarotzen dürfen, indem wir versuchen, der schönen oder großen Gefühle der Hauptpersonen dieser Geschichten habhaft zu werden.

10

Denn von all den vielerlei Arten von Abbildungen bedeutender Geschehnisse unter Menschen, die seit den Alten auf dem Theater gemacht worden sind und die unterhalten haben trotz ihrer Unkorrektheiten und Unwahrscheinlichkeiten, gibt es heute noch eine erstaunliche Menge, die auch uns unterhalten.

11

Wenn wir nun unsere Fähigkeit konstatieren, uns an Abbildungen aus so verschiedenen Zeitaltern zu ergötzen, was den Kindern dieser kräftigen Zeitalter kaum möglich gewesen sein dürfte, müssen wir da nicht den Verdacht schöpfen, daß wir die speziellen Vergnügungen, die eigentliche Unterhaltung unseres eigenen Zeitalters gar noch nicht entdeckt haben?

12

Und unser Genuß im Theater muß schwächer geworden sein, als der der Alten war, wenn auch unsere Art des Zusammenlebens der ihren immer noch genügend gleicht, daß er überhaupt zustande kommen kann. Wir bemächtigen uns der alten Werke vermittels einer verhältnismäßig neuen Prozedur, nämlich der Einfühlung, der sie nicht allzuviel geben. So wird der Großteil unseres Genusses aus anderen Quellen gespeist als solchen, die denen vor uns sich so mächtig geöffnet haben müssen. Dann halten wir uns schadlos an sprachlichen Schönheiten, an der Eleganz der Fabelführung, an Stellen, die uns Vorstellungen selbständiger Art entlocken, kurz an dem Beiwerk der alten Werke. Das sind gerade die poetischen und theatralischen Mittel, welche die Unstimmigkeiten der Geschichte verbergen. Unsere Theater haben gar nicht mehr die Fähigkeit oder die Lust, diese Geschichten, sogar die nicht so alten des großen Shakespeare, noch deutlich zu erzählen, das heißt die Verknüpfung der Geschehnisse glaubhaft zu machen. Und die Fabel ist nach Aristoteles – und wir denken da gleich – die Seele des Dramas. Mehr und mehr werden wir gestört durch die Primitivität und Sorglosigkeit der Abbildungen menschlichen Zusammenlebens, und dies nicht nur bei den alten Werken, sondern auch bei zeitgenössischen, wenn sie nach alten Rezepten gemacht sind. Unsere ganze Art zu genießen beginnt unzeitgemäß zu werden.

13

Es sind die Unstimmigkeiten in den Abbildungen der Geschehnisse unter Menschen, was unsern Genuß im Theater schmälert. Der Grund dafür: wir stehen zu dem Abgebildeten anders als die vor uns.

14

Wenn wir nämlich Umschau halten nach einer Unterhaltung unmittelbarer Art, einem umfassenden, durchgehenden Vergnügen, das unser Theater uns mit Abbildungen des menschlichen Zusammenlebens verschaffen könnte, müssen wir an uns als an die Kinder eines wissenschaftlichen Zeitalters denken. Unser Zusammenleben als Menschen – und das heißt: unser

Leben – ist in einem ganz neuen Umfang von den Wissenschaften bestimmt.

15

Vor einigen hundert Jahren haben einige Leute, in verschiedenen Ländern, jedoch korrespondierend, gewisse Experimente angestellt, vermittels derer sie der Natur ihre Geheimnisse zu entreißen hofften. Angehörend einer Klasse von Gewerbetreibenden in den schon mächtigen Städten, gaben sie ihre Erfindungen weiter an Leute, die sie praktisch ausnützten, ohne sich von den neuen Wissenschaften viel mehr zu versprechen als persönliche Gewinne. Gewerbe, die sich mit Methoden, durch tausend Jahre nahezu unverändert, beholfen hatten, entfalteten sich nun ungeheuer, an vielen Orten, die sie durch den Wettbewerb miteinander verbanden, allerorten große Menschenmassen in sich sammelnd, welche, auf eine neue Art organisiert, eine riesige Produktion begannen. Bald zeigte die Menschheit Kräfte, von deren Ausmaß sie zuvor kaum zu träumen gewagt hatte.

16

Es war, als ob sich die Menschheit erst jetzt bewußt und einheitlich daranmachte, den Stern, auf dem sie hauste, bewohnbar zu machen. Viele seiner Bestandteile, wie die Kohle, das Wasser, das Öl, verwandelten sich in Schätze. Wasserdampf wurde beordert, Fahrzeuge zu bewegen; einige kleine Funken und das Zucken von Froschschenkeln verrieten eine Naturkraft, die Licht erzeugte, den Ton über Kontinente trug und so weiter. Mit einem neuen Blick sah der Mensch sich allerorten um, wie er lange Gesehenes, aber nie Verwertetes zu seiner Bequemlichkeit anwenden könnte. Seine Umgebung verwandelte sich von Jahrzehnt zu Jahrzehnt immer mehr, dann von Jahr zu Jahr, dann beinahe von Tag zu Tag. Ich, der dies schreibt, schreibe es auf einer Maschine, die zur Zeit meiner Geburt nicht bekannt war. Ich bewege mich in den neuen Fahrzeugen mit einer Geschwindigkeit, die sich mein Großvater nicht vorstellen konnte; nichts bewegte sich damals so schnell. Und ich erhebe mich in die Luft, was mein Vater nicht konnte. Mit meinem Vater sprach ich schon über einen Kontinent weg, aber erst mit meinem Sohn zusammen sah ich die bewegten Bilder von der Explosion in Hiroshima.

17

Haben die neuen Wissenschaften so eine ungeheure Veränderung und vor allem Veränderbarkeit unserer Umwelt ermöglicht, kann man doch nicht sagen, daß ihr Geist uns alle bestimmend erfülle. Der Grund dafür, daß die neue Denk- und Fühlweise die großen Menschenmassen noch nicht wirklich durchdringt, ist darin zu suchen, daß die Wissenschaften, so erfolgreich in der Ausbeutung und Unterwerfung der Natur, von der Klasse, die ihr die Herrschaft verdankt, dem Bürgertum, gehindert werden, ein anderes Gebiet zu bearbeiten, das noch im Dunkel liegt, nämlich das der Beziehungen der Menschen untereinander bei der Ausbeutung und Unterwerfung der Natur. Dieses Geschäft, von dem alle abhingen, wurde ausgeführt, ohne daß die neuen Denkmethoden, die es ermöglichten, das gegenseitige Verhältnis derer klarlegten, die es ausführten. Der neue Blick auf die Natur richtete sich nicht auch auf die Gesellschaft.

18

In der Tat sind die gegenseitigen Beziehungen der Menschen undurchsichtiger geworden, als sie je waren. Das gemeinsame gigantische Unternehmen, in dem sie engagiert sind, scheint sie mehr und mehr zu entzweien, Steigerungen der Produktion verursachen Steigerungen des Elends, und bei der Ausbeutung der Natur gewinnen nur einige wenige, und zwar dadurch, daß sie Menschen ausbeuten. Was der Fortschritt aller sein könnte, wird zum Vorsprung weniger, und ein immer größerer Teil der Produktion wird dazu verwendet, Mittel der Destruktion für gewaltige Kriege zu schaffen. In diesen Kriegen durchforschen die Mütter aller Nationen, ihre Kinder an sich gedrückt, entgeistert den Himmel nach den tödlichen Erfindungen der Wissenschaft.

19

Wie den unberechenbaren Naturkatastrophen der alten Zeiten stehen die Menschen von heute ihren eigenen Unternehmungen gegenüber. Die bürgerliche Klasse, die der Wissenschaft den Aufschwung verdankt, den sie in Herrschaft verwandelte, indem sie sich zur alleinigen Nutznießerin machte, weiß gut, daß es das Ende ihrer Herrschaft bedeuten würde, richtete sich der wissenschaftliche Blick auf ihre Unternehmungen. So ist die neue Wissenschaft, die sich mit dem Wesen der menschlichen Gesellschaft befaßt und die vor etwa hundert Jahren begründet wurde, im Kampf der Beherrschten mit den Herrschenden begründet worden. Seitdem gibt es etwas vom wissenschaftlichen Geist in der Tiefe, bei der neuen Klasse der Arbeiter, deren Lebenselement die große Produktion ist: die großen Katastrophen werden von dort aus als Unternehmungen der Herrschenden gesichtet.

20

Es treffen sich aber Wissenschaft und Kunst darin, daß beide das Leben der Menschen zu erleichtern da sind, die eine beschäftigt mit ihrem Unterhalt, die andere mit ihrer Unterhaltung. In dem Zeitalter, das kommt, wird die Kunst die Unterhaltung aus der neuen Produktivität schöpfen, welche unsern Unterhalt so sehr verbessern kann und welche selber, wenn einmal ungehindert, die größte aller Vergnügungen sein könnte.

21

Wenn wir uns nun dieser großen Leidenschaft des Produzierens hingeben wollen, wie müssen unsere Abbildungen des menschlichen Zusammenlebens da aussehen? Welches ist die produktive Haltung gegenüber der Natur und gegenüber der Gesellschaft, welche wir Kinder eines wissenschaftlichen Zeitalters in unserm Theater vergnüglich einnehmen wollen?

22

Die Haltung ist eine kritische. Gegenüber einem Fluß besteht sie in der Regulierung des Flusses; gegenüber einem Obstbaum in der Okulierung des Obstbaums, gegenüber der Fortbewegung in der Konstruktion der Fahr- und Flugzeuge, gegenüber der Gesellschaft in der Umwälzung der Gesellschaft. Unsere Abbildungen des menschlichen Zusammenlebens machen wir für die Flußbauer, Obstzüchter, Fahrzeugkonstrukteure und Gesellschaftsumwälzer, die wir in unsere Theater laden und die wir bitten, ihre fröhlichen Interessen bei uns nicht zu vergessen, auf daß wir die Welt ihren Gehirnen und Herzen ausliefern, sie zu verändern nach ihrem Gutdünken.

23

Das Theater kann eine so freie Haltung freilich nur einnehmen, wenn es sich selber den reißendsten Strömungen in der Gesellschaft ausliefert und sich denen gesellt, die am ungeduldigsten sein müssen, da große Veränderungen zu bewerkstelligen. Wenn nichts anderes, so vertreibt der nackte Wunsch, unsere Kunst der Zeit gemäß zu entwickeln, unser Theater des wissenschaftlichen Zeitalters sogleich in die Vorstädte, wo es sich, sozusagen türenlos, den breiten Massen der viel Hervorbringenden und schwierig Lebenden zur Verfügung hält, damit sie sich in ihm mit ihren großen Problemen nützlich unterhalten können. Sie mögen es schwierig finden, unsere Kunst zu bezahlen, und die neue Art der Unterhaltung nicht ohne weiteres begreifen, und in vielem werden wir lernen müssen, herauszufinden, was sie brauchen und wie sie es brauchen, aber wir können ihres Interesses sicher sein. Diese nämlich, die der Naturwissenschaft so fern zu stehen scheinen, stehen ihr nur fern, weil sie von ihr ferngehalten werden, und müssen, sie sich anzueignen, zunächst selber eine neue Gesellschaftswissenschaft entwickeln und praktizieren und sind so die eigentlichen Kinder des wissenschaftlichen Zeitalters, und sein Theater kann nicht in Bewegung kommen, wenn sie es nicht bewegen. Ein Theater, das die Produktivität zur Hauptquelle der Unterhaltung macht, muß sie auch zum Thema machen, und mit ganz besonderem Eifer heute, wo der Mensch allenthalben durch den Menschen gehindert wird, sich zu produzieren, das heißt seinen Unterhalt zu ergattern, unterhalten zu werden und selber zu unterhalten. Das Theater muß sich in der Wirklichkeit engagieren, um wirkungsvolle Abbilder der Wirklichkeit herstellen zu können und zu dürfen.

24

Dies erleichtert es aber dann dem Theater, so nahe an die Lehr- und Publikationsstätten zu rücken, wie ihm möglich ist. Denn wenn es auch nicht behelligt werden kann mit allerhand Wissensstoff, mit dem es nicht vergnüglich werden kann, so steht ihm doch frei, sich mit Lehren oder Forschen zu vergnügen. Es macht die praktikablen Abbildungen der Gesellschaft, die dazu imstande sind, sie zu beeinflussen, ganz und gar als ein Spiel: für die Erbauer der Gesellschaft stellt es die Erlebnisse der Gesellschaft aus, die vergangenen wie die gegenwärtigen, und in einer solchen Weise, daß die Empfindungen, Einsichten und Impulse *genossen* werden können, welche die Leidenschaftlichsten, Weisesten und Tätigsten unter uns aus den Ereignissen des Tages und des Jahrhunderts gewinnen. Sie seien unterhalten mit der Weisheit, welche von der Lösung der Probleme kommt, mit dem Zorn, in den das Mitleid mit den Unterdrückten nützlich sich verwandeln kann, mit dem Respekt vor der Respektierung des Menschlichen, das heißt Menschenfreundlichen, kurz mit all dem, was die Produzierenden ergötzt.

25

Und dies gestattet es dem Theater auch, seine Zuschauer die besondere Sittlichkeit ihres Zeitalters genießen zu lassen, welche aus der Produktivität fließt. Die Kritik, das heißt die große Methode der Produktivität, zur Lust machend, gibt es auf dem sittlichen Gebiet für das Theater nichts, was es tun muß, und viel, was es tun kann. Selbst aus dem Asozialen kann die Gesellschaft so Genuß ziehen, wofern es vital und mit Größe auftritt. Da zeigt es oft Verstandeskräfte und mancherlei Fähigkeiten von besonderem Wert, freilich zerstörerisch eingesetzt. Auch den katastrophal losgebrochenen Strom vermag ja die Gesellschaft frei in seiner Herrlichkeit zu genießen, wenn sie seiner Herr zu werden vermag: dann ist er ihrer.

26

Für ein solches Unternehmen werden wir allerdings das Theater, wie wir es vorfinden, kaum belassen können. Gehen wir in eines dieser Häuser und beobachten wir die Wirkung, die es auf die Zuschauer ausübt. Sich umblickend, sieht man ziemlich reglose Gestalten in einem eigentümlichen Zustand: Sie scheinen in einer starken Anstrengung alle Muskeln anzuspannen, wo diese nicht erschlafft sind in einer starken Erschöpfung. Untereinander verkehren sie kaum, ihr Beisammensein ist wie das von lauter Schlafenden, aber solchen, die unruhig träumen, weil sie, wie das Volk von den Albträumern sagt, auf dem Rücken liegen. Sie haben freilich ihre Augen offen, aber sie schauen nicht, sie stieren, wie sie auch nicht hören, sondern lauschen. Sie sehen wie gebannt auf die Bühne, welcher Ausdruck aus dem Mittelalter stammt, der Zeit der Hexen und Kleriker. Schauen und Hören sind Tätigkeiten, mitunter vergnügliche, aber diese Leute scheinen von jeder Tätigkeit entbunden und wie solche, mit denen etwas gemacht wird. Der Zustand der Entrückung, in dem sie unbestimmten, aber starken Empfindungen hingegeben scheinen, ist desto tiefer, je besser die Schauspieler arbeiten, so daß wir, da uns dieser Zustand nicht gefällt, wünschten, sie wären so schlecht wie nur möglich.

27

Was die Welt selber betrifft, die dabei abgebildet wird, aus der da Ausschnitte genommen sind für die Erzeugung dieser Stimmungen und Gefühlsbewegungen, so tritt sie auf, erzeugt aus so wenigen und kümmerlichen Dingen wie etwas Pappe, ein wenig Mimik, ein bißchen Text, daß man die Theaterleute bewundern muß, die da mit einem so dürftigen Abklatsch der Welt die Gefühle ihrer gestimmten Zuschauer so viel mächtiger bewegen können, als die Welt selber es vermöchte.

28

Auf jeden Fall sollten wir die Theaterleute entschuldigen, denn sie könnten die Vergnügungen, die ihnen mit Geld und Ruhm abgekauft werden, weder mit genaueren Abbildungen der Welt bewirken, noch ihre ungenauen Abbildungen auf weniger magische Weise anbringen. Wir sehen ihre Fähigkeit, Menschen abzubilden, allenthalben am Werk; besonders die Schurken und die kleineren Figuren zeigen Spuren ihrer Menschenkenntnis und unterscheiden sich voneinander, aber die Mittelpunktsfiguren müssen allgemein gehalten werden, damit der Zuschauer sich mit ihnen leichter identifizieren kann, und jedenfalls müssen alle Züge aus dem engen Bereich genommen sein, innerhalb dessen jedermann sogleich sagen kann: Ja, so ist es. Denn der Zuschauer wünscht, in den Besitz ganz bestimmter Empfindungen zu kommen, wie ein Kind sie wünschen mag, wenn es sich auf eines der Holzpferde eines Karussells setzt: der Empfindung des Stolzes, daß es reiten kann und daß es ein Pferd hat; der Lust, daß es getragen wird, an andern Kindern vorbei; der abenteuerlichen Träume, daß es verfolgt wird oder andere verfolgt und so weiter. Damit das Kind all das erlebe, spielt die Pferdeähnlichkeit des Holzvehikels keine große Rolle, noch stört die Beschränkung des Rittes auf einen kleinen Kreis. Alles, worauf es den Zuschauern in diesen Häusern ankommt, ist, daß sie eine widerspruchsvolle Welt mit einer harmonischen vertauschen können, eine nicht besonders gekannte mit einer träumbaren.

29

Solcherart ist das Theater, das wir für unser Unternehmen vorfinden, und es zeigte sich bisher wohl imstande, unsere hoffnungsvollen Freunde, von uns die Kinder des wissenschaftlichen Jahrhunderts genannt, in eine eingeschüchterte, gläubige, »gebannte« Menge zu verwandeln.

30

Es ist wahr: Seit etwa einem halben Jahrhundert haben sie etwas getreuere Abbildungen des menschlichen Zusammenlebens zu sehen bekommen sowie Figuren, die gegen gewisse

gesellschaftliche Übelstände oder sogar gegen die Gesamtstruk-
tur der Gesellschaft rebellierten. Ihr Interesse war stark genug,
daß sie zeitweilig eine außerordentliche Reduzierung der
Sprache, der Fabel und des geistigen Horizonts willig er-
duldeten, denn die Brise wissenschaftlichen Geistes brachte die
gewohnten Reize beinahe zum Abwelken. Die Opfer lohnten
nicht besonders. Die Verfeinerung der Abbildungen beschä-
digte ein Vergnügen, ohne ein anderes zu befriedigen. Das
Feld der menschlichen Beziehungen wurde sichtbar, aber nicht
sichtig. Die Empfindungen, erzeugt auf die alte (die magische)
Art, mußten selber alter Art bleiben.

31

Nach wie vor waren nämlich die Theater Vergnügungsstätten
einer Klasse, die den wissenschaftlichen Geist auf dem Gebiet
der Natur festhielt, nicht wagend, ihm das Gebiet der menschlichen Beziehungen auszuliefern. Der winzige proletarische
Teil des Publikums aber, nur unwesentlich und unsicher verstärkt durch apostatische Kopfarbeiter, benötigte ebenfalls
noch die alte Art der Unterhaltung, welche ihre festgesetzte
Lebensweise erleichterte.

32

Dennoch, schreiten wir fort! Gefallen wie gesprungen! Wir
sind offenbar in einen Kampf gekommen, kämpfen wir also!
Haben wir nicht gesehen, wie der Unglaube Berge versetzt
hat? Genügt es nicht, daß wir ausgefunden haben, es wird
uns etwas vorenthalten? Vor dem und jenem hängt ein Vorhang: ziehen wir ihn auf!

33

Das Theater, wie wir es vorfinden, zeigt die Struktur der Gesellschaft (abgebildet auf der Bühne) nicht als beeinflußbar

durch die Gesellschaft (im Zuschauerraum). Ödipus, der sich gegen einige Prinzipien, welche die Gesellschaft der Zeit stützen, versündigt hat, wird hingerichtet, die Götter sorgen dafür, sie sind nicht kritisierbar. Die großen Einzelnen des Shakespeare, welche die Sterne ihres Schicksals in der Brust tragen, vollführen ihre vergeblichen und tödlichen Amokläufe unaufhaltsam, sie bringen sich selbst zur Strecke, das Leben, nicht der Tod wird in ihren Zusammenbrüchen obszön, die Katastrophe ist nicht kritisierbar. Menschenopfer allerwege! Barbarische Belustigungen! Wir wissen, daß die Barbaren eine Kunst haben. Machen wir eine andere!

34

Wie lange noch sollen unsere Seelen, im Schutz der Dunkelheit die »plumpen« Körper verlassend, eindringen in jene traumhaften oben auf dem Podium, teilzuhaben an ihren Aufschwüngen, die uns »ansonsten« versagt sind? Was für eine Befreiung ist das, da wir doch am Ende all dieser Stücke, das glücklich ist nur für den Zeitgeist (die gehörige Vorsehung, die Ordnung der Ruhe), die traumhafte Exekution erleben, welche die Aufschwünge als Ausschweifungen ahndet! Wir kriechen in den *Ödipus*, denn da sind immer noch die Tabus, und die Unkenntnis schützt nicht vor Strafe. In den *Othello*, denn die Eifersucht macht uns immer noch zu schaffen, und vom Besitz hängt alles ab. In den *Wallenstein*, denn wir müssen frei sein für den Konkurrenzkampf und loyal, sonst hört er auf. Diese Inkubusgewohnheiten werden auch gefördert in Stücken wie »Gespenster« und »Die Weber«, in denen immerhin die Gesellschaft als *Milieu* problematischer auftaucht. Da wir die Empfindungen, Einblicke und Impulse der Hauptpersonen aufgezwungen bekommen, bekommen wir in bezug auf die Gesellschaft nicht mehr, als das *Milieu* gibt.

35

Wir brauchen Theater, das nicht nur Empfindungen, Einblicke und Impulse ermöglicht, die das jeweilige historische Feld der menschlichen Beziehungen erlaubt, auf dem die Handlungen jeweils stattfinden, sondern das Gedanken und Gefühle verwendet und erzeugt, die bei der Veränderung des Feldes selbst eine Rolle spielen.

36

Das Feld muß in seiner historischen Relativität gekennzeichnet werden können. Dies bedeutet den Bruch mit unserer Gewohnheit, die verschiedenen gesellschaftlichen Strukturen vergangener Zeitalter ihrer Verschiedenheiten zu entkleiden, so daß sie alle mehr oder weniger wie das unsere aussehen, welches durch diese Operation etwas immer schon Vorhandenes, also schlechthin Ewiges bekommt. Wir aber wollen ihre Unterschiedlichkeit belassen und ihre Vergänglichkeit im Auge halten, so daß auch das unsere als vergänglich eingesehen werden kann. (Hierfür kann natürlich nicht Kolorit oder Folklore dienen, welche von unsern Theatern gerade dazu verwendet werden, die Gleichheiten in der Handlungsweise der Menschen in den verschiedenen Epochen um so stärker hervortreten zu lassen. Wir werden die theatralischen Mittel später andeuten.)

37

Bewegen wir unsere Figuren auf der Bühne durch gesellschaftliche Triebkräfte und durch verschiedene, je nach der Epoche, dann erschweren wir unserm Zuschauer, sich da einzuleben. Er kann nicht schlechthin fühlen: »So würde ich auch handeln«, sondern kann höchstens sagen: »Wenn ich unter solchen Umständen gelebt hätte«; und wenn wir Stücke aus unserer eigenen Zeit als historische Stücke spielen, mögen ihm die Umstände, unter denen er handelt, ebenfalls besonders vorkommen, und dies ist der Beginn der Kritik.

38

Die *historischen Bedingungen* darf man sich freilich nicht denken (noch werden sie aufgebaut werden) als dunkle Mächte (Hintergründe), sondern sie sind von Menschen geschaffen und aufrechterhalten (und werden geändert werden von ihnen): was eben da gehandelt wird, macht sie aus.

39

Wenn nun eine Person historisiert, der Epoche entsprechend antwortet und anders antworten würde in andern Epochen, ist sie da nicht *jedermann schlechthin?* Ja, nach den Zeitläuften oder der Klasse antwortet hier jemand verschieden; lebte er zu anderer Zeit oder noch nicht so lang oder auf der Schattenseite des Lebens, so antwortete er unfehlbar anders, aber wieder ebenso bestimmt und wie jedermann antworten würde in dieser Lage zu dieser Zeit: ist da nicht zu fragen, ob es nicht noch weitere Unterschiede der Antwort gibt? Wo ist er selber, der Lebendige, Unverwechselbare, der nämlich, der mit seinesgleichen nicht ganz gleich ist? Es ist klar, daß das Abbild ihn sichtbar machen muß, und das wird geschehen, indem dieser Widerspruch im Abbild gestaltet werden wird. Das historisierende Abbild wird etwas von den Skizzen an sich haben, die um die herausgearbeitete Figur herum noch die Spuren anderer Bewegungen und Züge aufweisen. Oder man denke an einen Mann, der in einem Tal eine Rede hält, in der er mitunter seine Meinung ändert oder lediglich Sätze spricht, die sich widersprechen, so daß das Echo, mitsprechend, die Konfrontation der Sätze vornimmt.

40

Solche Abbilder erfordern freilich eine Spielweise, die den beobachtenden Geist frei und beweglich erhält. Er muß sozusagen laufend fiktive Montagen an unserm Bau vornehmen können, indem er die gesellschaftlichen Triebkräfte in Gedanken abschaltet oder durch andere ersetzt, durch welches Verfahren ein aktuelles Verhalten etwas *Unnatürliches* bekommt, wodurch die aktualen Triebkräfte ihrerseits ihre Natürlichkeit einbüßen und handelbar werden.

41

Dies ist, wie der Flußbauer einen Fluß sieht, zusammen mit seinem erstmaligen Bett und manchem fiktiven Bett, das er hätte haben können, wäre die Neigung des Plateaus verschieden oder die Wassermenge anders. Und während er in Gedanken einen neuen Fluß sieht, hört der Sozialist in Gedanken neue Arten von Gesprächen bei den Landarbeitern am Fluß. Und so sollte unser Zuschauer im Theater Vorgänge, die unter solchen Landarbeitern spielen, mit diesen Skizzenspuren und Echos ausgestattet finden.

42

Die Spielweise, welche zwischen dem ersten und zweiten Weltkrieg am Schiffbauerdammtheater in Berlin ausprobiert wurde, um solche Abbilder herzustellen, beruht auf dem *Verfremdungseffekt* (V-Effekt). Eine verfremdende Abbildung ist eine solche, die den Gegenstand zwar erkennen, ihn aber doch zugleich fremd erscheinen läßt. Das antike und mittelalterliche Theater verfremdete seine Figuren mit Menschen- und Tiermasken, das asiatische benutzt noch heute musikalische und pantomimische V-Effekte. Die Effekte verhinderten zweifellos die Einfühlung, jedoch beruhte diese Technik eher mehr denn weniger auf hypnotisch suggestiver Grundlage als diejenige, mit der die Einfühlung erzielt wird. Die gesellschaftlichen Zwecke dieser alten Effekte waren von den unsern völlig verschieden.

43

Die alten V-Effekte entziehen das Abgebildete dem Eingriff des Zuschauers gänzlich, machen es zu etwas Unabänderlichem; die neuen haben nichts Bizarres an sich, es ist der unwissenschaftliche Blick, der das Fremde als bizarr stempelt. Die neuen Verfremdungen sollten nur den gesellschaftlich beeinflußbaren Vorgängen den Stempel des Vertrauten wegnehmen, der sie heute vor dem Eingriff bewahrt.

44

Das lange nicht Geänderte nämlich scheint unänderbar. Allenthalben treffen wir auf etwas, das zu selbstverständlich ist, als daß wir uns bemühen müßten, es zu verstehen. Was sie miteinander erleben, scheint den Menschen das gegebene menschliche Erleben. Das Kind, lebend in der Welt der Greise, lernt, wie es dort zugeht. Wie die Dinge eben laufen, so werden sie ihm geläufig. Ist einer kühn genug, etwas nebenhinaus zu wünschen, wünschte er es sich nur als Ausnahme. Selbst wenn er, was die »Vorsehung« über ihn verhängt, als das erkennte, was die Gesellschaft für ihn vorgesehen hat, müßte ihm die Gesellschaft, diese mächtige Sammlung von Wesen seinesgleichen, wie ein Ganzes, das größer ist als die Summe seiner Teile, ganz unbeeinflußbar vorkommen – und dennoch wäre das Unbeeinflußbare ihm vertraut, und wer mißtraut dem, was ihm vertraut ist? Damit all dies viele Gegebene ihm als ebensoviel Zweifelhaftes erscheinen könnte, müßte er jenen fremden Blick entwickeln, mit dem der große Galilei einen ins Pendeln gekommenen Kronleuchter betrachtete. Den verwunderten diese Schwingungen, als hätte er sie so nicht erwartet und verstünde es nicht von ihnen, wodurch er dann auf die Gesetzmäßigkeiten kam. Diesen Blick, so schwierig wie produktiv, muß das Theater mit seinen Abbildungen des menschlichen Zusammenlebens provozieren. Es muß sein Publikum wundern machen, und dies geschieht vermittels einer Technik der Verfremdungen des Vertrauten.

45

Welche Technik es dem Theater gestattet, die Methode der neuen Gesellschaftswissenschaft, die materialistische Dialektik, für seine Abbildungen zu verwerten. Diese Methode behandelt, um auf die Beweglichkeit der Gesellschaft zu kommen, die gesellschaftlichen Zustände als Prozesse und verfolgt diese in ihrer Widersprüchlichkeit. Ihr existiert alles nur, indem es sich wandelt, also in Uneinigkeit mit sich selbst ist. Dies gilt auch für die Gefühle, Meinungen und Haltungen der Menschen, in denen die jeweilige Art ihres gesellschaftlichen Zusammenlebens sich ausdrückt.

46

Es ist eine Lust unseres Zeitalters, das so viele und mannigfache Veränderungen der Natur bewerkstelligt, alles so zu begreifen, daß wir eingreifen können. Da ist viel im Menschen, sagen wir, da kann viel aus ihm gemacht werden. Wie er ist, muß er nicht bleiben; nicht nur, wie er ist, darf er betrachtet werden, sondern auch, wie er sein könnte. Wir müssen nicht von ihm, sondern auf ihn ausgehen. Das heißt aber, daß ich mich nicht einfach an seine Stelle, sondern ihm gegenüber setzen muß, uns alle vertretend. Darum muß das Theater, was es zeigt, verfremden.

47

Um V-Effekte hervorzubringen, mußte der Schauspieler alles unterlassen, was er gelernt hatte, um die Einfühlung des Publikums in seine Gestaltungen herbeiführen zu können. Nicht beabsichtigend, sein Publikum in Trance zu versetzen, darf er sich selber nicht in Trance versetzen. Seine Muskeln müssen locker bleiben, führt doch zum Beispiel ein Kopfwenden mit angezogenen Halsmuskeln die Blicke, ja mitunter sogar die Köpfe der Zuschauer »magisch« mit, womit jede Spekulation oder Gemütsbewegung über diese Geste nur geschwächt werden kann. Seine Sprechweise sei frei von pfäffischem Singsang und jenen Kadenzen, die die Zuschauer einlullen, so daß der Sinn verlorengeht. Selbst Besessene darstellend, darf er selber nicht besessen wirken; wie sonst könnten die Zuschauer ausfinden, was die Besessenen besitzt?

48

In keinem Augenblick läßt er es zur restlosen Verwandlung in die Figur kommen. Ein Urteil: »Er spielte den Lear nicht, er war Lear«, wäre für ihn vernichtend. Er hat seine Figur lediglich zu zeigen oder, besser gesagt, nicht nur lediglich zu erleben; dies bedeutet nicht, daß er, wenn er leidenschaftliche Leute gestaltet, selber kalt sein muß. Nur sollten seine eigenen Gefühle nicht grundsätzlich die seiner Figur sein, damit auch die seines Publikums nicht grundsätzlich die der Figur werden. Das Publikum muß da völlige Freiheit haben.

49

Dies, daß der Schauspieler in zweifacher Gestalt auf der Bühne steht, als Laughton und als Galilei, daß der zeigende Laughton nicht verschwindet in dem gezeigten Galilei, was dieser Spielweise auch den Namen »die epische« gegeben hat, bedeutet schließlich nicht mehr, als daß der wirkliche, der profane Vorgang nicht mehr verschleiert wird – steht doch auf der Bühne tatsächlich Laughton und zeigt, wie er sich den Galilei denkt. Schon indem es ihn bewunderte, vergäße das Publikum natürlich Laughton nicht, auch wenn er die restlose Verwandlung versuchte, aber es ginge dann doch seiner Meinungen und Empfindungen verlustig, welche vollkommen in der Figur aufgegangen wären. Er hätte ihre Meinungen und Empfindungen zu seinen eigenen gemacht, so daß also tatsächlich nur ein einziges Muster derselben herauskäme: Er würde es zu dem unsrigen machen. Um diese Verkümmerung zu verhüten, muß er auch den Akt des Zeigens zu einem künstlerischen machen. Um eine Hilfsvorstellung zu benutzen: Wir können die eine Hälfte der Haltung, die des Zeigens, um sie selbständig zu machen, mit einer Geste ausstatten, indem wir den Schauspieler rauchen lassen und ihn uns vorstellen, wie er jeweils die Zigarre weglegt, um uns eine weitere Verhaltungsart der erdichteten Figur zu demonstrieren. Wenn man aus dem Bild alles Hastige herausnimmt und sich das Lässige nicht nachlässig denkt, haben wir einen Schauspieler vor uns, der uns sehr wohl unsern oder seinen Gedanken überlassen könnte.

50

Noch eine andere Änderung in der Übermittlung der Abbildungen durch den Schauspieler ist nötig, und auch sie macht den Vorgang *profaner*. Wie der Schauspieler sein Publikum nicht zu täuschen hat, daß nicht er, sondern die erdichtete Figur auf der Bühne stehe, so hat er es auch nicht zu täuschen, daß, was auf der Bühne vorgeht, nicht einstudiert sei, sondern zum erstenmal und einmalig geschehe. Die Schillersche Unterscheidung, daß der Rhapsode seine Begebenheit als vollkommen vergangen, der Mime die seinige als vollkommen gegenwärtig zu behandeln habe[1], trifft nicht mehr so zu. Es

1 Briefwechsel mit Goethe, 26. 12. 1797.

soll in seinem Spiel durchaus ersichtlich sein, daß »er schon am Anfang und in der Mitte das Ende weiß«, und er soll »so durchaus eine ruhige Freiheit behalten«. In lebendiger Darstellung erzählt er die Geschichte seiner Figur, mehr wissend als diese und das *Jetzt* wie das *Hier* nicht als eine Fiktion, ermöglicht durch die Spielregel, setzend, sondern es trennend vom Gestern und dem andern Ort, wodurch die Verknüpfung der Begebnisse sichtbar werden kann.

51

Dies ist besonders wichtig bei der Darstellung von Massenereignissen oder wo die Umwelt sich stark verändert, wie bei Kriegen und Revolutionen. Der Zuschauer kann dann die Gesamtlage und den Gesamtverlauf vorgestellt bekommen. Er kann zum Beispiel eine Frau, während er sie sprechen hört, im Geist noch anders sprechen hören, sagen wir in ein paar Wochen, und andere Frauen eben jetzt anderswo anders. Dies wäre möglich, wenn die Schauspielerin so spielte, als ob die Frau die ganze Epoche zu Ende gelebt hätte und nun, aus der Erinnerung, von ihrem Wissen des Weitergehens her, das äußerte, was von ihren Äußerungen für diesen Zeitpunkt wichtig war, denn wichtig ist da, was wichtig wurde. Eine solche Verfremdung einer Person als »gerade dieser Person« und »gerade dieser Person gerade jetzt« ist nur möglich, wenn nicht die Illusionen geschaffen werden: der Schauspieler sei die Figur, und die Vorführung sei das Geschehnis.

52

Nun hat aber schon in diesem eine weitere Illusion aufgegeben werden müssen: die, als handelte jedermann wie die Figur. Aus dem »ich tue das« wurde ein »ich tat das«, und jetzt muß aus dem »er tat das« noch ein »er tat das, nichts anderes« werden. Es ist eine zu große Vereinfachung, wenn man die

Taten auf den Charakter und den Charakter auf die Taten
abpaßt; die Widersprüche, welche Taten und Charakter
wirklicher Menschen aufweisen, lassen sich so nicht aufzeigen.
Die gesellschaftlichen Bewegungsgesetze können nicht an den
»Idealfällen« demonstriert werden, da die »Unreinheit«
(Widersprüchlichkeit) gerade zu Bewegung und Bewegtem gehört. Es ist nur nötig – dies aber unbedingt –, daß im großen
und ganzen so etwas wie Experimentierbedingungen geschaffen werden, das heißt, daß jeweils ein Gegenexperiment denkbar ist. Wird doch die Gesellschaft überhaupt hier so behandelt,
als mache sie, was sie macht, als ein Experiment.

53

Wenn auch beim Probieren Einfühlung in die Figur benutzt
werden kann (was bei der Vorführung zu vermeiden ist), darf
dies doch nur als eine unter mehreren Methoden der Beobachtung angewendet werden. Sie ist beim Probieren von Nutzen,
hat sie doch selbst in der maßlosen Anwendung durch das
zeitgenössische Theater zu einer sehr verfeinerten Charakter-
zeichnung geführt. Jedoch ist es die primitivste Art der Einfühlung, wenn der Schauspieler nur fragt: wie wäre ich, wenn
mir dies und das passierte? wie sähe es aus, wenn ich dies
sagte und das täte? – anstatt zu fragen: wie habe ich schon
einen Menschen dies sagen hören oder das tun sehen? um
sich so, hier und da allerhand holend, eine neue Figur aufzubauen, mit der die Geschichte vor sich gegangen sein kann
– und noch einiges mehr. Die Einheit der Figur wird nämlich durch die Art gebildet, in der sich ihre einzelnen Eigenschaften widersprechen.

54

Die Beobachtung ist ein Hauptteil der Schauspielkunst. Der
Schauspieler beobachtet den Mitmenschen mit all seinen Mus-

keln und Nerven in einem Akt der Nachahmung, welcher zugleich ein Denkprozeß ist. Denn bei bloßer Nachahmung käme höchstens das Beobachtete heraus, was nicht genug ist, da das Original, was es aussagt, mit zu leiser Stimme aussagt. Um vom Abklatsch zur Abbildung zu kommen, sieht der Schauspieler auf die Leute, als machten sie ihm vor, was sie machen, kurz, als empfählen sie ihm, was sie machen, zu bedenken.

55

Ohne Ansichten und Absichten kann man keine Abbildungen machen. Ohne Wissen kann man nichts zeigen; wie soll man da wissen, was wissenswert ist? Will der Schauspieler nicht Papagei oder Affe sein, muß er sich das Wissen der Zeit über das menschliche Zusammenleben aneignen, indem er die Kämpfe der Klassen mitkämpft. Dies mag manchem wie eine Erniedrigung vorkommen, da er die Kunst, ist die Bezahlung geregelt, in die höchsten Sphären versetzt; aber die höchsten Entscheidungen für das Menschengeschlecht werden auf der Erde ausgekämpft, nicht in den Lüften; im »Äußern«, nicht in den Köpfen. Über den kämpfenden Klassen kann niemand stehen, da niemand über den Menschen stehen kann. Die Gesellschaft hat kein gemeinsames Sprachrohr, solange sie in kämpfende Klassen gespalten ist. So heißt *unparteiisch sein* für die Kunst nur: *zur herrschenden* Partei gehören.

56

So ist die Wahl des Standpunkts ein anderer Hauptteil der Schauspielkunst, und er muß außerhalb des Theaters gewählt werden. Wie die Umgestaltung der Natur, so ist die Umgestaltung der Gesellschaft ein Befreiungsakt, und es sind die Freuden der Befreiung, welche das Theater eines wissenschaftlichen Zeitalters vermitteln sollte.

57

Schreiten wir fort, indem wir untersuchen, wie zum Beispiel der Schauspieler, von diesem Standpunkt aus, seine Rolle zu lesen hat. Es ist da wichtig, daß er nicht zu schnell »begreift«. Wenn er auch gleich den natürlichsten Tonfall seines Textes ausfindig machen wird, die bequemste Art, ihn zu sagen, so soll er doch die Aussage selbst nicht als die natürlichste betrachten, sondern da zögern und seine allgemeinen Ansichten heranziehen, andere mögliche Aussagen in Erwägung ziehen, kurz, die Haltung des sich Wundernden einnehmen. Dies nicht nur, um nicht zu früh, nämlich bevor er alle Aussagen und besonders die der anderen Figuren registriert hat, eine bestimmte Figur festzulegen, der dann vieles eingestopft werden müßte, sondern auch, und dies hauptsächlich, um in den Aufbau der Figur das »Nicht-Sondern« hineinzubringen, auf das so viel ankommt, wenn das Publikum, das die Gesellschaft repräsentiert, die Vorgänge von der beeinflußbaren Seite einsehen können soll. Auch muß jeder Schauspieler, anstatt nur das ihm Gemäße als »das schlechthin Menschliche« an sich zu ziehen, besonders nach dem ihm nicht Gemäßen, Speziellen langen. Und er muß, mit dem Text, diese seine ersten Reaktionen, Vorbehalte, Kritiken, Verblüffungen memorieren, damit sie in seiner Endgestaltung nicht etwa vernichtet werden, indem sie »aufgehen«, sondern bewahrt und wahrnehmbar bleiben; denn die Figur und alles muß dem Publikum weniger eingehen als auffallen.

58

Und das Lernen des Schauspielers muß zusammen mit dem Lernen der anderen Schauspieler, sein Aufbau der Figur mit dem Aufbau der andern Figuren vorgenommen werden. Denn die kleinste gesellschaftliche Einheit ist nicht der Mensch, sondern zwei Menschen. Auch im Leben bauen wir uns gegenseitig auf.

59

Hier ist einiges aus der Unsitte unserer Theater zu lernen, daß
der herrschende Schauspieler, der Star, sich auch dadurch
»hervortut«, daß er sich von allen andern Schauspielern bedienen läßt: Er macht seine Figur fürchterlich oder weise, indem er die Partner zwingt, die ihren furchtsam oder aufmerksam zu machen und so weiter. Schon um diesen Vorteil allen
zu gewähren und dadurch der Fabel zu dienen, sollten die
Schauspieler die Rollen auf den Proben mit ihren Partnern
mitunter tauschen, damit die Figuren voneinander bekommen,
was sie voneinander brauchen. Es ist aber für die Schauspieler
auch gut, wenn sie ihren Figuren in der Kopie begegnen oder
auch in anderen Gestaltungen. Von einer Person anderen Ge-
schlechts gespielt, wird die Figur ihr Geschlecht deutlicher verraten, von einem Komiker gespielt, tragisch oder komisch, neue
Aspekte gewinnen. Vor allem sichert der Schauspieler, indem
er die Gegenfiguren mitentwickelt oder zumindest ihre Darsteller vertritt, den so entscheidenden gesellschaftlichen Standpunkt, von dem aus er seine Figur vorführt. Der Herr ist nur
so ein Herr, wie ihn der Knecht es sein läßt und so weiter.

60

An der Figur sind natürlich schon zahllose Aufbauakte vollzogen worden, wenn sie unter die andern Figuren des Stücks
tritt, und der Schauspieler wird seine Vermutungen, die der
Text darüber anregt, zu memorieren haben. Aber nun erfährt
er weit mehr über sich aus der Behandlung, welche die Figuren des Stücks ihm widerfahren lassen.

61

Den Bereich der Haltungen, welche die Figuren zueinander
einnehmen, nennen wir den gestischen Bereich. Körperhal-

tung, Tonfall und Gesichtsausdruck sind von einem gesellschaftlichen *Gestus* bestimmt: die Figuren beschimpfen, kom-
plimentieren, belehren einander und so weiter. Zu den
Haltungen, eingenommen von Menschen zu Menschen, gehören selbst die anscheinend ganz privaten, wie die Äußerungen
des körperlichen Schmerzes in der Krankheit oder die religiösen. Diese gestischen Äußerungen sind meist recht kompliziert
und widerspruchsvoll, so daß sie sich mit einem einzigen Wort
nicht mehr wiedergeben lassen, und der Schauspieler muß achtgeben, daß er bei der notwendigerweise verstärkten Abbildung
da nichts verliert, sondern den ganzen Komplex verstärkt.

62

Der Schauspieler bemächtigt sich seiner Figur, indem er kritisch ihren mannigfachen Äußerungen folgt sowie denen seiner Gegenfiguren und aller andern Figuren des Stücks.

63

Gehen wir, um zum gestischen Gehalt zu kommen, die An-
fangsszenen eines neueren Stückes durch, meines »Leben des
Galilei«. Da wir auch nachsehen wollen, wie die verschiedenen Äußerungen Licht aufeinander werfen, wollen wir
annehmen, es handle sich nicht um die erste Annäherung an
das Stück. Es beginnt mit den morgendlichen Waschungen des
Sechsundvierzigjährigen, unterbrochen durch Stöbern in Büchern und eine Lektion für den Knaben Andrea Sarti über
das neue Sonnensystem. Mußt du nicht wissen, wenn du das
machen sollst, daß wir schließen werden mit dem Nachtmahl
des Achtundsiebzigjährigen, den eben derselbe Schüler für immer verlassen hat? Er ist dann schrecklicher verändert, als diese
Zeitspanne es hätte zuwege bringen können. Er frißt mit halt-
loser Gier, nichts anderes mehr im Kopf, er ist seinen Lehr-
auftrag auf schimpfliche Weise losgeworden wie eine Bürde,

er, der einst seine Morgenmilch achtlos getrunken hat, gierig, den Knaben zu belehren. Aber trinkt er sie wirklich ganz achtlos? Ist sein Genuß an dem Getränk und der Waschung nicht eins mit dem an den neuen Gedanken? Vergiß nicht: er denkt der Wollust wegen! Ist dies etwas Gutes oder etwas Schlechtes? Ich rate dir, da du im ganzen Stück darüber nichts der Gesellschaft Nachteiliges finden wirst, und besonders, da du doch selber, wie ich hoffe, ein tapferes Kind des wissenschaftlichen Zeitalters bist, es als etwas Gutes darzustellen. Aber notiere es deutlich, viel Schreckliches wird in dieser Sache passieren. Daß der Mann, der hier das neue Zeitalter begrüßt, am Ende gezwungen sein wird, dieses Zeitalter aufzufordern, daß es ihn mit Verachtung von sich stoße, wenn auch enteigne, wird damit zu tun haben. Was die Lektion anlangt, magst du übrigens entscheiden, ob bloß, dem das Herz voll ist, das Maul überläuft, so daß er zu jedem davon reden würde, selbst zu einem Kinde, oder ob das Kind ihm das Wissen erst entlocken muß, indem es, ihn kennend, Interesse zeigt. Es können auch zwei sein, die sich nicht enthalten können, der eine zu fragen, der andere zu antworten; solch eine Brüderschaft wäre interessant, denn sie wird einmal böse gestört werden. Freilich wirst du die Demonstration des Erdumlaufs mit einer Hast vornehmen wollen, da sie nicht bezahlt wird, denn nun tritt der fremde, wohlhabende Schüler auf und verleiht der Zeit des Gelehrten Goldwert. Er zeigt sich nicht interessiert, aber er muß bedient werden, ist Galilei doch mittellos, und so wird er zwischen dem wohlhabenden Schüler und dem intelligenten stehen und seufzend wählen. Er kann den Neuen nicht viel lehren, so läßt er sich von ihm belehren; er erfährt vom Teleskop, das in Holland erfunden worden ist: in seiner Weise verwendet er die Störung des Morgenwerks. Der Kurator der Universität kommt. Galileis Eingabe um Erhöhung des Gehalts ist abgeschlagen worden, die Universität zahlt nicht gern für physikalische Theorien, was sie für theologische bezahlt, sie wünscht von ihm, der sich schließlich

auf einer niedrig angesetzten Ebene der Forschung bewegt,
Nützliches für den Tag. Du wirst an der Art, wie er seinen
Traktat anbietet, bemerken, daß er die Zurück- und Zurecht-
weisungen gewohnt ist. Der Kurator verweist ihn darauf, daß
die Republik die Freiheit der Forschung gewährt, wenn auch
schlecht bezahlt; er erwidert, daß er mit dieser Freiheit wenig anfangen kann, wenn er nicht die Muße hat, die gute Bezahlung verschafft. Da wirst du gut tun, seine Ungeduld nicht
allzu herrisch zu finden, sonst kommt seine Armut zu kurz.
Denn du triffst ihn kurz darauf bei Gedanken, die einiger
Erklärung bedürfen: Der Verkünder eines neuen Zeitalters der
wissenschaftlichen Wahrheiten erwägt, wie er die Republik um
Geld betrügen kann, indem er ihr das Teleskop als seine
Erfindung anbietet. Nichts als ein paar Skudi, wirst du erstaunt sehen, sieht er in der neuen Erfindung, die er lediglich
untersucht, um sie sich anzueignen. Gehst du aber weiter, zur
zweiten Szene, wirst du entdecken, daß er, die Erfindung an
die Signoria von Venedig mit einer durch ihre Lügen entwür-
digenden Rede verkaufend, dieses Geld schon beinahe vergessen
hat, weil er neben der militärischen noch eine astronomische
Bedeutung des Instruments ausgefunden hat. Die Ware, die
herzustellen man ihn erpreßt hat – nennen wir es doch jetzt
so –, zeigt eine hohe Qualität für eben die Forschung, die er
unterbrechen mußte, um sie herzustellen. Wenn er während
der Zeremonie, die unverdienten Ehrungen geschmeichelt ent-
gegennehmend, dem gelehrten Freund die wunderbaren Entdeckungen andeutet – überspring da nicht, wie theatralisch
er das tut –, wirst du einer viel tieferen Erregung bei ihm begegnen, als die Aussicht auf den geldlichen Gewinn bei ihm
auslöste. Wenn jedoch, so betrachtet, seine Scharlatanerie nicht
sehr viel bedeutet, zeigt sie doch an, wie entschlossen dieser
Mann ist, den leichten Weg zu gehen und seine Vernunft in
niedriger wie in hoher Weise zu verwenden. Eine bedeutsamere
Prüfung steht bevor, und macht nicht jedes Versagen ein weiteres Versagen leichter?

64

Solch gestisches Material auslegend, bemächtigt sich der Schauspieler der Figur, indem er sich der *Fabel* bemächtigt. Erst von ihr, dem abgegrenzten Gesamtgeschehnis aus, vermag er, gleichsam in einem Sprung, zu seiner endgültigen Figur zu kommen, welche alle Einzelzüge in sich aufhebt. Hat er alles getan, sich zu wundern über die Widersprüche in den verschiedenen Haltungen, wissend, daß er auch sein Publikum darüber zu wundern haben wird, so gibt ihm die Fabel in ihrer Gänze die Möglichkeit einer Zusammenfügung des Widersprüchlichen; denn die Fabel ergibt, als begrenztes Geschehnis, einen bestimmten Sinn, das heißt, sie befriedigt von vielen möglichen Interessen nur bestimmte.

65

Auf die *Fabel* kommt alles an, sie ist das Herzstück der theatralischen Veranstaltung. Denn von dem, was *zwischen* den Menschen vorgeht, bekommen sie ja alles, was diskutierbar, kritisierbar, änderbar sein kann. Auch wenn der besondere Mensch, den der Schauspieler vorführt, schließlich zu mehr passen muß als nur zu dem, was geschieht, so doch hauptsächlich deswegen, weil das Geschehnis um so auffälliger sein wird, wenn es sich an einem besonderen Menschen vollzieht. Das große Unternehmen des Theaters ist die *Fabel,* die Gesamtkomposition aller gestischen Vorgänge, enthaltend die Mitteilungen und Impulse, die das Vergnügen des Publikums nunmehr ausmachen sollen.

66

Jedes Einzelgeschehnis hat einen Grundgestus: *Richard Gloster wirbt um die Witwe seines Opfers. Vermittels eines Kreidekreises wird die wahre Kindsmutter ausgefunden. Gott wet-*

tet mit dem Teufel um die Seele des Doktor Faust. Woyzeck kauft ein billiges Messer, seine Frau umzubringen und so weiter. Bei der Gruppierung der Figuren auf der Bühne und der Bewegung der Gruppen muß die erforderliche Schönheit hauptsächlich durch die Eleganz gewonnen werden, mit der das gestische Material vorgeführt und dem Einblick des Publikums ausgesetzt wird.

67

Da das Publikum ja nicht eingeladen werde, sich in die Fabel wie in einen Fluß zu werfen, um sich hierhin und dorthin unbestimmt treiben zu lassen, müssen die einzelnen Geschehnisse so verknüpft sein, daß die Knoten auffällig werden. Die Geschehnisse dürfen sich nicht unmerklich folgen, sondern man muß mit dem Urteil dazwischenkommen können. (Wäre gerade die Dunkelheit der ursächlichen Zusammenhänge interessant, müßte eben dieser Umstand genügend verfremdet werden.) Die Teile der Fabel sind also sorgfältig gegeneinander zu setzen, indem ihnen ihre eigene Struktur, eines Stückchens im Stück, gegeben wird. Man einigt sich zu diesem Zweck am besten auf Titel wie die im vorigen Abschnitt. Die Titel sollen die gesellschaftliche Pointe enthalten, zugleich aber etwas über die wünschenswerte Art der Darstellung aussagen, das heißt je nachdem den Ton der Titel einer Chronik oder einer Ballade oder einer Zeitung oder einer Sittenschilderung nachahmen. Eine einfache verfremdende Darstellungsart ist zum Beispiel diejenige, welche sonst Sitten und Gebräuche erfahren. Einen Besuch, die Behandlung eines Feindes, das Treffen von Liebenden, Abmachungen geschäftlicher oder politischer Art kann man bringen, als ob man lediglich eine Sitte darstellte, die an diesen Orten herrscht. So dargestellt, bekommt der einmalige und besondere Vorgang ein befremdliches Aussehen, weil er als Allgemeines, zur Sitte Gewordenes erscheint. Schon die Frage, ob er oder was von ihm tatsächlich zur Sitte werden sollte, verfremdet den Vorgang. Den poetischen Historienstil kann man in den Jahrmarktsbuden, Panoramen genannt, studieren. Da das Verfremden auch ein Berühmtmachen bedeutet, kann man gewisse Vorgänge einfach wie berühmte darstellen, als seien sie allgemein und seit langem bekannt, auch in ihren Einzelheiten, und als bemühe man sich, nirgends gegen die Überlieferung zu verstoßen. Kurz: es sind viele Erzählungsarten denkbar, bekannte und noch zu erfindende.

68

Was und wie dieses zu verfremden ist, hängt ab von der Auslegung, die dem Gesamtgeschehnis gegeben werden soll, wobei das Theater kräftig die Interessen seiner Zeit wahrnehmen mag. Wählen wir als Beispiel für die Auslegung das alte Stück »Hamlet«. Angesichts der blutigen und finsteren Zeitläufe, in denen ich dies schreibe, verbrecherischer Herrscherklassen, eines verbreiteten Zweifels an der Vernunft, welche immerfort mißbraucht wird, glaube ich, diese Fabel so lesen zu können: Die Zeit ist kriegerisch. Hamlets Vater, König von Dänemark, hat in einem siegreichen Raubkrieg den König von Norwegen erschlagen. Als dessen Sohn Fortinbras zu einem neuen Krieg rüstet, wird auch der dänische König erschlagen, und zwar von seinem Bruder. Die Brüder der erschlagenen Könige, nun selbst Könige, wenden den Krieg ab, indem den norwegischen Truppen erlaubt wird, für einen Raubkrieg gegen Polen dänisches Gebiet zu queren. Nun ist aber der junge Hamlet vom Geist seines kriegerischen Vaters aufgerufen worden, die an ihm verübte Untat zu rächen. Nach einigem Zaudern, eine blutige Tat durch eine andere blutige Tat zu beantworten, ja schon willig, ins Exil zu gehen, trifft er an der Küste den jungen Fortinbras, der mit seinen Truppen auf dem Weg nach Polen ist. Überwältigt durch das kriegerische Beispiel, kehrt er um und schlachtet in einem barbarischen Gemetzel seinen Onkel, seine Mutter und sich selbst, Dänemark dem Norweger überlassend. In diesen Vorgängen sieht man den jungen, aber schon etwas beleibten Menschen die neue Vernunft, die er auf der Universität in Wittenberg bezogen hat, recht unzulänglich anwenden. Sie kommt ihm bei den feudalen Geschäften, in die er zurückkehrt, in die Quere. Gegenüber der unvernünftigen Praxis ist seine Vernunft ganz unpraktisch. Dem Widerspruch zwischen solchem Räsonieren und solcher Tat fällt er tragisch zum Opfer. Diese Lesart des Stücks, das mehr als eine Lesart hat, könnte, meines Erachtens, unser Publikum interessieren.

69

Alle Vormärsche nämlich, jede Emanzipation von der Natur in der Produktion, führend zu einer Umgestaltung der Gesellschaft, alle jene Versuche in neuer Richtung, welche die Menschheit unternommen hat, ihr Los zu bessern, verleihen uns, ob in den Literaturen als geglückt oder mißglückt geschildert, ein Gefühl des Triumphs und des Zutrauens und verschaffen uns Genuß an den Möglichkeiten des Wandels aller Dinge. Dies drückt Galilei aus, wenn er sagt: »Es ist meine Ansicht, daß die Erde sehr nobel und bewundernswert ist, angesichts so vieler und verschiedener Änderungen und Generationen, welche unaufhörlich auf ihr vorkommen.«

70

Die Auslegung der Fabel und ihre Vermittlung durch geeignete Verfremdungen ist das Hauptgeschäft des Theaters. Und nicht alles muß der Schauspieler machen, wenn auch nichts ohne Beziehung auf ihn gemacht werden darf. Die *Fabel* wird ausgelegt, hervorgebracht und ausgestellt vom Theater in seiner Gänze, von den Schauspielern, Bühnenbildnern, Maskenmachern, Kostümschneidern, Musikern und Choreographen. Sie alle vereinigen ihre Künste zu dem gemeinsamen Unternehmen, wobei sie ihre Selbständigkeit freilich nicht aufgeben.

71

Den allgemeinen Gestus des Zeigens, der immer den besonderen gezeigten begleitet, betonen die musikalischen Adressen an das Publikum in den Liedern. Deshalb sollten die Schauspieler nicht in den Gesang »übergehen«, sondern ihn deutlich vom übrigen absetzen, was am besten auch noch durch eigene theatralische Maßnahmen, wie Beleuchtungswechsel oder Betitelung, unterstützt wird. Die Musik muß sich ihrerseits durchaus der Gleichschaltung widersetzen, die ihr gemeinhin zugemutet wird und die sie zur gedankenlosen Dienerin herabwürdigt. Sie »begleite« nicht, es sei denn mit Komment. Sie begnüge sich nicht damit, sich »auszudrücken«, indem sie sich einfach der Stimmung entleert, die sie bei den Vorgängen befällt. So hat zum Beispiel Eisler vorbildlich die Verknüpfung der Vorgänge besorgt, indem er zu der Fastnachtsszene des »Galilei«, dem Maskenzug der Gilden, eine triumphierende und bedrohliche Musik machte, welche die aufrührerische Wendung anzeigt, die das niedere Volk den astronomischen Theorien des Gelehrten gab. Ähnlicherweise würde im »Kaukasischen Kreidekreis« eine kalte und unbewegte Singweise des Sängers, der die auf der Bühne pantomimisch dargestellte Rettung des Kindes durch die Magd beschreibt, die Schrecken einer Zeit entblößen, in der Mütterlichkeit zu selbstmörderischer Schwäche werden kann. So kann sich die Musik auf viele Arten und durchaus selbständig etablieren und in ihrer Weise zu den Themen Stellung nehmen, jedoch kann sie auch lediglich für die Abwechslung in der Unterhaltung sorgen.

72

Wie der Musiker seine Freiheit zurückbekommt, indem er nicht mehr Stimmungen schaffen muß, die es dem Publikum

erleichtern, sich haltlos den Vorgängen auf der Bühne hinzugeben, so bekommt der Bühnenbildner viel Freiheit, wenn
er beim Aufbau der Schauplätze nicht mehr die Illusion eines
Raumes oder einer Gegend erzielen muß. Da genügen Andeutungen, jedoch müssen sie mehr geschichtlich oder gesellschaftlich Interessantes aussagen, als es die aktuale Umgebung tut.
Im Moskauer Jüdischen Theater verfremdete ein an ein mittel-
alterliches Tabernakel erinnernder Bau den »König Lear«;
Neher stellte den »Galilei« vor Projektionen von Landkarten,
Dokumenten und Kunstwerken der Renaissance; im Pis-
catortheater verwendete Heartfield in »Tai Yang erwacht«
einen Hintergrund von drehbaren beschrifteten Fahnen, welche
den Wandel der politischen Situation notierten, der den Menschen auf der Bühne mitunter nicht bekannt war.

73

Auch die Choreographie bekommt wieder Aufgaben realistischer Art. Es ist ein Irrtum jüngerer Zeit, daß sie bei der Abbildung von »Menschen, wie sie wirklich sind«, nichts zu tun
habe. Wenn die Kunst das Leben abspiegelt, tut sie es mit besonderen Spiegeln. Die Kunst wird nicht unrealistisch, wenn
sie die Proportionen ändert, sondern wenn sie diese so ändert,
daß das Publikum, die Abbildungen praktisch für Einblicke
und Impulse verwendend, in der Wirklichkeit scheitern würde.
Es ist freilich nötig, daß die Stilisierung das Natürliche nicht
aufhebe, sondern steigere. Jedenfalls kann ein Theater, das alles aus dem Gestus nimmt, der Choreographie nicht entraten.
Schon die Eleganz einer Bewegung und die Anmut einer
Aufstellung verfremdet, und die pantomimische Erfindung
hilft sehr der Fabel.

74

So seien all die Schwesterkünste der Schauspielkunst hier geladen, nicht um ein »Gesamtkunstwerk« herzustellen, in dem

sie sich alle aufgeben und verlieren, sondern sie sollen, zusammen mit der Schauspielkunst, die gemeinsame Aufgabe in ihrer verschiedenen Weise fördern, und ihr Verkehr miteinander besteht darin, daß sie sich gegenseitig verfremden.

75

Und hier, noch einmal, soll erinnert werden, daß es ihre Aufgabe ist, die Kinder des wissenschaftlichen Zeitalters zu unterhalten, und zwar in sinnlicher Weise und heiter. Dies können besonders wir Deutschen uns nicht oft genug wiederholen, denn bei uns rutscht sehr leicht alles in das Unkörperliche und Unanschauliche, worauf wir anfangen, von einer Weltanschauung zu sprechen, nachdem die Welt selber sich aufgelöst hat. Selbst der Materialismus ist bei uns wenig mehr als eine Idee. Aus dem Geschlechtsgenuß werden bei uns eheliche Pflichten, der Kunstgenuß dient der Bildung, und unter dem Lernen verstehen wir nicht ein fröhliches Kennenlernen, sondern daß uns die Nase auf etwas gestoßen wird. Unser Tun hat nichts von einem fröhlichen Sich-Umtun, und um uns auszuweisen, verweisen wir nicht darauf, wieviel Spaß wir mit etwas gehabt haben, sondern wieviel Schweiß es uns gekostet hat.

76

Zu sprechen ist noch von der Ablieferung des in den Proben Aufgebauten an das Publikum. Es ist da nötig, daß dem eigentlichen Spiel der Gestus des Aushändigens von etwas Fertigem unterliegt. Vor den Zuschauer kommt jetzt das Oftgehabte von dem Nichtverworfenen, und so müssen die fertiggestellten Abbildungen in völliger Wachheit abgeliefert werden, damit sie in Wachheit empfangen werden können.

77

Die Abbildungen müssen nämlich zurücktreten vor dem Abgebildeten, dem Zusammenleben der Menschen, und das Vergnügen an ihrer Vollkommenheit soll in das höhere Vergnügen gesteigert werden, daß die zutage getretenen Regeln in diesem Zusammenleben als vorläufige und unvollkommene behandelt sind. In diesem läßt das Theater den Zuschauer produktiv, über das Schauen hinaus. In seinem Theater mag er seine schrecklichen und nie endenden Arbeiten, die ihm den Unterhalt geben sollen, genießen als Unterhaltung, samt den Schrecken seiner unaufhörlichen Verwandlung. Hier produziere er sich in der leichtesten Weise; denn die leichteste Weise der Existenz ist in der Kunst.

1948

Nachträge zum »Kleinen Organon«

Es handelt sich nicht nur darum, daß die Kunst zu Lernendes in vergnüglicher Form vorbringt. Der Widerspruch zwischen Lernen und Sichvergnügen muß scharf und als bedeutend festgehalten werden – in einer Zeit, wo man Kenntnisse erwirbt, um sie zu möglichst hohem Preis weiterzuverkaufen, und wo selbst ein hoher Preis denen, die ihn zahlen, noch Ausbeutung gestattet. Erst wenn die Produktivität entfesselt ist, kann Lernen in Vergnügen und Vergnügen in Lernen verwandelt werden.

Wenn jetzt der Begriff »episches Theater« aufgegeben wird, so nicht der Schritt zum bewußten Erleben, den es nach wie vor ermöglicht. Sondern es ist der Begriff nur zu ärmlich und vage für das gemeinte Theater; es braucht genauere Bestimmungen und muß mehr leisten. Außerdem stand es zu unbewegt gegen den Begriff des Dramatischen, setzte ihn oft allzu naiv einfach voraus, etwa in dem Sinn »selbstverständlich« handelt es sich immer auch [um] direkt sich abspielende Vorgänge mit allen Merkmalen oder vielen Merkmalen des Momentanen! (In derselben, nicht immer ungefährlichen Art setzen wir auch bei allen Neuerungen immer naiv voraus, daß es immer noch Theater bleibt – und etwa nicht wissenschaftliche Demonstration wird!)

Auch der Begriff »Theater des wissenschaftlichen Zeitalters« ist nicht weit genug. Im »Kleinen Organon für das Theater« ist, was wissenschaftliches Zeitalter genannt werden kann, vielleicht hinreichend ausgeführt, aber der Terminus allein, in der Form, wie er gemeinhin gebraucht wird, ist zu sehr verschmutzt.

Der Genuß an alten Stücken wird um so größer, je mehr wir uns der neuen, uns gemäßen Art der Vergnügungen hingeben können. Dazu müssen wir den historischen Sinn – den wir auch den neuen Stücken gegenüber benötigen – zu einer wahren Sinnlichkeit ausbilden.[1]

In den Zeiten der Umwälzung, den furchtbaren und fruchtbaren, fallen die Abende der untergehenden Klassen mit den Frühen der aufsteigenden zusammen. Dies sind die Dämmerungen, in denen die Eule der Minerva ihre Flüge beginnt.

Das Theater des wissenschaftlichen Zeitalters vermag die Dialektik zum Genuß zu machen. Die Überraschungen der logisch fortschreitenden oder springenden Entwicklung, der Unstabilität aller Zustände, der Witz der Widersprüchlichkeiten und so weiter, das sind Vergnügungen an der Lebendigkeit der Menschen, Dinge und Prozesse, und sie steigern die Lebenskunst sowie die Lebensfreudigkeit.
Alle Künste tragen bei zur größten aller Künste, der Lebenskunst.

Es ist für unsere Generation nützlich, der Warnung, bei der Aufführung Einfühlung in die Figur des Stücks zu vermeiden, Gehör zu schenken, so apodiktisch sie auch sein mag. So entschlossen sie dem Rat auch folgte, sie könnte ihn kaum ganz befolgen, und so kommt es am ehesten zu jener wirklich zerreißenden Widersprüchlichkeit zwischen Erleben und Darstellen, Einfühlen und Zeigen, Rechtfertigen und Kritisieren, welche gefordert wird. Und darin zu der Führung des Kritischen.

1 Unsere Theater pflegen, Stücke aus anderen Epochen aufführend, das Trennende zu verwischen, den Abstand aufzufüllen, die Unterschiede zu verkleben. Aber wo bleibt dann die Lust an der Übersicht, am Entfernten, am Verschiedenen? Welche Lust zugleich die Lust am Nahen und Eigenen ist!

Der Widerspruch zwischen Spielen (Demonstrieren) und Erleben (Einfühlen) wird von ungeschulten Köpfen so aufgefaßt, als trete in der Arbeit des Schauspielers nur das eine oder das andere auf (oder als werde nach dem »Kleinen Organon« nur gespielt, nach der alten Weise nur erlebt). In Wirklichkeit handelt es sich natürlich um zwei einander feindliche Vorgänge, die sich in der Arbeit des Schauspielers vereinigen (das Auftreten enthält nicht nur ein bißchen von dem und ein bißchen von jenem). Aus dem Kampf und der Spannung der beiden Gegensätze, wie aus ihrer Tiefe, zieht der Schauspieler seine eigentlichen Wirkungen. Einige Schuld an dem Mißverständnis muß man der Schreibweise des »Kleinen Organon« geben. Sie ist oft dadurch irreführend, daß vielleicht allzu ungeduldig und ausschließlich die »hauptsächliche Seite des Widerspruchs« [1] gegeben wurde.

Und doch wendet sich die Kunst an alle und träte mit ihrem Lied dem Tiger entgegen. Und nicht selten läßt er mit sich singen! Neue Ideen, als fruchtbar erkennbar, ganz gleichgültig, wem sie Früchte tragen würden, kommen nicht selten von den aufsteigenden Klassen nach »oben« und dringen in Gemüter ein, die eigentlich, zur Beibehaltung ihrer Vorteile, sich ihnen verwehren müßten. Denn die Angehörigen einer Klasse sind nicht immun gegen Ideen, die ihrer Klasse nichts nützen. Ebenso wie die Angehörigen unterdrückter Klassen den Ideen ihrer Unterdrücker verfallen können, so verfallen Angehörige der unterdrückenden Klasse den Ideen der Unterdrückten. Zu bestimmten Zeiten ringen die Klassen um die Führung der Menschheit, und die Begierde, zu deren Pionieren zu gehören und vorwärtszukommen, ist mächtig in den nicht völlig Verkommenen. Es wirkte nicht nur Gift als Reiz, wenn der Hof von Versailles dem Figaro Beifall klatschte.

[1] Mao Tse-tung, »Über den Widerspruch«: Von den beiden Seiten eines Widerspruchs ist eine unbedingt die hauptsächliche.

Die *Fabel* entspricht nicht einfach einem Ablauf aus dem Zusammenleben der Menschen, wie er sich in der Wirklichkeit abgespielt haben könnte, sondern es sind zurechtgemachte Vorgänge, in denen die Ideen des Fabelerfinders über das Zusammenleben der Menschen zum Ausdruck kommen. So sind die Figuren nicht einfach Abbilder lebender Leute, sondern zurechtgemacht und nach Ideen geformt.

Zu den zurechtgemachten Vorgängen und Figuren befindet sich das Wissen der Schauspieler aus Erfahrung und Buch in vielem Widerspruch, und diesen Widerspruch müssen sie feststellen und beim Spiel aufrechterhalten. Sie müssen zugleich aus der Wirklichkeit und aus der Dichtung schöpfen, denn wie in der Arbeit der Stückeschreiber muß in ihrer Arbeit die Wirklichkeit reich und aktual vorkommen, damit das Besondere oder Allgemeine der Dichtung wahrnehmbar herausgeholt wird.

Das Studium der Rolle ist zugleich ein Studium der Fabel, besser gesagt, es soll zunächst hauptsächlich ein Stadium der Fabel sein. (Was passiert dem Menschen? Wie nimmt er es auf? Was macht er? Welchen Meinungen begegnet er? Und so weiter.)

Hierzu muß der Schauspieler seine Kenntnis der Welt und der Menschen mobilisieren, und zudem muß er seine Fragen als Dialektiker stellen. (Gewisse Fragen stellt nur der Dialektiker.)

Beispiel: Ein Schauspieler soll den Faust spielen. Fausts Liebesbeziehungen zu Gretchen nehmen einen verhängnisvollen Verlauf. Die Frage erhebt sich: Würden sie das nicht, wenn Faust Gretchen heiratete? Für gewöhnlich wird diese Frage nicht gestellt. Sie erscheint als zu banal, niedrig, spießig. Faust ist ein Genius, ein hoher Geist, der Unendliches anstrebt; wie kann man auch nur die Frage stellen: Warum heiratet er nicht? Aber die einfachen Leute stellen diese Frage. Das allein muß den Schauspieler dazu bewegen, sie ebenfalls zu stellen. Und nach einigem Nachdenken wird der Schauspieler merken, daß diese Frage eine sehr nötige, sehr nutzbringende Frage ist.

Es muß natürlich zunächst festgestellt werden, unter welchen Bedingungen diese Liebesgeschichte stattfindet, wie sie zur ganzen Fabel steht, was sie für die Hauptidee bedeutet. Faust hat sich von »hohen«, abstrakten, »rein geistigen« Bemühungen, zum Lebensgenuß zu gelangen, abgewandt und wendet sich nun »rein sinnlichen« irdischen Erfahrungen zu. Dabei werden seine Beziehungen zu Gretchen verhängnisvoll, das heißt, dabei gerät er in Konflikt mit Gretchen, verwandelt sich seine Vereinigung in eine Entzweiung, wird der Genuß zum Schmerz. Der Konflikt führt zur völligen Vernichtung Gretchens, und diese trifft Faust schwer. Jedoch ist dieser Konflikt richtig darzustellen nur durch einen andern, weit größeren Konflikt, der das ganze Werk beherrscht, beide Teile zusammen. Faust hat sich aus dem leidvollen Widerspruch zwischen »rein geistigen« Abenteuern und den nicht befriedigten, nicht zu befriedigenden »rein sinnlichen« Begierden gerettet, und zwar mit Hilfe des Teufels. In der »rein sinnlichen« Sphäre (der Liebesgeschichte) stößt sich Faust an der Umwelt, vertreten durch Gretchen, und muß sie vernichten, um sich zu retten. Die Lösung des Hauptwiderspruchs kommt am Ende des ganzen Stückes und macht erst die Bedeutung und Stellung der minderen Widersprüche klar. Faust muß seine rein konsumierende, parasitäre Haltung aufgeben. In der produktiven Arbeit für die Menschheit vereinigt sich geistige und sinnliche Tat, und in der Produktion von Leben ergibt sich der Genuß am Leben.

Zurückkehrend zu unserer Liebesgeschichte, können wir sehen, daß eine Heirat, wie spießig immer, unmöglich dem Genius, widersprechend seiner Laufbahn, doch in relativem Sinn das Bessere, da Produktivere, gewesen wäre, denn dies wäre die zeitgegebene Vereinigung, in der die Geliebte hätte entwickelt anstatt vernichtet werden können. Faust wäre dann allerdings kaum Faust, bliebe im (wie sich plötzlich ergibt) Kleinen stecken und so weiter und so weiter.

Der Schauspieler, der die Frage der einfachen Leute beherzt stellt, wird aus dem Nichtheiraten eine abgegrenzte Phase der Entwicklung Fausts machen können, während er anders, wie es gewöhnlich geschieht, nur zeigen hilft, daß eben auf Erden unänderbar Schmerzen bereiten muß, wer höher steigen will, daß die Tragik des Lebens unaufhebbar darin besteht, daß Genüsse und Entwicklung etwas kosten, kurz den spießigsten und brutalsten Satz, daß Späne fliegen, wo gehobelt wird.

Die Darstellungen des bürgerlichen Theaters gehen immer auf die Verschmierung der Widersprüche, auf die Vortäuschung von Harmonie, auf die Idealisierung aus. Die Zustände werden so dargestellt, als könnten sie gar nicht anders sein; die Charaktere als Individualitäten, nach dem Wortsinn Unteilbarkeiten von Natur aus, aus »einem Guß«, als sich beweisend in den verschiedensten Situationen, eigentlich auch ohne alle Situationen bestehend. Wo es Entwicklung gibt, ist sie nur stetig, niemals sprunghaft, und immer sind es Entwicklungen in einem ganz bestimmten Rahmen, der niemals gesprengt werden kann.

Das entspricht nicht der Wirklichkeit und muß also von einem realistischen Theater aufgegeben werden.

Echte, tiefe, eingreifende Verwendung der Verfremdungseffekte setzt voraus, daß die Gesellschaft ihren Zustand als historisch und verbesserbar betrachtet. Die echten V-Effekte haben kämpferischen Charakter.

Daß die Szenen in ihrer Reihenfolge, aber ohne viel Rücksicht auf die folgenden oder sogar den Gesamtsinn des Stücks, zunächst einfach gespielt werden, mit den Erfahrungen, die aus dem Leben kommen, das hat für das Zustandekommen einer echten Fabel große Bedeutung. Diese entwickelt sich dann nämlich in widerspruchsvoller Weise, die einzelnen Szenen behalten ihren eigenen Sinn, ergeben (und schöpfen aus) eine Vielfalt von Ideen, und das Ganze, die Fabel, wird echt entwickelt, in Wendungen und Sprüngen, und vermieden wird jene banale Durchidealisierung (ein Wort gibt das andere) und Ausrichtung von unselbständigen, rein dienenden Einzelteilen auf einen alles befriedenden Schluß.

Zitieren wir *Lenin:* »Bedingung der Erkenntnis aller Vorgänge in der Welt in ihrer ›Selbstbewegung‹, in ihrer spontanen Entwicklung, in ihrem lebendigen Sein ist die Erkenntnis derselben als Einheit von Gegensätzen.« [1]
Es ist vollkommen gleichgültig, ob es der Hauptzweck des Theaters ist, Erkenntnis der Welt zu bieten, Tatsache bleibt, daß das Theater Darstellungen der Welt geben muß, und diese Darstellungen dürfen nicht irreführend sein. Wenn Lenin nun recht hat mit seiner Behauptung, können solche Darstellungen ohne Kenntnis der Dialektik – und ohne Dialektik zur Kenntnis zu bringen – nicht befriedigend ausfallen.
Einwand: Und was mit der Kunst, die Wirkungen aus schiefen, fragmentarischen, dunklen Darstellungen zieht? Was mit der Kunst der Wilden, der Irren und der Kinder?
Es ist vielleicht möglich, so viel zu wissen und festzuhalten, was man weiß, daß man auch aus solchen Darstellungen Gewinn ziehen kann, aber für uns besteht der Verdacht, allzu subjektive Darstellungen der Welt erzielten asoziale Wirkungen.

1954

---

[1] Lenin, Zur Frage der Dialektik.

Verteidigung des »Kleinen Organons«

In der etwas kühleren Spielweise wird eine Abschwächung der Wirkung gesehen, welche mit dem Abstieg der bürgerlichen Klasse in Zusammenhang gebracht wird. Für das Proletariat wird starke Kost gefordert, das »blutvolle«, unmittelbar ergreifende Drama, in dem die Gegensätze krachend aufeinanderplatzen und so weiter und so weiter. In meiner Jugend galt freilich bei den armen Leuten der Vorstadt, in der ich aufwuchs, der Salzhering für eine kräftige Nahrung.

Neue Technik der Schauspielkunst 2

1949 bis 1955

Es gilt zwei Künste zu entwickeln: die Schauspielkunst und die Zuschaukunst.

Das Berliner Ensemble hat die streitbare Friedenstaube des Picasso zu seinem Wahrzeichen genommen: Stätte des Wissens um die menschliche Natur, der gesellschaftlichen Impulse und der Unterhaltung.

Die Arbeit beim Berliner Ensemble ist aufgebaut auf dem Interesse, das die Mitarbeiter am Theater nehmen, dem eigentlichen Gradmesser des Talents. [...]

Über die Verwendung von Vorlagen

Bevor noch Näheres darüber bekannt war, auf die bloße Nachricht hin, ein Mitarbeiter an der Berliner Aufführung der »Courage« helfe in einer andern deutschen Stadt bei der Inszenierung des einigermaßen schwierigen Stücks, kam eine Flut empörter Äußerungen. Der »freien schöpferischen Tätigkeit« sollte ein Ende bereitet, eine Diktatur des Geschmacks eröffnet, eine tote Schablone gefordert werden. In Wirklichkeit ist das Angebot von Vorlagen kaum noch »ein Schlag gegen die Regiekunst«. Sie hätte solch einen Schlag gelegentlich verdient: Es gab da »Die Weber« – eine »Vision aus Grau und Braun« und Mayers »Othello« – eine »Tragödie des Vertrauens«. Aber die Regiekunst ist nicht mehr so wild. Es bleibt die betrübliche Fähigkeit unserer Theater, den Sinn jedes Stücks, alt oder neu, zu verkehren, und es gibt die gehetzten Regisseure der 1001 Theater, die in ein paar Probentagen ein Stück herauswerfen müssen und viel zu erschöpft sind [. . .]

Fragmentarisch

Einwände gegen die Benutzung von Modellen

Der Stückeschreiber hatte oftmals die Gelegenheit, Diskussionen auf der Bühne über Gänge oder Tonfälle dadurch weiterzubringen, daß er die konkurrierenden Vorschläge ausprobieren ließ. Dies erregte mitunter die Verblüffung der Schauspieler, denn das Probieren bedeutete gemeinhin nur ein Probieren der Vorschläge des Regisseurs, der sie danach eben für erprobt erklärte. Als die Benutzung von Modellen von Aufführungen vorgeschlagen wurde, erhob sich ein lautes Geschrei, dies sei Diktatur, »freies Schöpfertum« solle verhindert werden. Der Stückeschreiber, um ein allzu freies Herumschöpfen mit seinen Stücken zu verhindern, griff tatsächlich zu sanfter Erpressung, indem er das Stück eine Zeitlang nur Bühnen zur Verfügung stellte, welche die Vorlage benutzten.

Hemmt die Benutzung des Modells die künstlerische Bewegungsfreiheit?

WINDS Für die hiesige Einstudierung der »Mutter Courage« stellten Sie das gesamte Material der Berliner Aufführung für inszenatorische Studienzwecke zur Verfügung. Ihre Beauftragte, Frau Berlau, informierte mich, den Regisseur, den Bühnenbildner und die Schauspieler eingehend über ihre Wünsche, die durch eine große Zahl szenischer Photos mit erklärenden Texten und Ihre schriftlichen Regieanweisungen erläutert wurden. Da im allgemeinen eine in so starkem Maße detaillierte Einflußnahme des Autors auf die Aufführung kaum theaterüblich ist und wir hier in Wuppertal diesen Versuch erstmalig in dieser ausgeprägten Form erproben, wäre es interessant zu erfahren, welche Gründe Sie veranlaßt haben, eine Musteraufführung herauszubringen und diese als maßgebliches Modell für andere Einstudierungen hinzustellen.

BRECHT An und für sich kann »Mutter Courage und ihre Kinder« auch in der alten Art aufgeführt werden. (Unsere Theater können ja alles aufführen – vom »Ödipus« zum »Biberpelz«, nicht etwa infolge eines mächtigen Eigenstils, der die Erzeugnisse so vieler Kulturen einschmölze, sondern infolge Mangels jeden Eigenstils.) Was dabei allerdings verlorenginge, wären die ganz speziellen Wirkungen eines solchen Stückes, und verfehlt wäre seine gesellschaftliche Funktion. **Die erste Bemerkung der Droschkenkutscher über das Auto,** hätte man sie mit ihm allein gelassen, wäre wohl gewesen: Und das soll was Neues sein? Worauf sie acht Pferde vorgespannt hätten und losgefahren wären. Es gibt keinen rein theoretischen Zugang zu den Methoden epischen Theaters; am besten ist praktisches Kopieren, verbunden mit dem Bemühen, die Gründe für die Gruppierungen, Bewegungen und Gesten auszufinden. Wahrscheinlich muß man eine Kopie gemacht haben, bevor man selber ein Modell machen kann. Durch die künstlerische Gestaltung der Menschen und ihrer Entwicklung leistet die Literatur ihren außerordentlichen Beitrag zur Selbsterkenntnis des Menschen. Hier kann das Neue im ersten Ansatz der Entwicklung sichtbar gemacht werden. Diese selbständige große Rolle der Kunst kann nur einer wahrhaft realistischen Kunst zukommen. Der Realismus ist also nicht Sache einer internen literarischen Diskussion, sondern Grundlage der eigenen großen gesellschaftlichen Bedeutung der Kunst und damit der gesellschaftlichen Stellung des Künstlers. Unsere Bücher, unsere Bilder, unsere Theater, unsere Filme und unsere Musik können und müssen Entscheidendes zur Lösung der Lebensfragen unserer Nation beitragen. Wissenschaft und Kunst nehmen in der gesellschaftlichen Ordnung unserer Republik einen so hervorragenden Platz ein, weil der Bedeutung fortschrittlicher Wissenschaft und realistischer Kunst dieser Platz gebührt. Solche Kulturpolitik fordert von unserer Intelligenz schöpferische Mitarbeit auf der Höhe der Ziele. Sie wird geleitet von einer Literatur-, Theater- und Filmbewegung, die Tausenden von Menschen hilft, Vergangenheit und Gegenwart zu verstehen und die Zukunft zu erkennen, von den Malern, Bildhauern, Musikern, in deren Kunst etwas vom Wesen unserer Zeit spürbar wird, deren Optimismus Tausenden von Menschen hilft.

WINDS Ist nicht zu befürchten, daß durch eine Modell-Aufführung in Ihrem Sinne in der nachschöpferischen szenischen Gestaltung eine gewisse künstlerische Freiheit verlorengeht?

BRECHT Die Klage über den Verlust der Freiheit künstlerischer Gestaltung ist zu erwarten – in einem Zeitalter der anarchischen Produktion. Doch gibt es auch in diesem Zeitalter eine Kontinuität der Entwicklung, zum Beispiel in der Technik und der Wissenschaft die Übernahme der Errungenschaften, den Standard. Und die »freischaffenden« Künstler des Theaters sind nicht sonderlich frei, wenn man genauer hinsieht. Sie sind gewöhnlich die letzten, die sich von hundertjährigen Vorurteilen, Konventionen, Komplexen zu befreien vermögen. Vor allem stehen sie in durchaus unwürdiger Abhängigkeit von »ihrem« Publikum. Sie müssen »seine Aufmerksamkeit halten«; es unbedingt »in Spannung versetzen«, das heißt die ersten Szenen so einrichten, daß es die letzten »kauft«, ihm seelische Massagen applizieren; seinen Geschmack ausfindig machen und sich danach richten; kurz, nicht sie sind es, die ihre Tätigkeit amüsieren muß, sie haben nach fremden Maßstäben zu bauen. Im Grund sind unsere Theater immer noch in der Lieferantenstellung gegenüber dem Publikum – wie soll es da viel Freiheit geben, die zu verlieren wäre? Höchstens die, sich die Art auszusuchen, in der das Publikum bedient wird.

WINDS Und ist es nicht zu befürchten, daß die Modell-Theorie die Gefahr einer gewissen Schablonisierung und Erstarrung zur Folge haben könnte und die Aufführung lediglich noch die Bedeutung einer Kopie besitzt?

BRECHT Man muß sich frei machen von der landläufigen Verachtung des Kopierens. Es ist nicht das »Leichtere«. Es ist nicht eine Schande, sondern eine Kunst. Das heißt, es muß zur Kunst entwickelt werden, und zwar dazu, daß keine Schablonisierung und Erstarrung eintritt. Um meine eigene Erfahrung mit dem Kopieren zur Verfügung zu stellen: Ich habe als Stückeschreiber japanische, hellenische, elisabethanische Dramatik kopiert, als Regisseur die Arrangements des Volkskomikers Karl Valentin und die Szenenskizzen Caspar Nehers, und ich habe mich nie unfrei gefühlt. Geben

Sie mir ein vernünftiges Modell des »König Lear«, und ich werde meinen Spaß darin finden, es nachzubauen. Was macht es für einen Unterschied, ob Sie im Stücketext finden, die Courage habe den Bauern Geld für die Beerdigung der stummen Kattrin gegeben, bevor sie wegzog, oder beim Studium des Modells auch noch, sie habe es in der Hand abgezählt und eine Münze wieder zurück in die Ledertasche gesteckt? In der Tat finden sie im Stücktext nur das erstere, das zweite bei der Weigel im Modell. Sollen sie das erstere behalten, das zweite vergessen? Schließlich geben wir dem Theater überhaupt nur Kopien menschlichen Verhaltens. Die Gruppierungen und die Art, wie die Gruppen bewegt werden, sind, wenn sie etwas sind, Aussagen darüber. Unser Theater ist schon deshalb nicht realistisch, weil es die Beobachtung unterschätzt. Unsere Schauspieler schauen in sich hinein, anstatt auf ihre Umwelt. Sie nehmen die Vorgänge zwischen Menschen, auf die alles ankommt, lediglich als Vehikel für die Zurschaustellung von Temperament und so weiter. Die Regisseure benutzen die Stücke als Anregung für ihre »Visionen«, auch in die neuen, welche nicht Visionen, sondern Berichtigungen der Wirklichkeit sind. Damit sollten wir lieber heute als morgen aufhören. Natürlich muß das künstlerische Kopieren erst gelernt werden, genau wie das Bauen von Modellen. Um nachgeahmt werden zu können, müssen die Modelle nachahmbar sein. Das Unachahmliche muß sich absetzen vom Exemplarischen. Und es gibt eine sklavische Nachahmung und eine souveräne. Wobei zu beachten ist, daß die letztere nicht etwa quantitativ weniger »Ähnliches« enthält. Praktisch gesprochen wird es genügen, wenn das Arrangement, welches beim Modell die Geschichte erzählt, als Ausgangspunkt der Probenarbeit benutzt wird. Ganz abgesehen davon, daß Arrangements, welche die Geschichte erzählen, unseren Regisseuren nicht geläufig sind und daß ihnen auch die gesellschaftliche Funktion dieser Geschichten der neuen Stücke unbekannt und zum Teil unsympathisch ist – es ist höchste Zeit, daß wir auch auf dem Theater zu einer Arbeitsweise kommen, die unserem Zeitalter entspricht, einer kollektiven, alle Erfahrungen sammelnden Arbeitsweise. Wir müssen zu einer immer näheren Beschreibung der Wirklichkeit gelangen, und das ist, ästhetisch genommen, eine immer delikatere und machtvollere Bescheibung. Das kann nur geschehen, indem wir schon Errungenes benutzen; freilich nicht etwa dabei haltmachen. Die Veränderungen des Modells, die nur erfolgen sollten, um die Abbildung der Wirklichkeit zum Zweck der Einflußnahme auf die Wirklichkeit genauer, differenzierter, artistisch phantasievoller und reizvoller zu machen, werden um so ausdrucksvoller sein, da sie eine Negation von Vorhandenem darstellen – dies für Kenner der Dialektik.

WINDS In Ihren Regieanweisungen, das Stück »Mutter Courage« betreffend, ist auch vom Begriff des epischen Theaters beziehungsweise des epischen Darstellungsstils die Rede. Darf ich Sie bitten, mir denselben kurz zu erläutern, da zweifellos nicht nur die Bühnenkünstler, sondern auch die gesamte theaterinteressierte Öffentlichkeit darüber Näheres zu erfahren wünscht, um so mehr, als es sich in dieser Frage um eine neue Stilform handeln dürfte.

BRECHT Eine kurze Beschreibung epischer Spielweise ist außerordentlich schwer zu geben. Wo sie versucht wurde, führte sie meistens zu sehr mißverständlichen Vulgarisierungen. (Den Anschein erweckend, es handle sich um eine Ausmerzung des Emotionellen, des Individuellen, des Dramatischen und so weiter.) Etwas detailliertere Ausführungen wird man in den »Versuchen« finden. Ich möchte auch darauf hinweisen, daß diese Spielweise sich noch im Zustand der Entwicklung, genauer gesagt, in ihrem Anfangsstadium befindet und noch die Mitarbeit vieler benötigt.

WINDS Sind Sie der Meinung, daß der epische Darstellungsstil nur für »Mutter Courage« als Chronik in Frage kommt oder auch eine praktische Bedeutung für unsere gesamte zeitgenössische Theaterarbeit hat und zum Beispiel auch der Klassik, der Romantik oder den Dramatikern der Jahrhundertwende gegenüber praktisch in Anwendung kommen sollte?

BRECHT Eine epische Spielweise kommt nicht für alle klassischen Werke gleichermaßen in Frage. Am leichtesten scheint sie anzuwenden, das heißt am ehesten scheint sie Resultate zu versprechen bei Werken wie denen des Shakespeare und den Erstlingswerken unserer Klassiker (»Faust« inbegriffen). Es hängt davon ab, wie es in diesen Werken um die gesellschaftliche Funktion – Abbildung der Wirklichkeit zum Zweck der Einflußnahme auf die Wirklichkeit – bestellt ist.

WINDS Darf ich hier sagen, daß ich mir von der epischen Darstellungsform eine Befreiung aus der Fessel individualistischer Auffassung und Darstellung verspreche und aus dieser Objektivierung eine neue Belebung der künstlerischen Arbeit des Theaters erhoffe? Dann ist es kein Zweifel, daß der Zuschauer und Zuhörer im Theater heutzutage der Illusion des »als ob«, die von ihm verlangt wird, nämlich Schauspieler und darzustellende Rolle in ihrer subjektiven Ausdeutung als identisch zu empfinden, nicht mehr in allen Teilen zu folgen bereit ist. Es bedarf zweifellos einer neuen Illusionskraft der Bühne, um vor allem den einfachen, aber aufnahmebereiten Menschen zwingend anzusprechen. Es scheint mir nicht nur eine Frage des Stoffes zu sein, sondern eine Frage der Existenzberechtigung des Theaters unserer Zeit. Es ist zu begrüßen, wenn der Bühne vom Dichter und Dramatiker durch praktische Vorschläge neue Impulse gegeben werden, die dem Theater aus seiner Krise, soweit es eine solche im Künstlerischen überhaupt gibt, herauszuhelfen in der Lage sind.

1949

Fehler bei Benutzung von Modellen

Man kann sich einen sehr hohen kulturellen Stand des Theaters vorstellen, bei dem von den Figuren oft gespielter Stücke nicht nur der Text, und was direkt aus ihm hervorgeht, bekannt ist, sondern auch ihre theatralische Ausformung sowie nicht nur die Situationen, sondern auch deren theatralische Ausformung. Die neuen Regisseure zögen da die Bilder authentischer Aufführungen ebenso zu Rate wie der Regisseur eines Gorki-Films, wenn er einen bestimmten Besuch Gorkis bei Lenin zu inszenieren hätte, vermutlich (hoffentlich) das bekannte Bild benutzte, das Lenin und Gorki auf einer Bank sitzend zeigt. – Es sollte nicht lange bewiesen werden müssen, daß wir noch viel zu lernen haben, um so authentische Wiedergaben eines Stücks in lebendiger und geistreicher Form zustande zu bringen – viel bei der Herstellung von Modellen und viel bei ihrer Benutzung. (Bei einer halbwegs ernsthaften Einführung der Modellbenutzung würde sogar die Aufstellung eines völlig neuen Modells für ein schon modelliertes Stück einen Teil seiner Ideen und Wirkungen aus dem Vorhandensein des alten nehmen können.) Fürs erste sollten wir Dinge wie die Kopftücher der Weigel als Courage nicht ohne weiteres benutzen, noch den speziellen Ausdruck des Schmerzes in der dritten Szene. Und allenthalben, in jeder Einzelheit, wie in großen Zügen, sollte Frisches zutage gefördert werden. So töricht eine Nichtbenutzung des Modells (etwa aus Ehrgeiz) wäre, so klar sollte es doch auch sein, daß man ein Modell am besten benutzt, indem man es verändert.

Wie Erich Engel das Modell benutzt

Das Kopieren ist eine Kunst für sich, eine der Künste, die der Meister beherrschen muß. Er muß es schon deshalb, weil er sonst selbst nichts Kopierbares herstellen kann. Betrachten wir, wie ein großer Regisseur eine Kopie vornimmt.

Erich Engel bringt nur selten eine feste Konzeption des Arrangements mit auf die Probe. Meist gibt er irgendwelche vorläufigen Stellungen an; dann studiert er sie und beginnt »hineinzugehen«, das heißt Verbesserungen vorzuschlagen, die den Sinn der Fabel reiner und eleganter herausbringen. Bei dieser induktiven Probenart kann eine Vorlage kaum in die Quere kommen, sie dient einfach als die vorläufige Annahme, die studiert und korrigiert wird. (Wobei sie unter Umständen ganz und gar fallengelassen werden muß.) Der Meister erweist sich bei der Behandlung solcher Vorlagen, die er als wertvoll erkennt. Ein solches Arrangementsmodell handhabt er so behutvoll wie ein großer Geigenbauer eine Stradivarigeige, dessen Hände die Rundungen, die Belackung, die Maße des Instruments gleichsam neu erscheinen lassen. Nicht bevor er die Absicht des vorliegenden Arrangements voll erkannt hat, schreitet er zu einer Änderung. Das bedeutet aber, daß er imstande sein muß, die Vorlage erst einmal nachzubauen, in einer lockeren Weise, als etwas Vorläufiges, jedoch Bedeutsames. Er preßt die Vorlage voll aus, entnimmt ihr Fingerzeige auf die Drehpunkte der Szene und die Interpretation. Scharfäugig kontrolliert er Vor- und Nachteile des Arrangements für seine Schauspieler. Er scheint sich zunächst nicht besonders um ihre Besonderheiten zu kümmern, wenn er sie dazu bringt, die Stellungen und Bewegungen der Vorlage anzunehmen; aber das ist nur scheinbar, denn gerade an ihrer Mühe erkennt er gelegentlich die Eignung der Vorlage für sie; nicht immer taugt die Vorlage nicht, wenn die Mühe groß ist. Schreitet er dann zu Änderungen, ist es da, wo er eine besondere Eigenschaft der Szene entdeckt, die im Arrangement nicht geborgen ist, oder eine besondere Eigenschaft des Schauspielers, die keinen Ausdruck in ihm findet. Mit welcher Konsequenz untersucht er in einem solchen Fall das Woher und das Nachher! Und wie sicher gibt er der Figur und der Szene die neue Spannung und die neue Balance. Die Abänderungen entstehen dadurch, daß das sich neu Ergebende der Vorlage einverleibt wird. Die so entstandenen Abänderungen mögen dann so gewichtig sein, daß etwas ganz Neues entsteht. Aber schon in der Vorlage findet der Meister Sprengungen, die bei der Erarbeitung der Vorlage selbst passiert sind, und fühlt er die Balance heraus, in welcher die unversöhnlichen Gegensätze sich halten. Er weiß, wie sich oft bei der Arbeit eine Wahrheit als Störungsfaktor, als etwas nicht ins Konzept Passendes anmeldet, das man gerne wegließe, weil es die Linie schädigt. Da tut der zu Unrecht Verfolgte etwas Häßliches – wird man nicht fühlen, er sei zu Recht verfolgt, wenn man es meldet? Da ist der Kluge, in dem oder jenem dumm, der Geliebte unsympathisch, soll man es verheimlichen? Und die Sprünge in der Entwicklung – soll man sie verkleistern? Die Widersprüche – soll man sie nach der einen oder andern Seite hin auflösen? Der Meister entdeckt diese Dinge in der Vorlage, er vermag die Schwierigkeiten aufzuspüren, die bewältigt worden sind.

1951

Theater im Geist des Fortschritts

Einige Bemerkungen über mein Fach

Rede auf dem gesamtdeutschen Kulturkongreß in Leipzig

Als wir nach Beendigung des Hitlerkrieges wieder darangingen, Theater zu machen, bestand die größte Schwierigkeit vielleicht darin, daß der Umfang der Zerstörung, die stattgefunden hatte, weder den Künstlern noch dem Publikum bekannt zu sein schien. Bei den Fabriken, die in Schutt lagen, bei den Wohnhäusern ohne Dächer war es offenbar, daß eine besondere Anstrengung verlangt wurde, aber was das Theater betraf, bei dem doch mehr zerstört war, als Bauarbeit allein wieder aufrichten konnte, schien niemand viel mehr zu verlangen oder viel mehr zu bieten als ein Weitermachen, etwas erschwert durch das Fehlen von Brot und Kulissen. Dabei war der Niedergang ungeheuerlich. Die Roheit und die Dummheit triumphierten, sichtlich eisern entschlossen, ihre Blütezeit zu überleben.

Und sie machten sich besonders breit bei der Wiedergabe unserer edelsten Kunstwerke. Der Niedergang wurde aber nicht gesehen, weil mit ihm zusammen ein ebenso ungeheuerlicher Niedergang der Beurteilung gegangen war.

Der schnelle Verfall der Kunstmittel unter dem Naziregime ging anscheinend nahezu unmerklich vor sich. Daß die Beschädigung an den Theatergebäuden so viel sichtbarer war als die an der Spielweise, hängt wohl damit zusammen, daß die erstere beim Zusammenbruch des Naziregimes, die letztere aber bei seinem Aufbau erfolgte. So wird tatsächlich noch heute von der »glänzenden Technik« der Göringtheater gesprochen, als wäre solch eine Technik übernehmbar, gleichgültig, auf was da ihr Glanz nun gefallen war. Als ob eine Technik, die der Verhüllung der gesellschaftlichen Kausalität dient, zu ihrer Aufdeckung verwendet werden könnte!

Als wir nach Beendigung des Hitlerkrieges wieder darangingen, Theater zu machen, Theater im Geist des Fortschritts
und der Versuche, gerichtet auf die Veränderung der Gesellschaft, die so sehr dringend war, waren die Kunstmittel des
Theaters, welche so lange Zeit zu ihrer Ausbildung brauchen,
so gut wie zerstört durch den Geist des Rückschritts und der
Abenteuer. Das Poetische war ins Deklamatorische entartet,
das Artistische ins Künstliche, Trumpf war Äußerlichkeit
und falsche Innigkeit. Anstatt des Beispielhaften gab es das
Repräsentative, anstatt der Leidenschaft das Temperament.
Eine ganze Generation von Schauspielern war ausgewählt
nach falschen Gesichtspunkten, ausgebildet nach falschen
Doktrinen.

Wie sollte man mit so depraviertem, geistig wie technisch
ruiniertem Theater die neuen Aufführungen für die neuen
Zuschauer veranstalten?

Wie sollte damit der neue Mensch konstituiert werden, der
diesem Erdteil so sehr vonnöten ist? Wie die große Fabel, auf-
zeigend die Drehpunkte der so nötigen gesellschaftlichen Veränderung? Wie die Umwelt gestaltet werden, neuerdings aus
einer fixierten Größe eine variable geworden? Wie eine Dramatik der Widersprüche und dialektischen Prozesse aufgestellt
werden, eine Dramatik, nicht objektiv? Wie sollte die neue
positiv kritische Haltung des neuen Publikums der Produzierenden hergestellt werden?

Die Frage enthält schon die Antwort. Nicht durch besonders
leichte Aufgaben konnte das verkommene Theater wieder
gekräftigt werden, sondern nur durch die allerschwersten.
Kaum mehr imstande, seichteste Unterhaltung herzustellen,
hatte es noch eine letzte Aussicht, wenn es sich Aufgaben zu-
wandte, die ihm nie gestellt worden waren; unzulänglich in
sich selbst, als Theater, mußte es sich anstrengen, auch noch
seine Umwelt zu verändern. Es konnte hinfort seine Abbildungen der Welt nur noch zu gestalten hoffen, wenn es
mithalf, die Welt selbst zu gestalten.

In dem Teil Deutschlands, in dem die einen von Ihnen zu Hause, die anderen zu Gaste sind, werden große Anstrengungen auf dem Gebiet des Theaters unternommen. Lassen Sie mich Ihnen versichern, daß sie nicht nur für diesen Teil Deutschlands unternommen werden. Und lassen Sie mich Ihnen versichern, daß wir, die sie unternehmen, wissen, *wie* fruchtlos sie letzten Endes bleiben müßten ohne die Anstrengungen der andern Teile Deutschlands. Die Losung der Klassik gilt noch immer: Wir werden ein nationales Theater haben oder keines. Und ich habe noch vom Frieden zu sprechen, wie wir alle und unaufhörlich. Mein Fach, das Theater, ist nur ein Gebiet der Kultur, nicht das wichtigste. Was wird mit *allen* geschehen? Sollten wir es zulassen, daß in einem koreanisierten Deutschland, über das der Krieg hin und zurück und wieder hin und wieder zurück geht, alle vollends verheert werden?
Mai 1951

Notwendigkeit und Vorbedingung eines realistischen und sozialistischen Theaters

Es ist nicht so verwunderlich, daß sich bei der Klasse, die im Frieden und im Krieg am meisten erduldet hat, der der Werktätigen, die kühnsten Träume und die exaktesten Pläne finden. Sie hat sie auf einer Trümmerstätte zu verwirklichen. Auch die Künste vermögen ihr nur korrumpierte und erschöpfte Mittel anzubieten. Sie sind ganz und gar nicht vorbereitet auf das große Bauen, das nun einsetzt. Selbst noch einigermaßen bei Kräften, waren sie zu so etwas seit langem nicht mehr aufgefordert worden. Sie sind es nur allzu gewöhnt, aus ihrer Wirklichkeitsfremdheit eine Tugend zu machen. So werden sie sich anstrengen müssen, etwas beizusteuern. Aber auf keine andere Weise, als beisteuernd, werden sie selbst wieder zu Kräften kommen. Nur mit dem Aufstieg der Werktätigen und diesen dienend kann ihr eigener Aufstieg erfolgen. Und er benötigt, wie dieser, Planung.

[Eigenarten des Berliner Ensembles]

[1. Entwurf]

Es war zu erwarten, wenn nicht zu erhoffen, daß die ungeheure Umwälzung der Produktions-, Lebens- und Denkweise bei der Einführung des Sozialismus auch in den Künsten Veränderungen von Bedeutung hervorbringen und benötigen würde. Einige Eigenarten des Berliner Ensembles, die mitunter Befremden erregen, kommen von den Bemühungen:

1. Die Gesellschaft als veränderbar darzustellen.
2. Die menschliche Natur als veränderbar darzustellen.
3. Die menschliche Natur als abhängig von der Klassenzugehörigkeit darzustellen.
4. Konflikte als gesellschaftliche Konflikte darzustellen.
5. Charaktere mit echten Widersprüchen darzustellen.
6. Entwicklungen von Charakteren, Zuständen und Ereignissen als diskontinuierlich (sprunghaft) darzustellen.
7. Die dialektische Betrachtungsweise zum Vergnügen zu machen.
8. Die Errungenschaften der Klassik im dialektischen Sinn »aufzuheben«.
9. Aus Realismus und Poesie eine Einheit herzustellen.

Es empfiehlt sich, die alten und neuen Kunstmittel, die das Ensemble anwendet, nach diesen wohl kaum zu verurteilenden Absichten zu beurteilen.

Da alle diese Änderungen (und andere, nicht angeführte) innerhalb des Bereiches der Kunst ausgeführt werden, wird der Kunstgenuß des Publikums nicht geschmälert, sondern nur in seiner Natur verändert. Die besonderen neuen Anforderungen an die Schauspieler setzen eine *allgemeine* Ausbildung voraus, eine Unterweisung in realistischem, auf Beobachtung gestelltem, natürlichem und zugleich gestaltetem Spiel, die das Ensemble seinem Schauspielernachwuchs gewährt.

[2. Entwurf]

Es war zu erwarten, wenn nicht zu erhoffen, daß die ungeheure Umwälzung der Lebens-, Arbeits- und Denkweise bei der Einführung des Sozialismus auch in den Künsten Veränderungen von Bedeutung her[vor]bringen und benötigen würde. Die Veränderungen werden nicht nur, wie einige zu glauben scheinen, den Stoff oder nur die Form oder nur die Absicht in den Künsten betreffen, sondern alle zusammen, da sie ein einheitliches, wenn auch widerspruchsvolles Ganzes bilden. Das Theater wird ganz besonders »in Mitleidenschaft« gezogen.

Einige der zu erwartenden Änderungen:

1. Mehr als bisher muß, damit ein Kunsterlebnis zustande kommt, das Zusammenleben der Menschen in den Abbildungen durch das Theater »stimmen«, das heißt, die Abbildungen müssen realistisch sein.

2. Es müssen wichtige Einsichten in die und Absichten mit der abgebildeten Wirklichkeit übertragen werden.

3. Die Natur des Menschen muß als veränderlich dargestellt werden.

4. Die Abbildungen müssen materialistisch-dialektisch sein.

5. Die materialistisch-dialektische Betrachtungsweise muß, da wir uns im Bereich der Kunst aufhalten, zu Bewußtsein gebracht und zu einem Vergnügen gemacht werden.

6. Alle diese Änderungen (und andere, nicht angeführte dazu) müssen innerhalb des Bereichs der Kunst ausgeführt werden, welche ja nicht von heute ist. Die Entwicklung findet so statt, daß die Errungenschaften früherer Revolutionen im dialektischen Sinn aufgehoben werden.

Es empfiehlt sich, Änderungen in Dramatik und Theater nach diesen Gesichtspunkten zu beurteilen.

Aktuell wichtig für das Berliner Ensemble ist die Prüfung des Punktes 6.

Wenn das Ensemble sich daran hält – was zu tun es beabsichtigt –, ist das Kunsterlebnis des Publikums sichergestellt. Entgegen der Behauptung einiger Kritiker werden zum Beispiel Emotionen durch die Spielweise des Ensembles keineswegs »verhindert« – wenn sie auch zum Teil anderer Natur sind. Außerdem wird die Erziehung des Nachwuchses keineswegs, wie einige Kritiker behaupten, ausschließlich für eine ganz besondere, vielleicht nicht wünschbare »Richtung« vorgenommen. Die besonderen, neuen, im Vorgehenden erwähnten Aufforderungen an die Schauspieler setzen eine allgemeine Ausbildung voraus, eine Unterweisung in realistischem, auf Beobachtung gestelltem, natürlichem und zugleich gestaltetem Spiel voraus. Es kann unseres Erachtens jederzeit nachgeprüft werden, daß die vom Ensemble erzogenen Schauspieler keineswegs nur »Brecht-Spezialisten« sind.

[Darstellung klassischer Werke ohne große Schauspieler]

Es wurde die Schwierigkeit erörtert, den Anspruch des Publikums auf die Darstellung klassischer Werke ohne große Schauspieler zu befriedigen. Ich habe die Meinung vertreten, daß unsere Theater auch mit mehr oder weniger mittelmäßigen Schauspielern klassische Stücke aufführen können:

Wenn sie darauf verzichten, mittelmäßigen Schauspielern zuzumuten, ihre Rollen in einer Art zu spielen, wie eben nur große Schauspieler es können (mit gewaltigen »Ausbrüchen«, welche Leidenschaft und nicht nur Bühnentemperament benötigen und so weiter und so weiter).

Wenn sie eine präzise Abstimmung der Dekorationen auf die

Spielweise durchführen und die Schauspieler so nicht zwingen, eine repräsentative Dekoration zu »füllen« oder mit einer individuell eigenartigen Dekoration zu konkurrieren.

Wenn sie der dramaturgischen Analyse größte Aufmerksamkeit widmen und die Schauspielkunst für das Stück, nicht das Stück für die Schauspielkunst verwenden.

Wenn sie die Sprache mehr auf Rhythmus als auf theatralischen »Schwung«, mehr auf Sinn und Gestus als auf Rhetorik stellen. Und so weiter und so weiter. (Natürlich muß bei jedem Stück aufs neue untersucht werden, was getan werden muß, damit ein Ausfall an schauspielerischer Genialität das Stück nicht allzusehr schwächt.)

Ich möchte jedoch sogleich noch auf einige Versuche des Berliner Ensembles aufmerksam machen, die sogenannten Massenszenen in würdiger Weise zu bewältigen. In den Aufführungen von »Der Prozeß der Jeanne d'Arc« und »Katzgraben« wurden Massenszenen ohne Hinzuziehung von Statisten inszeniert; die (winzigen) Rollen wurden unter einige der besten Schauspieler verteilt und individuell ausgestaltet. Die Anzahl der Personen wurde auf ein Minimum beschränkt. Das Berliner Ensemble wäre daran interessiert, daß diese Versuche diskutiert werden. Auch sie gehören zu Bemühungen, Stücke interessant und künstlerisch wertvoll zu inszenieren, und zwar durch genaueste und fleißigste Ausgestaltung des Details in realistischer Weise – was zu geschehen hat, wenn ein gewisser Mangel an großen Schauspielerindividualitäten besteht.

[Zum] 1. Mai 1953

[Formierung von Brigaden]

Die Proben von Strittmatters »Katzgraben«, so gut sie bisher verliefen, haben doch gezeigt, daß für die Bewältigung der neuen Aufgaben des Theaters neue Bemühungen unserer

Künstler nötig sind. Wir müssen uns künstlerisch und weltanschaulich weiterentwickeln. Ich schlage daher die Formierung von Brigaden vor, die sich Aufgaben folgender Art stellen:

1. Studium und Kritik unserer Arbeitsweise.
2. Studium und Kritik der Stanislawskischen Arbeitsweise.
3. Kontrolle und Instandhaltung der laufenden Aufführungen.
4. Veranstaltung von Extraproben für Qualifizierung einzelner Leistungen und Schulung junger Kollegen.

Ich selbst werde versuchen, eine Brigade zu gründen, die Diskussionen über Stückproben, ihrer künstlerischen und gesellschaftlichen Probleme, veranstaltet.

Kritik

Es ist in solchen Zeiten nötig, daß der Kritiker großzügig und fleißig das Kritisieren lehrt und die schlechte Gewohnheit seiner Zunft überwindet, sich als Autorität aufzubauen und auf Grund besonderer Kenntnis der ästhetischen Gesetzbücher Urteile zu fällen, indem er davon ausgeht, Kunstwerke müßten, sagen wir »kuthatisch« sein, und dann Kunstwerke dadurch »erledigt«, daß er sie »nichtkuthatisch« nennt. Er muß erkennen, daß jene Barbiere, die sich seinerzeit, um nicht brotlos zu werden, weigerten, Rasierklingen zu verkaufen, eben dadurch brotlos wurden. Wer nicht bereit ist zu lernen, sollte nicht lehren; wer lehrt, soll das Lernen lehren.

Es ist nämlich in der Ästhetik nicht wie in der Physik. Dort mag es angehen, den Schüler zunächst einfach mit den Newtonschen Bewegungsgesetzen bekannt zu machen und ihn »büffeln« zu lassen, bis er den »Standard« erklommen hat, von dem aus seine Kritik einsetzen kann.

[Diskussion meiner Arbeiten am Theater]

X spricht von der Notwendigkeit einer Diskussion meiner Arbeiten am Theater, und angesichts der vielen Irrtümer, die über sie verbreitet werden und die auch seinen ersten Beitrag entstellen, scheint mir diese Notwendigkeit durchaus gegeben. Jedoch darf sie nicht so rein formal geführt werden, wie es E. anscheinend vorschwebt. Wenn die neuen (und die alten) Kunstmittel, die ich verwende, solchen gegenübergestellt werden, die andere Stückeschreiber, neue oder alte, verwendet haben, so müssen unbedingt ihre gesellschaftlichen Zwecke untersucht werden. Um die der meinen zu untersuchen, können meine theoretischen Ausführungen beigezogen, das heißt als Beitrag meinerseits zu einer Diskussion betrachtet werden. Dazu kommt, daß nur wenige Stückeschreiber und Inszenatoren sich gegenüber Leuten verantworten können, die vom Theater das Gewohnte erwarten – es freut sich darüber zu sehr, Unerwartetes und Ungewöhnliches zu bieten. Goethe hätte zittern müssen, denselben Zuschauern, denen er den »Götz« vorsetzte, dann die »Iphigenie« anzubieten. Das Theater entwickelt sich wie alles andere in Widersprüchen. (Das Studium der Dialektik empfiehlt sich da.) Und zu guter Letzt in der Aufzählung *einiger* Vorbedingungen für eine fruchtbare Diskussion: Wie soll eine Linde mit jemandem diskutieren, der ihr vorwirft, sie sei keine Eiche?

Aus einem Brief an einen Schauspieler

Viele meiner Äußerungen über das Theater werden, wie ich sehen muß, mißverstanden. Besonders aus zustimmenden Briefen oder Artikeln sehe ich das. Es ist mir dann zumute, wie es einem Mathematiker zumute wäre, wenn er läse: Ich bin mit Ihnen ganz einverstanden, daß zwei mal zwei fünf ist. Ich glaube, gewisse Äußerungen werden mißverstanden, weil ich Wichtiges vorausgesetzt habe, statt es zu formulieren.

Die meisten dieser Äußerungen, wenn nicht alle, sind als Bemerkungen zu meinen Stücken geschrieben, damit die Stücke richtig aufgeführt würden. Das gibt ihnen einen etwas trokkenen, handwerklichen Ton, als schreibe ein Bildhauer, wie man seine Plastik aufstellen solle, auf was für einen Platz, auf was für einem Sockel – eine kühle Anweisung. Die Adressaten erwarteten vielleicht etwas über den Geist, in dem die Plastik gebildet wurde: aus der Anweisung müssen sie mühsam darauf schließen.

Da ist zum Beispiel die Beschreibung des Artistischen. Natürlich kommt die Kunst ohne das Künstlerische nicht aus, und es ist wichtig zu beschreiben, »wie es gemacht wird«. Besonders wenn die Künste durch anderthalb Jahrzehnte der Barbarei gegangen sind, wie bei uns. Aber man darf keinesfalls glauben, daß es etwa »kalt« zu erlernen oder auszuüben wäre. Nicht einmal das Sprechenlernen, das für die meisten unserer Schauspieler sehr nötig ist, kann ganz kalt, als etwas Mechanisches vor sich gehen.

Der Schauspieler muß zum Beispiel deutlich sprechen können, aber das ist nicht nur eine Sache der Konsonanten und Vokale, sondern auch, und hauptsächlich, eine Sache des Sinns. Lernt er nicht (gleichzeitig), den Sinn aus seinen Repliken herauszuholen, wird er nur mechanisch artikulieren und durch sein »schönes Sprechen« den Sinn zerstören. Und im Deutlichen gibt es Unterschiede und Abstufungen mannigfacher Art. Die verschiedenen Klassen der Gesellschaft haben eine verschiedene Art der Deutlichkeit: Ein Bauer mag deutlich sprechen im Gegensatz zu einem andern Bauern, aber er wird anders deutlich sein als ein Ingenieur. Also muß der Schauspieler, der sprechen lernt, dabei immer auch darauf achten, daß er seine Sprache flexibel, schmiegsam hält. Er darf nicht aufhören, an wirkliche Menschensprache zu denken.

Ferner gibt es die Frage des Dialekts. Auch da muß das

Technische mit Allgemeinem verbunden werden. Unsere Bühnensprache folgt dem Hochdeutschen, aber sie ist im Laufe der Zeit sehr manieriert und starr geworden, ist eine ganz besondere Art des Hochdeutschen geworden, das nicht mehr so flexibel ist wie die hochdeutsche Alltagssprache. Nichts spricht dagegen, daß auf der Bühne »gehoben« gesprochen wird, das heißt, daß sie ihre eigene, eben die Bühnensprache entwickelt. Nur muß sie entwicklungsfähig, vielfältig, lebendig bleiben. Das Volk spricht im Dialekt. In seinem Dialekt formt es seinen innersten Ausdruck. Wie sollen unsere Schauspieler das Volk abbilden und zum Volk sprechen, wenn sie nicht auf ihren eigenen Dialekt zurückgehen und von ihm Tonfälle in das Bühnenhochdeutsch einfließen lassen?

Ein anderes Beispiel: Der Schauspieler muß lernen, seine Stimme zu ökonomisieren; er darf nicht heiser werden. Aber er muß natürlich auch imstande sein, einen Menschen zu zeigen, der, von Leidenschaft ergriffen, heiser spricht oder schreit. Seine Übungen müssen also Spiel enthalten.

Wir werden formalistisches, leeres, äußerliches, mechanisches Spiel bekommen, wenn wir bei der artistischen Ausbildung auch nur einen Augenblick außer acht lassen, daß es die Aufgabe des Schauspielers ist, lebendige Menschen darzustellen.

Ich komme damit auch zu Ihrer Frage, ob denn meine Forderung, der Darsteller solle sich nicht völlig in die Stückfigur verwandeln, sondern sozusagen neben ihr stehenbleiben, als Kritiker oder Lober, sein Spiel nicht zu einer rein artistischen, mehr oder weniger unmenschlichen Angelegenheit mache. Nach meiner Meinung ist das nicht der Fall; es muß meine Schreibweise, die zuviel für selbstverständlich hält, sein, daß ein solcher Eindruck entsteht. Sie sei verflucht! Natürlich müssen auf der Bühne eines realistischen Theaters lebendige, runde, widerspruchsvolle Menschen stehen, mit all ihren Leidenschaften, unmittelbaren Äußerungen und Handlungen. Die Bühne ist kein Herbarium oder zoologisches Museum mit ausgestopften Tieren. Der Schauspieler muß diese Menschen schaffen können (und wenn Sie unsere Aufführungen sehen könnten, würden Sie solche Menschen sehen, und sie sind Menschen nicht trotz, sondern dank unserer Prinzipien!).

Es gibt jedoch ein völliges Aufgehen des Schauspielers in seiner Figur, das zur Folge hat, daß er sie so selbstverständlich, so gar nicht anders zu denken erscheinen läßt, daß der Zuschauer sie einfach hinzunehmen hat, wie sie eben ist, und es entsteht ein ganz unfruchtbares »alles verstehen ist alles verzeihen«, wie wir es besonders stark beim Naturalismus hatten.

Wir, die wir die menschliche Natur nicht weniger als die übrige zu ändern bestrebt sind, müssen Wege finden, den Menschen »von der Seite aus zu zeigen«, wo er änderbar durch den Eingriff der Gesellschaft erscheint. Dafür ist beim Schauspieler eine gewaltige Umstellung nötig, denn die bisherige Schauspielkunst begründete sich auf die Anschauung, daß der Mensch eben ist, wie er ist, und zu der Gesellschaft Schaden oder zu seinem Schaden auch so bleibt, »ewig menschlich«, »von Natur aus so und nicht anders« und so weiter. Er hat geistig und gefühlsmäßig Stellung zu seiner Figur und seiner Szene zu nehmen. Die nötige Umstellung des Schauspielers ist keine kalte, mechanische Operation; nichts Kaltes, Mechanisches hat mit der Kunst zu tun, und diese Umstellung ist eine künstlerische. Ohne echte Verbindung mit seinem neuen Publikum, ohne leidenschaftliches Interesse am menschlichen Fortschritt kann die Umstellung nicht erfolgen.

So sind die *sinngemäßen Gruppierungen* auf unserm Theater nicht »rein ästhetische« Erscheinungen, Effekte, formale Schönheit gebend. Sie gehören zu einem Theater der großen Gegenstände für die neue Gesellschaft und können ohne tiefes Verständnis und leidenschaftliches Bejahen der neuen großen Ordnung der menschlichen Beziehungen nicht erreicht werden.

Ich kann die Bemerkungen zu meinen Stücken nicht alle umschreiben. Nehmen Sie diese Zeilen für einen vorläufigen Zusatz zu ihnen, einen Versuch, das fälschlich Vorausgesetzte nachzuholen.

Freilich habe ich dann noch die verhältnismäßig ruhige Art zu erklären, die am Spiel des Berliner Ensembles hier und dort auffällt. Sie hat nichts mit künstlicher Objektivität zu tun – die Schauspieler nehmen Stellung zu ihren Figuren – und nichts mit Vernünftelei – die Vernunft stürzt sich niemals kalt in den Kampf –; sie entsteht einfach dadurch, daß die Stücke nicht mehr dem hitzigen »Bühnentemperament« ausgesetzt werden. Die wirkliche Kunst erregt sich am Gegenstand. Wo der Empfänger mitunter Kühle zu konstatieren glaubt, ist er lediglich auf die Souveränität gestoßen, ohne die sie nicht Kunst wäre.

[Leidenschaftlichkeit neuer Art]

Es ist dem Theater in allen seinen Zweigen ein hohes Maß von Ungeduld zu eigen, welche Eigenschaft man bei Spielern jeder Art erwartet, bei denen der Wettkämpfe nicht weniger als bei denen am Glücksrad. Der Erfolg ist beim Theater immer unsicher, es muß alles auf diesen oder jenen Umstand gesetzt werden, eine günstige Aktualität, eine neue oder alte Mode, einen großen Namen und so weiter, und dann hängt noch alles von der Form ab, in der sich die Hauptspieler oder die ganze Truppe am Abend befinden. Da ist dann eine besondere Leidenschaft nötig, eine besondere Anspannung auf Kommando des Augenblicks. Die Schauspieler werden auch heute noch nach dem Temperament engagiert und bewertet. Beim Vorsprechen wählen sie gern Ausbrüche, dabei zeigen sie ihre »Mittel«. In der ersten Leseprobe, selbst wenn sie noch gar nicht wissen, wie es weitergeht, holen sie alles Temperamentmäßige aus ihren Rollen und steigern sich von Anfang an in ein »tolles« Tempo hinein: sie reißen mit. Die Handlung ist ihnen nur ein Vehikel für die Darstellung seelischer Zustände, besonders der heftigen Art, allenfalls eine Gelegenheit, Spannungen einzubauen. Kurz, alles ist ein Unternehmen der größten Ungeduld und darauf ausgerichtet, auch dem Publikum Ungeduld einzuheizen.

So geht es gegen den Nerv des Theaterbetriebs selber, wenn man auf gewissen Überlegungen besteht, die für die Erarbeitung einer neuen Spielweise angestellt werden müssen – besonders wenn diese Spielweise auch noch die ganze gewohnte temperamentsmäßige Einstellung verwirft.

Es ist aber für das deutsche Theater durchaus nötig, sich eine Spielweise zu erarbeiten, welche der gesellschaftlichen Umfunktionierung gerecht wird. Man muß auf das Temperament als Schlüssel zu aller Kunst nicht nur verzichten, weil es längst nur noch ein schäbiger Ersatz jener Leidenschaftlichkeit geworden ist, welche die bürgerliche Kultur während des revolutionären Aufstiegs des Bürgertums erfüllte und welche am besten als Kampfgeist bezeichnet werden kann. Das Bühnen-R rollte zu jenen Zeiten vermutlich wie die Trommeln der neuen französischen Bürgerarmeen. Die neue Leidenschaftlichkeit, der Kampfgeist des proletarischen Aufstiegs, produziert sich anders. Die Ausbrüche des Individuums sind keine Durchbrüche mehr. Die Charaktere machen nicht mehr die Geschichte und die Geschichten. Es ist an der Zeit, Geduld in Anspruch zu nehmen für Arbeiten, die Leidenschaftlichkeit neuer Art erfordern.

Und jedenfalls ist immer zu hoffen, daß sich mit diesem stofflichen Eindruck der formale vermischt, daß der Zuschauer teilnehmen darf an dem ersten Nichts, aus dem alles entsteht und zunächst die schiere Bühne sieht, die leere, die sich bevölkert. Auf ihr, der tabula rasa, haben die Schauspieler, weiß er, in wochenlanger Arbeit, dies und jenes erprobend, die Vorgänge kennengelernt, indem sie sie darstellten, und sie dargestellt, indem sie sie beurteilten. Nun geht es los, der Wagen der Courage rollt auf die Bühnenfläche.

Gibt es im großen ein Ungefähr, so gibt es das nicht im kleinen.

Der Schauspieler des neuen Zeitalters

In dem Schauspieler der Feudalzeit war etwas vom Lakaien und Spaßmacher, aber der Schauspieler der bürgerlichen Epoche war schon ein Herr oder ein Beamter, und Burbage hatte ein Aktienpaket seines Theaters, Matkowski eine Pension. Ruhm konnte der Schauspieler in dieser wie jener Zeit erwerben, und seine Kunstmittel wechselten nicht völlig, ob er vor diesem oder jenem Publikum, zu diesem oder jenem Zweck spielte.

Auch im Sozialismus wird die Stellung des Schauspielers sich wandeln und sich der neuen Produktionsweise anpassen, viele seiner Kunstmittel werden bleiben, andere durch neue ersetzt werden, und der Zweck seines Spieles wird sich kräftig ausweiten, aber nicht völlig verändern.

Es ist dem Bürgertum nicht mehr gelungen, einen Schauspieler des wissenschaftlichen Zeitalters zu kreieren, wie es einen Ingenieur des wissenschaftlichen Zeitalters kreiert hat. Der Grund dafür war, daß die Wissenschaften, die sich mit der Natur der Gesellschaft befassen, nicht mehr bürgerlich waren und das Theater nicht mehr erreichten. In den Zuschauerräumen saßen schon Wissenschaftler oder jedenfalls Leute, deren Arbeiten und Geschäfte schon eine wissenschaftliche Einstellung verlangten, aber sie gaben diese Einstellung mit den Hüten und Mänteln in der Garderobe ab und nahmen mit den Belustigungen und Erhebungen älterer Art vorlieb. Die Kunstmittel und die Spielweise des Schauspielers des neuen Zeitalters werden sich nach seinen neuen Aufgaben richten müssen, welche sich alten Aufgaben zugesellen.

[Das Laientheater der Werktätigen]

Es ist völlig falsch, wenn die professionellen Theater sich absperren gegen das Laientheater der Werktätigen. Und es ist völlig falsch, wenn das Laientheater sich absperrt gegen das professionelle Theater. Das Laientheater hat einen neuen Sinn bekommen und das professionelle Theater auch. Ich bin dafür, daß die besten Schauspieler der professionellen Theater in den Laiengruppen nicht nur unterrichten, sondern auch spielen. Und die besten Schauspieler der Laiengruppen sollten die Möglichkeit bekommen, in den Theatern aufzutreten. Als Helene Weigel 1932 in Berlin »Die Mutter« spielte, traten neben ihr Laienspieler auf, ebenso 1951 in Berlin. Und sie spielte zusammen mit Laienspielern im Exil »Die Gewehre der Frau Carrar« in Kopenhagen und in Paris. Die Aufführungen zeigten keinerlei Bruch.

[Über Theater und Publikum]

Vom Standpunkt der Theater aus, welche den Wunsch haben, für die arbeitenden Menschen zu spielen, schiene es uns wichtig, daß bei Werbung und Organisation mehr Gewicht auf ein *nach Arbeitsstätten einheitliches* Publikum gelegt würde. Geht ein Betrieb ins Theater, oder Volkspolizei, oder Lehrerschaft, gibt es große Möglichkeiten der Diskussion zwischen den Besuchern und dem Theater. Ein nach Arbeitsstätten einheitlich zusammengesetztes Publikum kann ganz anders Einfluß nehmen auf ein Theater, ein Theater ganz anders Einfluß nehmen auf ein so gebildetes Publikum.

[Über die Ausbildung von Schauspielern]

In der jetzigen *Phase des Suchens*, welche der fortgesetzten Umwälzung des Unterbaus unter den Bedingungen der speziell schwierigen deutschen Situation entspricht, ist für die Künste Sektiererei, Monopolanspruch, administrative »Erledigung« von Problemen und so weiter nur schädlich und hemmend. Um mit der unfruchtbaren Gralshüterei und dem Rechthabertum in der Interpretation der Stanislawskischen Arbeitsweise in unseren Theaterschulen aufzuräumen und Platz zu machen für echtes Suchen, Wettbewerb der Ideen, Diskussion und Anleitung der jungen Künstler zu selbständigem Schaffen, müßten wir, denke ich, folgendes tun.

Der spezifische Schauspielunterricht findet im Augenblick statt beim Szenenstudium. Die Lehrer haben dabei die Funktion eines Regisseurs. Ohne Übung und Fähigkeit in dieser Tätigkeit hilft kein noch so großes pädagogisches Talent. Die Qualifikation der Lehrer für die Durchführung des Szenenstudiums muß also geprüft werden. Die Sektion für Darstellende Kunst der Akademie der Künste könnte, eventuell noch interessierte andere Persönlichkeiten hinzuziehend, eine solche Überprüfung durchführen. Jedoch sollte über dies hinaus der Unterricht in diesem Hauptfach überhaupt unter das Zeichen des künstlerischen Wettbewerbs gestellt werden. (Anstatt unter das kunstfremde Zeichen des Examens!) Die Gruppen sollten – zumindest ab und zu – dieselben Szenen einstudieren, so daß die Schüler Unterschiede sehen und diskutieren können. (Jetzt studiert jede Gruppe, höre ich, eine andere Szene ein, und dann gibt es gewisse Examina, bei denen der Lehrkörper Unfähigkeit feststellt, als welches autoritäre Urteil selten von der

Schülerschaft geteilt wird.) Außerdem müßten Gruppen – zumindest für einige Zeit – unter *einen* Lehrer gestellt werden, und zwar schon deshalb, weil es verschiedene Meinungen unter den Pädagogen geben können muß und die Schüler nicht dauernd hin und hergerissen werden dürfen. Die im Augenblick »herrschende« Meinung (unumschränkt, diktatorisch, administrativ herrschende Meinung) liefert leider *Resultate,* welche unter Fachleuten tiefe Zweifel erregt haben. (Vergleiche etwa die Urteile früherer Lehrer der Leipziger Schule, J. S. und M. F.!)

Bei innerer Auflockerung sollte man zugleich an eine Konzentrierung der Schulen denken. Und zwar in Berlin, das mehr und bessere Theater hat als etwa Leipzig. Für die schauspielerische Erziehung sind Vorbilder nötig; die jungen Leute müssen gereifte große Schauspieler sehen, und zwar sowohl in Aufführungen als auch bei der Probenarbeit. Überhaupt ist es nötig, daß große Schauspieler als Lehrer herangezogen werden. Außer Exerzitien, Studien und so weiter muß unserm Nachwuchs die vorhandene schaffende, lebende Schauspielkunst geboten werden.

Es ist wirklich nicht einzusehen, warum wir einem Grundsatz »Hie die Schule, hie das Leben!« huldigen sollen und warum wir eine Körperschaft wie die Sektion für Darstellende Kunst der Akademie, in der die besten Schauspieler, Regisseure, Theaterleiter und Kritiker versammelt sind, nicht für die so entscheidende Aufgabe der Erziehung unseres Nachwuchses heranziehen!

Nachtrag:

Charakteristisch ist es, wenn Schüler noch nach dem zweiten Lehrjahr als unfähig von der Schule geschickt werden. Sie sind anscheinend in einem inneren Sanktum doch noch gestrauchelt! Die Begabung wird natürlich immer verschieden sein, und ihr eigentlicher Grad mag sich erst Jahre, nachdem das Studium beendet worden ist, herausstellen; die Mehrzahl wird eben auch an den kleineren Bühnen bleiben. Völlige Talentlosigkeit nach (teuren) zwei Jahren festzustellen ist toll.

Vorschläge für Schauspielerausbildung

1

Die Theater brauchen *junge* Schauspieler.
Da der Grundschulunterricht jetzt besser geworden ist und einige für die Schauspieler wichtige Fächer auch noch auf [der] Theaterschule gelehrt werden können, soll der Schüler mit 16 Jahren eintreten können.

2

Auch die Schüler sollen früher an die Theater kommen.
Zwei Jahre technische Ausbildung genügen fürs erste. Entscheidend der Sprechunterricht, natürlich nach künstlerischen Gesichtspunkten. Neu einzurichten Unterricht in der Pantomime, Grundausbildung im Ballett. Anstatt Fechtunterricht Schießunterricht. Weltanschaulicher Unterricht. Kunst- und Theatergeschichte.

3

Die Theater der Republik schicken Talente auf die Schule zur Prüfung. Einzelne Theater Berlins übernehmen Patronate über einzelne Schüler. Nötig nicht Aussehen oder Stimme oder »Ausbruch«, nur Talent und Interesse.

4

Im dritten Jahr findet auf eigener Bühne Studioarbeit statt.
Die Schüler sind an verschiedenen Theatern untergebracht

und nehmen dort an Proben oder in kleinsten Rollen an Aufführungen teil.

Nachwuchs

Bei den Eignungsprüfungen für Schauspielschulen und bei den Engagements wird immer noch zu sehr auf Bühnenschönheit und Bühnentemperament geachtet, anstatt auf wirkliche Persönlichkeit und echte Leidenschaft für Menschendarstellung.

Schulung des Schauspielernachwuchses

Das Berliner Ensemble hält nichts von der klösterlichen Abschließung des schauspielerischen Nachwuchses vom Leben und vom öffentlich arbeitenden Theater. Es nimmt Talente sogleich nach dem elementaren dramatischen Unterricht auf. Es müssen allerdings Talente sein, und die Entdeckung von Talenten ist nicht ganz leicht. Es müssen ferner kräftige Individualitäten sein, und auch ihre Aufspürung ist nicht ganz leicht. Es darf nicht nach »Schauspielertypen« gesucht werden, stattlichen oder grotesken Erscheinungen, ausgestattet mit den bekannten schauspielerischen Mitteln, offensichtlichen »Gretchen«, geborenen »Mephistos«, gegebenen »Marthe Schwerdtleins«. Und man muß den Schönheits- und Charakterbegriff aufgeben, den unsere einstigen Hoftheater zur Auslese der Schauspieler verwendeten und Hollywood (plus Ufa) fabrikativ entwickelten. Die Bilder der großen Maler zeigen einen sehr anderen und wertvollen Schönheits- und Charakterbegriff. Die jungen Leute – oder auch weniger junge – sollten dann sogleich in das volle Leben eines arbeitenden Theaters eingegliedert werden und so schnell wie möglich vor das Publikum treten. Auf den Proben sehen sie die Meister bei der Arbeit, und sie spielen mit ihnen. Und das Publikum leistet den unentbehrlichsten Teil ihrer Erziehung.

[Beobachtung und Nachahmung]

Unsere Schauspielschulen vernachlässigen die Beobachtung und die Nachahmung des Beobachteten. Die Jugend neigt dazu, sich auszudrücken, ohne den Eindrücken nachzugehen, denen sie die Ausdrücke verdankt. Die jungen Leute begnügen sich damit, sich als Hamlete und Ferdinande zu fühlen, und dann kommt nur sehr wenig von diesen Figuren heraus, eben nur, was bei den jungen Schauspielern »Anklang« findet, nur, was von diesen Figuren sie »anregt«, in ihnen ebenfalls »da ist«. Aber da sein kann doch nur, was sich ihnen von der Wirklichkeit eingeprägt hat, und hinzukommen wird nur, was sich weiterhin von ihr einprägen wird, auch wenn sie selber natürlich nicht einfach Bändern gleichen, welche Aufnahmen registrieren. Es genügt nicht, die Figuren der Dichtungen gut aufzunehmen, sondern man muß als Schauspieler ständig wirkliche Menschen um sich herum und am fernsten Umkreis dazu aufnehmen und verarbeiten. In gewisser Weise verwandelt sich für den Schauspieler seine ganze Umwelt in Theater, und er ist der Zuschauer. Ständig eignet er sich das seiner »Natur« Fremde an, und zwar so, daß es ihm fremd genug bleibt, das heißt so fremd, daß es sein Eigenes behält.

Über die Nachahmung

Die sogenannten klassischen Gestalten unserer Bühne (Götz, Ferdinand, Tell, Wallenstein, Gretchen und so weiter) verdanken wir einer Folge von Nachahmungen, das heißt, die Gestaltungen durch die verschiedenen Generationen von Schauspielern waren Nachahmungen. Selbst die eigenwilligsten

Schauspieler übernahmen Kopfhaltungen, Tonfälle, Gehweisen und so weiter. Etwa den Wallenstein Albert Steinrücks sehend, sahen wir eine Mischung von Beobachtungen dieses Schauspielers aus dem Leben und solchen aus dem Theater. Wird der Anteil der theatralischen Tradition in einer Gestaltung zu groß, dann wird die Gestalt zum Klischee. Hingegen könnte es nicht schaden, wenn in die Gestaltung plötzlich ganz ungewohnt viel vom Leben der Zeit hineingetan würde – jedoch kommt es dazu kaum je, es ist so viel schwerer. Wir werden wohl niemals ein Gretchen auf der Bühne sehen, dessen Verführung sich lohnen würde.

[Lernen von allen Künsten]

Der Schauspieler kann von allen Künsten lernen, denn das Theater nimmt von allen Künsten. Er muß immer ein Bild bieten, das heißt die Augen des Publikums erfreuen und in sich gesammelt sein wie eine Plastik. Auch das Ohr muß er erfrischen und anregen (und verbessern) durch gute Klänge der Stimme, einschließlich die neuen. Er muß erzählen können und Genuß verschaffen an der menschlichen Natur, einschließlich ihrer Widersprüche.

[Über den Schauspielerberuf]

I

Da der Schauspielerberuf immer wieder große Anspannung erfordert, muß der Schauspieler wissen, wie sich entspannen. Zu allen Zeiten vermeidet er höchste Anspannung und völlige Laschheit.

2

Schon damit das Theater ihm etwas Besonderes bleibe, verzichtet er im Privaten auf alles Theatralische. Jedoch verzichtet er nicht auf Stil, ob man ihm zusieht oder nicht.

3

Sein Beruf verführt ihn zu zweierlei: sich abzusondern von andern oder sich ihnen an den Hals zu werfen. Er muß beiden Verführungen widerstehen.

4

Sein Beruf bringt eine weitere Verführung mit sich: Zum Mitleid mit sich selbst – wirbt er doch um Mitleid unwissentlich auf der Bühne selbst für Bösewichte. Er widersteht auch dieser Verführung.

5

Er muß achtgeben, daß er weder schnell verletzbar noch unverwundbar wird.

6

Was ihm über vieles hinweghilft, ist die Kunst des Beobachtens, die er ständig ausübt. Er beobachtet, indem er nachmacht. Und er erfindet für die Beobachteten ein Verhalten für viele Situationen, die er nicht beobachten kann.

7

Er beschäftigt sich nur insofern mit sich selbst, als er trainiert.

8

Er studiert ständig die Gesetzlichkeiten im Verhalten der Menschen zueinander. Die Gesellschaft ist sein Auftraggeber; er studiert ihn.

9

Er muß ein absolutes Gehör entwickeln für den Ton der Wahrheit. Er verstellt sich nur, um die Wahrheit zu zeigen.

10

Er versperrt sich keiner Freude und keinem Leid. Er braucht diese Empfindungen für seine Arbeit, da er vor allem trachten muß, ein Mensch zu bleiben.

Elementarregeln für Schauspieler

Bei der Darstellung der Greise, der Schurken und der Wahrheitsager muß man nicht mit verstellter Stimme sprechen.

Man muß den Figuren von Ausmaß eine Entwicklung geben. Pawel Wlassow in »Die Mutter« zum Beispiel wird zum Berufsrevolutionär. Aber zu Beginn ist er noch keiner, darf also nicht als solcher gespielt werden.

Man muß nicht Helden dadurch charakterisieren, daß man sie niemals erschrocken, Feiglinge dadurch, daß man sie niemals mutig sein läßt und so weiter. Charakteristika in einem Wort wie Held oder Feigling sind recht gefährlich.

Beim Schnellsprechen darf man nicht laut, beim Lautsprechen nicht pathetisch werden.

Wenn der Schauspieler den Zuschauer rühren will, muß er nicht einfach selber gerührt sein. Überhaupt geht es immer auf Kosten der Realistik, wenn der Schauspieler »auf Mitleid spielt« oder auf Begeisterung und so weiter.

Die meisten Figuren auf der deutschen Bühne sind nicht aus dem Leben gegriffen, sondern aus dem Theater. Da ist der Theatergreis, der mummelt und tattert, der Theaterjüngling, der Feuer hat oder kindlich strahlt, die Theaterkokotte, die mit verschleierter Stimme spricht und die Hüften wiegt, der Theaterbiedermann, der poltert und so weiter.

Soziales Gefühl ist für den Schauspieler unbedingt nötig. Es ersetzt jedoch nicht das Wissen um soziale Zustände. Und das Wissen um soziale Zustände ersetzt nicht das ständige Studium derselben. Für jede Figur und für jede Situation und für jede Aussage ist neues Studium nötig.

Ein Jahrhundert lang wurden die Schauspieler nach dem Temperament ausgesucht. Nun ist Temperament nötig, besser gesagt: Vitalität; aber nicht, um den Zuschauer mitzureißen, sondern um die Steigerung zu erreichen, die für die Figuren, Situationen und Aussagen auf der Bühne nötig ist.

Bei mittelmäßigen Stücken ist es mitunter nötig, »aus nichts etwas zu machen«. Aber bei den guten Stücken muß man aus allem nicht mehr herauspressen, als drinnen ist. Das Nichterregte darf nicht erregend, das Ungespannte nicht spannend gemacht werden. In den Kunstwerken gibt es – darin sind sie lebendige Organismen – ein Auf und Ab. Dies ist ihnen zu belassen.

Das Pathos betreffend: Wenn es sich nicht darum handelt, einen pathetischen Menschen abzubilden, muß man mit dem Pathos sehr vorsichtig sein. Es gilt der Satz: Wärst nit aufigstiegn, wärst nit abigfalln.

Allgemeine Tendenzen,
welche der Schauspieler bekämpfen sollte

Nach der Bühnenmitte zu streben.
Sich von Gruppen zu lösen, um allein zu stehen.
Sich der Person zu nähern, zu der gesprochen wird.
Die Person immerzu anzuschauen, mit der gesprochen wird.
Die Person nicht anzuschauen, mit der gesprochen wird.
Immer parallel zur Rampe zu stehen.
Beim Schnellwerden laut werden.
Statt eines nach dem andern, eines aus dem andern zu spielen.
Widersprüchliche Charakterzüge zu verwischen.
Die Absichten des Stückeschreibers nicht zu erforschen.
Die eigenen Erfahrungen und Beobachtungen den vermutlichen Absichten des Stückschreibers zu unterordnen.

Will man Schweres
bewältigen, muß man es sich leicht machen

Ganz gleich, ob der Schauspieler auf der Bühne außer sich geraten oder in sich bleiben soll, muß er es verstehen, sich das Spiel leicht zu machen. Er muß sich zunächst den Schauplatz erobern, das heißt sich über ihn Bescheid verschaffen, wie ein Blinder sich über einen Platz Bescheid verschafft. Er muß sich seinen Text so einteilen, modulieren, durchschmecken, daß er ihm liegt. Er muß seine Bewegungen, was immer sie ausdrükken, so »arrangieren«, daß sie ihm schon durch ihre Rhythmik und Plastik Spaß machen. Das alles sind sinnliche Aufgaben, und das Training ist ein körperhaftes.
Macht der Schauspieler es sich nicht leicht, macht er es auch dem Publikum nicht leicht.

Kontrolle des »Bühnentemperaments« und Reinigung der Bühnensprache

Um zu einer realistischen Spielweise zu kommen, ist es nötig, gewisse Manieriertheiten zu bekämpfen, die sich auf unseren Bühnen entwickelt haben. Da ist das sogenannte Bühnentemperament, welches, losgelöst von den Szeneninhalten, mechanisch eingeschaltet wird, sobald der Vorhang hochgeht, und ein meist schon unbewußt gewordener Versuch des Schauspielers ist, durch seine eigene Erregtheit das Publikum zu erregen. Es tobt sich meist in überlautem oder künstlich verhaltenem Sprechen aus und überdeckt die Leidenschaften der Stückfigur durch die Leidenschaft des Schauspielers. Echte menschliche Töne hört man dann selten, und man hat den Eindruck, es gehe im Leben zu wie auf dem Theater, statt des Eindrucks, es gehe im Theater zu wie im Leben. Dieses ganz äußerliche Temperament ist weder nötig, um das Publikum zu interessieren, noch mitzureißen. Dann ist da die sogenannte Bühnensprache, welche zu einer leeren Form erstarrt ist. Allzu artikuliertes Sprechen erleichtert nicht, sondern erschwert die Verständlichkeit. Und Hochdeutsch lebt nur, wenn es von den Volksdialekten durchtönt wird. Die Schauspieler müssen die Sprache mit immer wachem Fleiß lebensnah erhalten, sie dürfen nie aufhören, »dem Volk aufs Maul zu schauen«. Nur so können sie den Vers wirklich als Vers oder Prosa gehoben sprechen und doch nicht Situation und Charakter ihrer Figur vernichten. Das Pathos in Haltung und Sprache, das Schiller und dem seiner Zeit zu Dank gespielten Shakespeare gemäß war, ist den Stückeschreibern unserer Zeit abträglich und abträglich nun auch Schiller selbst, da es zu Routine erstarrt ist. Die große Form kann nur neu entstehen, wenn eine ständige Speisung aus der sich ständig wandelnden Realität stattfindet.

Abnehmen des Tons

Nebst vielem anderen, was zum Handwerk des Schauspielers gehört, droht auch das Abnehmen des Tons vom Partner in Verfall zu geraten. Ein Schauspieler muß dem andern die Replik abnehmen wie ein Tennisspieler dem andern den Tennisball. Das geschieht dadurch, daß der Ton aufgefangen und weitergeleitet wird, so daß Schwingungen und Tongefälle entstehen, welche durch ganze Szenen hingehen. Fehlt dieses Abnehmen, dann entsteht ein akustischer Eindruck, der dem optischen Eindruck entspricht, welcher entstünde, wenn Blinde miteinander sprechen und dabei niemals auf den schauen, zu welchem sie sprechen. Es hat etwas für sich, das Wort »Replik«, das für alle Äußerungen und Antworten gebraucht wird, aus denen eine Rolle besteht, mit »Entgegnung« zu übersetzen, weil so das Gegnerische aller Äußerungen und Antworten angedeutet wird. Auch wenn eine zustimmende Meinung in einer Replik zum Ausdruck kommt, enthält sie doch fast immer irgendeine Korrektur des eben Gehörten, in der sich besondere Interessen geltend machen. Bei einer vollen Zustimmung, einem unerweiterten, das heißt unbegrenzten »Ja«, wird ein Zweifel des Fragers angegriffen oder eine mit ihm gemeinsame Gegnerschaft zu Dritten bestätigt.

Diese allseitigen Konflikte der Stückfiguren müssen vom Ensemble in engster Zusammenarbeit gestaltet werden. Jedoch findet auch diese Zusammenarbeit der Schauspieler in Form des Wettbewerbs statt. Ein Versagen beim Abnehmen des Tons kann da von einem bloßen Mangel an Musikalität, von mangelhafter Erkenntnis des Sinnes, manchmal aber auch von einem Mangel an Sinn für Zusammenarbeit zeugen. Nicht immer unbewußt, spielt ein Schauspieler ganz für sich selbst und fängt mit jedem Satz neu an, den vorausgegangenen des Partners einfach negierend. Solch ein Schauspieler pflegt dann auch jene gefürchteten kleinen Löcher im Dialog zu setzen, jene oft winzigen Stockungen nach dem Satz des Partners, welche den neuen Satz vom Rest trennen, herausheben, unterstreichen und den Sprecher eigens in Szene setzen.

Detail und Beschleunigung

Jede kleine Szene fertig machen (nichts schludern). Jedes winzige Detail fixieren, als werde nur diese kleine Szene gespielt. Das Temperament des Schauspielers ist da oft im Weg. Er hat das Gefühl, er müsse mit der Zeit des Publikums geizen, in Wirklichkeit geizt er mit seiner eigenen. – Das Auf-Tempo-Setzen ist eine eigene Operation, und sie muß ziemlich spät erfolgen. Nur so enthält die beschleunigte Aufführung alles, ist dicht genug.

Schnelles Suchen der Mindestwirkung

Man muß dem Schauspieler das Gefühl geben, er dürfe alles machen, aber das Gefühl nehmen, er müsse alles machen. Selbst große Schauspieler spielen (und probieren) die größten Szenen der Weltliteratur, als müßten sie sie retten. Der Regisseur muß ihnen Vertrauen in die Wirksamkeit der Szene als eines gedichteten Vorgangs von Interesse geben. Frühzeitig muß eine einfachste »kunstloseste« Form der Darstellung gefunden werden, welche die Grundwirkung der Szene schon herausbringt. Alles Weitere ist dann Zuwaage. (Das Bild ist genommen von den Metzgerläden, wo der Metzger den Kunden erst auf der Waage das Fleisch zuteilt, dann ihnen noch etwas extra zulegt.)

Grundarrangement

Viele Schauspieler meinen, ein Arrangement sei um so lebenstreuer und unterhaltsamer, je öfter die Stellungen wechseln.

Sie machen unausgesetzt kleine Schritte, setzen sich, stehen auf und so weiter. In Wahrheit bewegen sich die Leute ziemlich wenig, bleiben lang stehen oder sitzen und behalten ihren Platz in einer Gruppe, bis die Situation sich ändert. Auf dem Theater muß man nun nicht mehr, sondern eher weniger Stellungswechsel haben als im Leben. Es muß mehr Plan und Logik in allem sein, denn die theatralische Darstellung muß die Vorgänge vom Zufälligen, Nichtssagenden reinigen. Sonst entsteht eine wahre Inflation von kleinem oder größerem Hin und Her, in der nichts mehr etwas bedeutet. Der Schauspieler muß da eine gewisse Nervosität, die er oft mit Temperament verwechselt, in sich bekämpfen und dem natürlichen Drang widerstehen, nach der Mitte der Bühne zu streben und durch Bewegungen die Aufmerksamkeit des Publikums auf sich zu ziehen, wenn seine Figur gerade nicht durch den Gang der Handlung Aufmerksamkeit bekommt.

[Schwierigkeiten bei der Darstellung widersprüchlichen Verhaltens]

Unsere Schauspieler haben allerhand Schwierigkeiten bei der Darstellung widersprüchlichen Verhaltens bei ihren Figuren. Da ist etwa eine ehrliche Person darzustellen. Bei einem bestimmten Satz sage ich: »Das ist natürlich eine Lüge.« »Aber sie ist doch ehrlich«, sagen sie. Oder es handelt sich zweifellos um einen tapferen Menschen. »Jetzt ist er sehr nervös«, sage ich. »Aber er ist doch tapfer«, sagen sie. Oder es handelt sich um einen fortschrittlichen Menschen, und ich sage: »Er scheint geizig zu sein.« »Aber er ist doch fortschrittlich«, sagen sie. Oft höre ich dieses »Das kann ich doch nicht so spielen, das paßt doch nicht zu dem Charakter der Figur«. Die Darsteller machen sich ein vorschnelles Bild von dem Charakter ihrer Figuren, und sie haben schlimme Vorurteile.

[Ratschläge für Schauspieler]

1

Beim Probieren muß man sich hüten vor dem lauten Sprechen, denn man hört sich so schlecht. Auch bringt das Laute mit sich das Sichere, und beim Probieren muß man in ehrlicher Unsicherheit auf der Suche nach dem Gestus den Tonfall suchen. Selbst später, beim Spiel, soll der Ton, wenn auch bestimmt (durch Erfahrung, Absicht, Spaß), doch immer etwas vom Angebot, Vorschlag, Bereitschaft enthalten; man könnte dafür aus dem Wort »nachgiebig« das Wort »vorgiebig« bilden.

2

Bei den Schauspielern der alten Spielweise verschmilzt oft die Absicht mit der Durchführung so vollständig, daß sie für den Zuschauer verschwindet. Damit ist für sie sozusagen die Natur erreicht. Für uns aber hat es die Natur als Nachteil, daß sie nichts zeigt.

Fragmentarisch

[Schwierigkeit der kleinen Rollen]

Von einem jungen Schauspieler sagte B.: »Er ist nur begabt, er hat gar keine Technik. *Kleine* Rollen kann er noch nicht spielen.« B. wies damit auf die Schwierigkeit der kleinen Rollen hin. Zugleich wußte er natürlich, daß es Begabungen für große und Begabungen für kleine Rollen gibt. Er erzählte oft von Nurmi, einem finnischen Langstreckenläufer, der einmal, durch die Dummheit und Geldgier seiner Agenten, an einem Kurzstreckenlauf teilnahm. Bewunderungswürdig unfähig, seinen auf lange Strecken berechneten ebenmäßigen Lauf auch nur im geringsten zu beeilen, verlor er den Wettlauf.

[Frühes Probenstadium]

Während die Schauspieler in einer elementaren, ungefähren Art aufgestellt werden, daß die Hauptvorgänge in den Stellungen herauskommen (Zwei Leute sprechen einen dritten an / Zwei Liebende verabschieden sich / Eine Frau bringt etwas und so weiter), machen sie sich den Text bequem, und zwar mit allen Mitteln. Sie »wälzen den Satz mit der Zunge herum«, bis er ganz natürlich und leichtfällt. In diesem frühen Stadium kommt es hauptsächlich darauf an, daß im Satz die richtigen Wörter betont werden. Der Schauspieler versucht noch nicht zu charakterisieren (und natürlich auch nicht, der Szene irgendeine Spannung oder irgendeinen Schwung zu verleihen). Jedoch werden für gewöhnlich, wenn die Stellungen halbwegs stimmen und die Tonfälle richtig sind, schon leise Umrisse der Charaktere sichtbar, die allerleisesten.

Gestik

Die *Gestik* behandelnd, lassen wir zunächst die *Pantomime* außer acht, da sie ein gesonderter Zweig der Ausdruckskunst ist, wie das Schauspiel, die Oper und der Tanz. In der *Pantomime* wird alles ohne Sprache ausgedrückt, auch das Sprechen. Wir aber behandeln die *Gestik*, die im täglichen Leben vorkommt und im Schauspiel ihre Ausformung erfährt.

Dann gibt es einzelne *Gesten*. Solche, die anstelle von Aussagen gemacht werden und deren Verständnis durch Tradition gegeben ist, wie (bei uns) das bejahende Kopfnicken. Illustrierende Gesten, wie diejenigen, welche die Größe einer Gurke oder die Kurve eines Rennwagens beschreiben. Dann die Vielfalt der Gesten, welche seelische Haltungen demonstrieren, die der Verachtung, der Gespanntheit, der Ratlosigkeit und so weiter.

Wir sprechen ferner von einem *Gestus*. Darunter verstehen wir einen ganzen Komplex einzelner Gesten der verschiedensten Art zusammen mit Äußerungen, welcher einem absonderbaren Vorgang unter Menschen zugrunde liegt und die Gesamthaltung aller an diesem Vorgang Beteiligten betrifft (Verurteilung eines Menschen durch andere Menschen, eine Beratung, ein Kampf und so weiter) oder einen Komplex von Gesten und Äußerungen, welcher, bei einem einzelnen Menschen auftretend, gewisse Vorgänge auslöst (die zögernde Haltung des *Hamlet*, das Bekennertum des *Galilei* und so weiter), oder auch nur eine Grundhaltung eines Menschen (wie Zufriedenheit oder Warten). Ein *Gestus* zeichnet die Beziehungen von Menschen zueinander. Eine Arbeitsverrichtung zum Beispiel ist kein Gestus, wenn sie nicht eine gesellschaftliche Beziehung enthält wie Ausbeutung oder Kooperation.

Über den Gestus

Der Gesamtgestus eines Stückes ist nur in vager Weise bestimmbar, und man kann nicht die Fragen angeben, die gestellt werden müssen, ihn zu bestimmen. Da ist immerhin die Haltung des Stückeschreibers zum Publikum. Belehrt er? Treibt er an? Provoziert er? Warnt er? Will er objektiv sein? Subjektiv? Soll das Publikum zu einer guten oder schlechten Laune überredet werden oder soll es nur daran teilnehmen? Wendet er sich an die Instinkte? An den Verstand? An beides? Und so weiter und so weiter. Dann hat man die Haltung einer Epoche, der des Stückeschreibers und derjenigen, in die das Stück verlegt ist. Tritt zum Beispiel der Stückeschreiber repräsentativ auf? Tun es die Figuren des Stücks? Dann gibt es den Abstand zu den Vorgängen. Ist das Stück ein Zeitgemälde oder ein Interieur? Dann gibt es, bei diesem Abstand oder jenem, den Stücktypus. Handelt es sich um ein Gleichnis, das etwas beweisen soll? Um die Beschreibung von Vorgängen ungeordneter Art? – Dies sind Fragen, die gestellt werden müssen, aber es müssen noch mehr Fragen gestellt werden. Und es kommt darauf an, daß der Fragende keine Furcht vor einander widersprechenden Antworten hat, denn ein Stück wird lebendig durch seine Widersprüche. Zugleich aber muß er diese Widersprüche klarstellen und darf nicht etwa dumpf und vage verfahren in dem bequemen Gefühl, die Rechnung gehe ja doch nicht auf.

Um den Gestus einer einzelnen Szene zu beleuchten, wählen wir die erste Szene des dritten Bildes von »Mutter Courage und ihre Kinder«, und zwar in zwei Auffassungen. Die Courage tätigt einen unredlichen Handel mit Heeresgut und ermahnt dann ihren Sohn beim Heer, seinerseits immer redlich zu sein. Die Weigel spielte diese Szene so, daß die Courage ihrem Sohn bedeutet, dem Handel nicht zuzuhören, da er ihn nichts angeht. In der Münchener Aufführung nach dem Berliner Modell spielte die Giehse die Szene so, daß die Courage dem Zeugmeister, der, den Sohn sehend, zögert, weiterzureden, mit einer Handbewegung anweist, weiterzusprechen, da der Sohn das Geschäft ruhig hören kann. Bleibt die dramaturgische Funktionen der Szene erhalten: In einem korrupten Milieu wird ein junger Mensch aufgefordert, unverbrüchlich redlich zu handeln. Der Gestus der Courage ist nicht derselbe.

Inszenierung

[Fragen über die Arbeit des Spielleiters]

– Was tut der Spielleiter, wenn er ein Stück in Szene setzt?
– Er bringt eine Geschichte vor das Publikum.
– Was hat er dazu zur Verfügung?
– Einen Text, eine Bühne und Schauspieler.
– Was ist das Wichtigste an der Geschichte?
– Ihr Sinn, das heißt ihre gesellschaftliche Pointe.
– Wie wird der Sinn der Geschichte festgestellt?
– Durch Studium des Textes, der Eigenart ihres Schreibers, der Zeit ihrer Entstehung.
– Kann die Geschichte, wenn sie aus einer anderen Epoche stammt, ganz und gar im Sinne ihres Verfassers dargestellt werden?
– Nein. Der Spielleiter hat eine Lesart zu wählen, die seine eigene Zeit interessiert.
– Was ist die hauptsächliche Prozedur, vermittels derer der Spielleiter die Geschichte vor sein Publikum bringt?
– Das Arrangement, das heißt das Plazieren der Personen, das Festlegen ihrer Stellung zueinander, ihrer Stellungswechsel, ihrer Auftritte und Abgänge. Das Arrangement muß die Geschichte sinnreich erzählen.
– Gibt es Arrangements, die das nicht tun?
– In rauhen Mengen. Anstatt die Geschichte zu erzählen, besorgen die falschen Arrangements andere Geschäfte. Sie plazieren bestimmte Schauspieler, die Stars, unter Vernachlässigung der Geschichte in für sie vorteilhafte Positionen (daß das Auge auf sie fällt), oder sie zaubern gewisse Stimmungen beim Publikum vor, welche die Vorgänge oberflächlich oder falsch erklären, oder sie dienen Spannungen, die nicht diejenigen der Geschichte sind und so weiter und so weiter.

– Welches sind die hauptsächlichsten falschen Arrangements unserer Theater?
– Diejenigen des Naturalismus, in denen ganz zufällige Positionen der Personen, die »im Leben vorkommen«, nachgeahmt werden. – Diejenigen des Expressionismus, in denen ohne Rücksicht auf die Geschichte, welche sozusagen nur die Möglichkeiten schafft, Personen die Gelegenheit gegeben wird, »sich auszudrücken«. – Diejenigen des Symbolismus, in denen ohne Rücksicht auf die Wirklichkeit »Dahintersteckendes«, Ideemäßiges in Erscheinung treten soll. – Diejenigen des puren Formalismus, in denen »bildhafte Gruppierungen« angestrebt werden, welche die Geschichte nicht weitertreiben.

Helle, gleichmäßige Beleuchtung

Für bestimmte Stücke, zu denen auch »Herr Puntila und sein Knecht Matti« gehört, empfiehlt es sich, die Bühne hell und gleichmäßig zu beleuchten. Das Publikum bleibt sich dadurch immer bewußt, daß es auf Theater schaut, nicht auf wirkliches Leben, auch wenn die Schauspieler so natürlich und lebenswahr spielen, wie es sich gehört. Die Illusion, auf der Bühne wirkliches Leben zu sehen, ist gut für Stücke, bei denen das Publikum die Handlung einfach miterleben kann, ohne sich viel Gedanken zu machen, das heißt, wo es sich nur die Gedanken zu machen braucht, welche sich die Personen auf der Bühne machen. Stücke, bei welchen dem Publikum der Genuß verschafft werden soll, die gesellschaftlichen Zusammenhänge bei allem, was die Personen auf der Bühne machen, zu sehen, gewinnen durch helle, gleichmäßige Beleuchtung. Das Publikum kommt so nicht so leicht wie bei schummrigem Licht ins Träumen, es bleibt wach, ja wachsam. Für Farbe und Kontraste kann der Bühnenbildner sorgen, ohne gefärbtes Licht zu Hilfe zu nehmen. Den Schauspielern hilft helle und gleichmäßige Beleuchtung, wenn es sich um Komödien handelt; Komik kommt bei Helle besser an, wie jeder Komiker weiß. Bei ernsten Vorgängen allerdings zwingt der Ausfall von stimmungsvollem, »Atmosphäre« schaffendem Halbdunkel die Schauspieler zu künstlerisch besonders gutem Spiel. Aber warum sollen sie nicht dazu gezwungen werden? Die Schauspieler des Shakespearischen Globetheaters hatten nur das nüchterne Licht des Londoner Nachmittags.

Warum die halbhohe, leicht flatternde Gardine?

1

Der übliche schwere Samtvorhang ist bei Stücken mit vielen Szenen eine allzu gewichtige Unterbrechung. Er macht die Szenen zu fertig und zerhackt das Stück wie ein Fallbeil. Die leichte Gardine gibt das Gefühl des beschwingten Weitergehens.

2

Durch den Vorhang verschwinden zuerst die Köpfe, zuletzt die Füße, das heißt, die Personen auf der Bühne schrumpfen sozusagen zusammen. Er muß also immer sehr schnell fallen, während die Gardine, welche eine ganze Szene wie zwei Wogen verschlingt, je nach dem Szenenschluß sich langsamer oder schneller schließen kann.

3

Der Vorhang sperrt die Bühne vom Zuschauerraum völlig ab, die Gardine nicht völlig. Der Kontakt zwischen oben und unten hört nie auf. Es muß auch nicht jedesmal Licht im Zuschauerraum gemacht werden, da ja oben immer etwas vorgeht:

Die Zuschauer werden der geschäftigen Vorkehrungen gewahr, welche für sie auf der Bühne getroffen werden. Wenn auch die Überraschung gewahrt bleibt, wird doch die Arbeit oben nicht verborgen; die neue Szenerie wird nicht hervorgezaubert!

4

Die Gardine kann bei jedem Stück anders sein und etwas von seinem besonderen Geist verraten. In »Herr Puntila und sein Knecht Matti« wirkte sie wie grobes Leinen, im »Hofmeister« wie Seide, in »Mutter Courage und ihre Kinder« wie vergilbtes Leder, in »Biberpelz und Roter Hahn« war eine prunkvolle Karikatur des preußischen Adlers darauf gemalt.

5

Zu Prologen und Zwischensprüchen können die Schauspieler zwischen den Schlitz der Gardine treten und stehen in der Mitte der Bühne.

6

Der schwere Vorhang kann daneben benutzt werden und zeigt dann die Pause und den Stückschluß an.

Die Verteilung von Aufgaben

1

Einer muß verantwortlich dafür sein, daß alles, was zum Stück gehört, auf dem richtigen Platz steht schon bei Beginn der Probe.

2

Einer muß verantwortlich dafür sein, daß alle Requisiten schon nach der Stellprobe vorhanden sind, daß sie bei Beginn der Probe da sind, wo sie gebraucht werden, und daß sie nach der Probe zusammengepackt werden.

3

Einer muß verantwortlich dafür sein, daß alle Kostüme rechtzeitig beschafft werden, daß sie bei den Proben da sind und nach den Proben ordentlich aufgehoben werden.

4

Einer muß die Dekorationen übernehmen.
Diese Aufgaben müssen mit Energie und vor allem mit Interesse durchgeführt werden. Es ist nicht gut, sie einem, schlimmer, sie dem Zufall zu überlassen und nur die Rolle spielen zu wollen.
Die volle Unterstützung unserer Theater für diese Aufgaben ist nötig.
Diejenigen, die diese Aufgaben übernehmen, müssen in unserer Zeit erfinderisch sein: auf die Suche gehen! Sicher finden sie einen theatererfahrenen Bühnenarbeiter, der ihnen hilft. Eine Schneiderin, die für Theater Interesse hat, einen Tischler, einen Maler und so weiter. Sie dürfen nicht beim ersten Versuch aufgeben, mit der Begründung, daß kein Geld da ist. Aus nichts wird nichts, aber: Wo wenig ist, ist auch mehr!

[Die Spielleitung Brechts]

B.s Spielleitung war viel unauffälliger als die der bekannten großen Regisseure. Er vermittelte denjenigen, die ihm zusahen, nicht den Eindruck, als wolle er mit den Schauspielern »etwas gestalten, was ihm vorschwebte«; sie waren nicht »seine Instrumente«. Vielmehr suchte er mit ihnen zusammen die Geschichte, welche das Stück erzählte, und verhalf jedem zu seinen Stärken. Sein Eingreifen erfolgte »in der Windrichtung« und war so meist fast unmerklich, er gehörte nicht zu den Leuten, die es fertigbringen, die Arbeit sogar mit Verbesserungsvorschlägen zu stören. Seine Arbeit mit dem Schauspieler glich dem Bestreben eines Kindes, Zweiglein mit einer Gerte aus einem Tümpel am Ufer in den Fluß zu dirigieren, so daß sie ins schöne Schwimmen kamen.

B. machte viel vor, jedoch nur ganz kleine Stückchen, und er brach mitten drin ab, um nur ja nichts Fertiges zu geben. Und er ahmte dabei immer den Schauspieler nach, dem er vormachte, freilich ohne sich zu verstellen. Seine Haltung dabei war: Leute dieser Art tun derlei oft in solcher Weise.

Er liebte es, mit einem Stab von Schülern zu inszenieren. Dabei sprach er immer laut und rief seine Vorschläge zumeist von unten aus dem Zuschauerraum her den Schauspielern zu – das tat der Unmerklichkeit seines Eingreifens keinen Abbruch – damit alle alles hören konnten. Und er bemühte sich »während des Sprechens zu hören«. Glückliche Vorschläge gab er sofort weiter und immer mit der Nennung des Vorschlagenden, »X sagt«, »Y meint«. Dadurch wurde die Arbeit eine Arbeit aller.

Wichtig nahm B. die Pausen zwischen den Gesprächen und in den Gesprächen und die Betonungen. Selbst den großen Schauspielern rief er zu, welche Worte in den Sätzen zu betonen waren oder diskutierte dies mit ihnen.

Lange Diskussionen haßte B. Während der etwa mehr als 200 Probenstunden des »Hofmeister« gab es zusammengerechnet vielleicht eine Viertelstunde von Diskussionen zwischen Zuschauerraum und Bühne. B. war dafür, alles auszuprobieren. »Sprechen Sie nicht darüber, machen Sie es!« und »Wozu die Gründe sagen, zeigen Sie den Vorschlag!« sagte er.

Stellungen und Gänge mußten die Geschichte erzählen und schön sein.

Alle Schauspieler mußten zumindest für einen Augenblick das Auge und Ohr der Zuschauer haben. Kein Mensch gehe unbeachtet durchs Leben – wie kann man einen Schauspieler unbeachtet über die Bühne gehen lassen?

Natürlich mußte auf B.s Bühne alles wahr sein. Aber er hatte eine besondere Art der Wahrheit am liebsten: wenn der Zuschauer rufen konnte: »Das ist wahr«, das heißt, wenn die Wahrheit als eine Entdeckung kam. B. pflegte während des Spiels mit der ausgestreckten Hand strahlend auf irgendeinen Schauspieler zu zeigen, der gerade etwas Besonderes oder besonders Wichtiges der menschlichen Natur oder des menschlichen Zusammenlebens zeigte.

»Das ist Ihr Moment«, rief B. immer wieder Schauspielern zu, »lassen Sie ihn um Gottes willen nicht aus den Händen. Jetzt sind Sie dran, zum Teufel mit dem Stück.« Natürlich mußte es ein Moment sein, wo das Stück es forderte – oder erlaubte. »Da ist das Interesse aller Spielenden, die gemeinsame Sache vorzubringen, es ist auch Ihres. Aber da ist auch noch Ihr Interesse, das dazu in einem gewissen Gegensatz steht: Von diesem Gegensatz lebt alles«, sagte er. Niemals gestattete er es, daß ein Schauspieler – das heißt ein Mensch im Stück – »zugunsten« des Stücks, für die Spannung oder das Tempo, geopfert wurde.

B. mischte gern Schauspielschüler mit Meistern (Stars). Er sagte: »Da lernen die Schüler als Meister und die Meister als Schüler aufzutreten.«

»Wenn gewisse Spielleiter und Schauspieler aus einem Stück oder einer Szene nicht herausholen können, was drinnen ist, stopfen sie etwas hinein, was nicht hineingehört«, sagte B.

»Man darf Stücke und Szenen nicht überanstrengen. Ist etwas von geringerer Wichtigkeit, so ist es eben doch von Wichtigkeit; gibt man ihm zuviel Wichtigkeit, wird die geringe (aber echte) zerstört. In allen Stücken gibt es ›schwache Szenen‹ (und überhaupt Schwächen). Da sollte nicht verstärkt werden. Wenn nämlich die Stücke halbwegs gut im Ganzen sind, besteht ein – oft schwer entdeckbares – Gleichgewicht, das leicht zu stören ist. Oft zum Beispiel gewinnt der Stückeschreiber eine besondere Kraft für eine Szene aus der Schwäche der vorhergehenden und so weiter. Unsere Schauspieler haben oft zuwenig Vertrauen auf das, was auf der Bühne geschieht, auf ein interessantes Moment der Geschichte, die erzählt wird, auf einen kräftigen Satz und so weiter; sie lassen dann dieses ›ohnehin‹ Interessante sich nicht selber auswirken. Außerdem kann kein Zuschauer mit immer gleich hochgespannter Aufmerksamkeit einer Vorstellung folgen, darauf muß Rücksicht genommen werden.

Gewisse Erfahrungen sollte man allen Spielleitern mitteilen: daß Komisches im Halbdunkel nicht wirkt; daß Schauspieler, wenn sie schnelles Tempo in eine Szene bringen, gern unnötig laut werden; daß kleine und kleinste Szenen besonders dann den Gang der Handlung aufhalten, wenn sie nicht bis ins allerkleinste Detail ausgeführt werden.

Eine unnötige Langweiligkeit einer Szene wirkt sich meist erst dadurch aus, daß die folgende als langweilig (›zu lang‹) empfunden wird, die Ermüdung des Zuschauers tritt erst jetzt zutage. Man muß, wenn eine Szene lang wirkt, sorgfältig prüfen, ob nicht die vorhergehende zu lang ist.«

Überforderung

B. verlangte vom Regisseur, daß er durch ein adäquates Arrangement den Vorgang der Szene zur Wirkung brachte. Er erzählte gern die Hollywoodgeschichte von einem Regisseur, der angesichts des Films sich traurig und vorwurfsvoll an den Schauspieler wendet und sagte: »Du hast mir doch versprochen, du bist Schauspieler.«

Der Schauspieler als Verkörperer

B. haßte die Regisseure, welche die Schauspieler zwangen, »ihre Ideen zu verkörpern«. Er hörte auch nicht gern, daß die Schauspieler »dem Wort des Dichters dienen« sollten. Stückeschreiber und Schauspieler haben die gemeinsame Aufgabe, die Vorgänge des Stücks unterhaltend und nutzbringend darzustellen. Schon über die gesellschaftliche Funktion, die eine Darstellung haben soll, können bei Schauspielern und Stückeschreibern verschiedene Auffassungen bestehen.

Der Volksschauspieler Ernst Busch

Seit einigen Jahrzehnten fällt unsern Schauspielern die Darstellung asozialer (vom gesellschaftlichen Standpunkt aus negativer) Menschen leichter, und sie erregt gemeinhin größeres Interesse als die von Helden. Schauspieler und Publikum scheinen den Mephisto dem Faust vorzuziehen, den Dritten Richard dem Prospero. Und was in unserem Jahrhundert die Klassen betrifft, scheinen Publikum und Schauspieler mit dem Proletarier sehr viel weniger anfangen zu können als mit dem Bürger. Und es scheint auch keine Rolle zu spielen, ob das Publikum und die Schauspieler bürgerlich oder proletarisch sind.

Soweit ich es übersehen kann, ist Ernst Buschs Wiedergabe des Semjon Lapkin die erste große Darstellung eines klassenbewußten Proletariers auf der deutschen Bühne. Ich habe andere Schauspieler gut in solchen Rollen gesehen und den großen Volksschauspieler selbst in anderen Rollen dieser Art, aber ich sah bisher nichts von solcher Bedeutung.

Dabei ist Semjon Lapkin keine zentrale Rolle. Es mangelt der Figur ein privates Eigenleben, und selbst die politischen Situationen sind spärlich und nicht einmal besonders wichtig. Es ist das Wissen und das schauspielerische Genie, die Busch befähigen, aus dem dürftigen Material eine unvergeßliche Figur neuer Art zu machen.

Dieses Wissen betrifft nicht nur die der Bühne neue Gestalt des Proletariers, sondern es ist ein Teil von Menschenkenntnis allgemeiner Art, von Menschenkenntnis, die auch andere Klassen umfaßt. Buschs Darstellung zeigt das Besondere des Arbeiters – und dann wieder das Besondere des klassenbewußten Arbeiters – und zugleich, daß er jenes ganze Ensemble gesellschaftlicher Typen ist, von dem Marx spricht, das Ensemble, in dem alle andern Klassentypen »aufgehoben« sind. In seiner Darstellung vereinigen sich die Züge feudaler Feldherrn und bürgerlicher Ökonomen mit dem Spezifischen des modernen Proletariers. Auch in schauspielerischer Hinsicht stehen wir hier, wo wir etwas so Neues sehen, zugleich vor einem Endprodukt. Merkwürdig entwickelt finden wir etwas von der Haltung des Mark Anton in der Streikszene wieder, etwas von der Haltung des Mephisto in den Szenen mit dem Bruder Lehrer. Busch ist weit mehr als ein Spezialist für Arbeitertypen.

Aber dann, welch ein Wissen um den Klassenkampf! Semjon Lapkin führt eine Zelle von bolschewistischen Arbeitern. Busch gibt, in den wenigen Szenen, in denen er auftritt, eine detaillierte und komplette Übersicht über die jeweils verschiedene Haltung Semjon Lapkins zu seinen Mitkämpfern. Dem heißblütigen Stepan Pregonski, der im Zorn auf den brutalen Polizeikommissar vom Stuhl aufspringt und die Flugblätter vergißt, auf denen er sitzt, ruft er blitzschnell sein »Sitzenbleiben, du wirst erschossen!« mit einer schwer beschreiblichen Mischung von tarnendem Spott und meisterhafter Lässigkeit zu – und Busch vergißt nicht Lapkins eigenen Schrecken! Auf die kluge und ruhige Mascha stützt er sich. Wenn sie der Wlassowa das Lied von der Suppe zusingt, drückt seine Haltung aus, daß er dies als eine adäquate politische Aktion einschätzt – aber auch hier vergißt Busch nicht den Spaß an dem Lied und dem Gesang, den Lapkin selber empfindet. Gegenüber den schlaksigen Jungen trägt er jenes unpersönliche Moment zur Schau, das mitunter durch besonders reibungslose Zusammenarbeit entsteht. Pawel Wlassow ist ein Neuling in der Bewegung. Lapkin hilft ihm in jeder Hinsicht, studiert ihn aber noch insgeheim. Ein kurzer Blick, verständnisvoll und mißbilligend, wenn Pawel gesteht, der Mutter nichts von seinem Eintritt in die Bewegung gesagt zu haben. Und wenn Pawel, vom Kommissar angebrüllt, er

solle aufstehen, trotzig sitzen bleibt, ein leises und freund-
liches »Steh auf«. Durch seine Haltung zu den Revolutionären hilft er, diese Figuren aufzubauen (er half dem Darsteller
des Pawel sogar, diese Figur jung erscheinen zu lassen), und
zugleich baut er dadurch die eigene Figur auf. Jeden Augenblick macht er sich den andern Schauspielern nützlich, und
zugleich benutzt er sie jeden Augenblick. Seine Vorschläge bei
den Proben sind nicht von der alten Art; sie dienen nicht
dazu, nur ihn ins Licht zu setzen. Es gehört zur Sache, die
gezeigt werden soll, wenn er etwa vorschlägt, daß die andern
Revolutionäre nach der Haussuchung warten sollen, bis
er, Lapkin, die neu entstandene, gefährliche Lage durchdacht
hat, wozu er sich Zeit läßt – worauf er sie zu schnellem Handeln bringt, allerdings nicht, bevor er jeden nach der Meinung
befragt hat!

Lapkins Verhältnis zur Wlassowa zeichnet Busch äußerst differenziert. Ihre »ungastliche« Haltung am Beginn nimmt er
mit Humor auf, jedoch keineswegs ohne Ernst. Er erkennt
schnell, aber nicht sofort, daß in der beherzten Gegnerin eine
beherzte Kampfgefährtin steckt. Ihr Mutterwitz und vor
allem ihre Dickköpfigkeit, mit der sie seine Argumente für
den Streik bekämpft, machen ihm sichtlich Spaß. Wie schön
die unostentative Freundlichkeit, mit der er der Frau, die
ihren kleinen von der Polizei zerschlagenen Schmalztopf vom
Boden aufliest, im Vorbeigehen die Hand auf den Arm legt!
Da ist auch noch die Gewißheit darin, daß sie es ihm trotz
ihres so verständlichen Zorns auf die Revolutionäre, die all
das über sie gebracht haben, gestattet! Er macht keinen
Hehl daraus, daß er ihren Einsatz im Klassenkampf, selbst
gegen den Willen der noch Unbelehrten, für berechtigt hält.
Auf der Probe bestand Busch darauf, daß die Revolutio-
näre zu ersetzen hätten, was die Polizei zerstört hatte.
Wenn sie am Abend zurückkehrten, sollten sie einen neuen
Schmalztopf und frischen Bezug für das ramponierte
Sofa mitbringen. Er wachte aufmerksam darüber, daß

dies mit Humor, aber als etwas ganz Selbstverständliches geschah.

Lapkin bringt die Wlassowa nach der Verhaftung ihres Sohnes zu seinem Bruder, dem Lehrer. Er hat eingewilligt, sie als Haushälterin einzustellen; sie geht mit ihrem Bündel in die Küche nebenan. Lapkin sieht sich in der bürgerlichen Stube um, sein Blick bleibt auf dem Zarenbild an der Wand hängen. Etwas besorgt geht er auf seinen Bruder zu, ihm ein paar freundliche Worte zu sagen; sie sind anscheinend nicht allzu leicht auszusprechen, sie werden nur der vereinsamten Wlassowa wegen vorgebracht. Mit dieser Huldigung für die Wlassowa durch Lapkin vereint Busch die Skizzierung seiner Stellung zum Bruder: Er hält ihn für einen unverbesserlichen Reaktionär. Hier hat er etwas zu lernen. Mit Grazie nimmt Lapkin später, bei seinem Besuch, den leisen Rüffel der Wlassowa entgegen, die sich gegen seine Verspottung des Lehrers wendet. Wieder legt er beruhigend der Wlassowa die Hand auf den Arm, wenn er dem Lehrer sagt: »Hoffentlich hast du, als du sie lesen lehrtest, auch etwas gelernt.« Er hat zur Kenntnis genommen, daß die Wlassowa Erfolg hat, wo er gescheitert war.

Aus dem Verhältnis zum Bruder, der studiert hat, gestaltet Busch den privaten Lapkin. Erheiternd und erschütternd der Blick, mit dem er Fjodor Trofimowitsch zuhört, der stille Spott in dem kampfverheerten Gesicht.

Busch geht bei der Gestaltung des revolutionären Arbeiters sparsam mit Gefühlen um. Es ist die Sparsamkeit des Mannes mit großen Ausgaben. Diese Menschlichkeit hat Klugheit, Mut und Zähigkeit zur Verfügung. Das Eminente an Buschs Kunst ist, daß er eine künstlerische Werkzeichnung abliefert. Die neuen Elemente, aus denen er die Figur baut, machen die Leistung unvergeßlich, aber sie bewirken auch, daß nur wenige Zuschauer sogleich gewahr werden, welche Bedeutung diese Leistung hat. Nicht ohne weiteres nennt ihn jeder einen großen Schauspieler – wie ja auch das Mittelalter, gewohnt

an die Alchimisten, die Chemiker nicht ohne weiteres große
Gelehrte nannte.

Palm

Zu den Kunstwerken, für die ich mir ein Theatermuseum
wünschte, gehören Kostüme Kurt Palms. Keine Photographie
kann ihre Schönheit ganz wiedergeben; sie teilen dieses
Schicksal mit den Plastiken.
Palms Kostüme sind alle historische Kostüme, auch die zeitgenössischen. Bei den vergangenen Epochen leitet ihn seine
tiefe Kenntnis der Kostümkunde, bei der gegenwärtigen sein
Gefühl für das Typische.
Seine Kenntnisse legen seiner Phantasie keine Fesseln an. Sein
Geschmack wählt frei unter den Erzeugnissen einer vergangenen Epoche.
Palm weiß, daß historische Treue nicht genügt, den Geist
eines Zeitalters heraufzubeschwören. Auch hier muß eine
Auswahl und Überhöhung erfolgen, eine Typisierung. Dies
kann nicht nach rein ästhetischen Gesichtspunkten gemacht
werden, man braucht einen politischen Standpunkt auch
hierzu. Welche Klasse verkörperte den Fortschritt im Frank-
reich des Sonnenkönigs, welche führte ihn durch, welche be-
zahlte ihn? Was für eine Rolle spielten die Kleider? Wie
bewegten sich die Leute in ihnen? Man muß einem Rock »etwas ansehen« können. Im Anfang des siebzehnten Jahrhunderts konnte sich etwa ein Professor an einer oberitalienischen
Stadt nicht viele Leibröcke während seines ganzen Lebens
leisten; sie mußten also lange herhalten, und so weiter und
so weiter.
Die sozialen Unterschiede herauszuarbeiten, ist eine schwierige Aufgabe des Kostümbildners. Das Publikum, bei dem
man Periodenkenntnisse nicht voraussetzen darf, muß die
Unterschiede *wahrnehmen*. Erscheint doch mancher Lakai

prächtiger (reicher!) als der Herzog. Palm ist unerschöpflich in der Erfindung von Merkmalen sozialer Art.

Der Stil der Periode ist auf der Bühne nur der allgemeine Rahmen; das Besondere, auf das es sehr ankommt, ist die Handlung und der Sinn des Stücks. Man schafft für den »Hofmeister« von Lenz den Stil der Epoche; aber da ist dann die Baronin von Berg. Sie rangiert gesellschaftlich natürlich über dem Hofmeister Läuffer, aber außerdem – und worauf es so sehr ankommt – ist sie ein ganz bestimmter Charakter, ist herrisch, geizig, musikliebend, »französisch gebildet« und unverstanden. So wird sie sich in einer ganz bestimmten Art kleiden. Der Kostümbildner muß also souverän innerhalb des Gesamtstils der Periode kreieren können. Palm kann das.

Die Handlung des Stücks hat nicht nur Charaktere, sondern auch Geschehnisse, die der Kostümbildner betreuen muß. Gortschakow berichtet, wie Stanislawski bei der Probenarbeit zu »Die Schwestern Gérard« vom Bühnenbildner verlangt, daß die Dekoration nicht nur im allgemeinen einen Schauplatz schafft, sondern für ein ganz bestimmtes Geschehnis (in diesem Fall die Einführung eines jungen Mädchens in eine Orgie) die beste Gelegenheit schaffen muß, dieses Geschehnis wirksam zu machen. Diese Forderung gilt auch für den Kostümbildner. In »Mutter Courage und ihre Kinder« wird der kühne Sohn der Courage wegen eines Raubmords zur Exekution geführt. Palm hat den Burschen am Anfang in Lumpen gekleidet und barfuß gehen lassen. Jetzt kommt er in kostbarer schwarzer Rüstung (schwarz wie die Montur der SS): Er hat sich während seiner ganzen militärischen Karriere bereichert...

Ein Bühnenbildner vom Format Palm greift tief in die Regie ein, er gestaltet die Gruppierungen und Bewegungen mit, ja sogar die Besetzung der Rollen.

Er liefert keineswegs einfach Kostüme an den Schauspieler, gebildet nach unpersönlichen Figurinen, mag der Schauspieler sehen, wie er damit zurechtkommt. Er probiert nicht nur an; für ihn ist der Körper des Schauspielers und seine Art, sich zu halten und sich zu bewegen, eine Fundgrube der Inspiration für das Kostüm. Eine schmale Schulter, ein sehr gerader Rücken, dicke Schenkel, all das wird er »herausholen«. Und dazu noch baut er dem Schauspieler die Rolle mit!

Palm bestimmt, wenn ihm die Möglichkeit gegeben ist, den Stil der Aufführung mit. Schon durch die Bestimmung des Materials (Filz, Seide, Rupfen und so weiter) sorgt er für Einheitlichkeit des Bildes, immer nach der Idee des Stückes gehend. Seine Kenntnis der Stoffe ist umfassend, und er erfindet immerzu neue Verfahren der Behandlung der Stoffe.

Und dabei gelingt es diesem Meister, unaufdringlich seinen Kostümen auch noch seinen persönlichen Stil zu verleihen, seine kraftvolle, delikate Handschrift.

1952

Felsenstein

Felsenstein hat gezeigt, wie man die Oper säubern kann – von der Tradition, wo sie Denkfaulheit, und von der Routine, wo sie Faulheit des Gefühls bedeutet.

Felsenstein nimmt nicht, wie das üblich und übel ist, Unnatur »in Kauf« – »der Musik wegen«. Er weiß, daß die Musik auf der Bühne nicht ohne Wahrheit leben kann. Gerade so bewahrt er die Gattung des musikalischen Theaters als eine ganz besondere.

Felsensteins Beitrag zu einem deutschen Nationaltheater ist bedeutend.

[Eisler]

Zum Geleit [der »Lieder und Kantaten«]

Die Akademie der Künste schlug Eisler vor, seine Gesänge übersichtlich in Lieder, Kantaten, Chöre und so weiter einzuteilen. Er stellte sie auf andere Art zusammen, kunstvoller. Es schien ihm unwichtig, wie dies oder jenes Werk zu finden war, wichtig, daß es viel zu entdecken gab.

Es gilt hier, sich in ein großes Werk der Vokalmusik hineinzubegeben, sich darin umzusehen, zurechtzufinden, einzuleben. In ihm kann man sich bilden, nach vielen Seiten, widerspruchsvoll. Denn dieses Werk verändert den Singenden wie den Hörenden beglückend.

Ich habe oft bemerkt, wie das Singen und Hören Eislerscher Kompositionen weniger mimische (Ausdrucks-)Wirkungen hervorruft als ganz bestimmte Haltungen. Das ist wichtig.

Die Gesamthaltung ist revolutionär im höchsten Sinn. Diese Musik entwickelt bei Hörer und Ausübenden die mächtigen Impulse und Einblicke eines Zeitalters, in dem die Produktivität jeder Art die Quelle aller Vergnügungen und Sittlichkeit ist. Sie erzeugt neue Zartheit und Kraft, Ausdauer und Wendigkeit, Ungeduld und Vorsicht, Anspruchsfülle und Selbstaufopferung.

Eisler musiziert ebenso naiv und ebenso konstruktiv wie die andern großen Komponisten des 18. und 19. Jahrhunderts, deren Werk er fortsetzt. Das gesellschaftliche Verantwortungsgefühl ist bei ihm lustvoll in höchstem Maße. Er schöpft seine Texte nicht einfach aus, er behandelt sie und gibt ihnen, was des Eislers ist. Aber so eigenwillig, unverkennbar, überraschend er sein mag, er ist kein Einzelgänger. In sein Werk eintretend, übergebt Ihr Euch den Antrieben und Aussichten einer neuen Welt, die sich eben bildet.

1955

»Katzgraben«-Notate
1953

Es ist nicht genug verlangt, wenn man vom Theater nur Erkenntnisse, aufschlußreiche Abbilder der Wirklichkeit verlangt. Unser Theater muß die *Lust* am Erkennen erregen, den *Spaß* an der Veränderung der Wirklichkeit organisieren. Unsere Zuschauer müssen nicht nur hören, wie man den gefesselten Prometheus befreit, sondern auch sich in der Lust schulen, ihn zu befreien. Alle die Lüste und Späße der Erfinder und Entdecker, die Triumphgefühle der Befreier müssen von unserm Theater gelehrt werden.

(Politik auf dem Theater)

Zum Stück

Erwin Strittmatters »Katzgraben«

Erwin Strittmatter gehört zu den neuen Schriftstellern, die nicht aus dem Proletariat aufstiegen, sondern mit dem Proletariat. Er ist der Sohn eines Landarbeiters aus der Niederlausitz, durchlief viele Berufe, war Landarbeiter, Bäcker, Pelzfarmer und so weiter, wurde nach 1945 Bürgermeister auf dem Dorf, Volkskorrespondent, Schriftsteller. Ohne die Deutsche Demokratische Republik wäre er nicht nur nicht der Schriftsteller geworden, der er ist, sondern vermutlich überhaupt kein Schriftsteller. Sein Roman »Ochsenkutscher« stellte ihn sogleich in die nicht zu große Reihe bedeutender deutscher Schriftsteller: durch Gestaltungskraft, Originalität, Gesinnung, Wissen und Sprachgewalt. Seine Bauernkomödie »Katzgraben« zeigt ihn in rapider Entwicklung begriffen. Er geht neue Wege, nicht ohne Kenntnis der alten.

Die deutschen Bauern kamen auf die Bühne in Stücken von Anzengruber, Ruederer und Thoma und in Dialektstücken, die nur lokal bekannt sind. »Katzgraben« ist meines Wissens das erste Stück, das den modernen Klassenkampf auf dem Dorf auf die deutsche Bühne bringt. Es zeigt Großbauer, Mittelbauer, Kleinbauer und Parteisekretär nach der Vertreibung der Junker in der Deutschen Demokratischen Republik. Die Gestalten des Stücks sind voller Individualität, mit köstlichen Einzelzügen, liebens- oder hassenswert, widerspruchsvoll und zugleich eindeutig, Gestalten, die sich den bekannten Gestalten der dramatischen Literatur würdig gesellen. Die Sprache des Stücks ist außerordentlich plastisch, bilderreich und kräftig, voll von neuen Elementen. Ich zitiere:

(Die Bäuerin Kleinschmidt erzählt von ihrem ersten Pflügen mit dem neuen Ochsen.)

BÄUERIN

Ein Jammer war's: Zweimal ums Feld, so tief,
wie du's verlangst, da liegt er auf der Schnauze.

GÜNTER

Da war der Pflug zu leicht.

BÄUERIN

Was du schon weißt.
Ich schneid mir eine Rute, denk, leicht braucht
der Feuer unterm Schwanz. Auch mit der Rute
ging es nur bis zum Rain. Da wurd er freilich bienenfleißig
und hat sich über deine Hecken hergemacht.
Stampft ein, reißt aus, verschlingt sie mit der Wurzel.
Wie schön warn die schon angewachsen, nicht?

KLEINSCHMIDT

Der Deiwel soll . . . — Das Joch war ihm zu eng.
Das hat ihm weh getan. Bei mir
trabt' er heut morgen wie ein Rennpferd.

BÄUERIN

Ja, dreimal um die Scheune. Da zog auch
der Heuduft in der Nase mit.
Dem tut nur eins weh, und das ist sein Magen.
Ich habe mich mit ihm durchs Dorf geschämt;
holterdiepolter über Wegrand und Graben,
wo nur ein Grünhalm stand, da mußt er hin.
Ich mußt vom Wagen. Ganz zuletzt drückt er
um eine einz'ge Unkrautstaude
den Gartenzaun beim Nachbar Klappe ein.

(Der Grubenarbeiter und Parteisekretär Steinert ermutigt die Neubauern durch einen Hinweis auf Traktoren.)

STEINERT

Ochse! Ochse! Ochse!
Ist so ein Vieh der Mittelpunkt der Welt?
Denkt doch daran, wir schaffen jetzt Stationen,
wo man sich einen Traktor leihen kann,
und ihr, ihr klammert euch an Ochsenschwänze.
Warum nicht mit der Nase Furchen ziehn!
Ein Ochse darf für uns doch nur Behelf sein,
der Kuhablöser, solang's an Traktoren mangelt.

Im Vorjahr saht ihr noch kein Ochsenhaar,
jetzt seht ihr nur noch Ochsen; die Partei
sieht längst Traktoren pflügen.

Wie man sieht, ist das Stück in Jamben geschrieben. Wohl
zum erstenmal in der deutschen Literatur finden wir eine
jambisch gehobene Volkssprache. (Die Bauern im »Zerbroch-
nen Krug« sprechen das Deutsch ihres Schöpfers Kleist.) Die
Verse sind nicht durchwegs fünffüßig wie im klassischen
Drama: sie werden dadurch erstaunlich beweglich.

Soll das so bleiben hier?
Das Krötendasein in den Ackerfurchen
in eurem Hinterm-Mond-Loch? Ach, ihr Bauern, ihr!

Der Neubauer erklärt, warum man in Katzgraben nicht die
Methoden der Sowjetunion anwenden könne:

Auf den Akazienbäumen Linsen, und die Quecken tragen Weizen,
Kirschen wie kleine Äpfel groß – nicht in Katzgraben!
Von Jahr zu Jahr wirds Wasser bei uns knapper.
Sogar in einem nassen Jahr
wird keine Feldmaus mehr in ihrem Loch ersaufen.

Der Dialog gewinnt durch die Versifizierung schöne Schlag-
kraft:

KLEINSCHMIDT
Ich würde heut nicht an die Straße rühren.
STEINERT
Gerade. Ohne Straße gibt's kein Wasser.
KLEINSCHMIDT
Und die bau'n ohne Wasser keine Straße.

(Der Großbauer Großmann greift den Parteisekretär Steinert an.)
GROSSMANN
Im Krieg bist du den Russen zugelaufen.
STEINERT
Ganz schnell sogar. Der Pest enteilt man.
GROSSMANN
Mit solchen Kerlen sollte man gewinnen!
STEINERT
Daß du gewinnst – grad das mußt' man verhindern.

GROSSMANN

Mit solchen Kerlen sollte man Großdeutschland halten!

STEINERT

Großbauerndeutschland meinst du — deine Pfründe!

Das Stück ist voll glücklicher Prägungen.

BÄUERIN

Die neue Straße muß gepflastert werden.

STEINERT

Womit denn pflastern?

BÄUERIN

Wüßte schon, womit.
Man könnt' die Mauer rings ums Gut abreißen,
die düngt mit ihren Schatten nur die Nesseln.
Und muß der Park jetzt noch ummauert sein?

MAMMLER

Die Mauer — die gehört dem Gutsherrn.

STEINERT

Ja?

Gehört sie ihm?

MAMMLER

Hat ihm gehört.

STEINERT

Ach so.

Die Bäuerin Kleinschmidt (eine der schönsten Figuren der neueren deutschen Literatur) fragt in bezug auf das Grubenwasser und anderes:

Muß dreckig bleiben, was da dreckig ist?

Ihre Tochter, die die Mutter nicht allein in der Fron des Großbauern lassen will, schickt sie auf die Agronomenschule mit den Worten:

Studier ihn tot, den Hund!

Ihrem Mann, der in der Frage der Straße umgefallen ist, sagt sie:

Gackert von Fortschritt, aber legt kein Ei!

Dem Parteisekretär Steinert gibt die junge Agronomin einen Rat zurück, den er ihr in einer privaten Angelegenheit gegeben hat, und er sagt lachend:

> Jetzt hätt ich beinah was von mir gelernt!

Die Schauspieler benutzten auf den Proben dauernd Zitate aus dem Stück.

Ich halte es für eine bedeutende Errungenschaft, daß wir unsere Arbeiter und Bauern auf der Bühne sprechen hören wie die Helden Shakespeares und Schillers.

Auch die Fabel des Stücks ist in großer Weise gestaltet. Wir bekommen Katzgraben in zwei aufeinanderfolgenden Jahren und dann noch ein halbes Jahr später zu sehen. Diese Zeitsprünge zerschneiden jedoch die Handlung keineswegs. Ein und dasselbe Thema geht durch und entwickelt sich folgerichtig, und der Klassenkampf erklimmt immer höhere Stufen. Der Neubauer muß sich 1947 in der Angelegenheit einer Straße, die Katzgraben enger mit der Stadt verbinden soll, dem Großbauern beugen, weil er noch dessen Pferde für die Erfüllung des Anbauplans benötigt: um Doppelernten zu bekommen, muß er tief pflügen. 1948 haben ihm seine Doppelernten einen Ochsen eingebracht, und er ist in der Lage, gegen den Großbauern die Straße durchzusetzen. Aber der Ochse ist sehr mager, und es fehlt Futter. 1949 wird der Grundwassermangel vordringlich; ohne eine Lösung des Problems ist alle bisherige Arbeit in Frage gestellt. Auch dieses Problem ist ein politisches, und im Nachspiel wird die Lösung auf breitester Grundlage in Angriff genommen: der Traktor ersetzt den Ochsen. Dies alles ist dichterisch gestaltet. Aus so »prosaischen« Dingen wie Kartoffeln, Straßen, Traktoren werden poetische Dinge!

Das Wichtigste freilich sind Strittmatter die neuen Menschen seines Stücks. »Katzgraben« ist ein Hoheslied ihrer neuen Tugenden. Ihrer Geduld ohne Nachgiebigkeit, ihres erfinderischen Muts, ihrer praktischen Freundlichkeit zueinander, ihres kritischen Humors. Sprunghaft verändert im Laufe des Stücks das soziale Sein ihr Bewußtsein. Die Bauern, die der ersten Voraufführung beiwohnten, erkannten sich wieder in diesem Stück und diskutierten freundlich mit dem Autor seine Ansichten.

Das Stück zeigt nicht nur. Es zieht den Zuschauer mächtig in den großen Prozeß der produktiven Umwandlung des Dorfes, angetrieben durch den Dynamo der sozialistischen Partei der Deutschen Demokratischen Republik. Es erfüllt ihn mit dem Geist des kühnen Fortschreitens.

> Lernt und verändert, lernt daraus aufs neue
> und ändert wieder!

Ist »Katzgraben« ein Tendenzstück?

B. Ich sehe es nicht als Tendenzstück an. Wolfs »Cyankali« ist ein Tendenzstück, übrigens ein sehr gutes. Es ist zur Weimarer Zeit geschrieben, und der Verfasser verlangt in ihm das Recht der proletarischen Frauen auf Abtreibung im Kapitalismus. Das ist ein Tendenzstück. Sogar Hauptmanns »Weber«, ein Stück voll von Schönheiten, ist ein Tendenzstück, nach meiner Meinung. Es ist ein Appell an die Menschlichkeit der Bourgeoisie, wenn auch ein skeptischer Appell. »Katzgraben« hingegen ist eine historische Komödie. Der Verfasser zeigt seine Zeit und ist für die fortschreitenden, produktiven, revolutionären Kräfte. Er gibt manche Hinweise für Aktionen der neuen Klasse, aber er geht nicht darauf aus, einen bestimmten Mißstand zu beseitigen, sondern demonstriert sein neues, ansteckendes Lebensgefühl. So müssen wir auch das Stück aufführen, wir müssen einem proletarischen Publikum Lust machen, die Welt zu verändern (und ihm einiges dafür nötiges Wissen vermitteln).

Zur Aufführung

Besetzung der Hauptrollen

Für die Besetzung der Hauptrollen hatten die Dramaturgen, die Regisseure und das Büro Vorschläge gemacht. Die Regie entschied nach folgenden Gesichtspunkten.

Für die Rolle des Neubauern Kleinschmidt kam nur ein Schauspieler in Frage, bei dem die Freude am Experimentieren nicht als bizarre Verschrobenheit wirken würde. Bei aller Anlage dazu wird Kleinschmidt hauptsächlich durch seine Lage zum Ausprobieren neuer Methoden veranlaßt. Sein Vertrauen auf die Wissenschaft mußte genügend auffällig für einen Bauern sein, das Buch in seiner Hand etwas fremd. Es wurde der Schauspieler Gnass gewählt.

Für die Rolle des Grubenarbeiters und Parteisekretärs Steinert kam nur ein Schauspieler in Frage, der einen reifen Mann darstellen konnte. Bei einem jungen Steinert würde das Publikum seine gelegentlichen Fehler nur auf seine Unerfahrenheit schieben. Der Darsteller mußte auch imstande sein, die besondere Art von Müdigkeit zu spielen, welche Steinerts Unermüdlichkeit zeigt: Hier baut die Arbeiterschaft mit abgezweigten Kräften auch noch eine neue Landwirtschaft auf. Als Darsteller wurde Kleinoschegg gewählt.

Für die Rolle der Bäuerin Kleinschmidt setzte das Berliner Ensemble Angelika Hurwicz ein, die Darstellerin der Stummen Kattrin und der Marthe Schwerdtlein. Die Hurwicz ist gleich gut in der Darstellung stiller und empfindsamer Mädchen wie resoluter reifer Frauen. Sie vermag nicht nur komisch, sondern auch lustig zu sein.

Für die Rolle ihrer Tochter Elli wurde eine Schauspielerin benötigt, die die Umwandlung eines Bauernmädchens in eine Agronomin des neuen Staats darstellen konnte. Sie hat das

Bauernmädchen im ersten Akt zu spielen, im zweiten nicht aufzutreten und im dritten die junge Agronomin zu zeigen. Die Ausbildung, die sie auf der städtischen Schule erhält, mißt der Stückeschreiber nicht an ihren Leistungen oder Meinungen ab, sondern an ihrer Wirkung auf einen Bauernjungen, der sie im ersten Akt überhaupt nicht bemerkt und im dritten sogleich auf sie »fliegt«. Die Rolle wurde der Lutz gegeben. Auf der ersten Kostümanprobe stellte es sich heraus, daß sie das von der Regie erwartete »mausgraue, unscheinbare Geschöpf« nicht werden würde. Sie war ein kleiner, noch ungestalter Brocken, erotisch nicht attraktiv, jedoch sehr lebendig.

B. Das ist lehrreich. In jedem Fall konnte sie nicht nur so sein oder so (mausgrau oder ungestalt). Sie mußte das Entscheidende *spielen*. Jetzt wird sie eben, anstatt »unscheinbar« zu spielen, »unattraktiv« spielen. Das ist sogar besser.

Für die Rolle des ewig schwankenden opportunistischen Kleinbauern Mammler war zuerst ein kleiner, schwächlich aussehender Darsteller in Aussicht genommen. Die Regie entschied sich aber dann für einen großen und kräftigen Mann (Kaiser).

B. Es ist interessanter, wenn ein Turm schwankt, als wenn ein Grashalm schwankt.

Es war das Bestreben der Regie, die vier jungen Leute (Elli, Hermann, Günter, Erna) möglichst jung zu halten.

Dekoration

Die erste Frage war: Wie kann man den zeitgeschichtlichen Charakter dieser Komödie zum Ausdruck bringen?

B. Die Bühnenbilder müssen authentischen Charakter haben. Wir zeigen den Städtern die Vorgänge auf dem Land. Ich sage mit Bedacht nicht »die Zustände«. Zeitgeschichtlich, das ist: Dies und das spielt sich eben jetzt ab, war gestern anders und wird morgen anders sein. Wir müssen alles »festhalten«, später wird man es schwer rekonstruieren können, es ist aber geschichtlich wichtig.

Es wurde die Entscheidung getroffen, den Bildern dokumentarischen Anstrich zu geben, also sie so zu malen, daß sie an Photographie erinnerten. Und, natürlich, echte Motive zu nehmen. Der Bühnenbildner von Appen und Palitzsch fuhren mit Strittmatter in die Lausitz und wählten die Motive aus. Es wurde mehreres kombiniert, um auf das Wesentliche zu kommen, das die pure einzige Photographie nicht geben kann.

Großen Wert legte Brecht darauf, daß das Finstere, Unschöne und Ärmliche des preußischen Dorfes herauskam, die »Unbewohnbarkeit« dieser von den Junkern und der Verwaltung ausgesogenen und kujonierten Gebiete.

Das war das Land, das die Bauern unter der Führung der Kommunisten wohnlich zu machen hatten, das alte schlechte Milieu mit den neuen Menschen.

Es sollten Prospekte verwendet werden, vor die man die Möbel stellen konnte. Durch Prospekte wurden leichte Verwandlungen möglich, und das Stück konnte leichter Abstecher aufs Land machen. Um noch einmal die Assoziation an dokumentarische Photographie hervorzurufen, sollte ein Rahmen für die Prospekte gebaut werden, der an einen Passepartout erinnert.

Natürlich waren auch die Kostüme streng aus ganz naturalistischen Grundfiguren zu entwickeln. Erst wenn diese beschafft waren, konnte der künstlerische Prozeß der Typisierung vorgenommen werden.

Probenbeginn

Das Stück war im vorigen Sommer in Brechts Buckower Gärtnerhaus gründlich bearbeitet worden. (Teilnehmer: Strittmatter, Brecht, Berlau, Hubalek, Palitzsch, Rülicke.) Szene

für Szene war analysiert und umgebaut worden, Strittmatter
waren mitunter rohe Skizzen von Dialogen übergeben worden. Strittmatter, der vordem noch kein Stück geschrieben
hatte, arbeitete schnell und ohne Unwillen um, das letztere,
weil, wie B. glaubte, die Argumente nie rein politisch und nie
rein ästhetisch waren. Während der Arbeit brachte Strittmatter unvermittelt einen halben Akt in »merkwürdigem Rhythmus«, wie er sich etwas schuldbewußt entschuldigte. B. iden-
tifizierte den Rhythmus als Jamben, allerdings hatten die
Blankverse nicht die üblichen fünf Füße, sondern waren da
ganz irregulär. Als Strittmatter übrigens später reguläre
Blankverse schrieb, war B. nicht immer zufrieden und ließ
die unregelmäßigen, ja sogar Prosastellen, wo die ihm kräf-
tiger erschienen.

Die Proben begannen ziemlich formlos, wie gewöhnlich im
Berliner Ensemble. Die Textbücher waren ausgeteilt worden,
und im Probenhaus fand eine kleine Diskussion darüber
statt. Ein Hauptdarsteller, dem die Rolle des Parteisekretärs Steinert, eines älteren Grubenarbeiters, und die Rolle
des Großbauern zur Wahl vorgelegt worden waren, ließ sich
darüber aus, daß die positiven Helden so weit weniger interessant seien als die mehr negativen Rollen. Er hatte sich
für den Großbauern entschieden.

B. Was verstehen Sie unter »interessant«?

G. Nun, farbig, mit individuellen Zügen.

B. Ich schlage vor, zu untersuchen, woraus die Farben bei
Rollen bestehen. Das Wort bedeutet eigentlich nur, daß
verschiedene Tönungen da sind, das heißt, daß nicht alles
»grau in grau« ist, schematisch, eintönig, langweilig und so
weiter. Das ist doch bei den neuen Figuren, die wir positiv
nennen, auch möglich. Es darf eben nur nicht »der« Parteisekretär sein, ein Extrakt aller Parteisekretäre, ein Muster
von einem Parteisekretär, eine Figur ohne alle Züge als
parteisekretärischen. Die Figur *Steinert* ist durchaus individuell komponiert, es ist ein schon älterer Mensch, ein

Kumpel, der die Bauern nicht besonders schätzt, der sich auch mit ihnen nicht besonders auskennt, mit allerhand Parteierfahrung und mit sogenanntem einfachen gesunden Menschenverstand privater Prägung und so weiter und so weiter.

Und so steht es auch mit dem Neubauern Kleinschmidt, mit seiner Frau und seiner Tochter, alles positiven Helden.

G. Es handelt sich nicht nur um verschiedene Farben, sondern auch um kräftige Farben. Die neuen sind für gewöhnlich eben blaß.

B. Ich glaube, es kommt auf die Palette des Darstellers an, ob die Farben kräftig, klar, leuchtend auf dem Bild erscheinen. Und da kommen wir auf die Wurzel »Interesse« in dem Wort »interessant«. Interessant ist doch, was einem Interesse dient; das Interesse ist dem Künstler vielleicht nicht immer gegenwärtig, wenn er dies oder das in seiner Rolle oder in einer Situation interessant findet, aber es ist doch da oder war da. In »Katzgraben« werden nun die Interessen einer neuen Klasse angesprochen, einer Klasse, die bisher nicht in der Lage war, sich des Theaters zu bedienen. Ihrem Interesse dient und ihr erscheint interessant ganz anderes, als was bisher auf dem Theater dargestellt wurde. Daß zum Beispiel ein kleiner Bauer im Gemeinderat, wenn über eine neue Straße zur Stadt verhandelt wurde, gegen seine Meinung und gegen seinen Vorteil mit dem Großbauern stimmen mußte, der die Straße ablehnte, nur weil er von diesem ökonomisch abhängig war, konnte lange Zeit kein erregender, wichtiger, auffallender Vorgang auf dem Theater sein, es war zu selbstverständlich, gewöhnlich, da gewohnt, platt, fade. Vor dem neuen Publikum ist das ganz anders. Für das neue Publikum ist die Demütigung des Bauern ebenso interessant, wie für das alte die Demütigung eines Feldherrn war, der, besiegt, seinem Feind dienen mußte. Auch was die individuellen Züge betrifft, die einen Charakter interessant machen, gilt es, daß ganz andere Züge für das neue Publikum interessant, das heißt sein Interesse treffend sind als diejenigen, aus denen bisher die Charaktere zusammengesetzt wurden. Sie gilt es in den neuen Stücken aufzusuchen und zu gestalten.

Einige Tage später begann B., unterstützt von Strittmatter und jungen Assistenzregisseuren, aber auch von dem Dresdener Bühnenbildner von Appen, ohne vorherige Leseprobe das Stück in großen Linien zu arrangieren.

Arrangieren der Szenen

B. stellte das Stück sehr schnell. Er hatte kein Regiebuch, jedoch hatte er im Hinterkopf, wie er sagte, einige Vorstellungen besonders prägnanter Vorgänge, etwa im ersten Bild eine Gruppe (Neubauer, Tochter, junger Bergmann) und die Bäuerin, sich daraus entfernend und wortlos zum Herd gehend. (Das ist, wenn sie erfährt, daß die Tochter das Examen bestanden hat und zur Agronomieschule in der Stadt gehen wird, wodurch noch mehr Arbeit auf ihre Schultern fallen wird.)

Ich weiß also, sagte B., daß die Arbeitsbank des Bauern möglichst weit vom Herd stehen muß. Nein, ich gebe sonst darauf nicht besonders acht, stelle nicht alle Vorgänge vorher, um zu dieser Gruppe zu gelangen. Aber nicht lange, bevor es zu der Eröffnung kommt, wo ich die Gruppe gern zusammen hätte, lasse ich den jungen Bergmann vom Tisch aufstehen und hinüber zu dem Mädchen gehen, die bei ihrem Vater sitzt, ihm bei der Arbeit zu helfen. Er geht hinüber, um zu fragen, wie es in der Stadt gegangen ist.

w. Die schönen Gruppierungen werden bei Ihnen zuweilen angegriffen. Sie wirken, sagt man dann, formalistisch.

b. Das kann nur jemand sagen, der sie nicht auf ihre gesellschaftliche Bedeutung hin betrachtet hat. Im Alltag kann die Bäuerin neben dem Bauern stehen, das Mädchen neben dem Jungen sitzen, wenn die Eröffnung gemacht wird. Aber der Widerspruch der Interessen wird deutlich, wenn die andern die Mutter weggehen sehen, in eine Ecke, wo sie ihr Gesicht nicht mehr sehen können. Jeder Historienmaler komponiert so, daß das Wesentliche, der historische

Augenblick, herauskommt. Als Junge sah ich ein großes, übrigens miserabel gemaltes Bild »Begegnung von Bismarcks mit Napoleon III. auf der Straße von ...« Napoleon hat um die Begegnung nachgesucht, er wünscht zu kapitulieren. Bismarck kommt zu Pferd, Napoleon zu Fuß. Bismarck hat das Gesicht dem Beschauer zugewendet, Napoleon sieht man über die Schulter. Nicht viel Unklarheit da, wer der Sieger ist! Und der Maler läßt nicht beide im Profil auftreten, er wählt die Diagonale, Bismarck kommt von hinten rechts geritten, Napoleon von links vorne gestiefelt: das Schicksal reitet auf den Kaiser zu. – Das Theater für dialektische Stücke benötigt besonders dringend solche Bilder, die im Gedächtnis bleiben, weil es in ihnen Entwicklung gibt und der Zuschauer die früheren Stadien im Gedächtnis bereithalten muß, um sie den neuen gegenüberzustellen. Das erinnert mich übrigens, daß wir für wilde Aufforderungen der Kleinbäuerin an ihre Tochter, den Großbauern betreffend: »Studier ihn tot, den Hund!«, noch kein einprägsames Bild gefunden haben. Überlegen Sie sich eines!

Die Abstände der Möbel, Türen und Fenster voneinander sind bei den Arrangierproben B.s noch keinesfalls fixiert, auch das Bühnenbild ist erst in der Entwicklung begriffen, wenn die Gruppierungen, welche »die Fabel erzählen sollen«, entwickelt werden.

Phasen der Regie

P. In einem Notat wird unter anderem das erste Bild analysiert. Wie inszenieren Sie nun so ein Bild?

B. Erstens einmal: schichtweise.

P. Meinen Sie, das Grobe, Große, den Umriß zuerst? Das scheint mir nicht zu stimmen. Ich erinnere mich, daß Sie mitunter bei der ersten Stellprobe schon feine Details angeben oder vom Schauspieler akzeptieren.

B. Ja.

P. Kennen Sie die Sklaven von Michelangelo? Das sind Marmorblöcke, ganz roh zugehauen, aber dann kommt plötzlich ein Knie heraus, feinstens ausmodelliert, fertig. Er muß also das Ganze genauestens mit allen Proportionen im Kopf gehabt haben, bevor er anfing.

B. Das kann ich aber von mir nicht sagen; ich bin anscheinend kein Michelangelo. So im Kopf habe ich das Ganze nicht, ich lasse mich eher vom Interesse leiten, auch vom Momentanen. Die Einzelheiten geben oft den Geist des Werks und locken an, das ist alles. Vielleicht hatte übrigens Michelangelo auch keine so feste Vorstellung beim Beginnen. Er machte eben einmal zunächst ein Knie; das beeinflußte dann die Proportionen des übrigen. Das Knie mußte eben möglich sein. Ich glaube, man sollte weder eine zu rohe, noch eine zu genaue Vorstellung haben. Wo bleibt sonst die Überraschung?

P. Schichtweise, sagten Sie.

B. Im großen und ganzen geht man natürlich vom Groben ins Feinere, aber nicht pedantisch. Die Hauptsache beim schichtweisen Arbeiten ist, daß man nicht immer alles sagt, was man zu sagen hätte, das heißt, daß man die Phase der Proben berücksichtigt und nur sagt, was in die Phase gehört. Das ist wichtig für junge Regisseure.

P. Was gehörte zur ersten Schicht beim ersten Bild?

B. Wir nehmen an, daß die Fabel analysiert ist und die Hauptpunkte gefunden sind. Im ersten Bild handelt es sich, ganz grob gesehen, darum, daß ein fortschrittlicher Neubauer an einer neuen Straße zur Stadt interessiert ist und für sie in der Gemeindeversammlung stimmen will und daß seine Tochter ihm einen Anbauplan für das laufende Jahr bringt, den er nur ausnutzen kann, wenn er gegen die Straße stimmt. Fügen Sie jetzt gleich die »innere Geschichte« hinzu.

P. Der Neubauer legt großen Wert auf den Fortschritt. Er hat sich vor Familie und Nachbarn auf die Straße festgelegt und muß, auf Befehl des Großbauern, dessen Pferde er für den Anbauplan noch benötigt, gegen einen Fortschritt stimmen. Er verliert sein Gesicht, er muß sich von seiner Frau sagen lassen: »Gackert vom Fortschritt und legt kein Ei.« Nun die erste Schicht.

B. Natürlich müssen wir jetzt vergessen, was *ich* machte. Ich habe soundso viel Erfahrung und machte mehreres zugleich; aber Sie wollen ein Rezept, und ich will also einen jungen Regisseur inszenieren lassen – oder einen alten, der für solche Stücke keine Erfahrungen hat. Er stellt, setzt und bewegt seine Figuren am besten zunächst nur so, daß die Hauptvorgänge der Fabel klar herauskommen. Das Wesentliche davon muß bildhaft herauskommen, aber die Gruppierungen müssen doch ganz natürlich sein.

P. Sie meinen, keine symbolischen Gruppierungen? Etwa in der »Maria-Stuart«-Aufführung des Deutschen Theaters: Elisabeth kommt auf einer Bühnenschrägung immer mehr nach unten zu stehen, Maria Stuart immer mehr nach oben, wodurch »bildhaft« der moralische Auf- und Abstieg der kämpfenden Königinnen angedeutet werden soll.

B. Um Gottes willen. Ich meine einfach solche Dinge: Auftreten der Neubauer und ein junger Grubenarbeiter. Der Neubauer setzt sich auf eine Bank, an der er anscheinend für gewöhnlich arbeitet, der Grubenarbeiter auf ein Sofa am Tisch. Das zeigt, er ist der Gast. Aber nehmen wir, da wir bei der ersten Schicht halten, besser einen Hauptvorgang: den Umfall. Wir lassen den Neubauern umfallen im Kreis seiner Familie, am Eßtisch, während ein Nachbar von der Arbeitsbank aus zuschaut und der Sendbote des Großbauern von der Tür aus, *in seinem Rücken*.

P. Warum von der Tür aus?

B. Das zeigt, er ist nur »beiläufig« hereingekommen, im Vorbeigehn, noch zu andern abhängigen Kleinbauern unterwegs.

P. Topographie. Sie teilen für das erste (und fünfte) Bild den Raum, die Wohnküche der Kleinschmidts, ein in drei Inseln. 1. Die Arbeitsbank im linken hinteren Eck. 2. Der Kochherd in der Mitte hinten. 3. Der Eßtisch rechts vorn. Das ist der Bereich des Bauern, der der Bäuerin und der gemeinsame Bereich. Das verhilft zu klarer Gliederung.

B. Dazu der Platz an der Tür, in der Mitte hinten. Von daher kommt der Anbauplan (von der Tochter gebracht) und das Veto des Großbauern (von dessen Ziehsohn gebracht). Das ist günstig, denn auf diese Weise bekomme ich die größtmöglichen stellungsmäßigen Auswirkungen für diese entscheidenden Vorgänge. Das Mädchen setzt sich mit dem Anbauplan zum Vater auf die Arbeitsbank. Zu ihr, vom Eßtisch (Insel drei) kommt der Grubenarbeiter und vom Herd (Insel zwei) die Bäuerin. Sie bilden eine Gruppe beim Verlesen. Wenn der Ziehsohn des Großbauern mit dem Veto in die Tür tritt, verscheucht er zunächst die Tochter, die – in einem langen Gang, günstig auch noch, weil er ihr gestattet, den Unwillen über den von ihr geliebten Ziehsohn auszudrükken, der sie sozusagen hinauswirft – nach rechts abgeht, und hat dann die Familie auf Insel drei, Eßtisch, und den Nachbarn auf Insel eins, Arbeitsbank. Sein Veto trennt den Nachbarn von Kleinschmidt, der Nachbar folgt ihm nach, zur Tür hinaus.

P. Gleichzeitig ist die Stellung an der Tür für den Gast in Bauernstuben durchaus üblich und der Brauch. Der Nachbar wird als der Familie näherstehend gekennzeichnet, indem er von rechts hereinkommt, mit der Bäuerin, vom angenommenen Hof her. Wir sind mit der ersten Schicht damit so ziemlich fertig. Zweite.

B. Sagen wir jedenfalls, eine der nächsten Schichten. Jetzt kann das *post hoc* und das *propter hoc* (das *nach diesem* und das *wegen diesem*) etabliert werden. Kurz, jetzt heißt es, zu zeigen, was folgt auf was, und warum folgt es darauf. Bevor von der Bühne herab ein Vorgang etabliert, das heißt sein Verständnis gesichert ist, darf nicht zu einem anderen Vorgang fortgeschritten werden. Wir müssen so etwa etablieren, daß der Neubauer die Straße haben will, weil sie ein Fortschritt in seinen Augen ist, bevor wir weitergehen und den Anbauplan in Szene setzen, dessen Hereinplatzen etwas anderes einleitet (nämlich Ereignisse einleitet, die später zum Umfall führen).

P. Wie also machen Sie es zu einem in sich geschlossenen, wirksamen, wichtigen Vorgang, daß der Neubauer die Straße will?

B. Indem ich den ersten Satz »Ich bin dafür, daß wir die neue Straße bauen« *absetze* (von den folgenden Sätzen), ihn wie einen Titel sprechen lasse. Und indem ich den spaßhaften Wortwechsel mit dem jungen Bergmann darüber, daß die Grube am Verfall des alten Wegs schuldig ist, sozusagen unterspielen lasse. Das heißt, ich löse ihn in Bewegung auf, der Bauer holt zweimal Maisstroh vom Hof herein, auf langen und schnellen Gängen über die ganze Bühne, während er dann, in aller Ruhe und also besser sich einprägend, der Bäuerin, die inzwischen eingetreten ist, die Straße als etwas Fortschrittliches darstellt.

P. Die Gänge sind freilich schon im Buch.

B. Da fiel wohl eine Regieabsicht in die Vorphase: die der Bearbeitung. Aber immer noch bleibt es wichtig für die Regie, den Streit verhältnismäßig unwichtig vor sich gehen zu lassen.

P. Und wie machen Sie es zu einem wichtigen Vorgang, daß der Bauer am Fortschritt hängt (innere Geschichte)?

B. Indem ich die Szene mit dem Buch, das der Bauer dem jungen Bergmann geliehen hat, groß hervorhebe. Ich lasse ihn einen Gang zum Tisch machen, sich die Hände abstreifen, bevor er nach dem Buch greift, das Buch zärtlich aufnehmen, es dann in einem zweiten Gang zum Gewehrschrank bringen und es dort einschließen, bevor er sich wieder setzt. Und ich lasse ihn seinen Zorn und seine Trauer über den Jungen, der das Buch nicht gelesen hat, groß spielen. Da der Bauer in seiner Propagandarede (einem Gedicht) für die neue Straße zur Bäuerin hin, eindringlich – es muß eindringlich sein – erklärt, wie Buch und Straße, Wissen und Stadt zusammenhängen, haben wir, denke ich, nun etabliert, was etabliert sein muß, bevor wir den Bauern umfallen lassen: Später am Tisch wird er die Straße vor dem jungen Menschen, seinem Schüler, dem wegen seiner geringen Fortschrittlichkeit gescholtenen Schüler, abschwören müssen – und so sein Gesicht verlieren.

P. Weitere Schichten?

B. Sind die der Differenzierungen verschiedener Art.

P. Können Sie wieder an der Umfallszene demonstrieren?

B. Wir haben bei der ersten Schichtlegung die Familie beim Umfall und nach dem Umfall, wenn die Familie allein bleibt, beisammensitzen lassen. In einer ziemlich späten Phase der Proben ließen wir die Familie durch den Umfall des Vaters sozusagen explodieren. Der Bauer lief zum Anbauplan auf der Bank, sich an ihn sichtbar klammernd. Dieses Arrangement machte das Zerwürfnis in der Familie *sichtbar*. Es wurde auch das Zurückgreifen auf den Anbauplan (der den Umfall herbeiführte) als eine neue Wendung sichtbar gemacht dadurch: es ist der Anbauplan, und wie der Bauer ihn erfinderisch zum Erfolg machen will, was den Umschwung herbeiführen wird, der solches Umfallen überflüssig macht.

P. Sie gingen auch schichtweise vor, was den Vers betrifft. Sie ließen zu Beginn alles ziemlich naturalistisch sprechen und spielen und verwendeten in einer späteren Phase dann den Vers dazu, die Vorgänge zu erhöhen. Dann gibt es die Phase, wo die Figuren entwickelt werden; sie kommt, wenn alles bereits durchgestellt ist, so daß ein Überblick gewonnen werden kann. Nunmehr werden die Szenen nacheinander probiert, die den Entwicklungsgang der Figuren bestimmen.

B. Es empfiehlt sich bei bestimmten Stücktypen, erst wenn die Figuren Umrisse gewonnen haben, ganze Szenenfolgen auf ihre Dynamik durchzugehen. Wir machten das mit dem Gasthof-Bild. Nachdem zunächst alles ziemlich gleichmäßig, gleich stark gespielt worden war, setzten wir zwei kräftige Pfeiler in das Bild, die beiden Auseinandersetzungen zwischen Parteisekretär und Großbauer, rasant gespielt, in hoher Emotion, und zugleich verstärkten wir, das heißt machten lustiger, setzten als Kontrast die Szenen mit den heiteren Frauen.

Krisen und Konflikte

B. Indem wir die Krisen und Konflikte unseres Stücks herausarbeiten, folgen wir dem dialektischen Denken des revolutionären Proletariats. Der Dialektiker arbeitet bei allen Erscheinungen und Prozessen das Widerspruchsvolle heraus, er denkt kritisch, das heißt, er bringt in seinem Denken die Erscheinungen in ihre Krise, um sie fassen zu können.

Beispiele: In der deutschen Arbeiterbewegung des vorigen Jahrhunderts betrachteten und behandelten die Lassalleaner Bourgeoisie und Adel als eine einzige reaktionäre Masse. Die tiefen Gegensätze dieser herrschenden Klassen sahen sie nicht. Marx und Engels wiesen dann darauf hin, daß die Arbeiterschaft nicht Politik machen konnte, ohne die Kämpfe zwischen ihren Unterdrückern und Ausbeutern auszunutzen und selbst bei der Bourgeoisie fortschrittliche und reaktionäre Strömungen zu unterscheiden. – Die russische Arbeiterschaft lernte von Lenin, die Bauern nicht einfach als eine einheitliche Masse zu betrachten und zu behandeln, sondern als eine riesige Menschengruppe, die unter sich in ganz verschiedene Klassen gespalten war, Klassen, die der Bourgeoisie und dem Gutsbesitzeradel gegenüber ganz verschieden standen. Auf Grund einer solchen Betrachtungsweise war es der Arbeiterschaft möglich, Verbündete unter der Bauernschaft auszusuchen, deren Interessen den ihrigen gleichliefen oder damit in Einklang gebracht werden konnten. Was das Denken in Krisen betrifft, betrachteten die deutschen Sozialdemokraten die Entwicklung als eine gleichmäßige, stetige, unaufhaltsam fortschrittliche, meinten, das immerfort wachsende Proletariat werde auf »demokratischem Wege« einen immerfort wachsenden Einfluß im Staat erlangen, und waren bestrebt, die Bourgeoisie, wenn sie in Krisen (wie imperialistische Kriege oder Wirtschaftsdepressionen) kam, daraus befreien zu helfen (als »Ärzte des Kapitalismus«). Marx, Engels und Lenin hingegen waren bestrebt, die Krisen zu verschärfen und die Verlegenheiten der Bourgeoisie für die Interessen des Proletariats auszunutzen.

Unser Stück ist ein dialektisches Stück. Wir müssen die Widersprüche, Gegensätze, Konflikte gesellschaftlicher Art (und natürlich auch anderer Art) herausarbeiten. Da sind die Kleinschmidts, eine gegenüber der Nachbarschaft gewiß sehr geeinte kleine Neubauernfamilie. Aber es gibt Konflikte auch unter ihnen. Für die Bäuerin bedeutet der Weggang der Tochter auf die Schule Mehrarbeit. Die Erfindertätigkeit ihres Mannes ist auch keine reine Freude für sie. Das Maisstrohschneiden verunreinigt die Stube, und die Nachbarn lachen. Der Mann wiederum bekommt keine Unterstützung seiner Versuche von ihr, muß eher Spott einstecken, selbst vor Gästen. Die Tochter muß ihre Verliebtheit in den Ziehsohn des Großbauern verstecken, da der Vater ihn für einen Kriecher (vor dem Großbauern) hält. Dazu innere Konflikte: Für die Arbeit im Haus ist es schlecht, daß die Tochter zur Schule geht; für die Bekämpfung des Großbauern, bei dem sie sich schindet, ist es gut. Der Bauer wird hin- und hergerissen zwischen dem Wunsch, für die neue Straße zu stimmen, und der Furcht, es dadurch mit dem Großbauern zu verderben, von dem er wirtschaftlich abhängt.

Widersprüche bei dem Mittelbauern: Die Bäuerin ist für die FDJ, wenn sie die junge Magd vor den Zudringlichkeiten des Bauern schützt, gegen die FDJ, wenn sie die junge Magd gegen die Versuche schützt, die Arbeitszeit ungebührlich zu verlängern. Und so weiter und so weiter.

Krisen treten ein für den Neubauern, wenn er für die neue Straße stimmen soll, wenn er für den Ochsen, den er endlich bekommen hat, kein Futter hat, wenn der Grundwasserspiegel sinkt. Für den Mittelbauern, wenn er keine Neusaat hat, wenn er sich zwischen Großbauern und Kleinbauern entscheiden soll. Für den Großbauern, wenn der Parteisekretär den Kleinbauern Ochsen verschafft hat, wenn die Traktoren kommen und so weiter und so weiter.

Für alle Krisen und Konflikte müssen in unserer Aufführung Handlungen, Haltungen, Tonfälle gefunden werden, daß sie klar einsehbar werden.

Naturalismus und Realismus

Über die kleine Szene *Nachhausekommen der Bäuerin Kleinschmidt* im ersten Bild des ersten Akts kam es zu folgendem Gespräch:

R. Ist da nicht einiges recht naturalistisch?

B. Was zum Beispiel?

R. Das Ausklopfen der Holzpantinen, das Vor-die-Tür-Stellen des Besens, das Umhängen von Kleinschmidts Jacke.

B. Wenn diese Verrichtungen etwas zeigen, was hinausgeht über die Darstellung der täglichen häuslichen Routine zum Zweck der Erzeugung einer Illusion, man sei in einer Kleinbauernwohnung, ist es nicht Naturalismus. Im Naturalismus wird diese Illusion gebracht und durch zahllose Details erzeugt, weil dadurch die mehr oder weniger dumpfen Gefühle, Stimmungen und andern seelischen Reaktionen der Personen besser mitlebbar werden.

R. Ich weiß, Sie wollen, daß gewisse Handlungen zum Beispiel der Bäuerin Kleinschmidt eher nachlebbar als mitlebbar werden. Aber dienen die Details, die ich Ihnen nannte,
wirklich dazu?

B. Ich hoffe. Wir sehen die Bäuerin nach ihrer Feldarbeit
noch häusliche Arbeit verrichten; diese macht sie allein, sie
muß dem Bauern die Jacke an den richtigen Platz hängen,
sie wird später die Stube von seinem Heckenschneiden säubern müssen, kurz, eine gewisse Mehrarbeit fällt auf sie. Die
Lösung dieses gesellschaftlich sehr wichtigen Problems fällt
nicht in unser Stück, sie wird später mit einer andern Ar-
beitsteilung in der Genossenschaft oder in den Staatsgütern
erfolgen. Aber in unser Stück fällt, daß die Kleinschmidt
über das Studium ihrer Tochter in der Stadt nicht dieselbe
Freude empfinden kann wie ihr Mann, denn ihre Mehrarbeit
wird dadurch noch größer. Unsere Details stellen also nicht
nur die abendliche Stimmung in der Wohnung des Kleinbauern her: die Handlung hat bereits begonnen damit.

R. Sie meinen, es handelt sich um wesentliche Details, die mit
Ökonomie zu tun haben.

B. Die mit einem Menschen zu tun haben, von dem man erfährt, wie seine Lage ist und wie er damit fertig wird. Die
Kleinschmidtin ist ja nicht ein Aggregat gesellschaftlicher
ökonomischer Kräfte, sie ist ein lebendiger Mensch und ein
liebenswerter! Die Naturalisten nun zeigen Menschen, als
zeigten sie einen Baum einem Spaziergänger. Die Realisten
zeigen Menschen, wie man einen Baum einem Gärtner zeigt.

Verfremdung

P. Es ist dadurch schwer, von Ihnen zu lernen, daß alles, was
Sie machen, so leicht zu gehen scheint; im Augenblick, wo Sie
etwas anordnen, scheint es einem schon das Selbstverständliche.

B. Vermutlich zeige ich das Ändern falsch, oder ihr beachtet nicht genug das »Nicht so, sondern so«, das heißt vergeßt den Sinn des Gewesenen über dem Sinn des Gewordenen zu schnell. Das Aufbauen einer Aufführung darf nicht betrachtet werden wie ein Wachstum, sondern wie eine Montage.

P. Es ist keine Montage. Das Stück wächst ja organisch oder es ist nichts.

B. Gut, sagen wir: Es lohnt sich, mich beim Aufbauen einer Aufführung eher wie einen Monteur als wie einen Gärtner zu betrachten.

P. Was machen denn Sie, um weiterzukommen?

B. Ich frage mich bei jedem neuen Betrachten einer Szene nicht nur, ob das Angestrebte herauskommt, sondern auch, ob genug angestrebt wurde. Kann ich nicht noch mehr über das Verhalten der Menschen des Stücks sagen, Genaueres über die Vorgänge, Aufschlußreicheres, Lustigeres, etwas, das noch mehr Lust macht zu bestimmtem Verhalten oder mehr Abscheu hervorlockt über anderes, asoziales Verhalten? Wenn ich glaube, etwas Gesetzmäßiges gefunden zu haben, versuche ich, gerade das Gesetzmäßige daran klarzumachen.

P. Wie?

B. Indem ich es verfremde, das heißt es als ein »es ist so, nicht anders« darstelle.

P. Aber Sie arbeiten doch nicht mit eigentlichen Verfremdungen, wie Sie es in Ihrem »Kleinen Organon« anraten?

B. Nein. Wir sind nicht weit genug.

P. Wie würden Sie es machen, wenn Sie mit Verfremdungen arbeiten wollten?

B. Ich müßte die Schauspieler völlig umschulen und würde bei ihnen und beim Publikum einen ziemlich hohen Bewußtseinsstand benötigen, Verständnis für Dialektik und so weiter.

P. Wie käme es im Arrangement, »das die Fabel erzählt«, zum Ausdruck? Können Sie ein kleines Beispiel geben?

B. Gut, eines und ein kleines! Ich würde zum Beispiel die Überleitungen zu den Hauptvorgängen, die verfremdet werden sollen, deutlich als Überleitungen spielen lassen, schneller, unbetonter, nebensächlicher, und ich würde den Vorgängen einen demonstrativen Charakter geben, natürlich ohne ihre Lebendigkeit, Realistik, Vollheit zu beschädigen.

P. Warum das nicht einfach machen?

B. Das Theater ist wie ein Schwimmer, der nur so schnell schwimmen kann, wie es ihm die Strömung und seine Kräfte erlauben. Im Augenblick etwa, wo das Publikum unter realistischer Darstellung noch eine Darstellung versteht, welche die Illusion der Wirklichkeit gibt, würden wir keine der beabsichtigten Wirkungen erzielen.

Zweiter Akt

Krisen

B. hatte Strittmatter gebeten, mit ihm die Stellen im Stück ausfindig zu machen, wo Krisen eintreten oder in Sicht kommen. So unterbrach B. heute die Probe an der Stelle, wo der Neubauer hereinkommt und zugibt, daß er nicht weiß, wie seinen neuen Ochsen füttern, da er keine Wiesen hat.

B. Spielen Sie hier, daß Sie vor dem Abgrund stehen, nicht nur eine Art momentane Ratlosigkeit. Wir haben da eine auf dem Theater üble Gewohnheit, die Krisen unserer sympathischen Figuren dadurch zu überwinden, daß wir sie unterspielen und verdecken. Unsere Ungeduld, die Frage zu beantworten, ist so groß, daß wir sie oft gar nicht abwarten. Wir müssen überall, wo wir Lösungen zeigen, das Problem, wo wir Siege zeigen, die Drohung der Niederlage zeigen, sonst entsteht der Irrtum, es handle sich um leichte Siege. Überall müssen wir das Krisenhafte, Problemerfüllte, Konfliktreiche des neuen Lebens aufdecken – wie können wir sonst sein Schöpferisches zeigen?

Der Schauspieler Gnass, der schon in seiner Jugend proletarische Figuren in fortschrittlichen Stücken dargestellt hatte, verstand es gut, die Augenblicke der Krise darzustellen.

B. Die meisten Schauspieler verstehen nicht die Tiefe der Krisen auf diesen Gebieten. Sie sehen nicht ohne weiteres, daß den Neubauern Kleinschmidt die zunehmende Trockenheit der Felder

KLEINSCHMIDT
Grundwasserschwund. – Die Grube saugt uns aus.
GÜNTER
Wo nimmst du für dein Feld das Wasser her?

KLEINSCHMIDT
Ich weiß noch nicht.

ebenso bekümmert wie den König Richard Gloster das Entkommen eines seiner Feinde. Wir sprachen zu Beginn der Proben darüber.

Anlage der Figur Bäuerin Kleinschmidt

Strittmatter trieb immerzu dazu an, der Bäuerin möglichst viel Beschäftigungen zu geben. »Das Reden geht ganz nebenbei, das Wichtige ist die körperliche Beschäftigung.«

B. Im Weg steht den Schauspielern der Aberglaube an »das Wort des Dichters«, das alles allein schaffen wird (und soll). Das Reden selbst ist eine körperliche Beschäftigung. Nehmt die Erzählung von dem hungrigen Ochsen. Die Bäuerin sitzt ganz ruhig – und um sich von der Arbeit auszuruhen, eine Tätigkeit! – und erzählt. Aber sie benutzt ihren Körper unaufhörlich, während sie ihn ausruht, um ihre Meinung, ihre Empfindungen auszudrücken. Sie ist verstimmt auf das Tier, das sie vor dem Großbauern und dem Dorf blamiert hat, aber dann beginnt sie, sich zu vergnügen an der Vitalität des hungrigen Viehs, und sie kommt ins Lachen wie Leute, die ihre Krankheiten aufzählen und plötzlich entdekken, es sind schon zu viele, es ist schon komisch.

Über die Heiterkeit, die seelische Ausgeglichenheit der Kleinschmidtin, wird ebenfalls gesprochen.

H. Schließlich beschwert sie sich immerfort, Brecht.

B. Es gibt Beschwerden von Raunzern und Beschwerden von humorvollen Leuten.

H. Es sind nicht immer humoristische Äußerungen.

B. Es sind aber die Äußerungen eines humorvollen Menschen.

H. Schwer, das aus der Rolle zu erkennen.

B. Die Rolle besteht nicht nur aus den Äußerungen. Der Text

des Stücks enthält die Grundhaltung der Figur. Die Schauspieler neigen dazu, aus einer Aussage ihrer Figur, die bissig formuliert scheint, einen Charakterzug der Figur zu erschließen, Bissigkeit. Aber sie müssen die Grundhaltung der Figur studieren. Dies ist häufig – und in unserm Stück fast immer – eine politische Frage. Die Kleinschmidtin ist eine schöpferische Person, ob sie nun vorschlägt, die neue Straße müsse, weil ihr Ochse sonst den Wagen nicht ziehen kann, gepflastert werden, oder ob sie gleich auch noch vorschlägt, man solle die Steine von der Parkmauer des geflüchteten Barons dazu verwenden, ob sie die Tochter auffordert, zu studieren, um den Großbauern im Dorf »totzustudieren«, oder ob sie die Bäuerinnen auffordert, im Dorfkrug Bier zu bestellen, wie es die Männer tun – sie ist schöpferisch.

H. Gut. Aber daß ihr Mann schöpferisch ist, das versteht sie nicht. Sie spricht doch abfällig von seiner Schneefängerei.

ST. Das ist eigentlich nicht abfällig, jedenfalls muß es nicht so gesprochen werden. Besser, er »spielt sich mit dieser Experimentiererei herum«, als daß er saufen ginge. Sie redet da eher wie die Mutter zu einem dickköpfigen Kind.

B. Ja, mit einer freundlichen Überlegenheit, oft nickend, wie man nickt, wenn man einem zuhört, wenn er, zum hundertsten Mal, sein Steckenpferd reitet.

H. Aber sie hat doch da nicht recht.

B. Nein.

H. ?

B. Ihre Überlegenheit hat sie von dort, wo sie überlegen ist.

H. Ich verstehe. Sie wollen sagen, daß man dergleichen eben nicht aus *einer* Äußerung nehmen darf, sondern aus dem Ganzen.

B. Hm.

An der Stelle, wo die Kleinschmidtin den Parteisekretär darüber aufklärt, daß sein Ochse ein etwas schwächliches Exemplar ist, riet Berlau, sie solle mit ihrem Topf, in dem sie etwas quirlt, sich vor Steinert stellen, anstatt nur vom Herd aus in seinem Rücken zu reden. Hurwicz äußert spaßhaft, das sei wohl hauptsächlich für das photographische Bild gut.

BE. Was für das photographische Bild gut ist, ist eben gut. Die Bäuerin selber tritt vor den Steinert hin, weil es eine kleine Demonstration ist, weil sich dadurch dem Steinert besser einprägen wird, was sie ihm zu sagen hat. Übrigens kann sie es auf diese Weise freundlicher sagen, die Stellung allein drückt schon den Angriff genügend aus. Ich meine, die Kleinschmidtin tritt dem Steinert so gegenüber, damit sie nicht grob zu reden braucht.

B. Ausprobieren.

Es zeigt sich, daß die Szene tatsächlich gewinnt, und weitere psychologische Erörterungen werden überflüssig.

[Parteisekretär Steinert]

1

B. über die Rolle des Parteisekretärs Steinert: Wir spielen ihn als einen Bergmann, der am Abend die Haue weglegt und in dem benachbarten Katzgraben Parteiarbeit unter den Bauern macht. Er ist körperlich müde. Das ist schwer zu spielen, durch ein ganzes Stück; es ist nicht genug, daß er sich so schnell wie möglich setzt, um auszuruhen. Einige Ausdrücke der Müdigkeit fallen auch weg, zum Beispiel daß er sich, wie Kleinoschegg es einmal machte, mit der Hand über das Gesicht wischt. Er würde sich Kohle ins Gesicht wischen. Aber es gibt viele Möglichkeiten. Eine ist etwa, daß man besonders wach spielt, mit kleinen Rückfällen. Da muß man ein Studium daraus machen. Das Wichtigste ist, daß aus dieser Charakterisierung die Handlung gewinnt, die Fabel. Die Müdigkeit wäre schon allein deshalb gut, weil man zeigen kann, wie Steinert sie überwindet, frisch wird, auflebt, wenn er politischen günstigen Wind bekommt – oder Gegenwind. Wie am Ende des Bildes, das wir eben probieren. Die Erwähnung der Traktoren hat den Neubauern begeistert, er ist gestärkt für die Agitation. – Hier ist übrigens wieder ein Beispiel dafür, daß der Schauspieler den Gestus nicht aus einzelnen Sätzen oder Äußerungen holen darf, sondern aus dem ganzen Gespinst der Äußerungen einer Figur.

KLEINSCHMIDT
                              Mit Traktoren
    da könnt man Furchen ziehen, daß man bis zum Nabel drinsteht.
STEINERT
    Jetzt furcht der Karl schon wieder in den Wolken.

Steinerts Satz klingt tadelnd, mürrisch. Aber Steinert muß sich über Kleinschmidts Freude auf Traktoren unbedingt freuen. Der Satz muß also liebevoll kommen!

2

Die Rolle des Parteisekretärs Steinert bereitete große Schwierigkeiten.

B. Sie spielen einen Lehrer der Bauern, der etwas weiß und etwas vorhat und die Bauern entsprechend behandelt. Aber es handelt sich um eine neue Art Lehrer. Es ist ein Lehrer, der lernt. Sie sind einer von ihnen; wenn Sie auch kein Bauer sind, so sind Sie doch einer von ihnen, nämlich den Großbauern gegenüber. Sie müssen immerfort herausfinden, was *sie* wissen und was *sie* vorhaben. Sie müssen beobachten, *versuchen* (es so und anders versuchen, meine ich), Sie müssen sogar horchen, während Sie sprechen!
Was die Partei macht, ist nur das Klügste, was die Bauern und Arbeiter machen könnten, und es kommt nur durch, wenn sie es wirklich können.
Wie nehmen die Neubauern die Zuteilung von Ochsen auf? Ach, sie finden sie zu elend und haben kein Futter, sie herauszufüttern? Aber dieser da bemüht sich schon, einen Ausweg zu finden, ja? So beobachten Sie und lernen unausgesetzt.

[Die komische Reaktion]

Die Großbauernfamilie bespricht düster die bevorstehende Abstimmung über die neue Straße. Es sind so viele Bauern abgefallen, daß der Großbauer ziemlich isoliert steht. Plötzlich, in einer Pause des Grübelns, sagt der »Ziehsohn« träumerisch: »Ich würd gern Traktorist.«

G. Mir fehlt noch irgendeine komische Reaktion auf diesen Wunsch meines Ziehsohns.

B. Warum eine komische?

G. Es ist doch eine Komödie, nicht?

B. Ja, aber es ist nicht alles darin komisch, und was komisch ist, ist es in ihrer Art. Der Großbauer ist in einer Krise, das vor allem muß herausgearbeitet werden. Der Abfall des Ziehsohns bedeutet einen weiteren Schlag für ihn. Zunächst muß das Publikum das merken. Wir stellen die großen Klassenkämpfe auf dem Lande dar. Sie können, wenn wir sie »rein komisch« darstellen, leicht als zu leicht aufgefaßt werden, und nichts wäre für den Kampf ungünstiger. Der Großbauer ist immer noch eine sehr gefährliche gesellschaftliche Erscheinung. Es ist nicht klug, einen Gegner auf die leichte Achsel zu nehmen; er könnte sich dort unangenehm bemerkbar machen.

G. Also keine komische Reaktion?

B. Zunächst nicht. Zunächst reagiert der Großbauer vermutlich mit einem finsteren Starren. Die *komische* Reaktion kommt etwas später. Sie besteht darin, daß er, wenn der Ziehsohn hinausgegangen ist, sagt: »Ein Taschengeld wird man ihm geben müssen.« Das heißt, Sie versuchen, die revolutionäre Entwicklung auf dem Lande durch ein Taschengeld aufzuhalten.

Die Figur des Großbauern

Die Gestaltung des Großbauern durch Geschonneck, einen der besten Darsteller des Theaters, war von gelegentlichen Probenbesuchern, die das Dorf kannten, angegriffen worden. Sie fanden die komischen Effekte zu kraß und sprachen von Grimassen und Clownerie. Strittmatter und Palitzsch, auch Rülicke schlugen vor, alles bei ihm zu dämpfen.

B. Ich halte nichts von einer Dämpfung des Ganzen. Der Großbauer ist der Dorffeind, wir haben das Recht, ihn zu verhöhnen, solange wir ihn noch als gefährlich darstellen. Ich glaube, wir sollten genau untersuchen, [. . .] wo die Komik die Figur des Großbauern für den *Klassenkampf* verzerrt. Fein oder grob, dick oder dünn spielt dann keine Rolle mehr.

P. Es ist zum Beispiel falsch in diesem Sinn, wenn Geschonneck zu Beginn von II, 2, wo Großmann die Erwerbung von Ochsen durch die Neubauern als Schlag gegen sich bezeichnet, ob die Ochsen fett oder mager sind, diesen Äußerungen einen komischen Einschlag verleiht. Das ist politische Erfahrung und Voraussicht, und wir haben nichts darüber zu lachen.

B. Sehr gut.

[Rückzahlung der Schulden]

Kleinschmidt zahlt Mittelländer in Anwesenheit Großmanns seine Schulden zurück. Er setzt sich an den Tisch und will auszahlen. Großmann hat ihn eben verhöhnt, weil er seinen neuen Ochsen nicht ernähren kann.

Er weidet auf den Bäumen wie ein Heuschreck und bleibt in seinen tiefen Furchen liegen.

ST. Mittelländer sollte noch über Großmanns Witze mitlachen, wenn er das Geld sieht. Sein Lachen bricht jäh ab.

B. Aus dem Schuldenzahlen muß ein großer historischer Vorgang werden. Kleinschmidt hat seine verbeulte Brieftasche umsichtig und umständlich aus der inneren Joppentasche gezogen, und er setzt sich an den Tisch, um die Aktion bequemer ausführen zu können.

Der Schauspieler Gnass probiert dies.

B. Gnass, es ist nicht leicht, mit Händen, die den Pflug führen, Geldscheine zu manipulieren. Zeigen Sie das genau.

ST. Blasen Sie doch in das Bündel Scheine und spucken Sie auf den rechten Daumen, damit Sie besser zählen können. Nein, nicht den Daumen ablecken, den Kleinschmidt ekeln die Scheine.

B. Machen Sie das Ganze bitte noch einmal, aber sagen Sie, wenn Mittelländers Lachen abbricht, nicht sofort Ihr »Lacht nur, die Furchen haben sich verlohnt«. Zahlen Sie erst aus, Schein auf Schein, lang!

Die Szene wird so wiederholt, aber es bedarf mehrerer Male, bis der Schauspieler Gnass eine »Pause« wagt, die Brecht lang genug ist. Dann läßt Palitzsch dem Regietisch sagen, Kleinschmidt solle doch alles Geld, das er in der Brieftasche hat, auszahlen, damit klarwerde, er zahle tatsächlich den Rest des Geldes nach Kauf der Ochsen für Schulden aus, das er durch seine Doppelernte verdient hat.

B. Damit er »ehrlich« erscheint? Ich weiß nicht.

P. Nein, natürlich nicht deshalb. Sein Schuldenauszahlen ist eine politische Aktion, er will den Mittelbauern gewinnen. Das läßt er sich etwas kosten.

B. Gut, das ist ein wichtiger Punkt. Aber zwei Scheine muß er zurückbehalten. Wenig Geld ist auf der Bühne weniger als kein Geld.

ST. Er muß in jeder Hand noch einen Schein haben und ihn betrachten: Das Geld verfliegt.

[Die Großbäuerin]

Der Tageslauf

Mehr als andere Schauspieler hatte die Weigel in diesem Stück Schwierigkeiten, den Charakter ihrer Figur, der Großbäuerin, aufzubauen.

P. Würde es Ihnen nicht helfen, wenn Sie sich den Tageslauf der Großbäuerin zurechtlegten? Was hat sie am Morgen getan, was hat sie gefrühstückt, mit wem hat sie gesprochen, wie fühlte sie sich körperlich?

HW. Das hilft nicht bei diesem Stück. Es hat Jahresabläufe, nicht Tagesabläufe. Ich muß daran denken, was tat, äußerte, fühlte ich voriges Jahr? Im zweiten Akt, 1948, übernehme ich zum Beispiel mehr oder weniger die Führung, stehe anders zu meinem Mann. Ich spürte das so stark, daß ich auf den ersten Proben den Charakter der Großbäuerin überhaupt im zweiten Akt nicht mehr »hatte«, selbst die Sprechweise, die hohe, scheppernde Kropfstimme paßte nicht mehr, ich konnte mich einfach nicht erinnern daran.

P. Was wird Ihnen helfen?

HW. Daß ich das Stück mitbaue, nur das.

Die Weigel

B. Warum eigentlich der Kropf und die schiefe Schulter?

HW. Das zeigt, er hat sie ihres Geldes wegen geheiratet. Und hätte ich nicht Geld im Hof stecken, würde er sich mein Herumregieren nicht gefallen lassen. Ich selbst käme nicht darauf, herumzuregieren ohne dieses Geld, da ich religiös erzogen bin und »dem Manne untertan«. Diese Vorgeschichte hilft auch der Kleinschmidtin, ja sogar der Mittelländerin: Ihre Männer stehen anders zu ihnen.

Genie

B. Eine geniale Schauspielerin ist die Weigel.

x. Was ist Genie?

B. Genie ist Interesse.

Die Verssprache

B. Wozu dient die Verssprache? Zuerst das Politische, der Nutzen für den Klassenkampf. Die Verssprache hebt die Vorgänge unter so einfachen, »primitiven«, in den bisherigen Stücken nur radebrechenden Menschen wie Bauern und Arbeitern auf das hohe Niveau der klassischen Stücke und zeigt das Edle ihrer Ideen. Diese bisherigen »Objekte der Geschichte und der Politik« sprechen jetzt wie die Coriolan, Egmont, Wallenstein. Für den Vers fällt viel Zufälliges, Unwichtiges, Halbgares weg, und nur, was die große Linie aufweist, ist im Vers wiederzugeben. Hierin ist die Verssprache wie ein großes Sieb. Ferner klärt sie alle Aussagen und Gefühlsäußerungen, wie ein schönes Arrangement die Vorgänge zwischen den Menschen des Stücks klärt. Und sie macht manches Wort einprägsamer und unvergeßlicher und den Ansturm auf die Gemüter unwiderstehlicher.

Darstellung des Neuen

B. Unsere Schauspieler – genau wie unsere Schriftsteller mit wenigen Ausnahmen, darunter Strittmatter – vermögen das Neue nicht als Neues darzustellen. Dazu gehört historischer Sinn, den sie nicht haben. Die Sowjetschriftsteller haben ihn beinahe alle. Sie sehen (und machen sichtbar) nicht nur die neuen Kraftwerke, Dämme, Pflanzungen, Fabriken, sondern auch die neue Arbeitsweise, das neue Zusammenleben, die

neuen Tugenden. Nichts ist ihnen selbstverständlich. Ich erinnere mich einer Episode aus Fadejews »Die junge Garde«.
Die Bevölkerung flüchtet vor der andringenden Naziarmee
zu Beginn des Krieges. An einer beschossenen Brücke stauen
sich Flüchtlinge, Autos, versprengte Truppenteile. Ein junger Soldat hat einen Kasten mit Werkzeugen gerettet, muß
aber weg und sucht jemanden, dem er ihn anvertrauen
könnte. Es ist ihm unmöglich, ihn wegzuwerfen. Das ist
ohne jeden Kommentar so beschrieben, daß man die Gewißheit hat, einem neuen Verhalten beizuwohnen, einen Menschen zu sehen, den es vorher nicht gegeben hat. – Unsere
Schriftsteller beschreiben das Neue, das sich allenthalben be-
gibt, wie sie beschreiben, daß es regnet. In derselben Weise
spielen unsere Schauspieler.

x. Das betrifft nicht die Darsteller, die Mittelbauern und
Großbauern darzustellen haben.

B. Auch. Diese Menschen sind in einen Kampf geraten, den
es so nicht gegeben hat. Auch sie denken neue Gedanken
und nehmen neue Haltungen ein. Und der Schauspieler muß
sich über sie wundern können und seine Verwunderung festhalten können im Spiel, so daß auch das Publikum am
Neuen bemerkt, daß es neu ist.

Dritter Akt

[Das überlegene Wissen]

B. teilte der Darstellerin der Elli (Lutz) seine Gedanken über die überlegene Haltung mit, in der sie nach einjähriger Abwesenheit dem jungen Mann gegenübertritt, den sie liebt.

B. Streichen wir die. Wir wollen zeigen, was eine gute Schule leisten kann. Lassen wir sie nicht eine äußerliche Überlegenheit bei den Schülern erzeugen! Eine gute Schule verleiht Wissen nicht dazu, daß ihre Schüler andern überlegen sein können. Sie verleiht überlegenes Wissen.

[Aufbau eines Helden]

Beim Herausarbeiten der Krisen und Konflikte kamen wir auf die Haltung, in der der Parteisekretär Steinert die Eröffnung entgegennimmt, Grundwassermangel bedrohe das Dorf, und die Bauern gedächten nicht, vor einer Lösung dieses elementaren Problems die Straße zur Stadt weiterzubauen. B. drängte Kleinoschegg, den Darsteller des Bergmanns, echte Ratlosigkeit zu zeigen.

K. Aber das ist doch nicht ein Mann, den eine ungünstige Nachricht so leicht umwirft!

B. Entschuldigen Sie, dies ist nicht der Moment im Stück, die Unerschütterlichkeit des Sekretärs zu zeigen.

K. Kann man einen Sekretär brauchen, der ratlos ist? Das ist doch kein Vorbild!

B. Der Mann steht vor dem Zusammenbruch einer politischen Arbeit, der er viel Mühe gewidmet hat und von deren Wichtigkeit für das Dorf und für den Klassenkampf des Dorfs er überzeugt ist. Wenn er nicht wirklich betroffen ist, zeigt es sich nur, daß er ein Flachkopf ist. Wenn er nur so tut, als sei er nicht betroffen – übrigens müßten Sie dann die Betroffenheit doch spielen! – würde er einfach das Vertrauen der mit ihm gehenden Bauern verlieren.

K. Aber er weiß doch sogleich Rat:

> Dann brauchen wir Maschinen,
> Traktoren, Bagger. Bald Maschinen da sind,
> dreht sich auch alles raus aus dem Schlamassel.

B. Ich rate Ihnen, gerade mit diesen Versen die Tiefe seiner Ratlosigkeit zu zeigen. Wie der Ertrinkende nach einem Strohhalm, greift der alte Arbeiter nach der Maschine. Sie wird alles ins Lot bringen, es gibt nichts, mit was sie nicht fertig würde! Mit Maschinen, das ist die Art, wie die Arbeiterschaft ihre Schwierigkeiten zu überwinden versucht, instinktiv, »a priori«.

K. Ich befürchte, ich könnte dieser neuartigen Figur nicht gerecht werden. Sie verstehen, ich halte nicht jeden Funktionär für einen Helden, aber zu der Geschichte, die unser Stück erzählt, gehört es, daß ohne den Steinert die großen, günstigen Veränderungen in Katzgraben nicht hätten zustande kommen können.

B. Ja. Ich bin aber dagegen, daß Sie einen Helden darstellen, der dann die und die Heldentaten verrichtet. Lassen Sie Ihren Mann seine im Stück berichteten Taten verrichten, und er wird sich als Held herausstellen. Bei dem Aufbau eines Helden aus anderem Material als den konkreten Taten und der Handlungsweise, die das Stück Ihnen an die Hand gibt, bei einem Aufbau etwa aus Meinungen über Heldentum allgemeiner Art, könnten uns falsche Meinungen darüber in die Quere kommen. Ein Schwächling zum Beispiel ist nicht einer, der vor Gefahren nicht erschrickt oder sein Erschrecken vor andern nicht verstecken kann, sondern einer, der gegenüber der Gefahr praktisch versagt. Vergessen wir nicht, zu welcher Klasse unser Held gehört! Das Ideal des Mannes mit dem Pokergesicht ist ein kapitalistisches oder vielleicht feudales Ideal. Bei gewissen Geschäften darf der Händler niemals zeigen, ob ein gegnerisches Argument ihn getroffen hat, jede Unsicherheit würde seinen Kredit unterwühlen und so weiter. Der Unterdrücker, kapitalistischer oder feudaler Art, darf ebenfalls kein Bangen zeigen. Aber der Arbeiterführer wie Steinert steht mitten in der Menge, ihr Los ist das seine, seines das ihre, er muß nichts verbergen, er muß nur schnell zum Handeln kommen, und zwar mit dieser Menge Gleichinteressierter zusammen. Im Kapitalismus haben freilich auch die Gesichter der Menge einen stumpfen, undurchschaubaren Ausdruck angenommen, den Ausdruck solcher, die ihre Gedanken und Reaktionen verbergen müssen und denen es nicht der Mühe lohnt, sie zu zeigen, da es nicht auf sie ankommt. Das Menschengesicht im Sozialismus muß wieder ein Spiegel der Empfindungen werden. So wird es sich wieder verschönen. Nein, zeigen Sie Steinert ehrlich erschüttert, und zeigen Sie, wie er dann zum Handeln kommt und jeden, bei dem es nötig ist, zum Handeln bringt, und dann haben Sie Ihren proletarischen Helden.

Der positive Held

BE. Die Ansicht ist, man müsse sich als Zuschauer so in eine Figur auf der Bühne einfühlen können, daß man wünscht, es ihr im Leben gleichzutun.

B. Die bloße Einfühlung mag den Wunsch erzeugen, es dem Helden gleichzutun, aber kaum die Fähigkeit. Damit Verlaß ist auf die Gesinnung, muß sie nicht nur impulsiv, sondern auch verstandesmäßig übernommen werden. Damit ein richtiges Verhalten nachgeahmt werden kann, muß es so verstanden worden sein, daß das Prinzip auf Situationen angewendet werden kann, die der vorgeführten nicht ganz gleichen. Es ist die Aufgabe des Theaters, den Helden so vorzustellen. daß er zu bewußter, nicht blinder Nachahmung reizt.

BE. Ist das nicht sehr schwierig?

B. Ja, sehr schwierig. Es ist nicht leicht, Helden zu bekommen.

[Die Zusammenarbeit]

In der letzten Szene des Bildes spielten die Schauspieler die Beratung der Parteigruppe über den Wassermangel ziemlich kursorisch.

B. Bitte, gebt mir nicht das Gedachte, sondern das Denken. Was ist ein Rat, wenn er nicht aus der Ratlosigkeit kommt? Es muß sein, als ob ein einziges Gehirn da dächte. Das ist eine meiner Lieblingsszenen. Hier zeigt die Masse, die immer nur en masse behandelt wurde, was sie en masse entwickelte – die Zusammenarbeit. Hier können wir die neue Art zu siegen, verstehen.

[Ein Gespräch]

B. Das Gespräch zwischen der jungen Agronomin und dem Parteisekretär – sie fragt ihn, ob sie den politisch rückständigen Ziehsohn des Großbauern heiraten soll – ist eines der schönen neuen Gespräche sozialistischer Art, von denen es manche in unserm Stück gibt. Wir müssen es besonders probieren. Der Grubenarbeiter hat schwere politische Sorgen, aber er antwortet sorgfältig auf die private Frage des jungen Mädchens. Er verwandelt sie nicht ohne Humor in eine politische, ohne das Private darin, die Neigung des Mädchens zu dem jungen Mann, im geringsten beiseitezuschieben. Er gibt lediglich ihrer Neigung eine politische Richtung und Aufgabe, so die Liebe als eine produzierende Kraft ansprechend. Sie muß den Geliebten ändern, ihrer Neigung wert machen. Bei ihm, dem alten Kommunisten, gibt es keine Trennung von politischem und privatem Leben.

Episches Theater

P. Wie kommt es, daß man so oft Beschreibungen Ihres Theaters liest – meist in ablehnenden Beurteilungen –, aus denen sich niemand ein Bild machen könnte, wie es wirklich ist?

B. Mein Fehler. Diese Beschreibungen und viele der Beurteilungen gelten nicht dem Theater, das ich mache, sondern dem Theater, das sich für meine Kritiker aus der Lektüre meiner Traktate ergibt. Ich kann es nicht lassen, die Leser und die Zuschauer in meine Technik und in meine Absichten einzuweihen, das rächt sich. Ich versündige mich, zumindest in der Theorie, gegen den ehernen Satz, übrigens einen meiner Lieblingssätze, daß der Pudding sich beim Essen beweist. Mein Theater – und das allein kann mir kaum verübelt werden – ist ein philosophisches, wenn man diesen Begriff naiv auffaßt: Ich verstehe darunter Interesse am Verhalten und Meinen der Leute. Meine ganzen Theorien sind überhaupt viel naiver, als man denkt und – als meine Ausdrucksweise vermuten läßt. Zu meiner Entschuldigung kann ich vielleicht auf Albert Einstein hinweisen, der dem Physiker Infeld erzählte, er habe eigentlich nur, seit seiner Knabenzeit, über den Mann nachgedacht, der einem Lichtstrahl nachlief, und über den Mann, der in einem fallenden Aufzug eingeschlossen war. Und man sehe, was daraus an Kompliziertheit wurde! Ich wollte auf das Theater den Satz anwenden, daß es nicht nur darauf ankommt, die Welt zu interpretieren, sondern sie zu verändern. Die Änderungen, die sich aus dieser Absicht ergaben, einer Absicht, die ich selbst erst langsam erkennen mußte, waren, klein

oder groß, immer nur Änderungen innerhalb des Theaterspielens, das heißt, eine Unmasse von alten Regeln blieb
»natürlich« ganz unverändert. In dem Wörtchen »natürlich« steckt mein Fehler. Ich kam kaum je auf diese unverändert bleibenden Regeln zu sprechen, und viele Leser meiner Winke und Erklärungen nahmen an, ich wollte auch sie
abschaffen. Sähen sich die Kritiker mein Theater an, wie
es die Zuschauer ja tun, ohne meinen Theorien zunächst dabei Gewicht beizulegen, so würden sie wohl einfach Theater vor sich sehen, Theater, wie ich hoffe, mit Phantasie,
Humor und Sinn, und erst bei einer Analyse der Wirkung
fiele ihnen einiges Neue auf – das sie dann in meinen
theoretischen Ausführungen erklärt finden könnten. Ich
glaube, die Kalamität begann dadurch, daß meine
Stücke richtig aufgeführt werden mußten, damit sie
wirkten, und so mußte ich, für eine nichtaristotelische
Dramatik – o Kummer! – ein episches Theater – o Elend! –
beschreiben.

[Arrangieren einer Massenszene]

Es handelte sich darum, dem Schlußbild bei aller Plastik der
winzigen Einzelszenen, in denen die Figuren abgerundet werden, jene Turbulenz zu verleihen, welche durch Spaß erzeugt
wird und Spaß erzeugt.
B. teilte die Bühne in vier Örtlichkeiten (Bauhütte, Bier-
ausschank, Mitte und Eiswagen) und stellte, was auf ihnen
passiert, unter Assistenzregisseure, Besson übergab er die Kin-
dergruppe mit der Aufforderung, damit anzufangen, was er
wollte.
B. Wichtig ist, daß der Regisseur kein Verkehrspolizist ist.
Es ist Ordnung, daß Leute, die weggehen, auf Leute »stoßen«, die ankommen. Die Mammler-Trude, die dem Jungen auf dem Mast sein Eis bringt, drängt sich durch die

Dörfler, die vom Straßenbau kommen und sich in der Baubude umziehen wollen. Die Baubude ist bestimmt nicht gerade groß genug für die Anzahl Leute, die sich darin umziehen sollen (außer sie ist von einer Regie gebaut, die darauf
bedacht ist, daß alles »aufgeht«). Also wird einer oder
werden zwei sich vor ihr umziehen. (Das zeigt dem Publikum auch, was die drinnen machen, die es nicht sieht.) Vorhin sah ich nie die Mammler-Trude, die die vom Umziehen
Kommenden mit Mohn zum Anstecken versehen sollte,
aber zunächst Eiskaufen gegangen war, ihren Karton mit
den Blumen mitnahm, damit sie sie zur Hand hatte. Nichts
dergleichen, bitte. Wenn sie die Frauen aus der Bude kommen sieht, soll sie die mit der Hand zurückhalten und nach
ihrem Karton rennen. Zeigen wir, daß die Menge Gedränge
liebt bei Festen! Die Regie wünscht natürlich, daß alles
»klappt«, aber sie muß auch klappen machen, was bei einem
solchen Fest *nicht* klappt, erfreulicherweise.

Aus den Zufälligkeiten kann man oft gute Wirkungen ziehen,
indem man benutzt, was zunächst wie ein Manko aussieht.
Wir hatten für Hermann, der vom Straßenbau kommt und
gern erzählen möchte, wie er entgegen dem Willen seines Zieh-
vaters, des Großbauern, die Gäule zum Straßenbau benutzt
hat – eine kleine Heldentat –, kein Publikum mehr auf der
Bühne, da alles zum Umkleiden oder zum Eisessen ging. Wir
hätten nachdenken können, wie wir ihm einige Zuhörer bei-
stellen konnten. Anstatt dessen machten wir gerade daraus
eine Szene: Die andern Leute haben ihre andern Ziele, so kann
er eben keine Zuhörer auftreiben und bleibt mit seinem Mit-
teilungsdrang allein – er steht herum. Das stellte sich auch spä-
terhin als günstig heraus, denn auf diese Weise wird der junge
Mensch wirklich vom Kollektiv aufgenommen, als der Großbauer ihn »verstößt«. Kurz, man muß die Anordnungen, die
man als Regisseur getroffen hat, weil sie einem als natürlich
schienen (in diesem Fall die Bewegung der Menge), dann auch
ernst nehmen und den Einzelfall (Hermanns Erzählung)

danach einrichten. Nicht zuviel Geplantes, Geschicktes, Einge-
richtetes!

[Belehrung]

Die Regie versucht ständig, die Haltung Steinerts, des Parteisekretärs, zu einer vorbildlichen zu machen.

B. Da in unserm Stück die Fehler, die Steinert macht, nicht
verhehlt werden, ist es um so nötiger und angenehmer,
seine starken Seiten zu zeigen. Bedenken wir, daß wir im
Dorf eine gewaltige Umwandlung geschehen lassen, die
ohne die Partei nicht denkbar wäre. Und wir haben dafür
hauptsächlich Steinert im Stück, und es ist uns nicht erlaubt,
durch die Partei besorgen zu lassen, was nicht durch ihn
denkbar wird. Das passiert nur in sehr schlechten Stücken.
Unter den Zügen, die wir ihm verleihen können, liegt mir
viel an dem folgenden: Verleihen wir ihm eine echte Bescheidenheit beim Belehren, ohne ihm natürlich seine Ungeduld
zu nehmen. Schimpfen mag er. Aber wenn es zur Belehrung kommt, muß er beinahe Scheu zeigen. Denn der Be-
lehrende berührt immer eine Schwäche des zu Belehrenden.
Er sei bemüht, diese zu verdecken, beinahe so zu tun, als
bemerke er sie nicht; so daß eher der Anschein entsteht, er
gebe sein Wissen nur weiter, habe es selber bekommen und
sehe darin also kein eigenes Verdienst.

[Die Rede Steinerts]

Die Regie arbeitet wieder an Steinerts Rede:
Der Traktor auf dem Gutsland des Barons ...

B. Wir müssen uns bemühen, nicht nur Abbilder zu geben,
sondern auch Vorbilder. Hier haben wir die Festrede eines
ganz bestimmten Bergmanns mit ganz bestimmten Eigen-

schaften und ganz bestimmten Beziehungen politischer und persönlicher Art zu den Zuhörern. Aber wir haben auch die Rede eines Funktionärs. Wir müssen versuchen, ihr, wenn auch in bescheidenstem Maß, etwas Vorbildliches zu geben. Natürlich spricht unser Funktionär nicht lediglich aus, was der Augenblick ihm eingibt; er bringt ein Konzept mit. Er spricht als Vertreter der Arbeiterschaft, ihrer Partei. Er ist seinen Zuhörern voraus. Aber nun kommt etwas sehr Wesentliches. Er bewegt sich sozusagen nicht vor seinen Zuhörern her, sondern er bewegt *sie*. Er spricht nicht nur zu ihnen, sondern auch aus ihnen heraus. Es ist nicht nur so, daß er, wie jeder gute Redner, aus den Reaktionen seiner Zuhörer schöpft. Es ist mehr: Er macht seine Zuhörer schöpferisch. Das müssen wir herausbekommen.

[Unterbrechungen]

BE. Warum hörst du immerfort auf mit der Arbeit an Szenen, die noch nicht fertig sind?

B. Wenn man dicke Bretter bohrt, muß man zusehen, daß der Bohrer nicht heiß wird. In der Kunst muß man auch das Schwierige so tun, daß es leicht wird. Nur nicht mit dem Kopf durch die Leinwand! Ich muß auch die Szenen gleichmäßig kochen, keine fertiger als die andere. Sonst verliere ich den Einfluß der einen auf die andere.

[Zweck des Probierens]

Aus der Szene, in der Hermann, der Ziehsohn des Großbauern, den Katzgrabenern erzählt, wie er sich aufgelehnt hat und zu ihnen übergegangen ist, war etwas anderes geworden, als die Menge seiner Zuhörer, ihn nicht besonders beachtend und beglückwünschend, ihren Beschäftigungen nachging. Man sah nun, wie schwierig es ist, in ein Kollektiv hineinzukommen – selbst nach einer couragierten Tat. Es fehlte jedoch noch ein entscheidender Punkt, der Vorgang wirkte nicht echt. Die Dörfler, die den jungen Mann stehenließen, gingen an ihm kalt vorbei, ihn kaum ansehend. Es entstand der Eindruck einer Regieidee, das heißt, die Szene »fiel heraus«.

B. Jetzt ist alles falsch. Der junge Mann spricht ins Leere! Aber die Menge ist keine Leere; wir beleidigen die Menge. Wenn ihr an ihm vorübergeht, hört ihm zu. Nur bleibt nicht stehen bei ihm, das ist alles. Ihr habt anderes zu tun, und ihr habt ohne seine Erklärung begriffen, daß er begriffen hat. Angelika[1], lächeln Sie ihm freundlich zu, beim Vorübergehen zum Eisessen . . . Fiegler[2], geben Sie ihm einen freundschaftlichen Rippenstoß und gehen Sie schnell weiter . . .

Der Vorgang wurde natürlich. Die Szene, geändert, hatte eine weitere Veränderung gebraucht. Derlei ist der eigentliche Zweck des Probierens.

---

[1] A. Hurwicz, die Darstellerin der Bäuerin Kleinschmidt.
[2] H. G. Fiegler, Darsteller des jungen Bergmanns.

Endproben und Aufführung

Die Dekoration

A. Wie gefällt Ihnen die Dekoration?

B. Gut. Wir können so viel von dem wirklichen Katzgraben, jenem so unbekannten Ort, zeigen, als wir wollen, und haben doch eine künstlerische Dekoration mit der unverwechselbaren Handschrift eines Künstlers. Sie behält den Charakter des Neugesehenen während der ganzen Szene.

A. Darf ich Ihnen gestehen, daß ich nicht ganz glücklich bin. Ich spreche jetzt nicht von dieser Dekoration, sondern von allen Dekorationen, die es auf unsern Theatern gibt, dem ganzen Haufen von Prospekten (oder einem Ersatz für sie), Verhängungen der seitlichen Auftritte, Nachbildungen von Häusern und Gärten, ausgeführt oder in Andeutungen, dazu dem Rahmen zur Seite und oben, der die Beleuchtungsapparate verstecken soll. Fortgesetzt muß anderes geboten werden, das dann als »Neues« auftritt, und dabei ist alles zusammen irgendwie auf dem Aussterbeetat, jede neue Lösung verlängert nur das qualvolle Abenteuer, indem sie stets als das letzte erscheint.

B. Was stellen Sie sich vor?

A. Ich kann nichts anbieten, außer einem gewissen Überdruß, von dem ich allerdings glaube, daß er produktiv sein könnte. Eines ist für mich sicher: das Theater wird vom Schauspieler gemacht.

B. Das sagen Sie, der Bühnenbildner? Ich stimme Ihnen übrigens zu.

A. Sie, der Stückeschreiber! Ihr erlauchter Kollege Shakespeare hatte diese Sorgen nicht mit dem Bühnenbild, wenn auch damals für jedes Stück gewisse Erfindungen gemacht werden mußten (oder konnten). Und Molière hatte ebenfalls seine Grundlösung. Und die Chinesen spielten jahrhundertelang vor einem Teppich! Es ist, als ob die Schwierigkeiten und die Veräußerlichung mit dem Auftauchen der großen Maschinerie angefangen hätten.

B. Sind Sie ein Maschinenstürmer?

A. Wenn sie dafür eingesetzt werden, immer vollere Illusionen äußerer Art zu erzeugen, und das werden sie.

B. Ich kann viel davon nachfühlen, aber das Wort »äußerlich«, in tadelndem Ton gesagt und dem Theater gegenüber angewendet, mißfällt mir ein wenig. Und die Menge liebt anscheinend diese großen Illusionen, ein ganzes Kriegsschiff auf der Bühne, das noch dazu abfährt, ein echtes Kirchendach, auf dem sie Kämpfe abwickeln, ein blühender Obstgarten und so weiter und so weiter. Wird man uns übrigens nicht die »Schlichtheit« unserer Landschaft im dritten Akt vorwerfen?

A. Das kann man nicht. Das ist nicht eine gewollte Beschränkung malerischer Mittel – die übrigens auch für bestimmte Aufführungen erlaubt ist –, sondern das ist der Versuch, die Kargheit der preußischen Landschaft wiederzugeben.

B. Man wird sagen, man sei doch nicht ganz in dieser Landschaft, wenn man auf die Bühne blickt.

A. Nein, man ist im Theater und erblickt die künstlerische Gestaltung einer Landschaft. Es ist genug, damit die Phantasie angeregt wird; geben wir mehr, lähmen wir die Phantasie des Publikums.

B. Ja.

A. Aber ich spreche überhaupt nicht gegen die Vergnügungen des Publikums an Illusionen aller Art, schon weil ich nicht gegen sogenannte und damit beleidigte Vergnügungen »grobsinnlicher Art« bin. Ich kann mir nur auch, daneben, eine andere Art Theater vorstellen, wenn auch höchst ungenau.

[Krise der alten Technik]

Die erste Generalprobe dauerte von halb zwölf bis halb fünf. Am Abend wurde von acht bis halb zwölf das letzte Bild nachprobiert. Die Regie drängte auf Verschärfungen und Tempo. Schleppende Partien wurden wiederholt. Die am Vortag gemachten Aufnahmen Berlaus ergaben allerhand Unklarheiten des Arrangements, besonders im letzten Bild (sowie Fehler der Beleuchtung). Palm arbeitete mit seinem Stab weiter an der Farbigkeit der Kostüme des letzten Bildes, fügte Jacken in hellerer Farbe ein und so weiter. v. Appen hatte die Nacht über selbst die schlecht gemalten Prospekte verbessert, wegen derer B. den Vorsteher der Malerabteilung vor dem ganzen Ensemble und der Technik heftig gerügt hatte. [...] Auch der verschlampte Beleuchtungsapparat des Deutschen Theaters mit seinen unwissenschaftlich angeordneten Beleuchtungskörpern, die gleichmäßiges sanftes Licht nicht ermöglichten, kam wieder unter B.s scharfe Kritik.

B. Keine Gnade der schlechten Arbeit! Jede Einstudierung bringt die alte Technik in die Krise. Jetzt, wo wir Prospekte brauchen, um die Dekorationen für die Gastreisen leichter transportierbar zu machen, kommt der Verfall der alten Prospektmalerei auf. Aber dieser Verfall hatte, weniger sichtbar, auch alle bisherigen Dekorationen geschädigt! Mit den zufällig angeordneten Beleuchtungskörpern konnte man gelegentlich allerhand Effekte und Stimmungen »herauskitzeln«, aber helles, sanftes Licht über alles kann man nicht bekommen. Es fehlt jedes System: es ist alles ein Gepfusche, das unter der Fahne »Die Kunst des Beleuchters« segelt. [...]

[Eingriffe und Änderungen in spätem Probenstadium]

Nach Ansicht der Regie zeigten die beiden ersten Akte, trotz Verschleppungen und schwachen Szenenschlüssen, die Hauptvorzüge des Stücks und trugen kräftig die Fabel vor. Das erste Bild des dritten Akts war durch das vorzügliche Spiel der jungen Schauspieler noch gelungen, die beiden letzten Bilder jedoch fielen völlig ab. Dem Gasthofbild fehlte völlig die Steigerung. Der Klassenkampf im Dorf – in der Grundwasserfrage ernst ausgekämpft, in der kleinen Emanzipation der drei Bauernfrauen in der Bierfrage und in Ellis Liebesproblem heiter – war ganz lahm und das letzte Bild ein Chaos.

Die Abendprobe, drei Stunden im Probenhaus, säuberte und rhythmisierte das letzte Drittel von I, 1, die Steinertszene in I, 3, die Steinertszene in II, 1, das ganze zweite Bild des dritten Akts und das ganze dritte Bild.

B. war guten Muts und duldete keine Lähmungserscheinungen. Die allgemeine Ermüdung verwendete er dazu, Schwung zu erzeugen. Besonders befaßte er sich noch einmal mit der Darstellung Steinerts. Während er zum erstenmal das theatralische Temperament des Darstellers »mobilisierte«, drang er, im Gegensatz dazu, auf größere Natürlichkeit und Einfachheit. Die Figur verwandelte sich in zwei Stunden völlig.

B. Wenn alles gut gearbeitet ist, kann man unglaubliche Eingriffe vornehmen und tiefe Änderungen erreichen.

Die Probe diente dem »Zusammenreißen« des Aktes, das heißt, sämtliche Szenen wurden unter eine einzige Perspektive gebracht, in einen Gesamtrhythmus. Im zweiten Bild (Gasthof) war es der offene Ausbruch des Klassenkampfs im Dorf Katzgraben. Die konterrevolutionäre Aktion des Großbauern spaltet die Kleinbauern und bringt den Bau der Straße nahezu zum Stillstand. Zugleich bildet sich, in den Frauenszenen, die Gegenaktion. Der geschlagene Steinert formiert, unterstützt von den fortschrittlichsten Kleinbauern, aufs neue seine Kampfkräfte. Praktisch gesehen wurden die beiden Szenen, in denen Großbauer und Parteisekretär sich miteinander auseinandersetzen, stark verschärft und zu Pfeilern des ganzen Bildes gemacht; die andern Szenen wurden als von diesen Pfeilerszenen beeinflußt dargestellt.

[Das Minimum]

B. beobachtete während der Durchsprechproben bei Dialogen gern den eben nicht Sprechenden. So konnte er sehen, wie dieser reagierte. Selbst bei einer Durchsprechprobe, wo nur markiert wurde und hauptsächlich nur die Lücken zwischen den Repliken ausgemerzt werden sollten, spielten die guten Schauspieler, wenn auch ganz reduziert auf das Minimum, die Reaktionen auf die Repliken der andern. B. interessierte kaum etwas so sehr wie das »Minimum«.

Ein Brief

Während der letzten Proben richtete ein Experte einen Brief an das Theater, in dem er dem Stückschreiber Unkenntnis und Simplifizierung der Vorgänge auf dem Dorf vorwarf.

B. Die Abbildungen der Wirklichkeit müssen in der Kunst, anders als in den Wissenschaften, Bildcharakter haben. Der Kleinbauer mag vom Großbauern in viel mehr Beziehungen abhängen als nur für seine Gäule zum Pflügen, zum Beispiel für die Zuteilung von Phosphaten, für Vorteile im Anbauplan und so weiter und so weiter, wie es der Brief ausführt. Wichtig dabei ist die Abhängigkeit, und die Gäule, die im nächsten Jahr durch einen Ochsen ersetzt werden können, ergeben ein Bild.

R. Nach Ansicht des Experten fallen die Voraussetzungen des

ganzen Stücks. Die Grube muß sowohl die ruinierte Straße zur Stadt als auch den Grundwasserschwund bezahlen.

st. Die Grube hatte 1947 kein Geld dafür. Es war unsäglich schwierig, das Bergwerk wieder in Betrieb zu bringen.

b. Die Selbsthilfe des Dorfs ist jedenfalls revolutionärer als die »Beschreitung des Prozeßweges«.

r. Der Experte hält den Kampf um eine Straße nicht für die beste Art, die Entwicklung des Klassenkampfs auf dem Dorf zu zeigen.

b. Das ist Unsinn, der Experte soll seine Finger von derlei lassen; auf diesem Gebiet ist er kein Experte mehr. Das ist wieder ein großes und einfaches Bild des Stückschreibers für lauter Vorgänge, die der Experte kompliziert auszudrücken sucht, nämlich für den Drang nach der Stadt hin, dem Sitz der Industriearbeiterschaft mit ihrer revolutionären Partei, der Wissenschaft, der Technik.

r. Der Experte sagt, die Großbauern würden nicht gegen solch eine Straße zur Stadt sein; sie produzierten mehr Waren und brauchten die Straße also nötiger.

st. Der Großbauer Großmann in Katzgraben ist gegen die Straße. Er hat die Gäule, mit denen er auch die vorhandene schlechte Straße befahren kann, und es herrscht sich für ihn leichter, abgeschnitten von der Stadt.

b. Selbst wenn der Straßenbau ganz exzeptionell wäre, könnte er in einem Stück als Anlaß für die Aufrollung der typischen Situationen gebraucht werden. Es ist falsch, einen tausendfachen, alltäglichen Vorfall, ein übliches Unternehmen zu wählen für das Ingangsetzen der großen dichterischen Auseinandersetzung zwischen den entscheidenden historischen Kräften. In einer Dichtung könnten diese von einem Marsbewohner ausgelöst werden.

B. bat jedoch Strittmatter, den Brief des Experten möglichst sorgfältig nach Brauchbarem zu durchsuchen, und Strittmatter fügte dem Stück vier Verse ein. Er ließ den jungen Grubenarbeiter äußern:

Die Grube hat kein Geld

und Großmann (in III, 2):

Wir haben recht, wir werden es uns holen.

Worauf Steinert ihm antwortet:

Ja, lauf! Lauf nach Tannwalde! Vielleicht kriegt
ihr recht, nur Wasser habt ihr dann noch immer nicht!

Der theaterfremde Brief des Experten hatte so immerhin zu
etwas verholfen.

Bauern als Publikum

B. Die Bauern, die wir in der Vorstellung hatten und mit denen wir diskutierten, sind natürlich nicht Bauern, wie sie
noch vor fünf Jahren waren. Sie sind Aktivisten auf ihrem
Gebiet, und daß sie wenig im Theater waren, merkt
man nur daran, daß sie nicht ins Theater kommen wie ins
Dampfbad, das heißt um einen ganz bestimmten Genuß zu
holen. Das Schlimmste sind die Zuschauerroutiniers, die –
durch was ist ihnen nicht so wichtig – ergriffen, gepackt,
gespannt und so weiter werden wollen und darauf bestehen, daß es in der gewohnten Weise geschieht. Da ist es für
das Theater noch besser, wenn der Zuschauer aus Mangel an
Vergleichsmöglichkeiten das Besondere gewisser Leistungen
übersieht. (Übrigens erkannten die Bauern der Voraufführung sehr wohl, daß die Weigel eine große Schauspielerin ist
– in einer winzigen Rolle!) Sie sagten nicht: »Die Schauspielerin hat uns ergriffen oder interessiert.« Sie sagten: »Die
Großbäuerin war prima.« Sie kannten nicht Theater, aber
Großbauern, und so verstanden sie sofort auch Theater.
Nun zu jenen, die Theater kennen. Sie haben gelernt, bestimmte Wirkungen von der Bühne zu empfangen, sie ziehen
Vergleichsmöglichkeiten aus bestimmten Erfahrungen, die sie
gehabt haben, und sie kennen vielleicht auch einige Regeln,
wie bestimmte Wirkungen hervorgebracht werden können.

Unsere Theater und unsere Stückschreiber sind ihnen gegenüber in gewisser Weise in einer schwierigen Position. Theater und Stückschreiber drücken sich aus, das Publikum gewinnt Eindrücke. Das klingt einfach, ist es aber nicht. Theater und Stückschreiber können nur die Eindrücke vermitteln, die das Publikum ihnen bei sich gestattet. Die Alltagsvorstellung, daß die Kunst jedermann jederzeit beeindrucken kann (oder können muß), ist nicht richtig. Sie kann zum Beispiel die Klassen nicht einen, jedenfalls nicht zu gleichem Vorteil. (Andere Beispiele: Eine Fuge von Bach beeindruckt nicht alle Hörer gleich tief oder in der gleichen Weise; ein Mensch, der eben eine schlechte Nachricht empfangen hat, gestattet es einer Radierung von Rembrandt nicht so leicht, ihn zu erfreuen, wie ein anderer.) Die Stücke und Aufführungen in unserer Zeit haben außerdem noch eine neue Aufgabe, eine Aufgabe, die bei Stücken und Aufführungen der Vergangenheit fehlen darf, ohne daß das Kunsterlebnis geschädigt wird. Es ist die Aufgabe, das Zusammenleben der Menschen so zu zeigen, daß es verändert werden kann, verändert in einer ganz bestimmten Weise. Diese Aufgabe *kann* sehr wohl zunächst das Kunsterlebnis verändern müssen. Die klassischen Stücke enthalten Lehrreiches. Durch anderthalb Jahrhunderte aufgeführt, hat sich ihre Lehrkraft auf dem Theater etwas abgeschwächt, teils, weil die Lehren immer bekannter wurden, teils, weil sie verfälscht wurden. Das heutige Publikum muß und kann in seinem Kunsterlebnis der Lehre der neuen Stücke und Aufführungen wieder einen größeren Platz einräumen. Von dem Neuen, also Fremden, das nunmehr abgebildet wird, fließt etwas Neues, also Fremdes, in das Kunsterlebnis ein. Die Bereitschaft für dieses Neue, also Fremde, muß vorhanden sein. Wir dürfen von den neuen Stücken, die entstehen, nicht das gleiche Kunsterlebnis erwarten, wie wir es von den alten gewöhnt sind. Nicht, daß wir sie hinnehmen müssen, wie sie nun eben kommen. Wir sind berechtigt, sie an den alten Stükken zu messen; wir brauchen uns nicht einreden zu lassen, daß wir auf bekannte und von uns gewünschte Wirkungen verzichten müssen. Aber wir dürfen auch nicht ein bestimmtes Schema F aufstellen und ihm zugleich neue Aufgaben aufbürden. Wir müssen die neuen Werke kritisieren nach den Aufgaben, die sie haben, den alten, unverändert gebliebenen *und* den neuen!

Neuer Inhalt – neue Form

P. Wird das Publikum sich nicht erst in der neuen Form zurechtfinden müssen, in der »Katzgraben« gestaltet ist?

B. Ich denke, die neue Form wird dem Publikum helfen, sich in »Katzgraben« zurechtzufinden. Das Fremdeste an diesem Stück ist der Stoff und die marxistische Betrachtungsweise.

P. Sie meinen, alles, was ungewohnt am Stück ist, erklärt sich daraus?

B. In der Hauptsache.

P. Sie meinen nicht, daß die Art, wie Strittmatter seine Fabel gestaltet, dadurch bestimmt ist, daß er ein Romanschreiber ist?

B. Nein. Die meisten der ungewohnteren Kunstmittel, die er in diesem Theaterstück verwendet, wären auch im Roman ungewöhnlich. Nehmen wir die Einteilung nach Jahren. Nicht, daß es gerade Jahre sind, das ergibt sich daraus, daß auf dem Land ein Jahr mit seinen Ernten ein ergiebiges Zeitmaß darstellt. Sondern überhaupt dieses ständige Wiederkehren nach Katzgraben in Abständen, das an Rückerts Cidher, den ewigen Wanderer, erinnert, der, nach gewisser Zeit immer wiederkehrend, immer Neues vorfindet.

P. Sie meinen, das Publikum findet in der Wirtschaft des Neubauern plötzlich einen Ochsen vor, dann einen Traktor?

B. Nicht nur, natürlich.

P. Schön, zunächst einen mächtigen Großbauern, dann einen weniger mächtigen?

B. Nicht nur, es findet einen anderen Kleinschmidt, eine andere Bäuerin Kleinschmidt vor, einen andern Parteisekretär Steinert und so weiter. Andere Menschen.

P. Nicht ganz andere.

B. Richtig. Nicht ganz andere. Bestimmte Züge haben sich bei ihnen entwickelt, andere sind verkümmert. Aber wir vergessen jetzt, daß wir nicht so sehr geänderte Menschen sehen, sich ändernde. Der Stückeschreiber wählt immer die Zeitpunkte, wo die Entwicklung besonders mächtig vor sich geht. Behalten wir Kleinschmidt als Beispiel: Wir treffen ihn, wenn er seine Abhängigkeit vom Großbauern besonders schmerzlich zu fühlen bekommt und wenn er durch den Anbauplan sich geradezu gezwungen sieht, alle seine schöpferischen Kräfte anzustrengen. Und wir treffen ihn in einer Krise seelischer Art: Sein Selbstbewußtsein ist bereits so entwickelt durch die neuen Verhältnisse auf dem Lande, daß es ihn besonders hart trifft, wenn er sich dem Großbauern in demütigender Art beugen muß. Auch im nächsten Jahr (zweiter Akt) treffen wir ihn in einer Situation, die sozusagen einen Sprung in seiner Entwicklung herbeiführt.

P. Könnten solche Situationen nicht auch dichter hintereinander, zeitlich kontinuierlicher gewählt sein, so daß die Zeitsprünge, die wir nicht gewohnt sind auf dem Theater, vermieden wären?

B. Ich halte nicht soviel von der Bewahrung alter Gewohnheiten in Zeiten, wo so viele neue geschaffen werden. Strittmatter braucht einfach die Zeitsprünge, weil die Entwicklung des Bewußtseins seiner Menschen von der Entwicklung ihres gesellschaftlichen Seins abhängt und diese Entwicklung nicht so schnell vor sich geht.

P. Sehr interessant ist da, was einige Bauern nach einer Aufführung sagten. Sie fanden den Blick über Jahre hin sehr nützlich. »Wir haben alles das miterlebt, aber wenn wir es jetzt so dargestellt sehen, im Überblick, über eine längere Zeit hin, sehen wir erst, was da alles geschehen ist. Von Tag zu Tag erlebt man alles auch, aber nicht so heftig.«

B. Sie erlebten sozusagen den großen Schwung der Ereignisse und Taten mit, und das verleiht wiederum den großen Schwung für die Zukunft. – Kurz, diese Cidher-Technik hat gerade für dieses Stück große Vorteile, so ungewohnt sie zunächst erscheint, und andere Kunstmittel wendet Strittmatter aus anderen Gründen an. Es geht ihm da wie seinem Neubauern, den ein gesellschaftlich nötiger, fortschrittlicher Plan auf neue Wege zwingt, zu neuen Techniken.

P. Als da sind?

B. Da ist die Charakterisierung der Menschen, die Züge sammelt, welche gerade historisch bedeutsam sind, und die Auswahl von Menschen, die für den Klassenkampf bedeutsam sind. Da ist eine Fabel, die es gestattet, daß der Held (Kleinschmidt) im letzten Akt durch einen anderen Helden abgelöst wird (Steinert). Da sind den Handlungen andere Triebkräfte unterlegt als in früheren Stücken.

P. Viele vermissen auf dem neuen Theater die großen Leidenschaften.

B. Sie wissen nicht, daß sie nur die Leidenschaften vermissen, die sie auf dem alten Theater vorfanden und vorfinden. Auf dem neuen Theater finden sie oder würden sie finden neue Leidenschaften (neben alten), die sich inzwischen entwickelt haben oder eben entwickeln. Selbst wenn sie diese neuen Leidenschaften selber spüren, spüren sie sie noch nicht, wenn sie auf der Bühne erscheinen, da auch die Ausdrucksformen sich geändert haben und sich fortdauernd ändern. Jeder vermag noch immer die Eifersucht, die Machtgier, den Geiz als Leidenschaft zu erkennen. Aber die Leidenschaft, dem Ackerboden mehr Früchte zu entreißen, oder die Leidenschaft, die Menschen zu tätigen Kollektiven zusammenzuschweißen, Leidenschaften, die den Neubauern Kleinschmidt und den Grubenarbeiter Steinert erfüllen, werden heute noch schwerer gespürt und geteilt. Diese neuen Leidenschaften bringen überdies ihre Träger in völlig andere Beziehung zu ihren Mitmenschen, wie es die alten taten. So werden die Auseinandersetzungen anders vor sich gehen, als man es auf dem Theater gewohnt ist. Die Form der Auseinandersetzungen zwischen Menschen, und auf diese Auseinandersetzungen kommt es im Drama ja an, hat sich sehr geändert. Nach den Regeln der älteren Dramatik würde sich zum Beispiel der Konflikt zwischen dem Neubauern und dem Großbauern sehr verschärfen, wenn der Großbauer etwa eine Scheune des Neubauern in Brand stecken lassen würde. Das würde das Interesse des Publikums vielleicht auch heute noch anpeitschen, aber es wäre nicht typisch. Typisch ist ein Entzug der Leihpferde, welcher ebenso eine Gewalttat darstellt, freilich auch unser Publikum noch weit weniger erregen mag. Wenn der Neubauer den Großbauern dadurch bekämpft, daß er dem Mittelbauern Saatkartoffeln abläßt, ist auch das eine Kampfaktion neuen Stils; sie mag ebenfalls weniger »wirken«, als wenn er dem Sohn des Mittelbauern seine Tochter zum Weibe gäbe. Der politische Blick unseres Publikums schärft sich nur langsam – vorläufig gewinnen die neuen Stücke weniger von ihm als er von ihnen.

Der Großbauer greift sich verzweifelt an den Kopf und sagt:

Fünf Ochsen für das Dorf, das ist ein Schlag!

Ich lache, wenn ich das höre, aber wer lacht mit? Und wer sieht mit Interesse, daß der Großbauer sogleich die politische Bedeutung der Ochsenzuteilung an die Kleinbauern erfaßt, während der Kleinbauer, der einen der Ochsen bekommen hat, nur darüber verzweifelt, daß er kein Futter für ihn haben wird.

P. Ich habe Zuschauer sagen hören, sie »brächten die Dinge nicht zusammen«, das heißt, sie verstehen nicht, wie eins zum andern kommt, warum dies und das erzählt wird, ohne daß es dann weitergeht. Nehmen Sie das zweite Bild des ersten Akts, wo aufkommt, daß der Mittelbauer die junge Magd belästigt. Ein Kritiker, und ein intelligenter, ein Mann mit Humor, sagte mir: »Überall werden Gewehre geladen, die dann nicht losgehen.«

B. Ich verstehe. Wir erzeugen Erwartungen, die wir dann nicht befriedigen. Der Zuschauer erwartet nach seinen Erfahrungen mit Theater, daß die Beziehung zwischen dem Bauern und der Magd irgendwie weiter verfolgt würde, aber im nächsten Akt (und Jahr) ist davon überhaupt nicht mehr die Rede. Daß nicht mehr davon die Rede ist, finde ich übrigens gerade komisch.

P. Sie haben die Komik verstärkt, indem Sie den Bauern zu den Klagen der Bäuerin über die zunehmende Unbotmäßigkeit des Gesindes traurig zustimmend den Kopf schütteln lassen.

B. Das wird leider nur der komisch finden, der im ersten Akt hauptsächlich daran interessiert war, zu sehen, wie die patriarchalischen Beziehungen sich auflösen und wie die Bäuerin darüber Genugtuung zeigt, weil die FDJ die Magd vor ihrem Mann schützt. Im zweiten Akt erwartet solch ein Zuschauer dann nur, wie dieser Prozeß der Emanzipation weitergeht, und kann lachen, wenn er jetzt Bäuerin und Bauer betrübt und vereint findet, weil die Magd jetzt schon energisch ihre Freizeit verlangt. Eine solche Blickrichtung des Zuschauers setzt freilich voraus, daß seine Erfahrungen ihn dazu gebracht haben.

P. Der Zuschauer ohne solche Erfahrungen empfindet auch die Gegnerschaften in »Katzgraben« nicht als sehr bühnenwirksam.

B. Vermutlich. In unserer Wirklichkeit finden wir schwerer und schwerer Gegner für erbitterte Auseinandersetzungen auf der Bühne, deren Gegnerschaft vom Publikum als selbstverständlich, unmittelbar, tödlich empfunden wird. Gehen die Kämpfe um den Besitz, werden sie als natürlich und eben interessant empfunden. Shylock und Harpagon besitzen Geld und eine Tochter, da kommt es »natürlich« zu wundervollen Auseinandersetzungen mit den Gegnern, die ihnen das Geld oder die Tochter oder beides nehmen wollen. Der Kleinbauer Kleinschmidt besitzt seine Tochter nicht. Er kämpft um eine Straße, die er nicht besitzen wird. Eine Menge für die alte Zeit und ihre Stücke typischen Aufregungen, Seelenschwingungen, Auseinandersetzungen, Späße und Erschütterungen fallen aus oder werden zu Nebenwirkungen, und Wirkungen, typisch für die neue Zeit, werden wichtiger.

P. Sie sprechen wieder von dem neuen Zuschauen, das ein neues Theater braucht.

B. (schuldbewußt) Ja, ich sollte das nicht so oft tun. Wir müssen wirklich mehr uns als den Zuschauern die Schuld geben, wenn geplante Wirkungen sich nicht einstellen. Aber dann muß ich gewisse Neuerungen verteidigen dürfen, die nötig sind, damit wir »das Publikum mitbekommen«.

P. Diese Neuerungen dürfen nur nicht auf Kosten des Menschlichen veranstaltet werden. Oder glauben Sie, daß das Publikum auch den Anspruch auf blutvolle, allseitig interessante Menschen von eigenem Wuchs aufgeben muß?

B. Das Publikum braucht überhaupt keine Ansprüche aufzugeben. Was ich von ihm erwarte, ist nur, daß es neue Ansprüche dazu anmeldet. Das Publikum Molières lachte über Harpagon, seinen Geizigen. Der Wucherer und Hamsterer war lächerlich geworden in einer Zeit, in der der große Kaufmann aufkam, Risiken eingehend und Kredite aufnehmend. Unser Publikum könnte über den Geiz des Harpagon besser lachen, wenn es diesen Geiz nicht als Eigenschaft, Absonderlichkeit, »Allzumenschliches« dargestellt sähe, sondern als eine Art Standeskrankheit, als ein Verhalten, das eben erst lächerlich geworden ist, kurz als gesellschaftliches Laster. Wir müssen das Menschliche darstellen können, ohne es als Ewigmenschliches zu behandeln.

P. Sie deuten an, daß besonders einschneidend für die neue Kunst, Stücke zu schreiben, der Hinweis der Klassiker ist, das Bewußtsein der Menschen sei bestimmt durch das gesellschaftliche Sein.

B. Das sie schaffen. Ja, das ist eine neue Betrachtungsweise, die nicht berücksichtigt ist in der alten Kunst, Stücke zu schreiben.

P. Sie betonen aber doch ständig die Notwendigkeit, aus den alten Stücken zu lernen?

B. Nicht das von ihrer Technik, das mit einer veralteten Betrachtungsweise verknüpft ist! Zu lernen ist gerade die Kühnheit, mit der die früheren Stückeschreiber das für ihre Zeit Neue gestalteten; die Erfindungen sind zu studieren, durch die sie die überkommene Technik an neue Aufgaben anpaßte. Man muß vom Alten lernen, Neues zu machen.

P. Täusche ich mich, wenn ich annehme, daß bei einigen unserer besten Kritiker Mißtrauen gegenüber neuen Formen besteht?

B. Nein, Sie täuschen sich nicht. Man hat sehr schlechte Erfahrungen gemacht mit Neuerungen – die allerdings keine echten Neuerungen waren. Die bürgerliche Dramatik und das bürgerliche Theater hat in seinem unaufhörlichen und immer beschleunigteren Niedergang einen immer gleichbleibenden gesellschaftlichen Inhalt reaktionärer Art durch einen wilden Modenwechsel in der äußeren Form schmackhaft zu machen versucht. Diese rein formalistischen Bestrebungen, Formspielereien ohne Sinn, haben bei unseren besten Kritikern dazu geführt, daß sie das Studium der klassischen Stücke forderten. Und tatsächlich kann man von ihnen vieles lernen. Die Erfindung gesellschaftlich bedeutsamer Fabeln; die Kunst, sie dramatisch zu erzählen; die Gestaltung interessanter Menschen; die Pflege der Sprache; das Angebot großer Ideen und die Parteinahme für das gesellschaftlich Fortschrittliche.

Was machen eigentlich unsere Schauspieler?

P. Ich zweifle, ob die Schauspieler in Ihr Vorhaben wirklich eingeweiht sind, nämlich die Zwecke, die Sie mit der Aufführung im Auge haben.

B. Sehen Sie die Zwecke?

P. Das veränderte Leben im Dorf als ein Teil des Lebens in unserer Republik so darzustellen, daß der Zuschauer instand gesetzt wird, an den Veränderungen tätig mitzuwirken.

B. Und?

P. Und Lust an diesem Tätigsein zu erwecken.

B. Ja, das zu sagen ist nötig. Wir müssen durch unsere künstlerischen Abbildungen der Wirklichkeit auf dem Dorf Impulse verleihen, und zwar sozialistische. Wo geben wir übrigens solche Impulse?

P. Gehen wir doch vom letzten Bild aus! Da ist der Traum der jungen Leute vom Aufbau des Sozialismus und die Rede Steinerts gegen Dummheit und Vorurteil. (Lernen und Verändern!) Da ist das Bild des wachsenden Wohlstands.

B. Sagen wir, der wachsenden Möglichkeiten! Aber wir müssen in allen Bildern Impulse vermitteln, *von Anfang an.* Sonst kommen die im letzten Bild auch nicht zustande.

P. Im ersten Akt, also 1947, sind nur Schwierigkeiten.

B. Ja. Das gibt ausgezeichnete Impulse. Da muß der Neubauer Kleinschmidt seine politischen Ideale verleugnen, da er abhängig vom Großbauern ist. Der Bergmann und Parteisekretär Steinert sieht sich von den armen Bauern im Stich gelassen und muß sich sagen lassen, er verstehe die Lage auf dem Land nicht.

P. Was für Impulse gehen davon aus?

B. Wenn jemand Kleinschmidt intelligent betrachtet, kann ihm doch der Wunsch aufsteigen, aus einem Objekt der Politik zum Subjekt der Politik zu werden, das heißt Politik bestimmen zu können, anstatt sich von der Politik bestimmen zu lassen. Steinerts Niederlage kann jemanden dazu begeistern, sich selber in solchen Unternehmungen zu versuchen. Die Besten werden durch Probleme angezogen, nicht durch Lösungen.

P. Einen Impuls kann auch die Betrachtung der Kleinbäuerin Kleinschmidt verleihen, ihr Haß gegen den Unterdrükker Großmann.

B. Das sind einzelne Punkte, könnt Ihr gelegentlich noch andere herausarbeiten? Und können wir noch einige Einsichten namhaft machen, die unser Spiel vermitteln soll?

P. Es kommt mir fast ein wenig unangenehm vor, einem Kunstwerk gegenüber so zergliedernd vorzugehen. Es ist ja auch nicht so, daß wir zuerst solche Punkte theoretisch aufstellen und dann erst in »künstlerischer Form« realisieren. Da wären wir ja eine Alchimistenküche.

B. Aber wir legen doch die Fragen, wenn sie auftauchen, auch nicht beiseite, einfach, weil wir die Antwort nicht zugleich mit der Frage haben.

P. Das ist aber, was sonst für gewöhnlich gemacht wird.

B. Also, fahren wir fort: Was für Ansichten widerlegen wir?

P. Aber vorhin wollten Sie nur wissen, was für Einsichten wir vermitteln!

B. Ja. Ich bin nur einen Schritt weitergegangen. Realistische Kunst *kämpft*, und zwar gegen unrealistische Vorstellungen. Wir müssen nicht nur schildern, wie die Wirklichkeit ist, sondern wie die Wirklichkeit wirklich ist. Fangen wir an mit dem Bild, das sich ein großer Teil unseres Publikums von einem Bauern macht.

P. Fangen wir an mit dem Kleinbauern Kleinschmidt?

B. Das wäre schon zu spät angefangen. Wir würden da voraussetzen, daß im Weltbild unseres Publikums sich ein Kleinbauer als Kleinbauer abzeichnet. Er zeichnet sich aber als Bauer ab. Natürlich unterschieden von andern Bauern durch gewisse Eigenschaften, die ihm Gott gegeben hat.

P. Körperlich und geistig betrachtet, ist er schwerfällig, lang-

sam, dumpf und so weiter. Das liberale Bürgertum verachtete ihn, der Nationalsozialismus achtete ihn deswegen
und mythologisierte ihn. Wir sehen Kleinbauern, Mittelbauern, Großbauern.

B. Mit gewissen Eigenschaften.

P. Aus ihrer Klassenzugehörigkeit bezogen!

B. Und anderswoher.

P. Aber die praktisch wichtigen Verhaltungsweisen, das heißt
die, welche man wissen muß, wenn man an der Veränderung des gesellschaftlichen Lebens teilnehmen will, kommen bei uns im Klassenkampf heraus.

B. Klar. Schauen wir uns jetzt nach Beispielen um!

P. Es beginnt bei der Besetzung der Rollen. Sie zogen dem
Schauspieler Gillmann, der ein sehr guter Kleinschmidt
hätte sein können, den Schauspieler Gnass vor, damit der
Erfindergeist Kleinschmidts nicht als »Sparren«, das heißt
von Gott gegebene Eigenschaft, erschien.

B. Eine Einsicht, die wir geben: wie verschieden der Fortschritt sich auswirkt. Daß Elli Kleinschmidt auf die Agronomenschule gehen darf, erscheint ihrem Vater fast nur als
Gerechtigkeit seiner Klasse gegenüber, ihrer Mutter fast
nur als Ungerechtigkeit ihr, der Mutter, gegenüber. Der
neue Anbauplan bringt in dem fortschrittlichen Kleinbauern Kleinschmidt nicht nur Zustimmung hervor, sondern
auch Widerstand – gegen den Zwang, der in jedem Plan
liegt. Am Schluß des Bildes erleben wir eine Szene, die wie
eine Zerreißungsprobe für Metall wirkt. Die Furcht, sich des
Großbauern Zorn und seinen ökonomischen Repressalien
auszusetzen, zerrt an ihm zugleich mit der Furcht, seine
neuen ökonomischen Aussichten (Straße in die Stadt) preis-
zugeben und vor Familie und Nachbarn sein Gesicht zu
verlieren. Derlei Dinge muß man aber erfahren, um den
Klassenkampf gut kämpfen zu können. Selbst viele unserer Politiker sind oft nicht imstande, die Folgen von Maßnahmen korrekt vorauszusehen, das heißt alle Folgen. (Und

im Theater werden wir bei solchen Stücken alle als Politiker angesprochen!)

P. Sie meinen, Steinert zum Beispiel muß da etwas versäumt haben, weil er etwas nicht in Betracht zog, als er das Kind des Kleinbauern auf die Schule schickte, nämlich, daß dadurch Schwierigkeiten für die Mutter entstehen müssen. Er hat anscheinend nicht mit ihr darüber gesprochen und es mit ihr ausgekämpft. Und so ist sie kühl ihm gegenüber. (»Hat der Steinert sie beschwatzt?«)

P. Es ist merkwürdig, aber je deutlicher wir die Aufgaben formulieren, je klarer der Nutzen unserer Bemühungen hervortritt, desto weniger habe ich das Gefühl, es seien unbedingt Aufgaben der Kunst, oder es erschöpfe sich die besondere Art der Kunst in ihrer Lösung.

B. Es sind Aufgaben, deren Größe bestritten oder noch nicht bekannt ist. Die Themen erwecken noch nicht von selber poetische Vorstellungen, erinnern nicht an solche bei anderen, ähnlichen Themen. Aber der Blick ins Innere der Menschen und der Appell an sie, eine menschenwürdige Gesellschaft aufzubauen, steht der Poesie wohl an. Der Bereich der Einsichten und Impulse erfährt dann auch eine große, entscheidende Änderung in der Kunst, indem das Vergnügen an den Einsichten über das Vergnügen an deren Nutzen hinaus gesteigert wird und auch die Impulse zu Vergnügungen edelster Art werden.

P. Und das machen unsere Schauspieler? Und wissen es?

B. Sie machen es so gut, als sie es wissen.

Episches Theater

B. Nebenbei, es war nicht ganz richtig, was ich neulich sagte, als ich behauptete, das Theater, das wir machen, habe für das Publikum kaum Befremdliches an sich. Die Wahrheit ist wohl, daß zumindest unsere Fehler anderer Art sind als die Fehler der übrigen Theater. Deren Schauspieler mögen zuviel unechtes Temperament zeigen, die unsern zeigen oft zuwenig echtes. Künstliche Hitze vermeidend, lassen wir es an natürlicher Wärme fehlen. Wir bemühen uns nicht, die Gefühle der Figuren, die wir darstellen, zu teilen, aber diese Gefühle müssen voll und vibrierend dargestellt werden, und nicht Kälte ihnen gegenüber ist geboten, sondern ebenfalls ein Gefühl von einer Stärke, sagen wir: der Verzweiflung unserer Figur gegenüber ein echter Zorn unsererseits oder dem Zorn unserer Figur gegenüber eine echte Verzweiflung unsererseits – je nach den Umständen. Wenn die Schauspieler anderer Theater die Ausbrüche und Stimmungen ihrer Figuren überspielen, dürfen wir sie nicht unterspielen, noch dürfen wir die Fabel überspielen, die sie unterspielen mögen.

Stanislawski-Studien
1951 bis 1954

So wie es unerläßlich ist, die Resultate zu betrachten, wenn man die Methoden prüfen will, ist es am besten, eine fremde Methode dadurch zu studieren, daß man sie in die eigene Arbeit einführt. Man sucht sich aus, was man selber auch macht, und auch in diesem Fall, wo man etwas schon seit langem selber auch gemacht hat, ist es oft noch ein Gewinn, die andere Arbeitsweise zu studieren, denn es wird einem oft erst dann bewußt, was man gemacht hat oder macht. Dann probiert man vorsichtig das Unbekannte, ob man es für die vorliegenden Aufgaben brauchen kann, und erst dann (dann, obgleich der gesamte Prozeß des Aneignens unregelmäßig sein wird) kann man prüfen, immer weiterarbeitend, ob nicht durch gewonnene neue Kunstmittel und Einsichten ganz neue Aufgaben erfüllbar werden.

(Das Studium)

[Entwicklung der Figur]

1

Bevor du dir die Figur des Stücks aneignest oder dich in ihr verlierst, gibt es eine erste Phase: du lernst sie kennen und verstehst sie nicht. Das ist beim Lesen des Stücks und bei den ersten Arrangierproben; da suchst du entschlossen nach Widersprüchen, nach den Abweichungen vom Typischen, nach dem Unschönen beim Schönen, nach dem Schönen beim Unschönen. In dieser ersten Phase ist deine Hauptgeste das Kopfschütteln, du schüttelst den Kopf wie einen Baum, daß seine Früchte auf den Boden fallen, wo sie eingesammelt werden können.

2

Die zweite Phase ist die der Einfühlung, der Suche nach der Wahrheit der Figur im subjektiven Sinn, du läßt sie machen, was *sie* will, wie sie es will, die Kritik soll der Teufel holen, die Gesellschaft soll es nur bezahlen, was da benötigt wird. – Aber das ist kein Kopfsprung. Du läßt deine Figur reagieren auf die andern Figuren, auf das Milieu, auf die besondere Fabel, in der einfachsten, nämlich der natürlichsten Weise. Dieses Sammeln geht langsam vor sich, bis es dann doch zum Sprung kommt, bis du in die endliche Figur hineinstürzt, dich mit ihr vereinigst.

3

Und dann kommt eine dritte Phase, wo du die Figur, die du nun »bist«, von außen, von der Gesellschaft aus, zu sehen versuchst und wo du dich des Mißtrauens und der Bewunderung der ersten Phase erinnern mußt. Und nach dieser dritten Phase, der der Verantwortung vor der Gesellschaft, lieferst du deine Figur ab an die Gesellschaft.

4

Man muß vielleicht noch hinzufügen, daß bei der praktischen Probenarbeit nicht alles säuberlich nach dem skizzierten Schema vor sich geht, die Entwicklung der Figur geschieht unregelmäßig, die Phasen verschieben sich häufig ineinander, für gewisse Partien ist bereits die dritte Phase erreicht, wenn für andere noch die zweite oder sogar die erste große Schwierigkeiten bereitet.

[Die physischen Handlungen]

Stanislawskis Theorie der physischen Handlungen ist vermutlich sein bedeutendster Beitrag zu einem neuen Theater. Er arbeitete sie aus unter dem Einfluß des Sowjetlebens und seiner materialistischen Tendenzen. Mit den schrecklichen Krämpfen, die es den Schauspielern kostete, ihre Rollen vom Physischen her zu gestalten, wurden manche der Methoden, sie zu lindern, überflüssig.

Die Methode der »physischen Handlungen« bereitet uns beim Berliner Ensemble keine Schwierigkeiten. B. verlangt immer, daß der Schauspieler auf den ersten Proben hauptsächlich die Fabel, den Vorgang, die Beschäftigung zeigt, überzeugt, daß die Gefühle und Stimmungen sich dann einstellen. Er bekämpft mit aller Kraft die üble Gewohnheit vieler Schauspieler, die Fabel des Stücks sozusagen nur als unbedeutende Voraussetzung ihrer Gefühlsakrobatik zu benutzen, wie der Turner den Barren benutzt, um seine Gewandtheit zu beweisen. Besonders wenn wir die Äußerungen Stanislawskis aus seiner letzten Zeit hören, haben wir den Eindruck, daß B. da anknüpft, wahrscheinlich ganz unbewußt, einfach auf der Suche nach realistischer Gestaltung.

[Sprechen von Versen]

1

Stanislawski spricht von den Rhythmen bei Versstücken, die über Szenen oder Teile von Szenen hinweggehen. Sie aufzuspüren, sei ein Studium der »Logik der Ereignisse« nötig (wie bei Prosaszenen übrigens auch). Hinzuzufügen: Diese Rhythmen verwende der Schauspieler, indem er ihnen folgt oder indem er ihnen – nicht folgt. Wie die Musik gibt die Verssprache allgemeine Notierungen, die man entweder als zu exakt oder als nicht exakt genug bezeichnen (und behandeln) muß. Lebendig wird der Vortrag, wenn die Rhythmen hier den Vortrag tragen, dort der Vortrag sie als Gegenkräfte benutzt. Wie in der Musik kann die Stimme vorauseilend den Rhythmus schleppen oder sich von ihm schleppen lassen. (Wo? – Nach der Logik der Figuren und Ereignisse!)

2

Stanislawski empfiehlt Schauspielern, zu besserem Verständnis und Erfühlen von Versen selber andere Bilder und Ausdrücke in Prosa zu erfinden. Die Verse der Dichtung, gesprochen, enthalten dann die improvisierten Bilder und Ausdrücke sozusagen mit.
Gut. Aber noch eins: Die Verse der Dichtung müssen am Ende – eben durch die Verfremdung, die ihnen passierte – als ganz speziell, das heißt als *nicht* improvisiert, als eben gerade so, wie sie sind, gesprochen werden, nicht als eine unter drei möglichen Aussagen, sondern als die einzige.

[»Mache« und Einfühlung für die Probe]

Interessant, wie Stanislawski Mache zuläßt – *für die Probe!*
So lasse ich Einfühlung zu – für die Probe! (Und beide werden wir für die Aufführung beides zulassen müssen, wenn
auch in verschiedener Mischung.) Was Famussow-Stanislawski
anlangt, wird oft gefragt: War Famussows Gestalt in Stanislawskis Darstellung eine satirische Schilderung oder hat Stanislawski auch diese klassische Gestalt der russischen Satire
von dem ihm im Künstlertheater zugeschriebenen »allgemein
Menschlichen« her »gerechtfertigt«? Gortschakow antwortet,
es war eine satirische Schilderung, nur sehr »fein«. – Kurz:
Ob man episches Spiel will oder nicht, hängt davon ab, ob
man den hochnäsigen und ungebildeten Beamten verworfen
oder gerechtfertigt haben will – und natürlich muß er genügend begründet sein, damit er als Mensch erscheint.

Die Wahrheit

w. Es heißt, Stanislawski rief oft einem Schauspieler vom Zuschauerraum bei der Probe zu: »Das glaube ich Ihnen nicht!«
Glauben Sie auch oft Schauspielern nicht?
b. Mitunter, aber es kommt nicht zu häufig vor. Meist nur
bei Anfängern und Routiniers. Häufiger geschieht es, daß
ich einen Vorgang, das heißt einen Teil der Fabel, nicht
glaube. Und dann heißt es, mich und die Schauspieler anstrengen. Und wenn schon die Wahrheit schwer herauszufinden ist, oder hier sollte ich sagen, leicht verletzt werden
kann – noch schwerer ist es, die gesellschaftlich nützliche
Wahrheit herauszufinden, und sie ist es, die wir brauchen.
Denn was soll das Publikum mit einer noch so schönen Wahrheit, wenn es mit ihr nichts anfangen kann? Es kann ja
wahr sein, daß ein Mann seine Frau, wenn er sie prügelt,
verliert oder gewinnt, aber sollen wir deshalb unsere

Frauen prügeln, um sie zu gewinnen oder zu verlieren? Das Publikum wurde lange Zeit mit solchen Wahrheiten gefüttert, welche nicht viel mehr wert sind als Lügen und weit weniger wert als Phantastereien.

w. Stanislawski spricht von der Wahrhaftigkeit der Empfindungen des einzelnen Schauspielers.

B. Ich weiß. Aber wenn ich mich richtig erinnere, glaubt auch er nicht, daß ein Schauspieler, darauf aufmerksam gemacht, seine Empfindungen (vielmehr die seiner Figur) wirkten nicht wahrhaftig, sie durch bloße Arbeit an sich wahrhaftig machen könnte.

w. Was ist dann da nötig?

B. Er muß den Vorgang zwischen sich, seiner Figur und den andern Figuren besser herausfinden. Hat er die Wahrheit darüber erfaßt, gelingt es ihm meist verhältnismäßig leicht, die Empfindungen seiner Figur zu erfassen und glaubhaft wiederzugeben.

»Eigenschaften«

Was ich aus der bisher vorliegenden Literatur über die Arbeitsweise Stanislawskis nicht sehe, ist, wie Stanislawski gewisse Eigenschaften der Figuren einer Dichtung, auf denen die Handlung beruht, gesellschaftlich ableitet. Nehmen wir die Eifersucht Othellos. Es genügt heutzutage nicht, Eifersucht etwa zu definieren als eine Leidenschaft, die mit Eifer sucht, was Leiden schafft. Es ist keine »ewige« Leidenschaft, und so, wie es sie nicht immer – in dem Bedeutungsgrad, den sie beim Shakespeare hat – gegeben hat oder geben wird, so gibt es sie auch heut und gab es sie auch zu Shakespeares Zeit nicht überall. (Die Eskimos bieten, höre ich, ihre Frauen dem Gast an und sind beleidigt, wenn er so unhöflich ist, sie abzulehnen.)

Es scheint mir durchaus möglich, das auf dem Theater auszudrücken. Othello besitzt nicht nur Desdemona, er besitzt auch einen Feldherrnposten. Diesen Feldherrnposten muß er verteidigen, sonst wird er ihm entrissen. Shakespeare wählt eigens einen Feldherrn, der seinen Posten nicht ererbt, sondern durch besondere Leistungen erobert, ihn vermutlich jemandem andern entrissen hat.

Er ist ein gemieteter Feldherr, seine Feldherrnstellung hat er nicht als Folge und Ausdruck seiner Stellung in der Gesellschaft wie ein Feudaler. Kurz, er lebt in einer Welt der Kämpfe um Besitztum und Stellung, der Stellung, die wie ein Besitztum behandelt wird. So entwickelt sich sein Verhältnis zu der geliebten Frau als ein Besitzverhältnis.

Die Leidenschaft Eifersucht wird, wenn man dies zeigt, nicht geschmälert, sondern im Gegenteil vertieft. Und zugleich ergeben sich Hinweise auf die Möglichkeiten der Gesellschaft, einzugreifen.

Ich möchte hinzufügen, daß der Zweck einer Aufführung des »Othello« mit der Ermöglichung dieser Erkenntnis natürlich noch nicht erfüllt ist; jedoch ist seine Erfüllung dadurch ermöglicht.

[Methoden der Konzentration]

Die Stanislawskischen Methoden der Konzentration erinnerten mich immer an die Methoden der Psychoanalytiker: Es handelte sich hier wie dort um die Bekämpfung einer Krankheit sozialer Art, und sie erfolgte nicht durch soziale Mittel. So konnten nur die Folgen der Krankheit bekämpft werden, nicht ihre Gründe.

Viele Proben

x. Sind es wirtschaftliche Gründe, weswegen wir nicht ein halbes Jahr oder mehr an einem Stück arbeiten können?

b. Nicht nur. Wir könnten etwas mehr Proben brauchen, als wir jetzt haben, aber nicht unbegrenzt mehr. Nicht jeder Maler kann an einem Bild jahrelang arbeiten. Abgesehen von der Gewohnheit, einem ganz bestimmten Rhythmus der Arbeit, der nicht ohne weiteres beliebig auszudehnen ist, brauchen wir nach einer gewissen Zeit des Probierens Publikum und kämen ohne es nicht mehr viel weiter. Die Schauspieler würden sich nur wiederholen, wie es wäre, wenn eine Grammophonnadel in einer defekten Rille steckenbleibt. Bei den alten Stücken setzt die Routine den verhältnismäßig kurzatmigen Rhythmus der möglichen Probenzeit, bei den neuen das ziemlich schnell ausgeschöpfte Reservoir des Wissens um die neuen Lebensverhältnisse.

x. Sie meinen, auch die Fähigkeit, sich zu konzentrieren auf ein Werk oder eine Rolle, ist ort- und zeitbedingt?

b. Sicher.

x. Wie ist es mit den ausgezeichneten Übungen Stanislawskis, vermittels derer die Schauspieler sich in eine schöpferische Stimmung versetzen können?

b. Ich habe noch nicht mit Schauspielern gearbeitet, welche die Übungen kannten. Ich höre, daß sie gewisse Ermüdungserscheinungen der Bühnenphantasie beseitigen. Vielleicht stimmen Sie mir nicht bei, aber ich meine, daß viele der berühmten Übungen Antworten auf die Frage waren, wie man die und jene Produktionen, bisher auf festem Boden ausgeführt, nunmehr auf schwankendem ausführen könnte. Während Stanislawskis Leben änderte sich das Material, aus dem der Schauspieler seine Figur zu bauen hat. Es fand die größte Kritik statt, die je am Zusammenleben der Menschen geübt wurde: die russische Revolution. Schon während ihrer Vorbereitungszeit war die Art und Weise, wie die Menschen

fühlten und dachten, in immer tiefere Krisen gekommen. In den Meisterwerken der russischen Realisten wurde
das Seelenleben entweder als Seelenleben der Parasiten oder
der Aufrührer geschildert. Die Schauspieler hatten ihre
Kunstmittel zu sichten. Das Individuum war vom Individuum her gestaltet worden, jetzt wurde das schwerer und
schwerer.

x. Wie ist es heute?

b. Die Schauspieler bekommen es leichter. Das Individuum
ist heute leichter von der Gesellschaft her zu gestalten.

Klassische Ratschläge Stanislawskis

Bei der Darstellung einer Orgie in einem Pariser Sittenstück:
Die Unmoral der Hautevolee nicht dadurch darzustellen,
daß sie als genießerisch hingestellt würde, sondern als unfähig
zum Genuß, als blasiert, gelangweilt, als Voyeur, Zaungast der
Genüsse anderer, oder deren Bemühungen um Genießen.
Einen Geizigen zu zeigen da, wo er großzügig zu sein sucht.
Sich den kleinbürgerlichen Mörder aus Leidenschaft vorzustellen, wie er zu Abend speist, eine Zeitung kauft und so
weiter.
Nicht den Zorn zu zeigen, sondern den Versuch, ihn zu beherrschen, nicht nur die Fahrigkeit der Betrunkenen, sondern
ihre Versuche, nüchtern zu erscheinen.
Emotionen in sich zu erzeugen dadurch, daß man alle ihr zu-
schreibbaren Äußerungen äußert.

[Widersprüche]

Stanislawskis berühmte Aufführung von Ostrowskis »Ein
heißes Herz« bezaubert zum Beispiel durch den Widerspruch
zwischen Nutzlosigkeit und Liebenswert des Helden, eines

Gutsbesitzers. Man kann sehen, wie so Schöpferisches wie Phantasie und Humor einen Menschen nur um so parasitärer machen, wenn er von der Ausbeutung lebt oder leben muß. Jedoch ist in den herrlichen Pantomimen, in denen alles möglich ist – und wäre –, leider der Klassenkampf ausgelassen, der das Moment des Asozialen aufzeigen würde, wodurch der schöne Widerspruch etwas leidet. Schon wenn die Diener, die in der großen Orgie im Park die besoffenen Herren wegschleppen, einen von ihnen aus purer Müdigkeit einmal fallen ließen, was im Komischen bleiben könnte, hätte man den Widerspruch voller.

Mögliche Experimente

Nehmen wir die Volksszenen aus der Aufführung von »Prozeß der Jeanne d'Arc« durch das Berliner Ensemble.

Man könnte in der Ausarbeitung der einzelnen Personen in der Menge, welche die Einlieferung der Ketzerin, ihre Verbrennung und so weiter betrachtet, noch einige Schritte weitergehen. Es sind schon Beziehungen da zwischen den Personen, etwa zwischen der Bauernfamilie und dem Fischweib (sie kennen sich vom Markt, wo sie einander gegenüber ihre Verkaufsstände haben) oder zwischen dem Fischweib und dem Arzt Dufour (er ist ein großer Fischesser). Aber das könnte bereichert werden. Der könnte jenen kennen und grüßen, jener den kennen und nicht grüßen. Einer könnte sehr erkältet sein und dennoch da, weil er das Schauspiel sehen *muß*; einer nur gekommen sein, um gesehen zu werden. Und so weiter und so weiter.

Kurz, man könnte die Fragebogen über den Tageslauf und den Lebenslauf der Figuren, die Stanislawski auch in Massenszenen ausfertigen läßt, mehr und mehr verlängern und vervollständigen. Man würde dann aber an eine Grenze kommen, an der die Gruppe auf der Bühne nicht mehr, pars pro toto, die Menge vertritt, sondern ein herausgegriffener, echter, das heißt zufälliger Haufe ist, mit typischen und untypischen, jedenfalls unrepräsentativen Meinungen über und Eindrücken von der großen Widerstandskämpferin. Man sähe im Theater eine Menschengruppe, wie man sie im Leben sieht, und man würde nicht mehr erkennen und nicht besser fühlen, als man es im Leben tut. Man hätte eine naturalistische Darstellung. Man hätte nicht eine Darstellung wie im Moskauer Künstlertheater, und die Methode der Fragebogen darf nicht abgelehnt werden, weil sie zu naturalistischen Darstellungen führen kann. Sie muß vielmehr studiert und angewendet werden, weil man das Wesentliche nur herausarbeiten kann aus der Fülle des Wesentlichen und Unwesentlichen, als die sich uns das Leben darstellt. Unsere Theater beginnen meist zu stilisieren, bevor sie die Wirklichkeit, welche abzubilden ist, gesichtet haben, und so bekommt man formalistische Aufführungen, welche die Wirklichkeit entstellen und die Formen zu Kuchenformen herabwürdigen, mit denen man jeden beliebigen Teig in gleicher Weise ausstechen kann. Ihre Bauern sind dann nicht Abbilder wirklicher Bauern, sondern Abbilder von Theaterbauern.

Einfühlung

Da eben eine Stanislawski-Konferenz vorbereitet wurde, bat B. die Regisseure, Dramaturgen und einige Schauspieler in sein Haus. Er hatte eine Menge Stanislawski-Literatur auf einem Tisch liegen und fragte die Schauspieler aus, was sie von Stanislawski wußten.

HURWICZ Ich las sein »Geheimnis des schauspielerischen Erfolgs«, das Buch kam ja nur in der Schweiz heraus und hatte dort diesen – glaube ich – falschen Titel. Vieles kam mir damals etwas verstiegen vor, aber ich fand auch Partien, die mir sogleich als sehr wichtig vorkamen, und einiges darin habe ich jahrelang benutzt. Er spricht davon, daß man sich ganz konkrete Vorstellungen für die Darstellung von Gefühlen verschaffen muß und dazu die Phantasie einschalten soll. Und das ganz privat. Aber Sie sind ja gegen Einfühlung, Brecht.

B. Ich? Nein. Ich bin dafür, in einer bestimmten Phase der Proben. Es muß dann nur noch etwas dazukommen, nämlich die Einstellung zur Figur, in die Ihr Euch einfühlt, die gesellschaftliche Einschätzung. Ich empfahl gestern Ihnen, Geschonneck, sich in den Großbauern einzufühlen. Es schien mir, Sie gaben nur die Kritik der Figur und nicht die Figur. Und die Weigel, als sie sich heute an den Kachelofen setzte und mit Leibeskräften fror, muß sich auch eingefühlt haben.

DANEGGER Darf ich das aufschreiben und eventuell sagen, wenn die Rede darauf kommt? Sie wissen, man wirft Ihnen vor, daß Sie die Einfühlung ganz verwerfen und überhaupt keine vollen Menschen auf der Bühne dulden wollen.

B. Bitte. Aber fügen Sie dann auch dazu, daß mir Einfühlung nicht genug erscheint, außer vielleicht für naturalistische Stücke, wo die volle Illusion der Natur hergestellt wird.

DANEGGER Aber Stanislawski begnügte sich mit oder vielmehr: forderte volle Einfühlung auch für realistische Darstellung.

B. Diesen Eindruck habe ich aus den Veröffentlichungen, die mir zugänglich waren, nicht. Er spricht unaufhörlich von dem, was er die »Überaufgabe« eines Stückes nennt, und er befiehlt, alles der Idee unterzuordnen. Ich denke, er betonte die Notwendigkeit der Einfühlung oft nur, weil er die verächtliche Gewohnheit gewisser Schauspieler haßte, sich dem Publikum anzuschmieren, es hereinzulegen und so weiter, anstatt ihre Darstellung auf die Figur, die sie zu spielen hatten, und auf die Ideen zu konzentrieren, auf das, was er so streng und ungeduldig die Wahrheit nennt.

GESCHONNECK Volle Einfühlung bei der Aufführung findet ja nie statt. Man hat immerfort das Publikum im Hinterkopf. Zumindest das.

WEIGEL Man spielt doch für die Leute einen Menschen, der anders ist als man selber. Das ist der Vorgang, und warum sollte man sich des Vorgangs nicht bewußt sein? Und was Geschonnecks »Zumindest das« betrifft, wie soll ich als Courage zum Beispiel am End, wenn mich Geschäfte das letzte meiner Kinder gekostet haben, den Satz »Ich muß wieder ins Geschäft kommen« sagen, wenn ich nicht persönlich gerade darüber erschüttert bin, daß der Mensch, den ich da spiele, nicht die Fähigkeit besitzt, zu lernen?

B. Dazu kommt schließlich noch das: Wie könnte ich, wenn es anders wäre, Ihnen, Geschonneck, sagen, Sie sollen im Schlußbild von »Katzgraben« den Großbauern ganz vergröbert, beinahe als Karikatur spielen, wie es der Dichter wünscht?

Vorschläge für die Stanislawski-Konferenz

1

Die hauptsächlichen Schriften Stanislawskis und seiner Schüler müssen endlich veröffentlicht werden.

2

Es ist nötig, die Lehren und Methoden Stanislawskis in allen Phasen seiner Theatertätigkeit kennenzulernen; jedoch ist es auch nötig, daß festgestellt wird, was er im Lauf seiner Tätigkeit als irrig oder ungenügend erkannt, kurz, was er in der letzten Phase gelehrt hat. Es ist gerade dies die Phase, wo in der UdSSR der Sozialismus aufgebaut wurde.

3

Aus der Arbeitsweise Stanislawskis muß das übernommen werden, was die individuelle Arbeitsweise unserer Regisseure und Schauspieler fördert, nicht das, was sie hindern kann. Keine Aufführung, die nur nach der Methode Stanislawskis aufgebaut wurde, hat die geringste Chance, einer Stanislawski-Aufführung zu gleichen, wenn sie nicht eine individuelle künstlerische Handschrift zeigt, ebenso unverkennbar wie die Stanislawskis.

4

Was vor allem und sofort vom Moskauer Künstlertheater gelernt werden sollte, ist die sorgfältige Vorbereitung der Aufführungen.

Einige Gedanken zur Stanislawski-Konferenz

Unsere Konferenzen sind mitunter noch etwas unglücklich organisiert. Bei der Theaterkonferenz vor einiger Zeit und der Stanislawski-Konferenz nun war das Hauptreferat vor der Konferenz nicht zu bekommen; es wurden nicht einmal Thesen ausgegeben, und so mußten die Teilnehmer alles improvisieren – was bei einem Thema so bedeutender Art sehr schlecht ist. Da ich besonders schwach im Improvisieren bin, trage ich meinen Beitrag hier nach.

Schon kurzes Studium der Stanislawskischen Arbeitsweise enthüllt einen großen Reichtum an Übungen und Verfahren, die für realistische Darstellung nützlich sind. Hier gibt es viel zu lernen, es muß freilich wirkliches Lernen sein. Ich bin nicht sicher, ob mein Freund Langhoff in seinem verdienstvollen Referat, das, übrigens nicht ohne kluge Selbstkritik, einige der Hauptprinzipien Stanislawskis an Hand Langhoffs »Egmont«-Inszenierung darzustellen versuchte, nicht einige Verwirrung angestiftet hat. Er schilderte den Ideengehalt der Goetheschen Dichtung, mit Recht davon ausgehend, daß nach Stanislawski die Ausschöpfung des Ideengehalts die Hauptaufgabe der Regie ist – Stanislawski nennt dies die »Überaufgabe«, wie ich verstehe.[1] Er schien mir nicht vollständig genug. Als er jedoch auf die Umsetzung dieses Gehalts zu sprechen kam, auf die szenisch schauspielerische Darstellung, hatte ich den Eindruck, er verfiel zuweilen in einfachen Idealismus, das heißt, er schob der Bühne lediglich die Aufgabe zu, die Ideen des Dichters zu »verkörpern«. Die Erhöhung der Realität geschah in der Weise, daß gewisse Figuren idealisiert wurden. Das ist dann natürlich kein Realismus mehr.

Langhoff sprach von der Figur des Vansen, die er als positiv auffaßte. Er sah ihn zunächst als Rebellen, verfolgt und in abgerissenen Kleidern, einen Mann, der gelegentlich gezwungen war, sich auf Heuböden zu verstecken. Jetzt, denkend an die Überaufgabe des Stücks, beschloß er, ihn hell und ordentlich zu kleiden – »haben doch auch die Widerstandskämpfer unter dem Nazismus, um nicht aufzufallen, immer versucht, ordentlich gekleidet zu sein«. Dazu würde ich sagen: Die Symbolik des Lichten leuchtet mir überhaupt nicht ein, und um Naturalismus handelt es sich keineswegs bei der ursprünglichen Konzeption, denn Anzeichen der Verfolgung gehören nicht ins Gebiet des Zufälligen, Unwichtigen, gesellschaftlich Unbedeutenden. Die Erinnerung an den Widerstandskämpfer hingegen gefällt mir, und die realistische Lösung wäre demnach, eine Kleidung zu wählen, die manche Unbill erkennen läßt und zugleich die Bemühung des Manns, sie sauber zu halten. Ich glaube, so hätte auch Stanislawski, der sehr differenziert vorging und niemals idealisierte, entschieden.

1 Demnach würde etwa im letzten Bild der vielen von Ihnen bekannten Aufführung von »Mutter Courage und ihre Kinder« eine physische Handlung zu sehen sein. Anstatt daß die Courage lediglich in einer Pietagruppe ihr Kind beweint, holt sie eine Plache, die Tote zuzudecken, gibt den Bauersleuten Geld für die Bestattung und so weiter. Die »Überaufgabe« des Bildes ist: Blind darüber geblieben, daß das Geschäft mit dem Krieg sie alle Kinder gekostet hat, beeilt sie sich, wieder »ins Geschäft«, das heißt in den Krieg zu kommen.

Gerade wir Deutschen, deren Theater zwischen ideenlosem Naturalismus und purem Idealismus schwankt, können da von Stanislawski viel lernen.

Vielleicht bedeutet es nur meine eigene Unkenntnis, aber in der Frage der physischen Handlungen stimme ich ebenfalls nicht mit Langhoff überein. Es kann sich da meiner Ansicht nach nicht darum handeln, wie die Regentin ihre Nervosität und Egmont seine Todesfurcht ausdrückt (– durch die oder jene Gänge). Auch hier scheint mir Stanislawski weit tiefer und *materialistischer* zu verfahren. Es handelt sich meiner Auffassung nach nicht nur darum, wie das private Innenleben oder die und jene Eigenschaft der Figuren durch äußere Handlung (gehetztes Herumgehen, übrigens ein Ausdruck von Todesfurcht, der sich bedenklich der Schablone nähert) bemerkbar gemacht werden kann. Sondern es sollen die Emotionen der Figuren der von ihnen nicht unmittelbar abhängigen Handlung des Stücks untergeordnet oder durch diese ausgelöst werden.

Bei einer Probe von »Familie Turbin«, geschildert von [Toporkow], griff Stanislawski ein, als ein junger Offizier, verwundet im Barrikadenkampf, hereingetragen wurde und die Familie anfing, ihrem Schmerz Ausdruck zu verleihen. Stanislawski, der es haßte, wenn Schauspieler die Handlung nur ausquetschten, um auf Gefühlsausbrüche zu kommen, und der dieser Art von Gefühlen mißtraute, verlangte, daß ein Platz im Zimmer für den Verwundeten gesucht, Verbandsstoff geholt und *dem Umstand Rechnung getragen wurde, daß der konterrevolutionäre Offizier versteckt werden mußte*: Die Episode war eine Episode im Bürgerkrieg!

Das Studium von Schilderungen Stanislawskischer Proben scheint mir besonders ergiebig. Seine Konzeptionen sind oft bewundernswert, die Durchführungen fast immer erstaunlich. Ich wähle das Wort »erstaunlich«, weil seine theatralischen Gedanken, seine »Einfälle« stets das Moment des Unerwarteten haben. Das verdankte er seinem genialen Sinn für

Theaterwirkungen. Jedoch liebt er es überhaupt, wie mir scheint, die Dinge, wie sie wirklich sind, auszuspielen gegen unsere seichten Vorstellungen davon; sie bekommen, weil in Opposition zur Theaterschablone, etwas Überraschendes. Das mag nicht ohne weiteres nachzumachen sein, aber es setzt doch einen Standard. Bei Stanislawski ist der Realismus kämpferisch, weil er revolutionär ist und die falschen Bilder zertrümmert, die über die Wirklichkeit im Umlauf (das heißt in Umlauf gesetzt) sind, und sie durch richtige ersetzt.

Die Konzeption Langhoffs von Goethes »Egmont« kommt auch mir idealistisch und undialektisch vor. Zumindest in seinem Referat vom Samstag ist Egmont nur der makellose Vorkämpfer eines nationalen Befreiungskrieges. Da, wie ich höre, Vallentin darüber gesprochen hat, gehe ich nicht weiter darauf ein, obwohl gerade in diesem Punkt der »Überaufgabe« das Stanislawskische Vorbild ganz besonders beachtet werden muß: Es ist beinahe der Hauptpunkt.[1]

Die schönste und tiefste Formulierung der »Überaufgabe« freilich bleibt, wenn ich Stanislawski richtig deute, auf dem Theater trocken und magisterlich, wenn kein volles, lebendiges, widerspruchsvolles Bild der Wirklichkeit zustande gebracht wird. Das Erbe Stanislawskis ist reich an Winken und Gedanken, Übungen und Verfahren, die diese Aufgabe erleichtern.

Klären, reinigen und vervollständigen wir die unseren durch das Studium des großen Erneuerers des Theaters – Stanislawski!

---

1 Die Theorie der »Überaufgabe« hilft übrigens auch, das dialektische Problem der »Einfühlung« zu klären. Wieweit und warum ich selber schon als Stückeschreiber von Stanislawski darin differiere, bedarf genauerer Untersuchungen.

Was unter anderem vom Theater Stanislawskis gelernt werden kann

1 Der Sinn für das Dichterische eines Stücks

Selbst naturalistischen Stücken, die Stanislawskis Theater nach dem Zeitgeschmack zu spielen hatte, verlieh die Inszenierung dichterische Züge; niemals verfiel es in platte Reportage. Bei uns in Deutschland gewinnen oft selbst die klassischen Stücke keinen Glanz!

2 Das Verantwortungsgefühl der Gesellschaft gegenüber

Stanislawski lehrte die Schauspieler die gesellschaftliche Bedeutung des Theaterspielens. Die Kunst war ihm nicht Selbstzweck, aber er wußte, daß auf dem Theater kein Zweck erreicht wird außer durch Kunst.

3 Das Ensemblespiel der Stars

In Stanislawskis Theater gab es nur Stars – große und kleine. Er zeigte, daß das Einzelspiel nur zu voller Wirkung kommen kann durch das Zusammenspiel.

4 Wichtigkeit der großen Linie und des Details

Jedem Stück gab das Moskauer Künstlertheater eine gedankenvolle Konzeption und eine Fülle fein ausgearbeiteter Details. Das eine ist nichts ohne das andere.

5 Die Verpflichtung zur Wahrheit

Stanislawski lehrte, daß der Schauspieler sich selbst und die Menschen, die er darstellen will, genauestens kennen muß und daß das eine aus dem andern kommt. Nichts, was der

Schauspieler nicht aus der Beobachtung holt oder was nicht
von der Beobachtung bestätigt wird, ist wert, vom Publikum
beobachtet zu werden.

6 Der Einklang von Natürlichkeit und Stil

In Stanislawskis Theater paarte sich schöne Natürlichkeit mit
großer Bedeutung. Als Realist schreckte er nie zurück von der
Darstellung des Häßlichen, aber er stellte es mit Anmut dar.

7 Darstellung der Wirklichkeit als voll von Widersprüchen

Stanislawski begriff die Kompliziertheit und Differenziertheit des gesellschaftlichen Lebens und wußte sie darzustellen,
ohne sich darin zu verlieren. Seine Aufführungen ergeben Sinn.

8 Die Wichtigkeit des Menschen

Stanislawski war ein überzeugter Humanist und wies als
solcher dem Theater den Weg zum Sozialismus.

9 Die Bedeutung der Weiterentwicklung der Kunst

Das Moskauer Künstlertheater schlief nie auf seinen Lor-
beeren. Stanislawski entwickelte für jede Aufführung neue
Kunstmittel. Aus seinem Theater gingen so bedeutende
Künstler wie Wachtangow hervor, welche ihrerseits die Kunst
ihres Lehrers völlig frei weiterentwickelten.

Stanislawski-Konferenz

In diesen Tagen fand eine Stanislawski-Konferenz statt,
einberufen von der Kunstkommission. Einige der Schauspieler, Dramaturgen und Regisseure beteiligten sich daran; auch

B. ging hin, und die Weigel sprach über einiges Methodische, das der Arbeitsweise Stanislawskis und des Berliner Ensembles eigentümlich war. Sie wies übrigens auch auf die Verschiedenheiten hin.

B. Unsere Bühnen können von Stanislawski sehr viel lernen. Ohne andere, vielleicht ebenso wichtige Partien seiner Lehre übergehen zu wollen, kann ich gleich einige aufführen, die studiert werden müssen. Da ist die Differenziertheit seiner Aufführungen, die unzählbaren Feinheiten, das Auffangen der Widersprüchlichkeiten in Menschen und Situationen, die künstlerische Natürlichkeit, der unaufhörliche Kampf gegen die Schablone (die zusammen mit der flachen Idealisierung unsere Bühnen heimsucht). Da sind seine Bemühungen, die Phantasie der Schauspieler anzuregen und konkret zu machen. Da sind Übungen, durch die Beobachtung und Wahrnehmung gestärkt werden. Hinweise, wie der Schauspieler sich frei machen kann von störenden Einflüssen aus seinem Privatleben, um sich ganz der Rolle widmen zu können. Hinweise, wie der Schauspieler den Einfühlungsakt in die Figur der Dichtung bewerkstelligen kann.

P. Sie wollen also, daß man auch das lernt?

B. Auch das, aber nicht nur das. Die Theorie von den physischen Handlungen enthält ebenfalls viel Wissenswertes, wenn ich sie richtig verstehe, nämlich so, daß die Emotionen, Ausbrüche, seelischen Manifestationen im Gefolge der durch die Fabel sich ergebenden Handlungen auftreten müssen und sie nicht stören dürfen.

P. Unsere Theaterleute verstehen unter physischen Handlungen solche Gänge oder Requisitenspiele, die innere Zustände sichtbar machen.

B. Das würde mich enttäuschen, wenn Stanislawski das meinte. – Aber er setzt sogar V-Effekte, wenn auch vielleicht nicht bewußt.

P. ?

B. Eine besondere Technik, die er »cachée« nennt und anwendet, um Vorgänge durch teilweise Verdeckung interessant zu machen (in »Zwei Waisen« [. . .]), ist eine Verfremdungstechnik, und wenn er [. . .], um die Freude einer Menge zu zeigen, eine sehr alte Frau vor Freude ein Tänzchen ausführen läßt, benutzt er einen Verfremdungseffekt, für was immer die Verfremdung gebraucht wird. Man kann natürlich sagen, das Magazin der Effekte bei diesem großen Theatermann sei so groß, daß dies nichts bedeutet, aber warum sollen wir nicht dieses Magazin durchforschen nach allen möglichen Techniken. Manche davon, stammend aus dem universellen Magazin des Welttheaters, mag unsern Absichten und Aufgaben dienen.

Das »Kleine Organon« und Stanislawskis System

P. Auf der Stanislawski-Konferenz hat die Weigel auf einige Ähnlichkeiten hingewiesen, die zwischen Stanislawskis und Ihren Forderungen an die Schauspieler bestehen. Worin sehen Sie die Unterschiede?

B. Die Unterschiede beginnen auf einer ziemlich hohen Stufe der realistischen Menschendarstellung durch den Schauspieler. Es handelt sich darum, wie das Bewußtsein des Schauspielers beschaffen sein soll während seines Spiels, was es enthalten soll, was darin vorgehen soll. Wie ich es sehe, gibt Stanislawski eine Reihe von Verfahren an, durch die der Schauspieler sein eigenes Bewußtsein ausschalten und durch das des von ihm gespielten Menschen ersetzen kann. So wenigstens wird das System von den Leuten verstanden, die das »Kleine Organon« angreifen. Im »Kleinen Organon« wird nämlich eine Darstellungsweise beschrieben, bei welcher es zum völligen Aufgehen in der Rolle nicht kommt, und es werden die Gründe dargelegt, warum es nicht dazu kommen soll.

P. Wird nach Ihrer Meinung Stanislawski richtig verstanden?

B. Das kann ich, offen gestanden, nicht recht beurteilen. Es sind wenige Werke Stanislawskis veröffentlicht, und seine Lehre hat wohl auch in den vier Jahrzehnten seiner Theaterarbeit bedeutende Wandlungen durchgemacht, wie die paar Bücher, die bei uns von Schülern veröffentlicht sind, zeigen. Zumindest ein wichtiger Bestandteil seiner Theorie, nämlich das, was er die »Überaufgabe« nennt, scheint darauf hinzuweisen, daß er sich des Problems, das im »Kleinen Organon« behandelt wird, bewußt war. Der Schauspieler steht ja tatsächlich auf der Bühne als Schauspieler und als Stückfigur zugleich, und dieser Widerspruch muß sich in seinem Bewußtsein vorfinden; er macht die Gestalt recht eigentlich lebendig. Das wird jeder Dialektiker verstehen. Stanislawskis Überaufgabe erfüllend, vertritt der Schauspieler ebenso tatsächlich die Gesellschaft gegenüber seiner Figur, auch bei Stanislawski.

P. Aber wie konnte es dann zu einer solchen Simplifizierung des Systems kommen, daß man behauptet, Stanislawski glaube an eine mystische Verwandlung auf der Bühne?

B. Wie konnte es zu einer solchen Simplifizierung des »Kleinen Organon« kommen, daß man behauptet, es fordere blasse Retortengeschöpfe auf der Bühne, schematische Gehirngeburten? Wo doch jedermann sich überzeugen kann, daß Puntila und die Courage auf der Bühne des Berliner Ensembles saftige und von Vitalität strotzende Menschen sind? – Bei Stanislawski entstand der falsche Eindruck vermutlich, weil er eine Schauspielkunst vorfand, die nach großen Höhepunkten zur Herstellung von Schablonen herabgesunken war, besonders bei den mittleren Schauspielern. So mußte er alles unterstreichen, was zur Schaffung runder, widerspruchsvoller, realer Menschen führte.

P. Und wie ist es mit dem »Kleinen Organon«?

B. Es versucht, Parteilichkeit bei der Darstellung von Men-

schen auf der Bühne durchzusetzen. Aber natürlich von
Menschen, runden, widerspruchsvollen, realen Menschen.

P. So halten Sie den Unterschied für gering?

B. Keineswegs. Meine bisherigen Feststellungen bezwecken
nur, die Vulgarisierung des Problems zu verhindern und
zu zeigen, an was für einem vorgeschobenen Punkt realistischer Darstellung die Unterschiede auftreten. Die
Herausarbeitung des widerspruchsvollen Charakters der
Darstellung im »Kleinen Organon« erfordert vom Schauspieler ein ziemlich neuartiges Herangehen an die Rolle. Die
physischen Handlungen, um Stanislawskis Terminus zu
gebrauchen, dienen nicht mehr nur dazu, die Rolle realistisch aufzubauen; sie werden zum Hauptorientierungs-
punkt für die Rolle, nämlich in Gestalt der Fabel. Das
wird sehr sorgfältig durchgedacht werden müssen, es handelt sich dabei um einen ganz wesentlichen Schritt. Freilich
kann man diese Überprüfung kaum durchführen, ja nicht
einmal beginnen, wenn man einfach annimmt, es gelte hier
einzig und allein zwischen vollblütigem und blutlosem
Theater zu wählen. Daran denkt niemand, der realistisches
Theater beabsichtigt.

Stanislawski und Brecht

P. Sie haben neulich übereinstimmende Züge Ihrer Arbeitsweise mit der Stanislawskis erwähnt. Wie ist es mit den
Zügen, die nicht übereinstimmen?

B. Es ist verhältnismäßig leichter, die übereinstimmenden zu
nennen als die nicht übereinstimmenden, da es sich bei den
beiden Systemen – nennen wir die beiden Arbeitsweisen
im folgenden so, damit bei jedem der innere Zusammenhang der einzelnen Elemente gefaßt wird – um Systeme
handelt, die eigentlich verschiedene Ausgangspunkte und
verschiedene Fragen betreffen. Man kann sie so nicht ein-

fach »in Deckung bringen« wie Vielecke, damit man sieht, worin sie abweichen.

P. Betrifft Ihr »System« nicht die Arbeitsweise des Schauspielers?

B. Nicht hauptsächlich, nicht als Ausgangspunkt, Stanislawski ist inszenierend hauptsächlich Schauspieler, ich bin inszenierend hauptsächlich Stückschreiber.

P. Aber Stanislawski unterstellt den Schauspieler doch auch dem Stückschreiber.

B. So ist es. Aber er geht vom Schauspieler aus. Für ihn erfindet er Studien und Exerzitien, ihm verhilft er zur Gestaltung echter Menschen. Andererseits können Sie auch von mir hören, daß alles auf den Schauspieler ankommt, aber ich gehe doch ganz vom Stück aus, seinen Bedürfnissen und Ansprüchen.

P. Das Theater hat also zwei verschiedene Systeme vor sich mit verschiedenen, sich überschneidenden Aufgabenkreisen?

B. Ja.

P. Könnten diese Systeme sich Ihrer Meinung nach ergänzen?

B. Ich meine: ja, aber ich will es, bis wir das Stanislawski-System besser kennen, vorsichtig ausdrücken. Dieses System benötigt meiner Meinung nach auf jeden Fall noch ein System, das den Aufgabenkreis des meinen bedient. Theoretisch genommen könnte es vielleicht aus dem Stanislawskischen gewonnen werden. Ich weiß natürlich nicht, ob das so Gewonnene dann dem meinen gliche.

P. Vielleicht können Sie besser darüber Auskunft geben, ob der Schauspieler für Ihre Arbeitsweise etwas aus der Stanislawskischen gewinnt?

B. Das glaube ich.

P. Er benötigt aber vielleicht noch anderes, das er dem Stanislawskischen System nicht ohne weiteres entnehmen kann?

B. Das ist anzunehmen.

P. Nehmen wir die Frage *Parteinahme – Rechtfertigung.*

B. Vom Standpunkt des Stückschreibers aus ist dieser Widerspruch ein dialektischer. Als Stückschreiber brauche ich die Fähigkeit des Schauspielers zu völliger Einfühlung und restloser Verwandlung, die Stanislawski wohl als erster systematisch faßt, aber auch und vor allem den Abstand von der Figur, den der Schauspieler als Vertreter der Gesellschaft (ihres fortschrittlichen Teils) zu erarbeiten hat.

P. Wie drückt sich das in den beiden Systemen aus?

B. Stanislawski hat die Überaufgabe, wenn ich ihn richtig verstehe. Bei mir kommt der Einfühlungsakt...

P. ... den Stanislawski herbeizuführen lehrt ...

B. ... in einer andern Probenphase vor.

P. Man könnte ihr System, vom Stanislawskischen aus, also als ein System, die Überaufgabe betreffend, beschreiben?

B. Ja, vermutlich.

Die Dialektik auf dem Theater
1951 bis 1956

Überall, wo es auf das Erkennen der Realität ankommt, müssen wir lernen, die Dialektik zu handhaben. Es ist nicht wichtig, geistreich zu sein. Es ist nicht einmal wichtig, originell zu sein. Der Verzicht darauf verlangt auf dem Gebiet der Künste allerdings einige Kühnheit. Dazu kommt, daß nicht nur ein System unlieferbar ist, sondern sogar eine halbwegs imposante Anordnung der Gedanken. Man muß aber anfangen, und so müssen wir eben den Interessierten zumuten, sich mit dem ungeordneten Aufwerfen einiger Gedanken und Erfahrungen zu begnügen.

(Notizen über die Dialektik auf dem Theater)

Die Dialektik auf dem Theater

Die nachfolgenden Arbeiten, die dem Abschnitt 45 des »Kleinen Organon für das Theater« gewidmet wurden, legen die Vermutung nahe, daß die Bezeichnung »episches Theater« für das gemeinte (und zum Teil praktizierte) Theater zu formal ist. Episches Theater ist für diese Darbietungen wohl die Voraussetzung, jedoch erschließt es allein noch nicht die Produktivität und Änderbarkeit der Gesellschaft, aus welchen Quellen sie das Hauptvergnügen schöpfen müssen. Die Bezeichnung muß daher als unzureichend bezeichnet werden, ohne daß eine neue angeboten werden kann.

1 Studium des ersten Auftritts in Shakespeares »Coriolan«

B. Wie fängt das Stück an?

R. Ein Haufe von Plebejern hat sich bewaffnet, um den Volksfeind Cajus Marcius, einen Patrizier, zu erschlagen, der dagegen ist, daß der Kornpreis herabgesetzt wird. Sie sagen, das Elend der Plebejer sei das Wohlleben der Patrizier.

B. ?

R. Habe ich etwas ausgelassen?

B. Werden die Verdienste des Marcius erwähnt?

R. Und abgestritten.

P. Sie meinen, die Plebejer sind doch nicht ganz einig? Aber sie betonen sehr ihre Entschlossenheit.

W. Zu sehr. Wenn man die Entschlossenheit so sehr betont, ist man oder war man unentschlossen, und zwar sehr unentschlossen.

P. Auf dem üblichen Theater hat diese Entschlossenheit auch

immer einen komischen Charakter; die Plebejer machen
sich damit lächerlich, insbesondere weil sie unzulängliche
Waffen haben, Knüppel, Stecken. Sie fallen ja dann auch
gleich um, lediglich auf eine schöne Rede des Patriziers
Agrippa hin.

B. Nicht beim Shakespeare.

P. Aber auf dem bürgerlichen Theater.

B. So ist es.

R. Es wird schwierig. Sie ziehen die Entschlossenheit der Plebejer in Zweifel, wollen aber nichts von Komik wissen.
Dann glauben Sie dennoch, daß sie sich von der Dem-
agogik des Patriziers nicht einseifen lassen. Damit sie auch
da nicht komisch werden?

B. Ließen sie sich einseifen, würden sie für mich nicht komisch werden, sondern tragisch. Es wäre eine mögliche
Szene, *denn es kommt vor*, aber eine schauerliche Szene.
Ich glaube, Sie verkennen die Schwierigkeiten einer Einigung der Unterdrückten. Ihr Elend vereint sie – wenn sie
erkennen, durch wen es verursacht wird. »Unser Elend ist
ihr Wohlleben.« Aber sonst mag ihr Elend sie voneinander
trennen, da sie gezwungen sind, einander die spärlichen
Bissen vom Mund zu schnappen. Bedenkt, wie schwer sich
Menschen zum Aufstand entschließen! Es ist ein Abenteuer für sie, es müssen neue Wege gebahnt und beschritten
werden, und immer herrschen doch mit den Herrschenden
auch deren Gedanken. Der Aufstand ist für die Massen
eher das Unnatürliche als das Natürliche, und so schlimm
die Lage auch sein mag, aus der nur der Aufstand sie befreien kann, ist der Gedanke an ihn ebenso anstrengend
wie für die Wissenschaftler eine neue Anschauung über das
Universum. Unter diesen Umständen sind es oft die Klü-
geren, die gegen die Einheit sind, und nur die Klügsten
sind wieder für sie.

R. So haben sich die Plebejer also eigentlich gar nicht geeinigt?

B. Doch. Auch der Zweite Bürger marschiert mit. Nur müssen

wir die Gegensätze uns und dem Publikum nicht verbergen, die überbrückt, zurückgedrängt, außer Kurs gesetzt wurden, jetzt, wo man, durch nackten Hunger gezwungen, gegen die Patrizier zum Kampf antritt.

R. Ich behaupte, daß man das aus dem Text nicht ohne weiteres herauslesen kann.

B. Zugegeben. Man muß das ganze Stück gelesen haben. Man kann nicht vorn anfangen, wenn man nicht hinten gewesen ist. Später im Stück wird diese Einheit der Plebejer wieder zerrissen werden, so wird es gut sein, sie am Beginn als nicht einfach gegeben, sondern als zustande gekommen zu zeigen.

W. Wie?

B. Das werden wir besprechen, ich weiß es nicht. Jetzt analysieren wir. Weiter.

R. Das nächste ist, daß der Patrizier Agrippa auftritt und in einem Gleichnis beweist, daß die Herrschaft der Patrizier für die Plebejer nötig ist.

B. Sie sprechen das »beweist« aus, als setzten Sie Anführungszeichen?

R. Ich bin von dem Gleichnis nicht überzeugt.

B. Das Gleichnis ist weltberühmt. Sollten Sie etwa nicht objektiv sein?

R. Ja.

B. Gut.

W. Der Mann beginnt mit der Behauptung, die Teurung sei nicht von den Patriziern, sondern von den Göttern gemacht!

P. Das war damals ein gültiges Argument, ich meine, in Rom. Müssen wir nicht die Ideologie eines bestimmten Zeitalters im Interesse eines bestimmten Werks respektieren?

B. Das brauchen wir hier nicht zu erörtern. Shakespeare läßt die Plebejer mit guten Argumenten antworten. Auch die Parabel wird von den Plebejern kräftig abgelehnt.

R. Die Plebejer schimpfen über die Kornpreise, die Wucher-

zinsen und sind gegen die Kriegslasten oder ihre unge-
rechte Verteilung.

B. Das letztere ist eine Auslegung.

R. Ich finde nichts gegen den Krieg.

B. Da ist nichts.

R. Marcius tritt auf und beschimpft die bewaffneten Plebejer,
die er nicht mit Reden, sondern mit dem Schwert traktiert
wissen möchte. Agrippa vermittelt ein wenig und berichtet,
die Plebejer wünschten eigene Kornpreise. Marcius verspottet sie. Sie reden von Dingen, die sie nicht verstehen, da
sie auf dem Kapitol nicht zugelassen sind und also keinen
Einblick in die Geschäfte des Staates haben. Er erbost sich
über die Behauptung, es sei genügend Korn vorhanden.

P. Vermutlich spricht er da als Militär.

W. Jedenfalls verweist er sie, als der Krieg ausbricht, auf
das Korn der Volsker.

R. In seinem Zornesausbruch berichtet Marcius, der Senat habe
den Plebejern jetzt Volkstribunen zugestanden, worüber
Agrippa sich wundert. Auftreten Senatoren, an der Spitze
der amtierende Konsul Cominius. Die Volsker sind im Anmarsch auf Rom. Marcius freut sich auf den Kampf mit
dem Führer der Volsker, Aufidius. Er wird unter das Kommando des Konsuls Cominius gestellt.

B. Ist er einverstanden?

R. Ja. Aber die Senatoren scheinen es nicht ganz erwartet zu haben.

B. Meinungsverschiedenheiten zwischen Senat und Marcius?

R. Kaum sehr wichtige.

B. Aber wir haben das Stück zu Ende gelesen. Marcius ist
kein bequemer Mann.

W. Interessant ist, bei seiner Verachtung der Plebejer, die Achtung vor dem nationalen Feind, dem Patrizier Aufidius.
Er ist sehr klassenbewußt.

B. Etwas vergessen?

R. Ja, mit den Senatoren sind die beiden neuen Volkstribunen
Sicinius und Brutus gekommen.

B. Sie scheinen sie vergessen zu haben, da sie nicht bewill-kommt oder begrüßt werden.

R. Die Plebejer werden überhaupt nur noch wenig beachtet. Ein Senator schickt sie barsch nach Hause. Marcius wider-spricht »humorvoll«: sie dürfen ihm aufs Kapitol folgen. Er spricht sie als Ratten an, und dabei ist es, daß er sie auf das Korn der Volsker verweist. Es heißt dann nur: »Die Plebejer schleichen sich fort.«

P. Ihr Aufstand kam, dem Stück nach, zur ungünstigen Zeit. Die Notlage, geschaffen durch den Anmarsch des Feinds, gibt die Zügel wieder in die Hände der Patrizier.

B. Und das Zugeständnis von Tribunen für die Plebejer?

P. War ohne rechte Not gemacht.

R. Die Tribunen, allein zurückbleibend, hoffen, der Krieg werde Marcius, anstatt ihn noch zu erhöhen, verschlingen oder in Konflikt mit dem Senat bringen.

P. Der Schluß des Auftritts ist nicht besonders befriedigend.

B. Sie meinen, vom Shakespeare her?

R. Vielleicht.

B. Wir notieren das Unbehagen. Jedoch auch Shakespeares vermutliche Meinung, daß der Krieg die Position der Plebejer schwächt; sie scheint mir wunderbar realistisch.

B. Schönheiten.

R. Die Fülle der Begebenheiten in einer kurzen Szene. Wie in-haltsarm dagegen die neueren Stücke sind!

P. Wie die »Exposition« zugleich ein stürmischer Beginn der Handlung ist!

R. Die Sprache, in der die Parabel erzählt ist! Der Humor!

P. Und daß er nicht wirkt auf die Plebejer!

W. Der Mutterwitz der Plebejer! Repliken wie: »AGRIPPA: Wollt ihr euch selbst zugrunde richten? – PLEBEJER: Nicht möglich, wir sind schon zugrunde gerichtet.«

R. Die kristallklaren Schimpfreden des Marcius! Was für eine Riesengestalt! Und sie wird bewunderungswürdig bei

einem Verhalten, das mir höchst verachtenswert vorkommt!

B. Und alle großen und kleinen Zerwürfnisse sogleich auf
die Szene geworfen: Der Aufruhr der hungernden Plebejer
und der Krieg mit dem Nachbarvolk der Volsker; der
Haß der Plebejer auf den Volksfeind Marcius und sein Pa-
triotismus; die Entstehung des Volkstribunats und die Übergabe einer führenden Rolle an den Marcius im Krieg. – Nun,
was davon sehen wir auf dem bürgerlichen Theater?

W. Für gewöhnlich wird der ganze Auftritt für eine Exposition des Charakters des Marcius benutzt, des Helden. Er
wird gezeigt als ein Patriot, behindert von den eigensüch-
tigen Plebejern und einem feig nachgiebigen Senat. Shakespeare, darin mehr dem Livius als dem Plutarch folgend,
weiß den Senat mit gutem Grund »traurig und verlegen in
zweiseitiger Furcht – vor dem Plebejer und vor dem Feinde«.
Die bürgerliche Bühne macht dann nicht die Sache der Plebejer, sondern die der Patrizier zur eigenen Sache. Die Plebejer werden als komische und jämmerliche (nicht etwa als
humorvolle und Jammer erleidende) Typen dargestellt, und
der Satz des Agrippa, in dem er das Zugeständnis eines
Volkstribunats durch den Senat als merkwürdig bezeichnet,
wird mehr zur Charakterisierung des Agrippa benutzt als
dazu, einen Zusammenhang zwischen dem Anmarsch der
Volsker und den Zugeständnissen an die Plebejer vorberei-
tend anzulegen. Der Aufruhr der Plebejer wird natürlich
schon durch die Parabelrede vom Bauch und den Gliedern
erledigt, die angesichts des modernen Proletariats ganz nach
dem Geschmack des Bürgertums ist . . .

R. Obwohl beim Shakespeare der Agrippa dem Marcius ge-
genüber keineswegs von einem Erfolg seiner Rede bei den
Plebejern spricht, sondern nur davon, daß ihnen zwar der
Verstand fehle (um seine Rede zu verstehen), doch nicht die
Feigheit, welch letztere Beschuldigung übrigens nicht zu ver-
stehen ist.

B. Wir notieren das.

R. Warum?

B. Es gibt Anlaß zu Unbehagen.

R. Die Behandlung der Plebejer und ihrer Tribunen durch den Shakespeare leisten allerdings der Praxis unserer Bühnen einigen Vorschub, die Beschwerden des aristokratischen Helden durch die »unvernünftige« Haltung des Volks möglichst unerträglich zu machen und damit die spätere Ausweitung seines »Stolzes« zum Exzeß entschuldigend vorzubereiten.

B. Immerhin spielt beim Shakespeare der Kornwucher der Patrizier eine Rolle und ihre Geneigtheit, Plebejer auf jeden Fall zum Kriegsdienst einzuziehen (Livius läßt die Patrizier etwa sagen: im Frieden schweife das niedere Volk aus), auch die ungerechtfertigte Verschuldung der Plebejer an den Adel. Auf diese Weise wird der Aufstand beim Shakespeare nicht einfach unvernünftig.

W. Aber Shakespeare gibt tatsächlich wenig, den interessanten Satz des Plutarch zur Geltung zu bringen: »Als somit die Eintracht in der Stadt wiederhergestellt war, traten auch die niederen Klassen sogleich unter die Waffen und ließen sich mit der größten Bereitwilligkeit von den regierenden Behörden zum Kriege gebrauchen.«

B. Nun, dann werden wir, die wir alles über die Plebejer ausfindig machen wollen, diesen Satz mit größerem Interesse lesen.

P. »Denn hier mag es sich um Züge
   Der berühmten Ahnen handeln.«

R. In einem andern Punkt haut Shakespeare nicht in die aristokratische Kerbe. Er läßt den Marcius nichts machen aus dem Satz des Plutarch: »Den Feinden blieb die aufrührerische Haltung des niederen Volkes nicht verborgen. Sie machten einen Einfall und verheerten das Land mit Feuer und Schwert.«

B. Beenden wir jetzt die erste Analyse. Was vorgeht und was

wir auf dem Theater herauszubringen haben, ist etwa: Der Konflikt zwischen Patriziern und Plebejern wird (zunächst einmal) beigelegt, da der Konflikt zwischen Römern und Volskern alles bestimmend hervortritt. Die Römer, ihre Stadt in Gefahr sehend, legalisieren ihre Gegensätze, indem sie plebejische Kommissare (Volkstribunen) ernennen. Die Plebejer haben das Volkstribunat erobert, aber der Volksfeind Marcius wird, als Spezialist, Führer im Krieg.

B. Die kleine Analyse, die wir gestern machten, ergibt einige sehr reizvolle Schwierigkeiten für die Inszenierung.

W. Wie zeigt man zum Beispiel die Vereinigung der Plebejer als gegen Widerstand vollzogen? Nur durch die verdächtige Betonung der Entschlossenheit?

R. Ich habe die Uneinigkeit bei der Wiedergabe nicht erwähnt, da ich die Sätze des Zweiten Plebejers als Provokationen las. Er schien mir den Ersten Plebejer lediglich auf seine Festigkeit hin zu examinieren. Aber das darf man wohl doch nicht so spielen. Er zögert vielmehr immer noch.

W. Man könnte ihm einen Grund für seinen Mangel an Kampffreudigkeit geben. Er könnte etwas besser gekleidet sein, wohlhabender. Bei der Rede des Agrippa könnte er denn auch über dessen Humor lächeln und so weiter. Er könnte ein Kriegsinvalide sein.

R. Schwäche?

W. Geistige. Die gebrannten Kinder kehren zum Feuer zurück.

B. Wie ist es mit der Bewaffnung?

R. Sie müssen schwach bewaffnet sein, sonst eroberten sie das Tribunat auch ohne den Einfall der Volsker, aber sie dürfen nicht schwach sein, sonst können sie den Krieg des Marcius und den Krieg gegen den Marcius nicht gewinnen.

B. Gewinnen sie den Krieg gegen den Marcius?

R. Bei uns sicher.

P. Sie können in Lumpen gehen, aber müssen sie deshalb lumpig gehen?

B. Wie ist die Situation?

R. Eine plötzliche Volkserhebung.

B. Ihre Bewaffnung ist also vermutlich improvisiert, aber sie können gute Improvisatoren sein. Sie sind es, die auch die Waffen des Heeres herstellen, wer sonst? Sie können Bajonette verfertigt haben, Schlächtermesser auf Besenstielen, Hiebwaffen aus Herdzangen und so weiter. Ihre erfinderische Kunst kann Respekt hervorrufen, und ihr Auftreten wird sogleich bedrohlich.

P. Wir reden immerfort vom Volk, was ist mit dem Helden? Schon die Inhaltsangabe R.s ging nicht von ihm aus.

R. Zunächst wird ein Bürgerkrieg gezeigt. Das hat zuviel Interesse, als daß es nur Vorbereitung und Hintergrund für das Erscheinen des Helden sein könnte. Soll ich anfangen: Eines Morgen ging Cajus Marcius seine Gärten besichtigen, begab sich auf den Markt, begegnete dem Volk, stritt sich herum und so weiter? Vorläufig beschäftigt mich noch: Wie zeigt man die Agrippaparade als wirkungslos und wirkungsvoll?

w.P.s Frage, ob man nicht die Vorgänge im Hinblick auf den Helden untersuchen muß, beschäftigt mich noch. Mir scheint allerdings, man darf vor dem Auftreten des Helden das Kräftefeld zeigen, in dem er wirkt.

B. Shakespeare ermöglicht das. Nur haben wir es vielleicht mit gewissen Spannungen jetzt überladen, so daß es eigene Schwere annimmt?

P. Und der »Coriolan« ist für das Vergnügen am Helden geschrieben!

R. Das Stück ist realistisch geschrieben und führt Material widersprüchlicher Art genug mit sich. Marcius kämpft mit dem Volk; es ist nicht bloß der Sockel seines Standbilds.

B. Ich finde, daß ihr bei der Behandlung der Fabel von Anfang an darauf bestanden habt, auch in den Genuß des Vergnügens an der Tragödie des Volks zu kommen, das einen Helden gegen sich hat. Warum nicht dieser Neigung folgen?

p. Shakespeare gibt uns da nicht sehr viel.

b. Ich bezweifle das. Aber niemand zwingt uns, das Stück aufzuführen, wenn es uns nicht Vergnügen bereitet.

p. Übrigens können wir auch, wenn wir nur das Interesse am Helden berücksichtigen wollen, die Agripparede als wirkungslos spielen.

w. Wie sie Shakespeare ja zeigt. Die Plebejer nehmen sie spöttisch, ja mitleidsvoll auf.

r. Warum spricht Agrippa, wie ich notieren sollte, von ihrer Feigheit?

p. Nicht begründet von Shakespeare.

b. Ich mache darauf aufmerksam, daß wir in den Shakespeareausgaben keine Regiebemerkungen haben oder solche, die vermutlich später eingefügt wurden.

p. Was kann die Regie tun?

b. Wir haben den Versuch des Agrippa zu zeigen, mit Hilfe von Ideologie, rein demagogisch – und ergebnislos – die Einigung zwischen Patriziern und Plebejern zustande zu bringen, die in Wirklichkeit erst etwas später, nicht viel später übrigens, durch den Kriegsausbruch zustande kommt. Die wirkliche Einigung erfolgt auf gewaltsame Weise, durch die Heeresmacht der Volsker. Ich habe über eine Möglichkeit nachgedacht und schlage vor, den Marcius mit seinen Bewaffneten schon etwas früher auftreten zu lassen, als des Agrippa »Heil, Freund Marcius« und die wahrscheinlich wegen dieser Begrüßung gegebene Regieanweisung es verlangt. Die Plebejer sähen dann die Bewaffneten hinter dem Redner auftauchen und könnten ohne weiteres Zeichen von Unschlüssigkeit zeigen. Agrippas plötzliche Aggressivität würde ebenfalls verstehbar, wenn er selbst den Marcius und seine Bewaffneten erblickt.

w. Aber Sie haben die Plebejer besser bewaffnet, als sie es je auf einer Bühne waren, und jetzt weichen sie vor den Legionären des Marcius zurück?

b. Die sind noch besser bewaffnet. Außerdem weichen sie

nicht zurück. Wir können hier den Shakespeareschen Text
noch verstärken. Die Augenblicke ihres Zauderns während
der Schlußfolgerungen der Rede kommen jetzt von der Veränderung der Situation, die durch das Auftreten von Bewaffneten hinter dem Redner entstanden ist. Und während
dieser Augenblicke sehen wir, daß die Ideologie des Agrippa
sich auf Gewalt stützt, auf Waffengewalt, und zwar die von
Römern.

w. Aber nun ist Aufruhr, und die Einigung braucht mehr,
braucht den Kriegsausbruch.

r. Marcius kann auch nicht losgehen, wie er möchte. Er kommt
mit Bewaffneten, aber »des Senats Milde« fesselt ihn. Der
Senat hat eben dem Pöbel Vertretung im Senat, Tribunen, zugestanden. Es ist ein wunderbarer Kunstgriff, daß Shakespeare die Nachricht von der Etablierung des Tribunats in
den Mund des Marcius legt. Wie verhalten sich die Plebejer
dazu? Wie nehmen sie ihren Erfolg auf?

w. Können wir den Shakespeare ändern?

b. Ich denke, wir können Shakespeare ändern, wenn wir
ihn ändern können. Aber wir haben ausgemacht, zunächst
nur über Änderungen der Interpretation zu sprechen, damit unsere analytische Methode als auch ohne Zu-Dichtung
anwendbar erscheinen kann.

w. Könnte der Erste Bürger der vom Senat zum Tribunen
ernannte Sicinius sein? Er wäre dann an der Spitze des
Aufstands gewesen und erführe seine Ernennung aus dem
Mund des Marcius.

b. Das ist ein sehr tiefer Eingriff.

w. Textlich müßte nichts verändert werden.

b. Trotzdem. Es gibt so etwas wie das spezifische Gewicht
einer Figur in der Fabel. Eine Änderung könnte zur Folge
haben, daß ein Interesse erregt wird, das später nicht befriedigt werden kann und so weiter.

r. Der Vorteil wäre, daß ein spielbarer Zusammenhang hergestellt werden könnte zwischen Aufstand und Erringung des

Tribunats. Und die Plebejer könnten ihren Tribunen und sich selber beglückwünschen.

B. Aber der Anteil des Volskereinfalls an dem Zustandekommen des Tribunats darf nicht geschmälert werden, er ist der Hauptgrund. Jetzt müßt ihr konstruieren und alles berücksichtigen.

w. Die Plebejer müßten sich an dem Staunen des Agrippa über das Zugeständnis beteiligen.

B. Ich möchte nichts entscheiden. Ich weiß auch nicht, ob man das ohne Text, rein pantomimisch, spielen kann. Dazu kommt, daß unser Haufe, wenn ihm ein besonderer Mensch angehört, vielleicht nicht mehr als für das halbe plebejische Rom stehend, als ein Teil stehend für das Ganze, angenommen wird. Aber ich sehe, Ihr bewegt Euch im Stück und in diesen verwickelten Vorgängen an diesem Vormittag in Rom, wo ein scharfes Auge mancherlei erhaschen kann, überrascht und suchend. Und natürlich, wenn Ihr Schlüssel findet für die Vorgänge – alle Macht dem Publikum!

w. Man kann es ja probieren.

B. Das auf jeden Fall.

R. Und wir müssen das ganze Stück durchgestellt haben, bevor wir darüber entscheiden können. Ich sehe Sie nicht begeistert, Brecht.

B. Sehen Sie weg. – Wie wird die Nachricht vom Kriegsausbruch aufgenommen?

w. Marcius begrüßt ihn, wie seinerzeit Hindenburg, als ein Stahlbad.

B. Obacht.

R. Sie meinen, dieser Krieg ist ein Verteidigungskrieg.

P. Das hat vielleicht hier nicht dieselbe Bedeutung wie sonst in unseren Erwägungen und Einschätzungen. Diese Kriege führten zur Einigung Italiens.

R. Unter Rom.

B. Unter dem demokratischen Rom.

w. Das sich seiner Coriolane entledigt hatte.

b. Dem Rom mit den Volkstribunen.

p. Plutarch berichtet über die Vorgänge nach dem Tod des Marcius folgendes: »Zuerst gerieten die Volsker mit den Aequern, ihren Verbündeten und Freunden, in einen Streit über den Oberbefehl, wobei es bis zu Wunden und Totschlag kam. Sie waren gegen die anrückenden Römer ausgezogen und rieben sich unter sich selbst beinahe völlig auf. Sodann erlagen sie den Römern in einer Schlacht ...«

r. Kurz, Rom ohne den Marcius war nicht schwächer, sondern stärker.

b. Ja, es ist ganz gut, nicht nur das Stück zu Ende zu lesen, bevor man mit dem Studium des Anfangs beginnt, sondern auch noch die Lebensbeschreibungen des Plutarch und des Livius, die Quellen des Stückschreibers. Was ich aber mit meinem »Obacht« meinte, war: Man kann Kriege nicht einfach ohne jede Untersuchung verurteilen, es genügt nicht einmal, sie in Angriffs- und Verteidigungskriege einzuteilen. Das geht ineinander über und so weiter. Und nur die klassenlose Gesellschaft auf einem hohen Stand der Produktion kommt ohne Kriege aus. Einiges scheint mir sicher: Marcius muß als Patriot gezeigt werden. Es sind ungeheuerliche Vorgänge, eben die des Stücks, die ihn in einen Todfeind der patria verwandeln.

r. Wie nehmen die Plebejer die Nachricht vom Kriegsausbruch auf?

p. Wir haben das selbst zu entscheiden, der Text sagt nichts darüber.

b. Und bei der Beurteilung dieser Frage ist unsere Generation unglücklicherweise vielen anderen überlegen. Wir haben nur die Wahl, die Nachricht einschlagen zu lassen wie den Blitz, der alle Sicherungen durchschlägt, oder etwas daraus zu machen, daß sie wenig Bewegung auslöst. Ein Drittes, daß sie wenig Bewegung auslöst und wir dies nicht eigens und vielleicht als schrecklich hervorheben, gibt es nicht.

P. Sie muß als groß wirkend gezeigt werden, schon weil sie die Situation so völlig verändert.

W. Nehmen wir also an, daß die Nachricht zunächst alle lähmt.

R. Auch den Marcius? Er äußert sofort, daß ihn der Krieg freue.

B. Wir werden ihn dennoch nicht von der Lähmung ausnehmen. Seinen berühmten Satz: »Freut mich. Wir werden unsern Kehricht los. Er schimmelt«, kann er sagen, wenn er sich erholt hat.

W. Und die Plebejer? Aus beim Shakespeare nicht vorhandenem Text Sprachlosigkeit zu machen, wird nicht leicht sein. Und da bleiben noch andere Fragen. Begrüßen sie ihre neuen Tribunen? Bekommen sie irgend Rat von ihnen? Ändert sich ihre Haltung zu Marcius?

B. Man wird die szenische Lösung daraus holen müssen, daß *alle* diese Fragen unbeantwortet sind, das heißt, sie müssen aufgeworfen werden. Die Plebejer müssen sich zur Begrüßung um die Tribunen scharen, aber nicht dazu kommen, sie zu begrüßen. Die Tribunen müssen Rat erteilen wollen, aber nicht dazu kommen. Die Plebejer müssen nicht dazu kommen, eine neue Haltung zu Marcius einzunehmen. Die neue Situation muß all dies verschlingen. In der, für uns so ärgerlichen, Regiebemerkung »Citizens steal away« haben wir nur eben die Änderung, die eingetreten ist, seit sie aufgetreten sind (»Enter a company of mutinous citizens with clubs, staves and other weapons«). Der Wind ist umgeschlagen, es ist kein guter Wind mehr für Aufstände, *alle* sind jetzt mächtig bedroht, und für das Volk wird nur, ganz negativ, dieses Bedrohtsein notiert.

R. Wir haben in unserer Analyse auf Ihren Rat unser Unbehagen notiert.

B. Nebst der Bewunderung des Shakespeareschen Realismus. Wir haben kaum Grund, hinter dem Plutarch zurückzubleiben, der von der »größten Bereitwilligkeit« des niederen Volks für den Krieg berichtet. Es ist eine neue Einheit der Klassen, die da auf ungute Art entstanden ist, und wir müssen sie untersuchen und auf der Bühne aufbauen.

w. Zunächst sind in der neuen Einheit einmal die Volkstribunen, die unbenutzbar und unerledigt herausstehen wie verletzte Daumen. Wie aus ihnen und ihrem unversöhnten und unversöhnlichen Widersacher Marcius, der jetzt so sehr nötig geworden ist, nötig für ganz Rom, diese sichtbare Einheit der beiden, noch eben kämpfenden Klassen herstellen?

B. Ich glaube, auf naive Weise, wartend auf Einfälle, werden wir nicht weiterkommen. Wir werden auf klassische Bewältigung solcher verwickelter Vorgänge zurückgreifen müssen. Ich habe in Mao Tse-tungs Schrift »Über den Widerspruch« eine Stelle angestrichen. Was sagt er?

R. Daß in jedem beliebigen Prozeß, in dem es viele Widersprüche gibt, stets ein Hauptwiderspruch besteht, der die führende, entscheidende Rolle spielt, während die übrigen von zweitrangiger, untergeordneter Bedeutung sind. – Er gibt als eines der Beispiele die Bereitschaft der chinesischen Kommunisten, ihren Kampf gegen das reaktionäre Tschiang-Kai-schek-Regime abzubrechen, als die Japaner einfielen. Man kann noch ein Beispiel nennen: Als Hitler in die Sowjetunion einfiel, beeilten sich sogar die vertriebenen weißrussischen Generäle und Bankiers im Ausland, gegen ihn Stellung zu nehmen.

w. Ist das letztere nicht etwas anderes?

B. Etwas anderes und doch auch etwas Ähnliches. Wir müssen jetzt nämlich weitergehen. Wir haben eine widerspruchsvolle Einheit zwischen Patriziern und Plebejern, die sich in Widerspruch verwickelt hat mit dem Nachbarvolk der Volsker. Der letztere ist jetzt der Hauptwiderspruch. Der Widerspruch zwischen Patriziern und Plebejern, der Klassenkampf, ist »außer Kurs gesetzt« durch das Auftreten des neuen Widerspruchs, den nationalen Krieg gegen die Volsker. Aber er ist nicht verschwunden. (Die Volkstribunen »stehen

heraus wie verletzte Daumen«.) Das Volkstribunat ist durch
den Kriegsausbruch zustande gekommen. Aber zugleich ist
durch den Kriegsausbruch die Führung durch die Patrizier
(und den Volksfeind Marcius) zustande gekommen.

w. Wie kann man nun aber die Überschattung des Widerspruchs *Patrizier - Plebejer* durch den neuen, den Hauptwiderspruch *Römer - Volsker* zeigen, und zwar so, daß auch
das Übergewicht der Führung durch die Patrizier über die
neue Führung der Plebejer herauskommt?

B. Dergleichen ist nicht leicht kalten Blutes zu finden. Wie ist
es? Die Ausgemergelten stehen gegenüber den Gepanzerten.
Die zorngeröteten Gesichter verfärben sich noch einmal.
Neuer Jammer wird den alten übertönen. Die Entzweiten
betrachten die Arme, die sie gegeneinander erhoben haben?
Werden sie stark genug sein, die gemeinsame Gefahr abzu-
wehren? Das ist poetisch, was vorgeht. Wie werden wir es
darstellen?

w. Wir werden die Gruppen zusammenschütteln, es muß
eine Lockerung sein, es muß Gänge hinüber und herüber
geben. Vielleicht können wir die Episode benutzen, in der
Marcius den an Krücken gehenden Patrizier Lartius anrem-
pelt: »Steif, was? Willst dich wohl drücken?« Bei Plutarch
heißt es, wenn von dem Aufstand der Plebejer die Rede ist:
»Gänzlich mittellose Menschen wurden persönlich hinweg-
geschleppt und eingesperrt, wenn auch der Leib von Narben
bedeckt war, die sie in den Feldzügen für das Vaterland von
Schlachten und Anstrengungen davongetragen hatten. Sie
hatten die Feinde besiegt, aber von den Gläubigern erfolgte
nicht die geringste Milde.« Unter den Plebejern könnte
ein solcher Invalide sein, sagten wir vorhin. Der naive Pa-
triotismus, den man so oft bei dem gemeinen Mann trifft
und der so oft schrecklich mißbraucht wird, könnte ihn bewegen, sich dem Lartius zu nähern, obgleich dieser doch zu
der Klasse gehört, die ihm so übel mitspielt. Die beiden
Kriegsinvaliden, sich des gemeinsamen letzten Krieges er-

innernd, könnten sich umarmen, angefeuert von allen Seiten, und zusammen weghumpeln.

B. Das würde auch glücklich etablieren, daß es überhaupt eine
Zeit der Kriege ist.

w. Nebenbei: Sie haben keine Bedenken, solch ein Invalide
könnte unsern Haufen um das Ansehen eines pars pro toto
bringen?

B. Kaum. Er stünde für die Veteranen. – Im übrigen könnten
wir unseren Gedanken der Bewaffnung weiterführen. Der
Konsul und Oberbefehlshaber Cominius könnte die improvisierten, für den Bürgerkrieg gemachten Waffen der Plebejer
grinsend befühlen und ihren Trägern für den patriotischen
Krieg zurückgeben.

p. Und was mit Marcius und den Tribunen?

B. Nun, das ist eine wichtige Entscheidung. Zwischen ihnen
darf es keine Verbrüderung geben. Die neugebildete Einheit
ist nicht absolut. Sie ist zerbrechlich an den Verbindungs-
stellen.

w. Marcius mag die Plebejer herablassend und nicht ohne
Verachtung einladen, ihm aufs Kapitol zu folgen, und die
Tribunen mögen den Kriegsinvaliden ermuntern, den Titus
Lartius zu begrüßen, aber Marcius und die Tribunen wer-
den sich nicht ansehen, werden sich die Rücken wenden.

r. Kurz, beide Seiten werden sich als Patrioten zeigen, aber
ihre Gegensätze werden sichtbar bleiben.

B. Und auch klar wird werden müssen, daß Marcius führt.
Noch ist der Krieg seine Sache, besonders seine, mehr als der
Plebejer, seine.

r. Der Blick auf die Entwicklung hin und das Gefaßtsein auf
Widersprüche und ihre Identität hat uns zweifellos durch
das Stück Fabel geholfen. Wie ist es mit dem Charakter
des Helden, der doch angelegt werden muß und in eben
diesem Stück Fabel?

B. Es ist eine von den Rollen, mit deren Aufbau man nicht

bei ihrem ersten, sondern einem späteren Auftreten beginnen sollte. Ich würde für den Coriolan eine Schlachtszene nennen, wenn nicht bei uns in Deutschland nach zwei idiotischen Kriegen große Kriegstaten so schwer groß darzustellen wären.

P. Sie wollen den Busch für den Marcius haben, den großen Volksschauspieler, der selber ein Kämpfer ist. Ist es, weil Sie jemand brauchen, der den Helden nicht zu sympathisch machen wird?

B. Nicht zu sympathisch und sympathisch genug. Wir müssen dem Helden, wenn wir Vergnügen an seiner Tragödie verschaffen wollen, das Gehirn und die Persönlichkeit Buschs zur Verfügung stellen. Er wird seinen eigenen Wert auf den Helden übertragen, und er wird ihn verstehen können, seine Größe wie seine Kostspieligkeit.

P. Sie wissen Buschs Bedenken. Er sagt, er ist kein Bulle, noch eine aristokratische Erscheinung.

B. Über aristokratische Erscheinungen irrt er sich, denke ich. Und er benötigt keine Körperkraft, um Feinde in Schrecken zu setzen. Ein »äußeres« Element nicht zu vergessen: Wir, die wir die Hälfte der römischen Plebs mit fünf bis sieben Mann und das ganze römische Heer mit vielleicht neun Mann besetzen – und nicht aus Mangel an Schauspielern –, könnten schwerlich einen Zwei-Zentner-Coriolan brauchen.

W. Im allgemeinen sind Sie dafür, die Figuren von Schritt zu Schritt zu entwickeln. Warum nicht den Coriolan?

B. Vielleicht, weil er keine rechte Entwicklung hat. Seine Wandlung vom römischsten der Römer zu ihrem größten Feind geschieht gerade deshalb, weil er der gleiche bleibt.

P. Man hat »Coriolan« die Tragödie des Stolzes genannt.

R. Bei unserer ersten Durchsicht sahen wir das Tragische, für den Coriolan wie für Rom, in seinem Glauben an die eigene Unersetzlichkeit.

P. Kommt das nicht davon, daß eine solche Deutung das

Stück für uns erst aktuell macht, da wir derlei auch bei uns vorfinden und die Kämpfe, die sich daraus ergeben, als tragisch empfinden?

B. Sicherlich.

w. Es wird viel davon abhängen, ob wir den Coriolan und was mit ihm und um ihn vorgeht, so darstellen, daß er diesen Glauben haben kann. Seine Nützlichkeit muß über jeden Zweifel erhaben sein.

B. Ein Detail für viele: Da von seinem Stolz die Rede ist, spüren wir nach, wo er Demut zeigt, nach dem Stanislawski, der von dem Darsteller des Geizigen verlangte, er solle ihm zeigen, wo er großzügig ist.

w. Denken Sie an die Übernahme des Kommandos?

B. Etwa. Lassen wir es damit fürs erste bewenden.

p. Was nun könnte der Auftritt lehren, dergestalt dargestellt?

B. Daß die Position der unterdrückten Klasse verstärkt werden kann durch einen drohenden Krieg und geschwächt durch einen ausgebrochenen.

R. Daß Auswegslosigkeit die unterdrückte Klasse einen, das Auftauchen eines Auswegs sie entzweien kann, und als solch ein Ausweg kann ein Krieg erscheinen.

p. Daß Unterschiede in den Einkommen die unterdrückte Klasse entzweien können.

R. Daß Krieger und sogar Kriegsverletzte den überstandenen Krieg mit legendärem Glanz ausstatten und für neue Kriege anfällig sein können.

w. Daß die schönsten Reden Realitäten nicht aus der Welt schaffen, aber sie zeitweilig verbergen können.

R. Daß »stolze« Herren nicht zu stolz sind, sich vor ihresgleichen zu beugen.

p. Daß auch die Klasse der Unterdrücker nicht ganz einig ist.

B. Und so weiter.

R. Meinen Sie, daß all dies und das Weitere aus dem Stück herausgelesen werden kann?

B. Herausgelesen und hineingelesen.

P. Ist es dieser Erkenntnisse wegen, daß wir das Stück spielen wollen?

B. Nicht nur. Wir möchten den Spaß haben und vermitteln, ein Stück durchleuchteter Geschichte zu behandeln. Und Dialektik zu erleben.

P. Ist das letztere nicht etwas sehr Feines, einigen Kennern vorbehalten?

B. Nein. Selbst in den Panoramen der Jahrmarktsschaubuden und in den Volksballaden lieben die einfachen Leute, die so wenig einfach sind, die Geschichten vom Aufstieg und Sturz der Großen, vom ewigen Wechsel, von der List der Unterdrückten, von den Möglichkeiten der Menschen. Und sie suchen die Wahrheit, das »was dahinter ist«.

1954

2 Relative Eile

In Ostrowskis »Ziehtochter« kommt ein Nachmittagstee vor, bei dem die »wohltätige« Gutsherrin ziemlich beiläufig über das Leben ihrer Ziehtochter befindet. Es wäre naheliegend gewesen, das Teetrinken selbst zu einer beiläufigen Angelegenheit zu machen, aber wir entschieden uns für eine stumme Zeremonie, die das Teetrinken sehr wichtig machte. Das Gesinde sollte unendlich langsam, aber fürsorglich den Tee vorbereiten, den Samowar bringen, das Tischtuch auflegen und so weiter. Der älteste Leibeigene überwachte das Tischdecken der Mägde. Die Regie ließ ihn nun nach einiger Zeit eine große, übrigens nicht eilige Armbewegung vollführen, mit der er die Mägde zur Eile antrieb. Das zeigte Kontrolle und Herrschaft. Eile ist relativ. Schwierig auszuführen war das zum gleichen Problem gehörende »langsame Hereinstürzen« eines verspäteten Dieners mit einer Biskuitschale.

1955

3 Ein Umweg (»Der kaukasische Kreidekreis«)

P. Man hat in X vor, den »Weg in die nördlichen Gebirge« zu streichen. Das Stück ist lang, und der ganze Akt, macht man geltend, ist schließlich nur ein Umweg. Man sieht, wie die Magd das Kind, nachdem sie es aus der unmittelbaren Gefahrenzone gebracht hat, loswerden will, aber dann behält sie es doch, und nur darauf komme es an, sagt man.

B. Die Umwege in den neuen Stücken sollte man genau studieren, bevor man einen abgekürzten Weg geht. Er mag länger wirken. Einige Theater strichen in der »Dreigroschenoper« eine der zwei Verhaftungen des Räubers Macheath, da sie beide erfolgen konnten, weil er zweimal, anstatt zu fliehen, ins Bordell ging. Man ließ ihn zu Fall kommen, weil er ins Bordell ging, anstatt, weil er zu oft ins Bordell ging; weil er nachlässig war, anstatt, weil er zu nachlässig war. Kurz, man wurde, um kurz zu sein, langweilig.

P. Man bringt vor, daß der Anspruch der Magd auf das Kind im späteren Prozeß geschwächt wird, wenn man ihre Zuneigung zu ihm schmälert.

B. Erstens kommt es im Prozeß nicht auf den Anspruch der Magd auf das Kind, sondern auf den Anspruch des Kindes auf die bessere Mutter an, und die Eignung der Magd zur Mutter, ihre Zuverlässigkeit und Brauchbarkeit werden gerade durch ihr vernünftiges Zögern beim Übernehmen des Kindes erwiesen.

R. Ich finde auch das Zögern schön. Freundlichkeit ist begrenzt, da existiert ein Maß. Es gibt bei einem Menschen soundso viel Freundlichkeit, nicht weniger, nicht mehr, und es ist auch noch abhängig von der jeweiligen Lage. Sie kann verbraucht werden, sie kann wiederhergestellt werden und so weiter und so weiter.

W. Das ist eine realistische Auffassung.

B. Sie ist mir zu mechanisch. Unfreundlich. Warum nicht folgende Betrachtung? Die üblen Zeiten machen Menschlichkeit

zu einer Gefährdung für die Menschlichen. In der Magd
Grusche gibt es das Interesse für das Kind und ihr eigenes
Interesse im Widerstreit miteinander. Sie muß beide Interessen erkennen und beiden zu folgen versuchen. Diese Betrachtung führt, denke ich, zu einer reicheren und beweg-
teren Darstellung der Rolle der Grusche. Sie ist wahr.

1955

4 Anderer Fall angewandter Dialektik

Als das kleine Stück »Die Gewehre der Frau Carrar«, das
B. nach einem Einakter von Synge geschrieben hatte, von
einem jungen Regisseur für das Ensemble geprobt wurde,
spielte die Carrar die Weigel, die sie vor Jahren im Exil unter
der Leitung B.s schon gespielt hatte. Wir mußten B. berichten,
daß der Schluß, in dem die Fischerfrau ihrem Bruder und
ihrem jungen Sohn die vergrabenen Gewehre aushändigt und
mit ihnen an die Front geht, nicht glaubhaft wirkte. Auch
die Weigel konnte nicht sagen, was fehlte. Sie spielte, als B.
in die Probe kam, meisterhaft die zunehmende seelische Zer-
mürbung, welche die immer neuen Besuche durch die Dorf-
bewohner, mit den immer neuen Argumenten, in der fromm
gewordenen, gegen Gewalt erbitterten Frau zustande brachten,
sie spielte meisterhaft den Zusammenbruch, wenn die Leiche
des friedlich fischen gegangenen Sohnes gebracht wurde. Und
dennoch stellte auch B. fest, daß ihr Umschwenken nicht ganz
glaubhaft war. Wir standen um B. herum und tauschten Ansichten aus. »Man würde sie verstehen, wenn nur die Agitation
der Nachbarn und des Bruders auf sie einwirkten; der Tod des
Sohnes ist zuviel«, sagte jemand. »Ihr überschätzt Agitation«,
sagte B. kopfschüttelnd. »Wenn es nur der Tod des Sohnes
wäre«, sagte ein anderer. »Sie würde bloß zusammenbrechen«,
sagte B. »Es ist unverständlich«, sagte endlich die Weigel selbst.
»Sie empfängt einen Stoß nach dem andern, und man glaubt
nicht die Wirkung der Stöße.« – »Sag das noch einmal«, bat B.

Die Weigel wiederholte den Satz. »Das Nach und Nach weicht alles auf«, sagte P. Wir hatten den Fehler gefunden. Die Weigel hatte die Carrar sichtlich jedem der Stöße nachgeben und sie beim heftigsten zusammenbrechen lassen. Statt dessen mußte sie spielen, wie die Carrar sich nach jedem Stoß, der sie erschüttert, mehr verhärtet und nach dem letzten *plötzlich* zusammenbricht. »Ja, so spielte ich in Kopenhagen«, sagte die Weigel erstaunt, »und da war es richtig.« – »Merkwürdig«, sagte B., als die Probe dann unsere Mutmaßung bestätigt hatte, »daß es jedesmal von neuem dieser Anstrengung bedarf, die Gesetze der Dialektik zu beachten.«
1953

5 Brief an den Darsteller des
jungen Hörder in der »Winterschlacht«

Sie haben den Abendberichten und Ihren eigenen Äußerungen nach immer noch beträchtliche Schwierigkeiten mit der Darstellung des jungen Hörder. Sie beklagen, daß Sie an manchen Abenden nicht den richtigen Ton treffen, und zwar in einer bestimmten Szene, worauf alles Folgende dann von selbst verkehrt wird.

Vor dem Ausdruck »den richtigen Ton treffen« haben wir Sie gelegentlich gewarnt, weil er eine bestimmte Spielweise andeutet, die unseres Erachtens nicht richtig ist. Sie meinen mit »richtigem Ton« nicht »natürlicher Tonfall«. Unter »Treffen des richtigen Tons« verstehen Sie anscheinend einen Vorgang, üblich in den Schießbuden der Jahrmärkte, wo sich ein ganzes musikalisches Spielwerk in Bewegung setzt, wenn ein schwarzer Punkt in einer Schießscheibe getroffen ist. Der Vergleich mit dem Jahrmarkt ist nicht abschätzig gemeint, er soll nichts Unwürdiges, sondern nur Falsches »treffen«.

Was passiert ist, ist, daß Sie Ihre Rolle einerseits nicht genug fixiert haben, so daß »der Ton« verrutschen kann, andrerseits zu sehr, so daß von einem Ton alle anderen unverrückbar abhängen. Auch der Ausdruck »fixieren« wird da bedenklich. Wir gebrauchen ihn gemeinhin anders, indem wir an das Fixieren denken, durch das Zeichnungen unverwischbar gemacht werden.

In der Tat sollten Sie nicht Töne, sondern das Verhalten der darzustellenden Figur festhalten, unabhängig von den Tönen, wenn auch gelegentlich damit verknüpft. Und das Wichtigste ist Ihr Verhalten zu dieser Figur, die das Verhalten der Figur bestimmt. Wie ist es damit?

Ihre Schwierigkeiten beginnen mit der Szene der großen Monologe. Bei Hörders Freund und Kamerad Nohl kommen die Zweifel an dieser Winterschlacht nun voll zum Durchbruch und drängen zur Tat, der Desertion. Nohl gelangt in seinen Monologen zur Ruhe des Entschlusses. Hörder, den Zweifel leidenschaftlich abwehrend, dem er den Freund »verfallen« sieht, gerät dadurch in außerordentliche Unruhe, und nun kommt das Schwierige. Die gewaltsame Behauptung des ihm natürlichen – nazistischen – Standpunkts erschüttert diesen (oder zeigt dessen Erschütterung), so daß etwas Krankhaftes aufkommt. Diese Erkrankung, die darin besteht, daß dieser junge, von den Nazis indoktrinierte Mensch, den Angriffen durch Nohls Zweifel ausgesetzt, in der Region des Zweifels zuviel Gewalt einsetzen muß, gelingt Ihnen in der Darstellung vorzüglich. Es ist eine Erkrankung nur vom nazistischen Standpunkt aus, und sie zeigt die tiefere Krankheit des Nazismus an, aus der der junge Hörder sich zu einer neuen Gesundheit herausarbeiten wird. Die Szene gelingt Ihnen weniger gut an Abenden, wo Sie »zu hoch« einsetzen, das heißt schon zu Beginn der Szene den »Ton« schrill und die Miene fratzenhaft werden lassen.

Von nun an spielt im Prozeß der Wandlung dieser Widerspruch *krank – gesund* die entscheidende Rolle. In Ihrer nächsten Szene hat der zu den Russen übergehende Nohl den jungen Hörder allein in die Gesellschaft der nazistischen Offiziere geworfen und Hörders Isolierung von diesen vertieft. Der

Heimatbesuch zeigt die Isolierung von der Heimat. Es sind, soweit ich sehen kann, vier Keulenschläge, die ihn treffen: die Verachtung der einst schwärmerisch verehrten Frau des desertierten Nohl; ein deutsches Volkslied von großer Zartheit; die schreckliche Eröffnung seiner Mutter über den Staatsmord an seinem Bruder; und ein Zitat aus einem Buch Ernst Moritz Arndts über die bürgerlichen Rechte und Pflichten eines bürgerlichen Soldaten. Was danach kommt, die Drohung des Vaters, ihn der Gestapo auszuliefern, nimmt er schon kaum mehr voll auf.

Das kindisch-kindliche Schluchzen, mit dem Sie Hörder weglaufen lassen – er überläßt es der Mutter, den Vater zur Verantwortung zu ziehen –, hat einige Kritiker als »pathologisch« berührt. Sie halten vermutlich auch die Todesfurcht des Prinzen von Homburg für pathologisch, und, was schlimmer ist, sie sind (fast) hoffnungslose Kleinbürger, die gern den Menschen seiner Klassenmerkmale entkleiden, um *den* Menschen, den Menschen selber, den Menschen schlechthin, zu bekommen. Der junge Mensch ist in diesem Augenblick wahrhaftig kein Held, und wir sollten unter keinen Umständen von Helden »in ihren schwächeren Augenblicken, ihren unheldischen Augenblicken« reden; weit gesünder, von Menschen in ihren heldischen Augenblicken zu reden. Er räumt weder den Augiasstall wie Hamlet aus, noch macht er sonst etwas daraus. Er kehrt aus dem Urlaub fromm zur Front zurück. Sie haben hier recht; Sie spielen die Szene mit so hoher Beteiligung wie Überlegenheit und liefern da in den Rumpelkammern des Pantheons der Kunst, wo die Meister verkehren, ein beliebtes Heldenklischee ein.

Danach, freilich, beginnen wieder die Schwierigkeiten. Sie haben noch zwei kurze Szenen. (Hörder verweigert die Teilnahme an der Exekution von Partisanen, wird zum Tode verurteilt und schlägt es ab, sich selbst zu töten.) Sie müssen darstellen, wie eine geistige Gesundung den Tod herbeiführt.

Glänzende Ehrungen, das Ritterkreuz, haben nicht vermocht, Hörder vom Volk abzuhalten, das sie bezahlen muß; der Glanz hat ihn nicht für die Dauer geblendet. Hörder stellt seine Aktivität für Hitler ein. Aber er gelangt nicht mehr zur Aktivität gegen Hitler. Wie er den Augiasstall der Familie nicht ausgeräumt hat, so räumt er den des Staates nicht aus. Er entfernt sich.

(Man kann einwerfen, die Umstände erlaubten ihm nicht mehr, ein Held zu werden. Auch das hilft nicht. Jedenfalls wird er kein Held. Die ganze bürgerliche Klasse, der er angehört und *von der er sich nicht trennt,* auch nicht ganz zuletzt, findet sich in eben dieser Lage: Die Umstände erlauben einiges nicht.)

In der Partisanenszene finden Sie – das ist allerdings nichts für die Schreier nach Helden – einen großgearteten Ausdruck: das widerspruchsvolle Entsetzen Hörders bei der Weigerung, das Kommando zur Eingrabung der Partisanen zu geben; Entsetzen über die Barbarei und über die eigene Insubordination zugleich. In der Todesszene glückt Ihnen jedoch selten die Mischung heldenhafter und jammervoller Züge bei der Gestaltung des von allen schlechten Geistern Verlassenen. Sie können in der »Kriegsfibel«, die ich Ihnen nie zeigte, nachsehen, wie nahe Sie in der Haltung dem vor Moskau von den Russen angetroffenen völlig verwirrten deutschen Kriegsdiener gekommen sind. Aber die Anrufung des anderen Deutschland durch Hörder ist Glückssache. Es sollte der Rolandruf nach einem »anderen« Deutschland sein. Nicht Furcht vor Pathos hindert Sie hier, wenn Sie sich alle Erschütterung verbieten, sondern Furcht vor falschem Pathos, nämlich jenem Pathos, das eben naiv national ist, dem eigentlichen geschichtlichen Rolandpathos, das leer geworden ist und, zur Karikatur herabgesunken, über unsere Bühnen geistert. Sie müßten hier Achtung vor Hörder empfinden und zugleich Mitleid, das dieser Achtung entgegentritt. Das bedeutet: Der Schlüssel liegt in Ihrer Haltung zu der Figur, die

Sie darstellen. Nur Kenntnis des Stands der Geschichte und die Fähigkeit, widerspruchsvolle Haltungen zu gestalten, werden Ihnen da helfen können.

Diese Kenntnis und diese Fähigkeit sind beide erwerbbar. Sie setzen voraus, daß in diesem Zeitalter der großen Kriege der Klassen und der Völker ein fester Standpunkt eingenommen wird.

1954

6 »Mutter Courage«, in zweifacher Art dargestellt

Bei der üblichen Darstellungsart, welche Einfühlung in die Hauptperson bewirkt, kommt der Zuschauer (nach vielen Zeugnissen) in den Genuß eines eigentümlichen Genusses: eines Triumphs über die Unzerstörbarkeit einer lebenskräftigen, durch die Unbilden des Krieges heimgesuchten Person. Die aktive Beteiligung der Courage am Krieg wird nicht wichtig genommen, er ist eine Erwerbsquelle, möglicherweise die einzige. Abgesehen von diesem Moment der Beteiligung, trotz ihrer, ist die Wirkung ähnlich wie die beim Schwejk, wo – in einer allerdings komischen Sphäre – der Zuschauer mit dem Schwejk über die Pläne zu seiner Aufopferung durch die großen kriegführenden Mächte triumphiert. Die ähnliche Wirkung bei der Courage ist aber von weit geringerem gesellschaftlichen Wert, weil eben ihre Beteiligung, so indirekt sie auch hingestellt werden mag, nicht gewogen wird. In der Tat ist diese Wirkung geradezu negativ. Die Courage erscheint hauptsächlich als Mutter, und Niobe gleich vermag sie ihre Kinder nicht vor dem Verhängnis Krieg zu schützen. Ihr Beruf als Händlerin und die Art, wie sie ihn ausübt, gibt ihr höchstens etwas »realistisch Unideales«, nimmt dem Krieg aber nichts von seinem Verhängnischarakter. Er ist natürlich auch hier rein negativ, aber schließlich überlebt sie ihn, wenn auch verunstaltet. Demgegenüber behandelte die Weigel, eine Technik anwendend, die restlose Einfühlung verhinderte, den Beruf der Händlerin nicht als einen eben natürlichen, sondern als einen historischen, das heißt einer historischen und *vergänglichen* Epoche angehörend, und den Krieg als die beste Zeit für den Handel. Der Handel war auch hier eine selbstverständliche Erwerbsquelle, aber doch eine verschmutzte, aus der die Courage Tod trank. Die Händlerin-Mutter wurde ein großer lebender Widerspruch, und er war es, der sie verunstaltete und deformierte, bis zur Unkenntlichkeit. In der Szene auf dem Schlachtfeld, die bei üblicher Darstellung meist gestrichen wird, war sie wirklich die Hyäne; sie rückte mit den Hemden nur heraus, weil sie den Haß ihrer Tochter sah und überhaupt Gewaltanwendung fürchtete, und sie sprang den Soldaten mit dem Mantel fluchend an wie eine Tigerin. Nach der Verunstaltung der Tochter verdammte sie den Krieg mit ebenso tiefer Ehrlichkeit, als sie ihn in der unmittelbar folgenden Szene pries. So gestaltete sie die Gegensätze in aller Abruptheit und Unversöhnlichkeit. Der Aufstand ihrer Tochter gegen sie (bei der Rettung der Stadt Halle) betäubte sie völlig und belehrte sie keineswegs. Die dem Publikum tief fühlbare Tragik der Courage und ihres Lebens bestand darin, daß hier ein entsetzlicher Widerspruch bestand, der einen Menschen vernichtete, ein Widerspruch, der gelöst werden konnte, aber nur von der Gesellschaft selbst und in langen, schrecklichen Kämpfen. Und die sittliche Überlegenheit dieser Art der Darstellung bestand darin, daß der Mensch als zerstörbar gezeigt wurde, selbst der lebenskräftigste!

1951

7 Beispiel einer szenischen Erfindung durch
Wahrnehmen eines Fehlers

In dem chinesischen Agitationsstück »Hirse für die Achte« schmuggeln Bauern Hirse zu der revolutionären Achten Armee Mao Tse-tungs. Nachdem das Stück bearbeitet war, er-

klärte der junge Regisseur B. einige Details seines Grund-
arrangements.

Das Stück spielt in Haupt- und Nebenraum einer Bürger-
meisterei. Als der Regisseur von einem Tischchen berichtete,
das er in der Mitte der Bühne aufstellen wollte und an dem
nacheinander ein Kaufmann, der mit den Japanern kollabo-
rierte, und ein Truppführer der Garnison von den Bauern
bewirtet werden sollten, machte B. ihn darauf aufmerksam,
daß sie dann mit dem Rücken gegen die Eingangstür zu sitzen
kämen – womit sie in einer Gegend, wo sie ungern gesehen
sind, kaum glücklich sein könnten. Der Regisseur stimmte
sofort zu, zögerte aber, den Tisch nach der Seite zu rücken,
da sein Bühnenraum dann alle Balance verliere; habe er
doch auf der einen Seite den nur selten bespielten Nebenraum! »Aha, ein Fehler Ihrer Dekoration!« sagte B. interessiert. »Sie brauchen unbedingt beide Räume? Der Nebenraum könnte nicht erst gebildet werden, wenn Sie ihn
brauchen? Indem die Bauern einen Paravent aufstellen?« Der
Regisseur erklärte, warum dies nicht möglich sei. (B.
hatte sich an der Bearbeitung beteiligt, aber wenn es an die
Regie ging, vergaß er alles, was er durch Lektüre oder Arbeit
wußte, und »ließ sich durch den Fortgang der Geschichte
überraschen«.) »Schön«, sagte B., »dann müssen wir den
Nebenraum beleben. Wir brauchen eine Handlung, die mit
der Haupthandlung zusammenhängt und zu etwas führt.
Was könnte dort für die geplante Schmuggelei gemacht werden? Da ist noch ein Fehler, an den ich mich erinnere. Der
Partisan, der einen Überfall der Achten auf das Dorf vor-
täuscht, durch den die Bauern das Verschwinden der Hirse
bei den Japanern entschuldigen wollen, geht von der Bühne,
ohne daß es klar wird, daß er jetzt die Hirse über die Berge
transportieren wird. Was ist die Jahreszeit?« – »August, da
die Hirse eben geerntet wurde, das können Sie also nicht
ändern.« – »Es kann also keine warme Jacke sein, die für
ihn genäht wird . . .? Ihr versteht, eine Frau könnte im

Nebenraum zum Beispiel diese Jacke nähen, das heißt flicken.«
Wir einigten uns darauf, daß der Tragsattel des Maulesels
des Bürgermeisters geflickt werden sollte. Den Maulesel
brauchte man für den Transport.

Wir entschieden uns für zwei Frauen, Mutter und Tochter,
damit sie tuscheln und lachen konnten, wenn der Kollaborateur in den Registraturschrank gesperrt wurde. Der Einfall
erwies sich schnell als ergiebig in mancher Hinsicht. Das Spa-
ßige des vorgetäuschten Überfalls in Anwesenheit des Kolla-
borateurs im Schrank konnte durch das Kichern der Frauen
betont werden. Der Kollaborateur konnte seine Nichtachtung
vor den Frauen zeigen, indem er von ihnen so wenig Notiz
nahm, als etwa von einer Strohmatte am Boden und so
weiter. Vor allem aber wurde so die Mitarbeit der ganzen
Bevölkerung deutlich, und die Reparierung des Tragsattels
und seine Übergabe an den Partisanen durch die Frauen
bildete ein poetisches Moment. »In der Nähe der Fehler
wachsen die Wirkungen«, sagte B., als er ging.

1953

8 Etwas über Charakterdarstellung

In dem chinesischen Volksstück »Hirse für die Achte« wird
gezeigt, wie ein Dorf unter der Leitung seines Bürgermeisters seine Hirseernte listig den japanischen Okkupanten und
den mit ihnen verbündeten Tschiang-Kai-schek-Banden ent-
zieht, um sie der revolutionären Achten Armee zu geben.

Der Regisseur suchte für den Bürgermeister des Dorfes einen
Schauspieler, der imstande war, einen listigen Menschen zu
spielen. B. kritisierte das. Warum sollte der Bürgermeister, sagte er, nicht ein einfacher, weiser Mann sein? Seine
Feinde zwingen ihn, Umwege zu beschreiten und zur List zu
greifen. Vielleicht stammt der Plan von dem jungen Partisanen, der tolle Einfälle hat; aber der Bürgermeister führt den
Plan durch, auch wenn der Partisan längst angesichts der sich

türmenden Schwierigkeiten den Plan für undurchführbar
hält und etwas anderes aussinnen und improvisieren will.
Es ist ein Dorf in China, es ist nicht *das* Dorf, wo ein besonders listiger Mensch steckt. In der Not wird man listig.
1953

9 Gespräch über die Nötigung zur Einfühlung

B. Ich habe hier die »Poetik« des Horaz in Gottscheds Übertragung. Er formuliert hübsch eine uns oft beschäftigende
Theorie, die Aristoteles für das Theater aufgestellt hat.

> Du mußt des Lesers Brust bezaubern und gewinnen
> Man lacht mit Lachenden, und läßt auch Tränen rinnen
> Wenn andre traurig sind. Drum, wenn ich weinen soll
> So zeige du mir erst dein Auge tränenvoll

Gottsched verweist an der berühmten Stelle sogleich auf
Cicero, der, über Redekunst schreibend, von dem römischen
Schauspieler Polus berichtet, der die Elektra darstellen
sollte, wie sie ihren Bruder beweint. Weil ihm eben sein
einziger Sohn gestorben war, holte er dessen Aschenkrug
auf die Bühne und sprach die betreffenden Verse »mit einer
so kräftigen Zueignung auf sich selbst aus, daß ihm sein
eigner Verlust wahrhafte Tränen erpreßte. Und da war
kein Mensch auf dem Platze, der sich der Tränen hätte
enthalten können«.
Das muß doch wahrhaftig als ein barbarischer Vorgang bezeichnet werden.

W. Ebensogut könnte sich der Darsteller des Othello mit
dem Dolch selber verwunden, um uns das Vergnügen des
Mitleidens zu verschaffen! Billiger käme es ihm, wenn er
sich kurz vor dem Auftritt lobende Rezensionen über
einen Kollegen zustecken ließe, denn auch dann kämen wir
vermutlich in jene beliebte Verfassung, in der wir uns nicht
der Tränen enthalten können.

B. Die Absicht jedenfalls ist es, uns mit irgendeinem Schmerz abzuspeisen, der transportabel ist, das heißt von seinem Anlaß entfernt, und unbeschädigt einem anderen Anlaß zur Verfügung gestellt werden kann. Der eigentliche Vorgang der Dichtung verschwindet wie das Fleisch in einer schlau eingerührten Sauce von bestimmtem Geschmack.

P. Gut, Gottsched mag barbarisch sein hierin, Cicero ebenfalls. Aber Horaz meint eine echte Empfindung, die durch den dargestellten Vorgang selbst ausgelöst ist, nicht eine geborgte.

W. Warum sagt er: »Wenn ich weinen soll …« (Si vis me flere)? Soll mir so lange in die Seele getreten werden, bis mir die »befreienden« Tränen kommen? Oder sollen mir Vorgänge vorgeführt werden, die mich so zart machen, daß ich zu humanem Verhalten finde?

P. Warum kannst du das nicht, wenn du einen Menschen leiden siehst und mitleiden kannst?

W. Weil ich dazu wissen muß, warum er leidet. Nimm den Polus. Vielleicht war sein Sohn ein Schurke. Er mag trotzdem leiden, aber warum soll ich es?

P. Bei dem Vorgang, den er auf dem Theater spielte und für den er seinen Schmerz zur Verfügung stellte, kannst du das feststellen.

W. Wenn er mich läßt. Wenn er mich nicht nötigt, mich seinem Schmerz auf jeden Fall hinzugeben, den er mich auf jeden Fall fühlen lassen wollte.

B. Nehmen wir an: Die Schwester beweint es, daß der Bruder in den Krieg geht, und es ist der Bauernkrieg, und er ist Bauer und geht mit den Bauern. Sollen wir uns ihrem Schmerz ganz hingeben? Oder gar nicht? Wir müssen uns ihrem Schmerz hingeben können und nicht hingeben können. Unsere eigentliche Bewegung wird durch die Erkennung und Erfühlung des zwiespältigen Vorgangs entstehen.

1953

Einige Irrtümer über die Spielweise
des Berliner Ensembles

Kleines Gespräch in der Dramaturgie

p. Die Presse ist wieder schlecht.

R. Wir haben nicht den richtigen Schwung, nicht die richtige
Wärme, man kann nicht recht mitgehen, man bleibt kalt.

w. Das Unangenehmste sind die Lobsprüche, die der Verurteilung vorausgehen. Die Regie ist meisterhaft, macht aber
alles kaputt. In der Dramaturgie ist zweifellos tief nachgedacht worden, aber ohne Erfolg. Der Hauptdarsteller ist
begabt, wirkt nur nicht. In einem alten Buch habe ich gelesen, daß der Henker, der Karl I., den König von England, enthauptete, zuerst gemurmelt habe: »Entschuldigen
Sie, Herr.«

p. Ich habe niemand im Publikum gesehen, der in der Szene,
wo der Rückzug des geschlagenen Hitlerheers gezeigt wird,
oder bei der Eingrabung der Partisanen kalt blieb.

R. Das wird zugegeben. Aber da tritt angeblich die Wirkung
nur ein, weil wir da unsere Prinzipien aufgeben und einfach Theater spielen.

B. Unser Prinzip besteht darin, den Zuschauer kalt zu lassen?

w. Das wird behauptet. Und wir haben angeblich auch einen
Grund dafür, nämlich daß man kalt besser denken kann,
und wir wollen hauptsächlich, daß man denkt im Theater.

B. Das ist natürlich schlimm: der Zuschauer soll bei uns dafür zahlen, daß er denken muß ...

w. Wie wär's, wenn Sie einmal klar und deutlich sagten, daß
man auch in unserem Theater nicht nur denken muß?

B. Ich denke nicht daran.

w. Aber Sie verurteilen doch gar nicht Gefühle.

R. Natürlich nicht, nur unvernünftige.

B. Sagen wir, automatische, veraltete, schädliche ...

p. Wenn Sie so was sagen, sind Sie übrigens gar nicht kalt.

r. Wir sind auch auf dem Theater nicht kalt, wenn wir solche Gefühle bekämpfen und entlarven. Und doch geht das nicht, ohne daß wir denken.

w. Wer sagt denn, daß man kalt überhaupt denken kann?

r. Von Gefühlen überschwemmt, kann man natürlich auch nicht denken.

p. Aber von Gefühlen gehoben!

w. Jedenfalls kann man Gefühle und Gedanken nicht trennen, nicht einmal in der Wissenschaft. Die Wissenschaftler sind bekannt wegen ihrer Hitzigkeit.

p. Also: auch das Theater eines wissenschaftlichen Zeitalters operiert mit Emotionen; sagen wir das doch deutlich!

r. Aber sagen wir nicht »operiert«, das macht gleich wieder einen Eindruck der Kälte und der Berechnung.

p. Schön. Löst Emotionen aus.

r. Ist erfüllt von Emotionen.

w. »Erfüllt von . . .« Ich mag diese Wörter nicht. Die ganz Leeren sind angeblich immer »erfüllt«. Überschwenglichkeiten sind verdächtig.

b. Der Überschwang beim Schiller ist nicht schlecht.

w. Aber der nachgemachte, der künstlich erzeugt wird.

p. Sie meinen, bei Schiller schwingt etwas Gutes über, darum ist der Überschwang gut?

b. Was sagt eigentlich die Presse über den Inhalt des Stücks und die politische Absicht der Aufführung?

p. Wenig. Das erstere wurde, wird geschrieben, schon bei der Uraufführung in L. gesagt.

b. Und was wurde da gesagt über den Inhalt?

r. Er ist gut.

b. Und was sonst noch?

r. Nicht viel. Unsere Presse ist am meisten an der Form interessiert, und die Politiker nehmen von politischen Stücken niemals Notiz.

p. Und die Theaterkritiker leiten ihre Kritiken zwar für

gewöhnlich ein mit einer Darstellung des politischen Inhalts, gehen dann aber, ohne je einen Blick zurückzuwerfen, auf den »eigentlichen« Inhalt über, den »rein menschlichen«, oder auf die formalen Fragen.

R. Immerhin produzierte unsere Aufführung leidenschaftliche Diskussionen der politischen Haltung und des Geschicks des jungen Hörder, und zwar in der Richtung, die wir beabsichtigten. Wir müßten erreichen, daß man unsere Spielweise nicht »an und für sich«, sondern danach beurteilt, ob sie ein richtiges Bild von der Wirklichkeit und fortschrittliche, das heißt sozialistische Impulse erzeugt.

B. Es ist natürlich richtig, daß unsere Presse nicht über die Form einer Aufführung schreiben dürfte, ohne den Inhalt zuzuziehen. Die Form einer Aufführung kann nur gut sein, wenn sie die Form ihres Inhalts ist, nur schlecht, wenn sie es nicht ist. Sonst kann doch überhaupt nichts bewiesen werden.

P. Sehen Sie, da schaut schon wieder der Pferdefuß heraus. Sie wollen eben immer etwas bewiesen haben. In der Kunst fühlt man: das ist gut, oder man fühlt: das ist schlecht. Man ist ergriffen oder nicht. Das ist die geltende Ansicht.

w. Was soll der Künstler aus solch einer Kritik lernen können?

B. »Sei ergreifend!«

R. Es gibt einen ausgezeichneten Satz von Rilla: »Erlebnis und Erlebnisstoff sind ... eine künstlerische Einheit, die nach dem Grad der Wirklichkeitsbewältigung zu bemessen ist.«

B. Die Spielweise des neuen realistischen Theaters ist die Antwort auf die Schwierigkeiten, die ihm neuer Stoff und neue Aufgaben bereiten. So ist es mit neuer Dramatik, nehmen wir etwa Wischnewskis »Reiterarmee« oder mein »Leben des Galilei«. Die alte Bauweise reichte nicht mehr aus. Losgelöst von den Aufgaben kann die neue natürlich nicht beurteilt werden. Sie müßte willkürlich erscheinen.

w. Da wir von allerhand zu reden haben werden, was wir nicht liefern, ist es vielleicht erlaubt, daß wir zunächst feststellen, was wir zu liefern glauben. Das heißt, wir müssen das vorbringen, was unsere Spielweise, so defekt sie in mancher Hinsicht sein mag, immerhin zustande bringt. In »Mutter Courage« zum Beispiel. Nehmen wir nur einen Punkt. Der Händlerin ist soeben die stumme Tochter verunstaltet worden, für die sie schon einen ihrer Söhne geopfert hat. Sie verflucht den Krieg. Aber bereits zu Beginn der nächsten Szene sehen wir sie neben ihrem Spezereiwagen herziehen und hören sie sagen: »Ich laß mir den Krieg nicht madig machen, der Krieg nährt seinen Mann.« In der üblichen Spielweise läßt sich dies kaum darstellen, und die meisten Theater lassen die zweite Szene denn auch aus. Bei uns sagte ein junger Zuschauer in einer Diskussion: »Ich bin nicht dafür wie einige hier, daß der Dichter die Courage am Schluß einsehen läßt, daß sie falsch gehandelt hat. Ich habe am Schluß Mitleid mit ihr, weil sie nicht lernen kann.« Das ist ein sehr edles und nützliches Gefühl, und er hätte es nicht haben können, wenn ihm lediglich ermöglicht worden wäre, sich in die Händlerin einzuleben.

r. Allem Anschein nach kommen unsere Zuschauer auch zu Gefühlsregungen, die ganz nahe bei solchen Regungen liegen, die durch pure Einfühlung entstehen können. In der Aufführung der »Mutter« sah ich beim Publikum Tränen, als Arbeiter am Vorabend des Ersten Weltkriegs der alten Wlassowa die Flugblätter gegen den Krieg nicht mehr abnehmen. Das sind – wer die Aufführung kennt, weiß es – politische Tränen, vergossen über die verstopften Ohren, die Feigheit, die Läßlichkeit. Mancher, der hier entsetzt zusah, war immer noch gegen die Bolschewiki, gegen die HO, gegen die Volkskammer, er mochte einen kleinen Laden besitzen, Schwierigkeiten neuer Art haben, kurz, klassenmäßig fast außerstande sein, sich mit der Wlassowa zu identifizieren – aber er folgte doch dem Appell an einen verschütteten

Sinn für die Wahrheit und vereinigte sich mit den neben ihm Sitzenden in einem Entsetzen über solche, die nicht wissen, was sie tun und nicht tun.

P. Im »Kreidekreis« fragt der Richter Azdak die Magd, die das fürstliche Kind aufgezogen hat und es nicht zurückgeben will, warum sie dem Kind nicht ein fürstliches Leben gönnt. Die Magd sieht sich im Gericht um. Sie sieht die fürstliche Mutter, sie sieht die Panzerreiter hinter dem Richter, Knechte der Herrschenden, mit Schwertern bewaffnet, sie sieht die Advokaten der Fürstin, Knechte der Herrschenden, mit Gesetzbüchern bewaffnet, und sie schweigt. Aus der Musikecke kommt ein Lied: »Ginge es in goldnen Schuhn, träte es mir auf die Schwachen ...« Das Lied scheint in Schweigen Richter und Magd zu einen. Der Richter verfügt die Probe mit dem Kreidekreis, die der Ziehmutter das Kind sichert. Ohne einen scharfen Bruch mit der Konvention der Bühne könnten die Emotionen, die hier erregt werden, nicht zustande kommen.

B. Genug. Es ist natürlich unser neues Publikum, das uns gestattet und das es uns zur Pflicht macht, gerade solche Wirkungen anzustreben, die auf einer natürlichen Einheit von Gedanke und Gefühl beruhen. Aber ich glaube, man kann doch nicht bezweifeln, daß gewisse andere Gefühlskomplexe ausfallen, die dem Publikum in seiner Gänze und besonders jenen, die Theater gewohnt sind, vertraut und teuer sind.

P. Veraltete.

R. Sagen wir, geschichtlich überholte.

P. Diejenigen, an die Goethe gedacht haben könnte, wenn er sagt: das Hervorbringen sei freilich immer das Beste, aber auch das Zerstören sei nicht ohne glückliche Folge.

B. Beispiel.

R. Kann man den klassischen Stoff »uneheliche Mutter« betrachten? Gretchen, Magdalena, Rose Bernd. Sollen wir das Publikum veranlassen, sich in die Scham, in das schlechte Gewissen dieser Mädchen hineinzuleben? Wir verfechten heute, daß in dem Gewissenskonflikt der Mädchen das »Schlechte« nicht ihre Sinneslust ist, sondern ihre Selbstverfemung; die Gesellschaft ihrer Zeit, die ihnen da ein Verbot als ewiges Sittengesetz eingeredet hat, ist im Unrecht für uns.

BU. Wenn man das so darstellt, ist das Los des Gretchens nicht mehr erschütternd.

B. Wieso nicht? Die Gesellschaft ächtet sie zu Unrecht und zwingt sie auch noch, die Ächtung zu billigen. Die Szene im Gefängnis, in der sie die Befreiung zurückweist, wird sogar rührender, wenn wir das nicht als Läuterung auffassen, sondern als einen echten Wahnsinn, den die Gesellschaft bei ihr erzwang. Nehmt eine andere berühmte Szene. In »König Lear« verprügelt ein getreuer Untertan des Königs einen ungetreuen. Sollen wir den Zorn des ersteren gegen den letzteren teilen? Wir können interessanterweise dazu verführt werden im Theater, und zwar durch eine ganz bestimmte Spielweise. Es ist nötig, sie kritisch zu betrachten.

P. Gerade weil unsere Emotionen eben ein kompliziertes und höchst widerspruchsvolles Gemisch sind.

B. Viele haben da noch die Meinung, daß das Gefühl des Menschen, seine Intuition, sein Instinkt, etwas Verläßliches, »Gesundes« und so weiter ist. Sie lassen die Geschichte außer acht.

BU. Darf ich Hegel zitieren? »Was man gesunden Menschenverstand nennt, ist selbst oft ein sehr ungesunder. Der gesunde Menschenverstand enthält die Maximen seiner Zeit... Diese ist die Denkweise einer Zeit, in der alle Vorurteile dieser Zeit enthalten sind: die Denkbestimmungen regieren ihn, ohne daß er ein Bewußtsein darüber hat.«

B. Wir zum Beispiel – die Wahrheit ist konkret – haben ein Publikum und haben Künstler, die im Dritten Reich gelebt haben, zum Teil schon in der Weimarer Republik oder gar im Kaiserreich, in jedem Fall unter dem Kapitalismus. Man hatte versucht, meist mit Erfolg, ihr Gefühlsleben von

Kind auf zu pervertieren. Der reinigende Prozeß einer Revolution war Deutschland nicht beschieden worden. Die große Umwälzung, die sonst im Gefolge einer Revolution kommt, kam ohne sie. Bei dem für viele Gemüter ungeklärten Verhältnis der Klassen zueinander, bei einer neuen Lebensweise, die sich fast täglich änderte und der noch bei breiten Schichten die entsprechende neue Denk- und Fühlweise fehlte, kann die Kunst nicht ohne weiteres an Instinkt und Gefühl seines mannigfaltig zusammengesetzten Publikums appellieren. Sie kann sich nicht blind führen lassen durch Beifall oder Mißfallen; andererseits darf sie sich, führend, indem sie die Interessen der neuen führenden Klasse vertritt, von ihrem Publikum niemals trennen. Sie muß alte Gefühle und alte Gedanken bekämpfen, enthüllen, außer Kurs setzen und neue Gedanken und Gefühle aufspüren und fördern. Bei diesem Prozeß mag es sehr wohl passieren, daß etwa im Theater ein Teil des Publikums das *gewohnte* Theatererlebnis nicht mehr findet und »nicht mehr recht mitgeht«.

P. Während der fortschrittliche Teil ein neues Theatererlebnis kennenlernt!

B. Auch nicht ohne weiteres. Nicht wenige, mitunter sogar solche, die auf wichtigen Gebieten jeden Tag Neues versuchen und nicht zurückschrecken, alte Gewohnheiten zu bekämpfen, wenn sie dem Aufbau eines neuartigen Lebens im Wege stehen, suchen eine Zeitlang im Theater immer noch das Alte, Gewohnte.

R. Solcher Widersprüche in sich selbst wird der politische Mensch sich früher oder später bewußt. Die gesellschaftliche Wahrheit wird ihn befriedigen, der die Lüge und die Unwissenheit tagtäglich bekämpfen muß, und dies wird ihn mit den ein wenig ungewohnten Kunstmitteln aussöhnen. Gesellt das Theater die materialistische Dialektik zu seinen Methoden, ist es fähig, in großen Tiefen des menschlichen Bewußtseins zu operieren und zu den großen unheilvollen und heilvollen Widersprüchen vorzustoßen. Wie viele Vorurteile

hat es zu zerstören, welch kühne neue Haltungen vorzuschlagen und vorzuführen, was für Kräfte zu entfesseln für
die gewaltige Produktion der sozialistischen Gesellschaft! All
dies wird nicht möglich sein ohne die edelsten Kunstmittel
früherer Epochen, aber doch auch nicht ohne neu zu fin-
dende. Der Sozialismus wird die bürgerlichen, feudalen,
antiken Künste fortsetzen, indem er ihnen die seinen entge-
gensetzt. Manch neue Methode wird nötig sein und gefunden werden, damit die großartigen Konzepte und Ideen der
Ingenien vergangener Zeiten von den Schlacken der Klassengesellschaft befreit werden können.

P. Man wird sagen: Das heißt, den Zuschauer in den Klassenkampf stürzen.

R. Er stürzt vergnüglich, er stürzt wie auf der Schaukel.

B. Olalala. Ist schon die Konfrontierung mit dem Klassenkampf keine Kleinigkeit, so ist es auch die mit dem Formen-
wechsel nicht. Man muß das Mißtrauen gegen Formenwech-
sel in den Künsten verstehen, und man muß es teilen. Es
gibt zwar ein Verlangen des Publikums nach Neuem auch
in der Form. Und die Künstler wünschen nicht so an Kunst-
gesetze gebunden zu sein, daß sie zu Kopisten werden.
Schiller hielt sich, als er die »Räuber« schrieb, an den
Shakespeare, aber nicht, als er »Kabale und Liebe« schrieb.
Als er »Wallenstein« schrieb, hielt er sich nicht einmal mehr
an Schiller. Das Experimentieren der deutschen Klassiker mit
immer neuen Formen hatte aber nicht nur die Lust an neuen
Formen zum Anlaß. Sie strebten nach immer gültigerer, um-
fassenderer, fruchtbarerer Ausformung und Auslegung der
Vorgänge unter Menschen. Auch die späteren bürgerlichen
Dramatiker haben noch neue Gesichtspunkte entdeckt und
das Ausdrucksmaterial bereichert. Das Theater folgte ihnen.
Aber immer deutlicher wurde dann das Bestreben, durch
Formwechsel lediglich alte Inhalte und veraltete oder rein-
weg asoziale Tendenzen schmackhaft zu machen. Die
Wirklichkeit wurde nicht mehr erhellt durch die Darstel-

lungsweise, das Handeln der Menschen nicht mehr erleichtert, sondern die Wirklichkeit wurde verdunkelt und das Handeln pervertiert. Wir müssen es uns gefallen lassen, daß wir angesichts solcher Dekadenz der Künste mit einigem Mißtrauen betrachtet werden.

P. Mir scheint jetzt, daß unser Gespräch sich in einer wenig glücklichen Richtung bewegt. Die meisten Leute, die unser Theater sehen, werden von all diesen Schwierigkeiten wenig gemerkt haben, und jene, die dies Gespräch erfahren, werden sich ein viel seltsameres Theater vorstellen, als das unsere ist. Es geht bei uns weder sachlich zu, noch herrscht ein trockener Ton. Es gibt rührende Szenen, es gibt schwankhafte, es gibt Pathos, es gibt Spannung, es gibt Musik und Poesie. Die Schauspieler sprechen natürlicher als gewöhnlich und bewegen sich auch natürlicher. Das Publikum amüsiert sich tatsächlich, als sei es in einem richtigen Theater. *Lachen.*

B. Jeder materialistische Historiker konnte voraussagen, daß Künste, welche das Zusammenleben der Menschen gestalteten, sich durch die großen proletarischen Revolutionen und in Sicht der klassenlosen Gesellschaft verändern würden. Die Grenzen der bürgerlichen Ideologie waren sichtbar geworden. Die Gesellschaft verwandelte sich wieder aus einer starren in eine variable Größe. Kollektive Produktivität wurde die Grundlage der Moral. Die Gesetzlichkeiten des menschlichen Zusammenlebens und seiner Entwicklung konnten frei studiert werden. Nach Beseitigung der Ausbeutung des Menschen durch den Menschen konnten die Naturkräfte in ungeahnter Weise ausgebeutet werden. Die Einsichten, welche die materialistische Dialektik gewährte, änderten das Bild des Menschen, auch für die Künste. In Anbetracht der gewaltigen Veränderung seiner Basis und seiner Funktion sind die bisher erfolgten Veränderungen des Theaters nicht allzu groß. Es stellte sich auch hier heraus, daß das ganz Andere doch auch zugleich das Eine in veränderter Form war. Die Kunst, befreit, bleibt Kunst.

w. Eines ist sicher: Hätten wir nicht gewisse neue Kunstmittel zur Hand gehabt, würden wir sie für »Winterschlacht« haben schaffen müssen.

p. Womit wir bei der für einige so anstößigen Verfremdungstechnik angelangt sind.

w. Und dabei ist es doch so einfach.

b. Vorsicht.

w. Vielleicht sollten wir einmal nicht so vorsichtig sein. Sie haben mit Ihrer vorsichtigen Ausdrucksweise schon genug Verwirrung gestiftet. Dadurch wird das alles für etwas ganz Tolles gehalten, was nur einer von hundert verstehen kann.

b. *würdig* Ich habe mich für meine Ausdrucksweise schon mehrmals entschuldigt und werde es nicht noch einmal tun. Für Ästhetiker *ist* die Sache kompliziert; sie ist nur für das Publikum einfach.

w. Für mich bedeutet Verfremdung nur, daß man auf der Bühne nichts »selbstverständlich« sein läßt, daß man auch bei der stärksten Gefühlsbeteiligung immer noch *weiß*, was man zu fühlen bekommt, daß man sich das Publikum nicht einfach in irgendwas einfühlen läßt, so daß es alles als natürlich, gottgegeben und unabänderlich hinnimmt – und so weiter.

b. »Nur.«

r. Ich glaube, wir müssen zugeben, daß die Abweichung unserer Spielweise von der üblichen bei aller »Normalität« nicht unbedeutend ist – selbst wenn Erpenbeck dann die Dramatiker, Regisseure und Schauspieler, insbesondere die jungen, besorgt warnt: »Vorsicht, Sackgasse!« Aber hätten wir ohne sie »Winterschlacht« spielen können? Ich meine, ohne daß beträchtliche Wirkungsverluste aufgetreten wären?

w. Nach meiner Meinung ist dieses Stück deshalb schwer in der üblichen Weise zu spielen, weil es nicht in der üblichen Weise geschrieben ist. Erinnert euch an die Hinweise der Presse darauf, daß es »undramatisch« sei, die bei anderer Spielweise entstanden.

p. Du meinst, bei dramatischer Spielweise?

w. Ja, bei der sogenannten dramatischen Spielweise. – Ich glaube nicht, daß Becher auf ein Drama von neuem Typus ausging. Er knüpfte bei der deutschen Klassik an und folgte ihrem Begriff des Poetischen, den die Naturalisten nicht mehr anerkannten. Dann veranlaßte ihn seine politische Betrachtungsweise, sein dialektischer Standpunkt, zu einer Bauart und zu einer Ausgestaltung seines Themas, die vom Üblichen abwich. Er steht zu den Motiven seiner Figuren anders, er sieht die Verknüpfung der Vorgänge anders, er hat von der Entwicklung der Prozesse eine andere Auffassung.

r. Das ist besonders gut kontrollierbar, weil ihm, wie er sagt, ein neuer Hamlet vorschwebte. Hier ist die Fortführung der klassischen Linie, und hier ist die neuartige Ausführung.

w. Und wir könnten heutzutage leichter den Shakespeareschen Hamlet in der neuen als den Becherschen Hörder in der alten Spielweise bewältigen!

r. Jedenfalls können wir den Hörder nicht spielen wie den Hamlet. Das ist versucht worden.

p. Ja, man hat ihn zum positiven Helden gemacht – was man übrigens auch mit dem Hamlet nicht machen darf, was man aber mit Hamlet macht.

r. Es wurde uns auch vorgehalten, daß der junge Hörder an anderen Theatern etwas viel Strahlenderes gehabt habe. Natürlich ist nichts leichter, üblicher und beliebter, als einen jungen Schauspieler »heldisch strahlen« zu lassen. Aber die eigentliche Strahlung kommt aus der geschichtlichen Position und Haltung eines Menschen, und der Schauspieler des realistischen Theaters hat eben so viel Strahlung dieser Art wirksam zu machen, wie die Figur, die er darstellt, hergibt.

p. Nicht, daß in diesem jungen Hörder nichts an Vorbildlichem wäre!

r. Einigen Arbeitern in der Diskussion war unser junger

Hörder ganz klar – und ich buche das auf das Pluskonto unserer Darstellung. Sie fanden den jungen Menschen sympathisch, aber sagten: »Wir können nicht bedingungslos, blind mit ihm gehen. Er ist ein bürgerlicher Mensch und bleibt das bis in seine letzte Minute. Er geht nicht, wie sein Kamerad Nohl und die Proleten vom Tank 192, zu den Russen über, die den Mord und die Mörder bekämpfen, er weigert sich nur, den Nazis weiter zu gehorchen.« Das ist ein höchst tragisches *Nur*, und wir mußten zur Darstellung bringen, was an Heroismus darin liegt, und die Darstellung mußte erschütternd sein, aber wir durften das Trennende nicht weglassen, das uns ebenfalls erschüttern mag. So hatten wir ein zwiespältiges Gefühl von großer Stärke zu erregen, das allerdings nicht jedem Theaterbesucher in gleicher Stärke zufallen mochte; denn für solche Erkenntnisse und Gefühle braucht er entweder einen antibürgerlichen Standpunkt oder – und? – ein sehr hochentwickeltes historisches Bewußtsein.

B. Der Schauspieler und sein Zuschauer mußten gerührt werden können durch das Schicksal dieses Kindes, das, erzogen und pervertiert durch die Nazis, dann durch all das, was es erlebt, in Gewissenskonflikte gestürzt wird. Als einzigen ihm möglichen Beitrag zu Menschlichkeit sieht es am Ende eine Untatverweigerung, die den sicheren Tod für es bedeutet. Es ist für den Sozialisten erschütternd, diese arme Gabe in seiner Hand zu sehen. Und wer den geschichtlichen Sinn hat, wird nicht ohne Anteilnahme die Szene sehen, in welcher der junge Mensch einen Traktat Ernst Moritz Arndts über die Pflichten des bürgerlichen Soldaten in die Hände bekommt. Hier begegnet er den Idealen seiner Klasse in ihrer längstvergangenen revolutionären und humanistischen Phase. Die Begegnung verläuft tödlich. Der geschichtlich begabte Zuschauer fühlt sogleich, daß diese hohen Maximen den, der sie im Hitlerheer oder in jedem andern bürgerlichen Heer unserer Epoche befolgt, töten müssen. Und der Zuschauer muß doch wünschen, daß der junge Mann sie befolgt!

R. Und dazu benötigen wir gewisse neue Kunstmittel, zum Beispiel die Verfremdungstechnik.

B. Ich sehe nicht, wie man anders das Leben, das Zusammenleben der Menschen in seiner Widersprüchlichkeit und Entwicklung darstellen und die Dialektik zu einer Quelle des Erfahrens und des Vergnügens machen kann.

R. Den Wunsch nach solchen Darstellungen und solchen Vergnügungen setzen Sie jedoch nicht als ganz allgemein und gleich stark bei unserem Publikum voraus. Sie nehmen an, daß er sich unbedingt entwickeln muß, durch die sich immerfort ändernde Lebens- und Produktionsweise und auch durch Bestrebungen wie die unsrigen, Bestrebungen auf derselben Basis, der sozialistischen, daß er sich aber nur entwickelt im Widerspruch zu anderen Wünschen. Die Kunstmittel, die Sie vorschlagen, sollen diesen Wunsch befriedigen oder hervorrufen. Wie ich andrerseits weiß, halten Sie aber diese unsere Kunstmittel noch nicht für voll entwickelt. Könnten wir nicht auch davon reden?

B. Da ist schon einmal dies: Solange sie selber das Publikum befremden, das heißt erstmalig wahrgenommen werden, können sie ihre Aufgabe, gewisse gesellschaftliche Vorgänge der Betrachtung – oder Befühlung – auszusetzen, nicht voll erfüllen. Wir setzen die neuen Mittel oft noch zu technisch ein, anstatt poetisch; wir haben eben da zu lernen. Das Publikum, angetrieben durch seine Interessen, lernt sehr schnell. Besonders, solange wir noch andere Wünsche erfüllen. Und dann denke ich auch, daß wir lange noch nicht genügend können.

P. Erinnert euch an den Beginn des Stückes, wo der Aufmarsch der Hitlermacht gezeigt wird. Wenn der General seiner Panzerabteilung befiehlt, Moskau in ihrem gewohnten Blitztempo zu nehmen, mußten unsere Zuschauer erschauern vor diesem leeren, gedankenlosen, verbrecherischen Einsatz der

Gewalt, bestehend aus Maschinen und maschinengleichen Männern. Das Mitleid mit den Unwissenden, der Zorn über ihre Verderber müßte sie packen.

R. Da ist aber immer noch ein guter Teil von Zuschauern, die nur einen beliebigen Vorgang an einem bestimmten grauen Morgen im fernen Rußland sehen, etwas, was zweifellos so war *und kaum anders sein konnte* – unter den damaligen Bedingungen, die sie sich für keinen Augenblick wegdenken oder als entfernt und entfernbar denken können. Sie scheinen die Fähigkeit zu besitzen, ihre Illusionen wiederherstellen zu können!

W. Es kommt teilweise von unserer Beleuchtung. Als der General auf der allerersten Probe die Rede noch aus dem Buch ablas, war die Wirkung da, ihr erinnert euch. Die Tanks waren noch nicht fertig gebaut, noch nicht gestrichen, und der Rundhorizont glich mangels einer geschickten Beleuchtung noch nicht einem Himmel, da hatte der Vorgang eben nicht diesen verräterischen Naturcharakter. Man sah nicht einen Blitz mit den Augen eines mittelalterlichen Hirten, sondern den herstellbaren und vermeidlichen Funkensprung von Kathode zu Anode in einem Laboratorium.

P. Wo allerdings kein Kunsterlebnis eintritt, mein Lieber.

B. Das nennt man im Boxsport einen Tiefschlag. W. spricht von einem Kunsterlebnis, nämlich von einer echten Kunstwirkung, die bei einer Probe mit nicht restlos durchgeführter Illusion eintrat und die er deutlich verspürte.

W. Warum kommt die darauffolgende Szene nicht allgemein an, die Abfahrt des LKW mit den Landsern? Sie zeigt auch etwas sehr Interessantes. Diese Landser stoßen nach Moskau vor, weil ihnen das der kürzeste Weg erscheint, nach Berlin oder Dresden oder Frankfurt zurückzukommen.

R. Es ist wieder so: Auch einem Teil der Zuschauer ist der andere Weg beim Zuschauen nicht gegenwärtig, der revolutionäre Weg. Man brauchte einen Chor, um diesen Weg zu beschreiben und anzuempfehlen!

w. Auf jeden Fall reichten unsere Mittel der Verfremdung nicht aus.

r. Auch nicht für die Etablierung einer großen Schönheit des Stücks, einer politischen Schönheit, nämlich seiner Darstellung reißend schneller Entwicklung. Die eroberte Anhöhe vor Moskau ist schon wieder verloren, wenn das Ritterkreuz dafür ausgehändigt wird. Wenn der Ritterkreuzträger mit der Nachricht von dem »schmachvollen« Überlaufen des Freundes heimkehrt, ist die Frau des Überläufers schon selber gegen Hitler. Noch hält sich der junge Ritterkreuzträger an das Vorbild des »dem Hitler ergebenen« Bruders, als dieser schon wegen Aufruhrs gegen Hitler hingerichtet ist. Und so weiter, und so weiter.

p. Viele, beinahe alle Kritiker vermißten bei unserem Helden die Entwicklung. Und gerade die, bildeten wir uns ein, besonders sorgfältig und interessant dargestellt zu haben.

r. Man darf nicht vergessen, daß sie durch das gewohnte Theater daran gewöhnt sind, das, was wir für seelische Zustände und Prozesse, hervorgebracht durch »äußere Geschehnisse«, halten, als Charaktereigenschaften absoluter Art vorgeführt zu bekommen. Der junge Hörder, der in der nationalsozialistischen Suppe ein Haar findet, ist für sie ein Zweifler von Natur, nicht ein normaler junger Mensch, der durch ganz bestimmte – vom Theater zu zeigende – Erlebnisse mit der nationalsozialistischen Kriegführung einen verständlichen Anlaß zum Zweifeln findet. Was sie sehen wollen, ist ein Ringen mit Problemen, ein Ringen um des Ringens willen. Sie wollen nicht jemanden sehen, der in einen Fluß fällt oder gestoßen wird und mit den Wogen ringt bei Strafe des Ersaufens, sondern eher einen Berufsringer, der Partner und Kampf sucht.

p. Was den jungen Hörder zu einem Spezialfall machen würde. Aber wir hatten ein nationales Trauerspiel darzustellen.

r. Unsere Auffassung von Entwicklung ist eben anders. Wir

wollen ein konfliktreiches Ineinandergreifen gesellschaftlicher Kräfte darstellen, widerspruchsvolle Prozesse nicht-kontinuierlicher Art und so weiter. Was für Mühe haben wir uns schon bei der dramaturgischen Vorarbeit gegeben, alle Ereignisse so anzuordnen, daß sie Erlebnisse des Helden werden konnten, Mißverständnisse und Kenntnisse hervorbringend, Verzweiflung und Trotz. Aber so etwas wie die schöne Plötzlichkeit seines Umkippens »über die Rampe zu bringen«, reichten anscheinend unsere Kunstmittel noch nicht aus.

w. Wir haben sie nicht konsequent genug angewendet. In »Die Gewehre der Frau Carrar« haben wir das »Umkippen« der Carrar angesichts des getöteten Sohns völlig glaubwürdig gemacht. Eine Reihe von Theatern beschwerte sich darüber, daß ihr Publikum diesen plötzlichen Umschwung nicht verstanden habe. Die Weigel verstärkte den Widerstand der Carrar ständig, je mehr Argumente ihr vorgehalten wurden, und schwang mit erschütternder Plötzlichkeit um. Niemandem fehlte ein Motiv ihres Umschwunges.

r. Sie versteht Dialektik. – Für mich war es einer der größten Erfolge unseres Theaters, als ein Metallarbeiter in der Diskussion sagte: »So wird es bei uns kommen, nicht anders. Diejenigen, die schimpfen, werden noch loben. Und nicht so, daß es heißt: Mehr Butter, mehr Lob. Eins kommt zum andern, und auf einmal werden sie nicht mehr reden von Butter.« Er war ganz erregt. Er hatte etwas von Dialektik verstanden.

p. Wenn der Kommunismus das Einfache ist, das schwer zu machen ist, wird es mit seinem Theater nicht viel anders sein.

b. Bedenkt immerhin, wie neu die Haltung ist, die wir einnehmen und die wir unserem Zuschauer vermitteln wollen! Unser Freund Eisler zeigte sie in seiner schönen Musik meisterhaft, wenn er bei dem Rückzug des Hitlerheers zugleich Triumph *und* Trauer vorschreibt. Triumph über die

Besiegung Hitlers durch die Sowjetarmee und Trauer über die Leiden der deutschen Soldaten und die Schmach ihres Einfalls in die Sowjetunion.

P. Um den Schwierigkeiten zu begegnen, die für das Theater durch die tiefgehende Umgestaltung der Gesellschaft entstehen, haben wir gewisse Maßnahmen getroffen, die ihrerseits einem Teil des Publikums Schwierigkeiten bereiten. Da ist etwa das Bühnenbild einiger Aufführungen.

B. Das ist wirklich das wenigste. Das Publikum gewöhnt sich schnell daran, daß die Dekorationen in schöner Weise das Wesentliche einer Gegend oder eines Raums zeigen. Es ergänzt durch die Phantasie unsere Andeutungen, die ja realistischer Natur sind und nicht etwa Symbole oder subjektive Gestaltungen von Malern. Der nackte Rundhorizont der »Courage«-Aufführung wird dem Publikum zum Himmel, ohne daß es vergißt, im Theater zu sein.

X. Vielleicht will es aber vergessen, daß es im Theater ist.

R. Das können wir so wenig dulden, wie daß sie vergäßen, daß sie immer noch »im Leben« sind.

P. An das die Unterbrechungen durch Titel oder Gesänge erinnern, die nach einem halben Jahrhundert mehr oder weniger naturalistischer, illusionistischer Aufführungen ebenfalls nicht allgemein beliebt sein sollen.

B. Aber auch nicht allgemein unbeliebt.

W. Der Haupteinwand kommt von den Leuten, die Ihr »Kleines Organon für das Theater« gelesen haben und nun erwarten, daß die Schauspieler bei uns nicht in ihre Rollen hineinkriechen dürfen, sondern neben ihnen stehen müssen, sozusagen unbeteiligt.

R. Im »Kleinen Organon« ist nur davon die Rede, daß sie die Gefühle ihrer Figuren, *die sie übrigens darzustellen haben,* nicht unbedingt teilen müssen, das heißt, daß sie andere Gefühle haben dürfen und mitunter sollen.

P. Ja, sie sollen ihnen kritisch gegenüberstehen.

B. Damit ist übrigens eines der großen Probleme gelöst, das

viele beschäftigt: Warum ist die negative Hauptperson so viel interessanter als der positive Held? Sie wird kritisch dargestellt.

R. Unsere Schauspieler können sich also nicht mehr einfach vorbehaltlos in die Personen des Stücks hineinwerfen; sie können ihnen nicht mehr blind nachleben und alles, was sie tun, als das eben dieser Person natürliche und anders gar nicht denkbare, auch durch das Publikum nicht anders denkbare Verhalten darstellen. Daß sie bei aller Kritik dennoch ihre Figur als vollkommen lebendigen Menschen darstellen müssen, ist klar. Wenn ihnen das dann gelingt, darf man freilich nicht sagen, wie das gesagt wird: es ist gelungen, weil sie nicht kritisch blieben und eben doch die Wlassowa oder der Jago »waren«.

B. Nehmen wir die Weigel als Courage. Da sie selber diese Person kritisch betrachtet, hat auch das Publikum bei ihrem immerfort verschiedenen Verhalten ganz verschiedene Gefühle der Courage gegenüber. Es bewundert sie als Mutter und kritisiert sie als Händlerin. Und wie die Weigel selber, nimmt das Publikum die Courage doch als ganzen Menschen mit all seinen Widersprüchen und nicht als ein blutleeres Ergebnis der Analysen einer Schauspielerin.

P. Sie würden eine Darstellung als mißlungen ansehen, die keine Kritik der dargestellten Person gestattet oder herausfordert?

B. Gewiß.

P. Aber auch eine Darstellung, die keine ganz lebendige Person ergibt?

B. Natürlich.

P. Doch es bleibt dabei: Wir erlauben dem Publikum nicht, voll mitzuleben mit den Helden.

R. Nicht, blind mitzuleben.

P. Aber sie sollen nicht nur betrachtet werden?

R. Nein.

P. Und Gefühle soll es auf dem Theater weiter geben?

R. Ja. Viele von den alten, einige neue.

B. Ich empfehle euch aber, besonders mißtrauisch zu sein gegen Leute, die in irgendeiner Weise die Vernunft aus der künstlerischen Arbeit verbannen möchten. Sie denunzieren sie für gewöhnlich als »kalt«, »unmenschlich«, »lebensfeindlich« und als eine unversöhnliche Gegnerin des Gefühls, das allein die Domäne des Künstlers sei. Sie schöpfen angeblich aus der »Intuition« und verteidigen ihre »Impressionen« und »Visionen« arrogant gegen alle Einsprüche der Vernunft, die in ihrem Mund etwas Banausisches bekommt. Aber der Gegensatz zwischen Vernunft und Gefühl besteht nur in ihren unvernünftigen Köpfen und nur infolge ihres höchst zweifelhaften Gefühlslebens. Sie verwechseln die schönen und mächtigen Gefühle, welche die Literaturen der großen Zeiten widerspiegeln, mit ihren eigenen, imitierten, verschmutzten und krampfigen, welche das Licht der Vernunft allerdings zu scheuen haben. Und Vernunft nennen sie etwas, was nicht wirkliche Vernunft ist, da es großen Gefühlen entgegensteht. Beide, Vernunft und Gefühl, sind im Zeitalter des Kapitalismus, als dieses seinem Ende zuging, entartet und in einen schlechten, unproduktiven Widerspruch zueinander geraten. Die aufsteigende neue Klasse hingegen und jene, die mit ihr zusammen kämpfen, haben es mit Vernunft und Gefühl in großem produktivem Widerspruch zu tun. Uns drängen die Gefühle zur äußersten Anspannung der Vernunft, und die Vernunft reinigt unsere Gefühle.

1955

Notizen über die Dialektik auf dem Theater

Die neuen Stoffe und die neuen Aufgaben mit alten Stoffen zwingen uns zu einer ständigen Überprüfung und Vervollständigung unserer Kunstmittel.

Auch das spätbürgerliche Theater versucht sich, um das Interesse des Publikums an der Kunst zu erhalten, in formalen Neuerungen; bedient sich mitunter sogar einiger Neuerungen des sozialistischen Theaters. Aber es wird da nur die mangelnde Bewegung des öffentlichen Lebens mehr oder minder bewußt durch eine künstliche Bewegung im Formalen »ausgeglichen«. Bekämpft werden nicht Übel, sondern Langeweile. Aus Tat wird Betätigung. Geritten wird nicht das Pferd, sondern der Bock der Turnhalle, erklommen nicht das Baugerüst, sondern die Kletterstange. So haben die formalen Bemühungen der beiden Theater nicht viel mehr miteinander zu tun, als daß sie die Verwechslung ermöglichen. Das Bild wird dadurch verwirrter, daß in den kapitalistischen Ländern neben nur scheinbar neuem Theater, Theater der Nouveauté, auch sporadisch echtes neues Theater gespielt wird und nicht immer nur als Nouveauté. Es gibt noch andere Berührungspunkte. Beide Theater, sofern sie ernsthaft sind, sehen ein Ende. Das eine das Ende der Welt, das andere das Ende der bürgerlichen Welt. Da beide Theater, als Theater, Vergnügen bereiten müssen, muß das eine Vergnügen am Ende der Welt, das andere am Ende der bürgerlichen Welt (und am Aufbau einer anderen) bereiten. Das Publikum des einen darf erschauern über das große Absurde und wird angewiesen, das Lob der großen Vernunft (des Sozialismus) als die billige (wiewohl für das Bürgertum eigentlich teure) Lösung abzulehnen. Kurz, es gibt überall Berührung, und wie sollte es Kampf geben ohne Berührung? Aber sprechen wir von unseren Schwierigkeiten!

Es ist ein Vergnügen des Menschen, sich zu verändern durch die Kunst wie durch das sonstige Leben und durch die Kunst für dieses. So muß er sich und die Gesellschaft als veränderlich spüren und sehen können, und so muß er, in der Kunst auf vergnügliche Weise, die abenteuerlichen Gesetze, nach denen sich die Veränderungen vollziehen, intus bekommen. In

der materialistischen Dialektik sind Art und Gründe dieser
Veränderungen gespiegelt.

Als die Hauptquelle des Vergnügens haben wir die Fruchtbar-
keit gefunden der Gesellschaft, ihre wunderbare Fähigkeit,
allerlei nützliche und angenehme Dinge – und letzthin ihr besseres Selbst hervorzubringen. Und nehmen wir noch dazu,
daß wir Lästiges und Unpraktisches entfernen können. Beim
Pflanzen, Instandhalten und Verbessern eines Gartens zum
Beispiel nehmen wir nicht nur die Vergnügungen, die da ge-
plant sind, voraus, sondern die schöne Tätigkeit selbst, unsere
Fähigkeit des Erzeugens macht uns Vergnügen.
Erzeugen heißt aber Verändern. Es bedeutet Einflußnehmen,
Addieren. Man muß einiges wissen, können, wollen. Man
kann der Natur befehlen, indem man ihr gehorcht, wie Ba-
con sagt.

Wir neigen dazu, den Zustand der Ruhe für das »Normale«
zu halten. Ein Mann geht jeden Morgen zu seiner Arbeitsstätte, das ist das »Normale«, das versteht sich. Eines Mor-
gens geht er nicht, er ist verhindert, durch ein Unglück, durch
ein Glück; das bedarf der Erklärung, etwas Langes, das wie
ein Immeriges aussah, ist zu Ende gekommen, schnell, in kurzer Weise; nun, das ist eine Störung, da gab es einen Eingriff
in einen Ruhezustand, und dann herrscht wieder Ruhe, indem kein Mann mehr da zur Arbeit geht. Die Ruhe ist ein
wenig negativ, aber doch Ruhe, normal.
Selbst sehr bewegte Vorgänge, wenn sie nur mit einer gewissen Wiederholung von einer gewissen Regelmäßigkeit vorkommen, gewinnen den Anschein der Ruhe. Die Bomben-
nächte in den Städten etwa konnten einfach als Phase
genommen werden und wurden so genommen, sie wurden
zum Zustand, sie bedurften nicht mehr der Erklärung.
In den Zustandsschilderungen der Naturalisten bekamen die
Zustände dieses Immerige. Die Schilder waren gegen die

Zustände, man wurde dessen gewahr, aber man benötigte einen politischen Standpunkt ähnlich dem ihren, um sich andere Zustände vorstellen zu können, und vor allem, um zu wissen, wie sie herbeizuführen wären. In den Zuständen selber war nichts anderes als dieses Immerige.

Die Frage ist, ob das Theater dem Publikum die Menschen so zeigen soll, daß es sie interpretieren kann, oder so, daß es sie verändern kann. Im zweiten Fall muß das Publikum sozusagen ganz anderes Material bekommen, eben nach dem Gesichtspunkt zusammengestelltes Material, daß die jeweiligen, komplizierten, vielfältigen und widerspruchsvollen Beziehungen zwischen Individuum und Gesellschaft eingesehen werden können (zum Teil auch eingefühlt werden können).
Der Schauspieler hat dann seiner künstlerischen Gestaltung Kritik gesellschaftlicher Art einzuverleiben, welche das Publikum packt. Solche Kritik erscheint manchen Ästheten alter Art vermutlich als etwas »Negatives«, Unkünstlerisches. Aber das ist Unsinn. Der Schauspieler kann ebenso wie ein anderer Künstler, etwa ein Romanschreiber, gesellschaftliche Kritik in sein Kunstwerk bringen, ohne es zu zerstören. Die Abwehr gegen solche »Tendenzen« kommt von denen, die unter dem Mantel, daß sie die Kunst verteidigen, einfach die bestehenden Zustände gegen Kritik verteidigen.

Es ist ja nicht so, daß den neuen Stücken und Darstellungen Lebendigkeit oder Leidenschaft fehlt. Wer es liebt, seinen Atem loszuwerden, kann das. Wer sich gern gepackt fühlt, komme nur! Was einen Teil des Publikums mitunter befremdet, ist, daß die Menschen und Vorgänge von einer Seite gezeigt werden, wo sichtbar wird, wie sie geändert werden können, und was soll damit dieser Teil des Publikums, der weder geändert werden und noch ändern will? Sogar ein Teil jener Menschen, die selber an der Veränderung der Gesellschaft unermüdlich arbeiten, möchten die neue Aufgabe dem Theater und dem

Drama auferlegen, ohne daß es sich selber ändern soll; sie befürchten eine Schädigung desselben. Zu einer solchen Schädigung könnte es auch tatsächlich kommen, wenn wir die alten Errungenschaften einfach wegwürfen, anstatt sie durch neue zu ergänzen. Welche Ergänzung allerdings im Widerspruch vor sich geht.

Man wird daraufhin untersuchen müssen, wie denn nun der V-Effekt einzusetzen ist, was für welche Zwecke da verfremdet werden soll. Gezeigt werden soll die Veränderbarkeit des Zusammenlebens der Menschen (und damit die Veränderbarkeit des Menschen selbst). Das kann nur geschehen dadurch, daß man das Augenmerk auf alles Unfeste, Flüchtige, Bedingte richtet, kurz auf die Widersprüche in allen Zuständen, welche die Neigung haben, in andere widerspruchsvolle Zustände überzugehen.

[Episches Theater und dialektisches Theater]

Es wird jetzt der Versuch gemacht, vom *epischen* Theater zum *dialektischen* Theater zu kommen. Unseres Erachtens und unserer Absicht nach waren die Praxis des epischen Theaters und sein ganzer Begriff keineswegs undialektisch, noch wird ein dialektisches Theater ohne das epische Element auskommen. Dennoch denken wir an eine ziemlich große Umgestaltung.

I

Wir haben in früheren Schriften das Theater als ein Kollektiv von Erzählern behandelt, die sich erhoben haben, gewisse Erzählungen zu verkörpern, das heißt ihnen ihre Personen zu leihen oder ihnen Umgebungen zu bauen.

2

Wir haben auch bezeichnet, worauf dieser Erzähler ausgeht: auf den Spaß, den es seinem Publikum bereitet, menschliches Verhalten und seine Folgen kritisch das heißt produktiv zu betrachten.

Bei dieser Einstellung besteht für die scharfe Trennung der Genres kein Grund mehr – es sei denn, daß ein solcher gefunden wird. Die Vorgänge nehmen jeweilig den tragischen oder komischen Aspekt an, es wird ihre komische oder tragische Seite herausgearbeitet. Das hat wenig zu tun mit den komischen Szenen, die Shakespeare in seine Tragödien einstreut (und nach ihm Goethe in seinen »Faust«). Die ernsten Szenen selbst können diesen komischen Aspekt annehmen (etwa die Szene, in der Lear sein Reich wegschenkt). Genauer genommen, tritt in solchem Fall der komische Aspekt im Tragischen oder der tragische im Komischen als Gegensatz kräftig hervor.

3

Damit auf spielerische Weise das Besondere der vom Theater vorgebrachten Verhaltungsweisen und Situationen herauskommt und kritisiert werden kann, dichtet das Publikum im Geist andere Verhaltungsweisen und Situationen hinzu und hält sie, der Handlung folgend, gegen die vom Theater vorgebrachten. Somit verwandelt sich das Publikum selber in einen Erzähler.

4

Wenn wir dies festhalten und nachdrücklich hinzufügen, daß das Publikum in seinem Ko-Fabulieren den Standpunkt des produktivsten, ungeduldigsten, am meisten auf glückliche Veränderung dringenden Teils der Gesellschaft muß einnehmen können, dürfen wir nunmehr die Bezeichnung »episches Theater« als Bezeichnung für das gemeinte Theater aufgeben. Sie hat ihre Schuldigkeit getan, wenn das erzählerische Element, das in allem Theater steckt, gestärkt und bereichert worden ist.

Dies bedeutet kein Zurückgehen. Vielmehr ist durch Festigung des erzählerischen Elements für alles Theater, für das jetzige wie für das bisherige, nunmehr eine Grundlage geschaffen für die Besonderheit neuen Theaters, das zumindest dadurch neu ist, daß es Züge bisherigen Theaters – die dialektischen – *bewußt* ausbildet und vergnüglich macht. Von dieser Besonderheit her erscheint die Bezeichnung »episches Theater« als ganz allgemein und unbestimmt, fast formal.

5

Wir gehen nun weiter und wenden uns dem Licht zu, in das wir die Vorgänge unter den Menschen, die wir vorführen wollen, zu setzen haben, damit das Veränderbare der Welt herauskomme und uns Vergnügen bereite.

6

Um die Veränderbarkeit der Welt in Sicht zu bekommen, müssen wir ihre Entwicklungsgesetze notieren. Dabei gehen wir aus von der Dialektik der sozialistischen Klassiker.

7

Die Veränderbarkeit der Welt besteht auf ihrer Widersprüchlichkeit. In den Dingen, Menschen, Vorgängen steckt etwas, was sie so macht, wie sie sind, und zugleich etwas, was sie anders macht. Denn sie entwickeln sich, bleiben nicht, verändern sich bis zur Unkenntlichkeit. Und die Dinge, wie sie eben

jetzt sind, enthalten in sich, so »unkenntlich«, Anderes, Frühe-
res, dem jetzigen Feindliches.

Fragmentarisch

Soll man denn nicht die Wahrheit sagen?

Das klingt ein wenig, als ob nur Mut dazu nötig sei und keiner dazu nötig sein sollte. Aber es ist auch Talent und Wissen
dazu nötig. Wir wissen von den Wissenschaften, wie schwer es
ist, Wahrheiten zu finden. Ich würde also gern antworten: Ja,
die Dialektiker sollen die Wahrheit sagen, und die andern sollen sollen Dialektik studieren, bis sie sie finden. Sie und ich haben
mit Schauspielern zu tun. Nun, ich sage meinen Schauspielern
auf den Proben nicht immer die Wahrheit über ihr Spiel, ich
sage sie nur, wenn ich glaube, etwas Besseres für sie gefunden zu haben. Die Wahrheit sagen mag oft bedeuten: Kritik
üben. Aber die ganze Wahrheit umfaßt den neuen Vorschlag.
Natürlich nützen uns nicht Büros mit Fenstern aus Rosaglas,
wo die Beamten, hinaussehend, eine wunderbare Welt sehen
und die Welt, hineinsehend, wunderbare Beamten sieht.
Unsere besseren Mitarbeiter werden diejenigen sein, die durch
ungelöste Probleme angelockt werden.

Konflikt

Die Konflikte werden in unseren Stücken noch geraume Zeit
in der Hauptsache Klassenkonflikte sein – anders als in der
UdSSR. Ein großer Teil unseres Publikums gehörte noch zu
dem Teil der deutschen Bevölkerung, die als große Mitmache-
rin und Mitverdienerin Hitlers Raubkriege mitmachte, und
hat so wenig gelernt wie die Courage. Da überschattet den
Konflikt zwischen ihr und ihren Kindern auf der Bühne der

große Konflikt zwischen uns im Zuschauerraum und ihr auf der Bühne. Meiner Meinung kann alles, was mit Konflikt, Zusammenstoß, Kampf zusammenhängt, ohne materialistische Dialektik keinesfalls behandelt werden.

Wir werden auch nicht mehr viel länger ein konfliktloses Theaterspielen haben können, das heißt ein Theaterspielen ohne Konflikte im Zuschauerraum. Dort mischen sich die Klassen, und je schärfer und aufregender wir unsern Standpunkt einnehmen, desto mehr Scheidung wird unten entstehen, und der Kampf des Neuen mit dem Alten wird nicht nur Gegenstand der Darstellung, sondern auch ihre Folge sein.

Ihr solltet nicht mehr lange so schreiben, daß man zwar euren Standpunkt, den kommunistischen, erkennt, aber nicht gezwungen ist, sich dafür und dagegen zu entscheiden.

Kann man das Theater eine Schule der Emotionen nennen?

Ja. Es findet ein Reinigungsprozeß durch die Erzeugung von Emotionen statt. Jedoch ist dazu nötig, daß auch die Emotionen gereinigt werden.

Im Theater werden dem Zuschauer große Emotionen gelehrt, zu denen er nicht ohne weiteres fähig ist. Es liegt im Wesen der menschlichen Natur, daß Emotionen nie an und für sich, das heißt getrennt von Vernunftsregungen, vorkommen können. Diese Vernunftsregungen mögen widersprüchlich zu den Emotionen auftreten, indem sie etwas Objektives, ein gewisses Erfahrungsmaterial, in die Emotionen werfen. Jedoch sind auch die Emotionen selber ein widerspruchsvolles Gemisch.

Die Emotionen machen die Kurven der ideologischen Entwicklung jeweils mit. So gibt es sehr verschiedene Formen der Vaterlandsliebe, darunter sehr edle und ganz gemeine. Es treten immer wieder Emotionen auf, die riesige und gefährliche Sümpfe gesellschaftlicher Perversion sind.

[Dialektische Züge]

Da lebendig nur ist, was widerspruchsvoll ist, zeigen die klassischen Werke immer dialektische Züge, freilich hauptsächlich dem Dialektiker. Aber selbst in so offenbar dialektischen Szenen wie der Abkanzlung des Falstaff durch den eben gekrönten Heinrich, in der sich der mit allgemeiner Zustimmung als Lump Hinausgeworfene plötzlich allgemeiner Zuneigung versichert, ist die Dialektik nicht von der Art, daß sie Handhaben gegenüber dem gesellschaftlichen Sein bietet.

Zeigen ist mehr als sein

Ich verfolgte zu Beginn nicht ohne Sorge die Probenarbeit Raimund Schelchers, eines der ersten Schauspieler Deutschlands, der erst seit zwei Jahren beim Berliner Ensemble ist. Er spielt im »Kreidekreis« den Soldaten, der mit der Magd verlobt ist. Mit dem großen Temperament eines großen Herzens wäre er wie kaum ein anderer imstande, sein Publikum »von den Füßen zu fegen«, und nun sollte er die Kunst, hinzureißen, ablegen und nur einen etwas schwerfälligen Menschen zeigen, der eine Werbung, angelegt für zwei, drei Jahre, in wenigen Minuten zu betreiben hat. Wie enorm wurde bei der Arbeit dieses »nur«! Es war diesem meisterhaften Darsteller natürlich ein Leichtes, einen Menschen zögern zu lassen. Aber er hatte nunmehr auch als Darsteller zu zögern, Reservate anzumelden, den Liebenswerten zu kritisieren und der Kritik auszusetzen. Am Ende hatte er eine wunderbare Gestalt geschaffen. Freilich, wenn ich in den Kulissen stehe und ihm zusehe, merke ich immer noch, was ihn jeden Abend eine Zurückhaltung kostet, die seinem Publikum so viel gibt.

Kann die heutige Welt durch
Theater wiedergegeben werden?

Mit Interesse höre ich, daß Friedrich Dürrenmatt in einem Gespräch über das Theater die Frage gestellt hat, ob die heutige Welt durch Theater überhaupt noch wiedergegeben werden kann.

Diese Frage, scheint mir, muß zugelassen werden, sobald sie einmal gestellt ist. Die Zeit ist vorüber, wo die Wiedergabe der Welt durch das Theater lediglich erlebbar sein mußte. Um ein Erlebnis zu werden, muß sie stimmen.

Es gibt viele Leute, die konstatieren, daß das Erlebnis im Theater schwächer wird, aber es gibt nicht so viele, die eine Wiedergabe der heutigen Welt als zunehmend schwierig erkennen. Es war diese Erkenntnis, die einige von uns Stückeschreibern und Spielleitern veranlaßt hat, auf die Suche nach neuen Kunstmitteln zu gehen.

Ich selbst habe, wie Ihnen als Leuten vom Bau bekannt ist, nicht wenige Versuche unternommen, die heutige Welt, das heutige Zusammenleben der Menschen, in das Blickfeld des Theaters zu bekommen.

Dies schreibend, sitze ich nur wenige hundert Meter von einem großen, mit guten Schauspielern und aller nötigen Maschinerie ausgestatteten Theater, an dem ich mit zahlreichen, meist jungen Mitarbeitern manches ausprobieren kann, auf den Tischen um mich Modellbücher mit Tausenden von Photos unserer Aufführungen und vielen mehr oder minder genauen Beschreibungen der verschiedenartigsten Probleme und ihrer vorläufigen Lösungen. Ich habe also alle Möglichkeiten, aber ich kann nicht sagen, daß die Dramaturgien, die ich aus bestimmten Gründen nichtaristotelische nenne, und die dazu gehörende epische Spielweise *die* Lösung darstellen. Jedoch ist eines klargeworden: Die heutige Welt ist den heutigen Menschen nur beschreibbar, wenn sie als eine veränderbare Welt beschrieben wird.

Für heutige Menschen sind Fragen wertvoll der Antworten wegen. Heutige Menschen interessieren sich für Zustände und Vorkommnisse, denen gegenüber sie etwas tun können.

Vor Jahren sah ich ein Photo in einer Zeitung, das zu Reklamezwecken die Zerstörung von Tokio durch ein Erdbeben zeigte. Die meisten Häuser waren eingefallen, aber einige moderne Gebäude waren verschont geblieben. Die Unterschrift lautete: Steel stood – Stahl blieb stehen. Vergleichen Sie diese Beschreibung mit der klassischen Beschreibung des Ätnaausbruchs durch den älteren Plinius, und Sie finden bei ihm einen Typus der Beschreibung, den die Stückeschreiber dieses Jahrhunderts überwinden müssen.

In einem Zeitalter, dessen Wissenschaft die Natur derart zu verändern weiß, daß die Welt schon nahezu bewohnbar erscheint, kann der Mensch dem Menschen nicht mehr lange als Opfer beschrieben werden, als Objekt einer unbekannten, aber fixierten Umwelt. Vom Standpunkt eines Spielballs aus sind die Bewegungsgesetze kaum konzipierbar.

Weil nämlich – im Gegensatz zur Natur im allgemeinen – die Natur der menschlichen Gesellschaft im Dunkeln gehalten wurde, stehen wir jetzt, wie die betroffenen Wissenschaftler uns versichern, vor der totalen Vernichtbarkeit des kaum bewohnbar gemachten Planeten.

Es wird Sie nicht verwundern, von mir zu hören, daß die Frage der Beschreibbarkeit der Welt eine gesellschaftliche Frage ist. Ich habe dies viele Jahre lang aufrechterhalten und lebe jetzt in einem Staat, wo eine ungeheure Anstrengung gemacht wird, die Gesellschaft zu verändern. Sie mögen die Mittel und Wege verurteilen – ich hoffe übrigens, Sie kennen sie wirklich, nicht aus den Zeitungen –, Sie mögen dieses besondere Ideal einer neuen Welt nicht akzeptieren – ich hoffe, Sie kennen auch dieses –, aber Sie werden kaum bezweifeln, daß an der Änderung der Welt, des Zusammenlebens der Menschen in dem Staat, in dem ich lebe, gearbeitet wird. Und Sie werden mir vielleicht darin zustimmen, daß die heutige Welt eine Änderung braucht.

Für diesen kleinen Aufsatz, den ich als einen freundschaftlichen Beitrag zu Ihrer Diskussion zu betrachten bitte, genügt es vielleicht, wenn ich jedenfalls meine Meinung berichte, daß die heutige Welt auch auf dem Theater wiedergegeben werden kann, aber nur wenn sie als veränderbar aufgefaßt wird.

April 1955

[Der Platz des Theaters]

1

Wo ist der Platz des Theaters jetzt, wo sich nach dem Wüten barbarischen Regimes und einem schimpflichen und verhängnisvollen Krieg ein großer Prozeß der Selbstverständigung des Volks vollzieht? Dieser Prozeß wird von den werktätigen Massen vorwärtsgetrieben, und sie bilden das neue bestimmende Publikum des Theaters.

2

Es ist ein Privileg der Künste, an der Bewußtseinsbildung der Nation teilzunehmen. Bei großen Umwälzungen gesellschaftlicher Art erfüllen sich die Menschen nicht gleichzeitig und gleichmäßig, nicht sofort und in allen Schichten mit dem neuen Bewußtsein. Das Alte wirkt noch beträchtliche Zeit nach, und es ist im Kampf mit dem Alten, daß das Neue sich durchsetzt. Ein verhältnismäßig kleiner fortschrittlicher Teil des Volks schafft die neuen·Pläne und Institutionen, und Massen von Menschen leben sich zögernd und in den Zügeln ihrer Vorurteile knirschend ein. Die neuen Maschinenausleihstationen, die Siedlungen auf den enteigneten Gütern der Grundbesitzer, die volkseigenen Betriebe, die Büros, arbeitend an neuen Aufgaben und mit neuen Methoden, sind anfangs bevölkert von Menschen unterschiedlicher Fortschrittlichkeit. Die mannigfachen Erörterungen philosophischer, politischer, psychologischer und ästhetischer Art, die man die Künstler des Theaters anstellen, der Aufwand an Mühe, den man sie treiben sieht, könnten den Eindruck erwecken, als sei diese Kunst nicht unbekümmert genug. Aber die Heiterkeit der Kunst kommt nicht aus einer Scheu vor Arbeit. Alle Anstrengungen kommen aus dem großen Spaß, in schöner Weise gute Einsichten und Impulse zu vermitteln.

3

Die Interessantheit des negativen Helden, die man jetzt so gern für den positiven geschaffen sähe, entspricht dem echten Interesse der Gesellschaft für die Potenzen des asozialen Typus.
Die Form eines Kunstwerks ist nichts als die vollkommene Organisierung seines Inhalts, ihr Wert daher völlig abhängig von diesem.

[Formalismus und Formung]

Der so notwendige Kampf gegen den Formalismus, das heißt gegen die Entstellung der Wirklichkeit im Namen »der Form« und gegen die Prüfung der in Kunstwerken erstrebten Impulse auf gesellschaftliche Wünschbarkeit hin, sinkt bei Unvorsichtigen oft zu einem Kampf gegen Formung schlechthin herab, ohne welche die Kunst nicht Kunst ist. In der Kunst sind Wissen und Phantasie keine unvereinbaren Gegensätze. Auch gibt es viele Wege nach Athen. Und es ist Kunst nötig, damit das politisch Richtige zum menschlich Exemplarischen werde.

Formalismus – Realismus

Situation: Eine soziale Umwälzung findet statt. Die neue
Klasse im historischen Prozeß bemächtigt sich des Theaters.
Sie eröffnet den Kampf gegen den Formalismus.

Sie findet einmal auf dem Theater eine ihr verdächtige Vorherrschaft bestimmter Formen über den sozialen Inhalt vor,
durch welche die Abbilder der Wirklichkeit, die sie vom Theater verlangt, verzerrt und die sozialen Impulse, die das Theater geben soll, in falsche Richtung gelenkt werden. Das
bedeutet natürlich nicht, daß sie gegen Formung oder Formen-
reichtum ist, nicht einmal, daß sie für ausschließlich aktuale
politische Inhalte auf dem Theater ist, sondern sie ist lediglich *gegen* solche Formen, die die Wirklichkeit verzerren, und
für Impulse, die dem Sozialismus förderlich sind.
In den großen Zeiten des Theaters ist kein Gegensatz zwischen Form und Inhalt vorhanden. Er entsteht gemeinhin in
den Niedergangsepochen. Dann verdecken formale Reize die
Abgestandenheit der Inhalte und die Unkorrektheit der Abbilder der Wirklichkeit.
Daß rohe Tatbestände ungeformt oder künstlich mit Tendenzen versehen, die sich organisch nur aus einer Ordnung der
Tatbestände ergeben würden, dem Publikum vorgeworfen
werden, geschieht in der ersten Phase einer sozial ansteigen-
den Epoche. Es findet da oft eine Vernachlässigung der Form
statt. (Während Lenz' »Hofmeister« und noch Schillers »Räuber« verhältnismäßig ungeformt genannt werden können,
kann Büchners »Woyzeck«, der diesen Werken in der Struktur gleicht, unter keinen Umständen so genannt werden. Noch
kann Goethes »Faust« so genannt werden, dagegen aber sein
»Götz«.)
Der Kampf gegen den Formalismus muß sich also richten sowohl gegen die Vorherrschaft der Form (wie oben ausgeführt)
als auch gegen ihre Liquidierung.

Zeitstücke

1

Hineingeflochten in die neuen Konflikte, welche von der Politik und der Ökonomie ausgelöst werden, gibt es immer noch die älteren Konflikte, ohne deren Berücksichtigung die Darstellung der neuen Konflikte oft blutleer und schematisch wirkt.

2

Das Alte und das Neue trennt die Menschen nicht einfach in zwei Haufen, eben Menschen alten und Menschen neuen Schlags, sondern das Neue ringt mit dem Alten in jedem Menschen selber.

Falsche Darstellungen neuer Stücke

In Zeiten, wo den Theatern die Kraft, der Kunstverstand und der fortschrittliche Geist fehlen, die alten Stücke bei ihrem Publikum zur Wirkung zu bringen, verstehen sie auch nicht, die neuen richtig aufzuführen. Außerstande, den Grundgestus eines Stückes, alt oder neu, zu erfassen, kommen sie zu Aufführungen, deren Form nicht mehr die Form ihres Inhalts ist. Die szenischen Arrangements erzählen nicht mehr die Fabel, die Darstellung ist unrealistisch, die Details sind schlampig ausgeführt, ein unverbindlicher, künstlicher Schwung verhindert das Aufzeigen der Entwicklung einer Figur oder einer Situation, die Aussage des Stückeschreibers bleibt dunkel.

In unserer Zeit, einer Zeit gewaltigster Umwälzungen, werden die Beziehungen der Menschen zueinander einer tiefen Prüfung unterworfen. Das Theater hat die würdige Aufgabe, an der gründlichen Umgestaltung des Zusammenlebens der Menschen mitzuarbeiten. Es bekommt von einem neuen Publikum die Verpflichtung und das Privileg, veraltete Anschauungen darüber zu bekämpfen und frische Einsichten und sozialistische Impulse zu vermitteln. Es hat dies in schöner, unterhaltender Weise zu besorgen und muß für die neue Aufgabe seine Kunstmittel überprüfen und vervollständigen.

Sozialistischer Realismus auf dem Theater

1

Sozialistischer Realismus bedeutet eine wirklichkeitsgetreue Wiedergabe des Zusammenlebens der Menschen vom sozialistischen Standpunkt aus, mit den Mitteln der Kunst. Die Wiedergabe ist von der Art, daß Einsichten in das soziale Getriebe gewährt und sozialistische Impulse erzeugt werden. Ein Großteil des Vergnügens, das jede Kunst zu verschaffen hat, ist beim sozialistischen Realismus das Vergnügen an der Meisterungsmöglichkeit des menschlichen Schicksals durch die Gesellschaft.

2

Das sozialistisch-realistische Kunstwerk deckt die dialektischen Bewegungsgesetze des sozialen Getriebes auf, deren Kenntnis die Meisterung des menschlichen Schicksals erleichtert. Es verschafft Vergnügen an ihrer Entdeckung und Beobachtung.

3

Das sozialistisch-realistische Kunstwerk zeigt Charaktere und Vorgänge als historische und veränderliche und als widersprüchliche. Dies bedeutet einen großen Umschwung; ernste Bemühungen um neue Mittel der Darstellung sind nötig.

4

Das sozialistisch-realistische Kunstwerk geht von den Gesichtspunkten der proletarischen Klasse aus und wendet sich an alle Menschen guten Willens. Es zeigt ihnen das Weltbild und die Absichten der proletarischen Klasse, welche sich anschickt, die Produktivität der Menschen durch eine neue Gestaltung der Gesellschaft ohne Ausbeutung in bisher unerhörter Ausdehnung zu steigern.

5

Die sozialistisch-realistische Wiedergabe alter klassischer Werke geht von der Auffassung aus, daß die Menschheit solche Werke aufgehoben hat, die ihre Fortschritte in der Richtung auf immer kräftigere, zartere und kühnere Humanität künstlerisch gestalteten. Die Wiedergabe betont also die fortschrittlichen Ideen der klassischen Werke.

1954

[Konflikte gestalten]

Eine Schwierigkeit für unsere jüngeren Stückeschreiber bildet ein gewisses Vorurteil, das der Naturalismus gegen heftige, gewaltsame, kriminelle Handlungen erzeugt hat. Vergleichen Sie »Einsame Menschen« mit der »Familie Schroffenstein« oder »Die Weber« mit den »Räubern«. Der naturalistische Stückeschreiber suchte eine möglichst einfache, alltägliche, stille Handlung, und bei Ibsen ist die eigentliche Handlung in die Vergangenheit gelegt, und wir erleben die Auswirkungen in Dialogform. Gorki teilte das Vorurteil nicht. In »Wassa Schelesnowa« begeht die Fabrikantin einen Mord. Das Über-Leichen-Gehen des Kapitalismus schien Gorki durchaus alltäglich. Unsere Stückeschreiber müssen wieder ins Große gehen. Die Konflikte ausschließlich in den Schoß der Familie oder in die Parteizelle eines einzigen Betriebs zu verlegen, heißt nur, ein spätbürgerliches Schema, das des naturalistischen Stücks, nachahmen. Der Klassenkampf, in dem die Arbeiter und Bauern die neue Gesellschaft aufbauen, ist weder eine reine Familien- noch eine reine Betriebsangelegenheit. Hier wirkt vieles zusammen, hier kämpfen widerspruchsvolle Einheiten gegen widerspruchsvolle Einheiten, und der Kampf ist ein ungeheurer. Viele unserer Stücke wirken zahm und kleinbürgerlich, ohne Feuer, auch ohne das Feuer der Brände übrigens.

Verschiedene Bauarten von Stücken

I

Die meisten unserer jungen Stückeschreiber benutzen eine Bauart, die den Stoff in einige wenige Akte zusammenstellt, im Gegensatz zu der Bauart der Klassiker, die viele Szenen schreiben. Ich war zuerst daran, zu schreiben: »Sie wählen eine Bauart, die…«, aber dann fiel mir ein, daß sie eigentlich nicht wählen. Sie nehmen einfach eine Bauart, die ihnen von ausgezeichneten Schriftstellern der neueren Zeit bekannt ist: Ibsen, Strindberg, Hauptmann, Tolstoi, Tschechow, Gorki, Shaw, O'Casey haben ihre Stoffe meisterhaft in wenigen Akten gegliedert. Diese Bauart gestattete es, die Bedeutung des Milieus für die Fabel zu betonen und »Atmosphäre« zu schaffen. Es entstanden eine Art von gewittrigen Stimmungen und heftigen Entladungen. Die Fabel hatte meist eine lange Vorgeschichte, die sich allmählich entfaltete. Die Personen der Stücke konnten liebevoll gezeichnet werden, es entstanden zum Teil wundervolle Porträts, aus der Nähe gesehen, meist in impressionistischer Technik entworfen, das heißt aus Tupfen (Details) komponiert.

Um lange Akte zu komponieren, muß man natürlich technisch

sehr versiert sein. Unsere jungen Stückeschreiber finden es für gewöhnlich schwierig, die Personen immer so auf und ab gehen zu lassen, daß Szenen zwischen gewünschten Personen stattfinden können, es sind viele »Zufälle« nötig, viele naturalistische Begründungen und häufige Telefongespräche. Gewisse Vorfälle müssen zusammengelegt werden, und das erfordert umständliche »Übergänge«, die Zeit und Aufmerksamkeit kosten. Und vieles, was man gern passieren sähe, muß in Gespräche »verlegt« werden. Andrerseits kann man vieles, was kein besonderes Interesse bietet, nicht weglassen, da sonst Sprünge entstehen, welche die Illusion stören.

Diese Schwierigkeiten handwerklicher Art sprechen natürlich nicht ernstlich gegen diese Bauart, und wenn im folgenden kurz auf eine andere Bauart hingewiesen wird, so bietet auch diese beträchtliche Schwierigkeiten, nur anderer Art.

In primitiven Rezensionen wird sie oft als die Bilderbogentechnik bezeichnet, als erscheine da eben nur ein Bild nach dem andern, ohne daß die Handlung zusammengerafft und die Spannung gesteuert wird. Das ist natürlich eine dumme Verkennung der großen Bauart unserer Klassiker, der Bauart der elisabethanischen Stückeschreiber. Die Handlung (Fabel) dieser Stücke ist reich, aber die einzelnen Situationen und Vorgänge, so bildhaft sie sein mögen, sind keineswegs nur miteinander verknüpft, sondern sie bedingen sich. Jede Szene, lang oder kurz, treibt die Handlung weiter. Es gibt hier Atmosphäre, aber es ist nicht die des Milieus: es gibt auch hier Spannung, aber es ist nicht ein Katz-und-Maus-Spiel mit dem Zuschauer.

2

Um zur großen Handlung zu kommen, sollten wir die Bauart der Klassiker studieren, besonders die Shakespeares. Shakespeare verwendet oft die ganze Substanz eines neueren Stücks in einer einzigen Szene, und nichts Wesentliches bleibt weg. Es ist zum Beispiel ein naturalistischer Blick, der die Partei nur in Form eines Sekretärs oder zweier Sekretäre oder einer kleinen Zelle auftreten sieht. Sie ist eine riesige, sich entwickelnde, das heißt widerspruchsvolle Vereinigung kämpfender Sozialisten. Sie hat als ganzes und in ihren Teilen immer wieder neue Aufgaben, solche von lokaler akuter Art und solche von säkularer Bedeutung. Sie hat die Erfahrungen aus vielen, oft weit zurückliegenden Kämpfen gesammelt, und gewisse Hauptfragen kommen durch Jahrzehnte nicht zur endgültigen Lösung. Es gibt die Geschichte ihrer Feindschaften wie ihrer Niederlagen und Siege. Selbst wenn sie einmal, sofern die Handlung es erfordert, von einem einzigen Mitglied vertreten werden muß, muß in ihm all dies nachzittern und lebendig werden.

Wir können Stückebau studieren an den großen politischen Stücken »Emilia Galotti« und »Wallenstein«, Rhetorik bei Schiller und Goethe, die Massenszene im »Demetrius« und im »Guiskard« und in »Dantons Tod«, und wir müssen immer von neuem Shakespeare studieren (allerdings nicht an Hand unserer Bühnenaufführungen). Bedenken Sie, daß über ein Dutzend Stückeschreiber um 1600 diese Bauart beherrschten, nicht alle von ihnen Genies.

Wir müssen vor allem die unaufhörlichen Experimente unserer Klassiker studieren. Welche Unterschiede zwischen den »Räubern« und dem »Tell«, zwischen dem »Faust« und der »Iphigenie« und dem »Bürgergeneral«, zwischen »Woyzeck« und »Leonce und Lena«!

3

Der Naturalismus gestattete dem Theater die Herstellung außerordentlich feiner Porträts und die minutiöse Schilderung sozialer »Winkel« und begrenzter Detailvorgänge. Als es klar wurde, daß der Einfluß des unmittelbaren Milieus auf das soziale Verhalten der Menschen überschätzt worden war, besonders wenn ihm Naturcharakter verliehen wurde, verlor sich das Interesse am »Interieur«. Der weitere Hintergrund wurde wichtig, und er mußte in seiner Veränderlichkeit und widersprüchlichen Ausstrahlung erscheinen können. Innen- und Außenräume, Zimmer und Straßen wurden Probleme des Bühnenbilds.

Der Expressionismus arbeitete mit Symbolik und Stilbühne. Piscator ließ in Segmenten einer halben Weltkugel spielen und gestaltete durch Einbeziehung der Filmleinwand den Hintergrund zum Mittel vielfältiger Aussage. Neher baute für Brecht (»Trommeln in der Nacht«, »Im Dickicht«, »Leben Eduards des Zweiten von England«) naiv gestaltete Städtepanoramen, die hinter Schirmen, welche Zimmer abgrenzten, emporragten.

4

Der Urwald erscheint denen anders, die ihn nach Schmetterlingen erforschen, als denen, die in ihn flüchten, und anders erscheint er den Pflanzern. Je nachdem, was man mit ihm vorhat, verteilt er Freuden und Schrecken. Alle müssen sie an ihm Veränderungen vornehmen, und wenn sie nur Feuerstellen einhacken, alle müssen sie seine Veränderungen beachten, und wenn es nur die der Tageszeiten sind. Auch verwandeln sich die Flüchtlinge in Forscher und die Forscher in Pflanzer und alles im Kreis herum.

Die Stückeschreiber, die die Welt als eine veränderliche und veränderbare darstellen wollen, müssen sich an ihre Widersprüche halten, denn diese sind es, die die Welt verändern und veränderbar machen.

Ein paar Worte zum Schluß

[Notiz für einen Diskussionsbeitrag auf dem IV. Deutschen Schriftstellerkongreß]

Ihr wißt, daß ich das Berliner Ensemble leite, meines Wissens das einzige große Theater der Welt, das von einem Schriftsteller geleitet wird. Vor ein paar Tagen hatten wir eine große Freude. Wir haben das Stück »Katzgraben« von Erwin Strittmatter aufgeführt, das in dichterischer Weise die Entwicklung eines märkischen Dorfes nach 1945 schildert. Es enthält neue Ideen vieler Art, darunter die einer neuartigen Bewässerung vermittels Grubenwasser. Die Fachleute lehnten diese Idee, als das Stück geschrieben wurde, noch ab, aber die Delegation erzählte uns vor ein paar Tagen, daß sie jetzt durchgeführt wird. Auch die Straße ist gebaut, die das Dorf mit der Welt verbindet und im Stück eine Rolle spielt. Und die Bauern luden das Berliner Ensemble ein, in dem neuerbauten Kulturhaus das Stück jetzt aufzuführen. Ich erzähle das, weil es mir ein beglückendes Beispiel der Zusammenarbeit von Theater und Bevölkerung zu sein scheint. Übrigens wurde das Stück, obwohl mit einem Nationalpreis ausgezeichnet, in keinem der Theater der DDR aufgeführt. Sie liegen zum überwältigenden Teil viel weiter hinter dem Mond als Katzgraben. Und die Theaterkritik paßt größtenteils in ihrer kleinbürgerlichen, selbstgefälligen Beschränktheit gut dazu. Diese Verachtung eines wertvollen Stücks bezeichnet die Kampfposition, in der sich die sozialistische realistische Gestaltungsweise befindet.

Januar 1956

[Aufgaben für das Theater]

Das Theater dieser Jahrzehnte soll die Massen unterhalten, belehren und begeistern. Es soll Kunstwerke bieten, welche die Realität so zeigen, daß der Sozialismus aufgebaut werden kann. Es soll also der Wahrheit, der Menschlichkeit und der Schönheit dienen.

Anmerkungen

Der Messingkauf

S. *499 Der Messingkauf.* Die meisten Dialoge des »Messingkaufs«
wurden 1939/1940 geschrieben, »angestiftet zu dieser Form von
Galileis Dialogen«, wie es in einer Tagebuchnotiz heißt.

Den verschiedenen Fassungen der Dialoge liegen verschiedene Pläne
zugrunde. Keiner davon wurde verwirklicht. Die zahlreichen vorliegenden Dialoge stellen hauptsächlich Bruchstücke dar, die Brecht
zu einem späteren Zeitpunkt zusammenfassen wollte. Aber während der Arbeit änderte sich wiederholt die Konzeption.

Die Veröffentlichung des »Messingkaufs« in der vorliegenden Form
soll im folgenden begründet werden.

Bei der Zusammenstellung der Bruchstücke für diese Ausgabe wurden die Pläne Brechts als Grundlage genommen. Über die Konzeption des »Messingkaufs« schrieb Brecht: »Der Philosoph besteht auf
dem P-Typ (Planetariumtyp) statt K-Typ (Karuselltyp), Theater
nur für Lehrzwecke, einfach nur die Bewegungen der Menschen (auch
der Gemüter der Menschen) zum Studium modelliert, das Funktionieren der gesellschaftlichen Beziehungen gezeigt, damit die Gesellschaft eingreifen kann. Seine Wünsche lösen sich auf im Theater, da
sie vom Theater verwirklicht werden. Aus einer Kritik des Theaters
wird neues Theater. Das Ganze einstudierbar gemacht, mit Experiment und Exerzitium. In der Mitte der V-Effekt.« Das »Vier-
gespräch über eine neue Art, Theater zu spielen«, wie Brecht den
»Messingkauf« später in der *Theaterarbeit* bezeichnete, wurde in
vier Nächte gegliedert. Über den Inhalt der ersten Nacht notierte
Brecht am 17. Oktober 1940:

»Inhalt der *ersten Nacht* des ›Messingkaufs‹«:

1. Die Linie der Versuche, bessere Abbildungen des menschlichen
Zusammenlebens zustande zu bringen, läuft von der englischen Re-
staurationskomödie über *Beaumarchais* zu Lenz. Der Naturalismus
(der Goncourts, Zolas, Tschechows, Tolstois, Ibsens, Strindbergs,
Hauptmanns, Shaws) markiert die Einflußnahme der europäischen
Arbeiterbewegung auf die Bühne. Die Komödie verwandelt sich in
die Tragödie (weil der point of view klassenmäßig nicht geändert
wird?). Immer mehr treten die Hemmnisse von Seiten der aristote-

lischen Dramaturgie hervor: die Abbildungen werden nicht praktikabel.

2. Die Handlung muß ›furcht- und mitleiderregende Vorgänge‹ enthalten (›Poetik‹, IX, 9). Der Zwang, diese oder ähnliche Emotionen zu organisieren, macht das Zustandebringen praktikabler Abbildungen schwierig. Zumindest ist einleuchtend, daß zur Organisation dieser Emotionen praktikable Abbildungen des menschlichen Zusammenlebens nicht *nötig* sind. Die Nachbildungen brauchen nur wahr*scheinlich* zu sein. Aber die ganze Suggestions- und Illusionstechnik macht eine kritische Haltung des Publikums gegenüber den abgebildeten Vorgängen unmöglich. Die großen Stoffe können nur auf die Bühne gebracht werden, wenn gewisse private Konflikte in ihren Mittelpunkt gestellt werden. Sie fesseln den Zuschauer, den zu befreien es gilt.

3. Es bereitet große theoretische Schwierigkeiten, zu erkennen, daß die Nachbildungen der aristotelischen Dramatik (der auf Katharsiswirkungen ausgehenden Dramatik) in ihrer Praktibilität begrenzt sind durch ihre Funktion (gewisse Emotionen zu organisieren) und durch die dazu nötige Technik (der Suggestion) und daß der Zuschauer damit in eine Haltung gebracht wird (die der Einfühlung), in der er eine kritische Stellungnahme zu dem Abgebildeten nicht gut einnehmen kann, das heißt desto weniger einnehmen kann, je besser die Kunst funktioniert.

4. So kommt es zu der Kritik der Einfühlung und zu den Versuchen mit dem V-Effekt.«

Die Aufgliederung des Materials verschob sich während der Arbeit, so daß beispielsweise der Komplex über die V-Effekte, der in diesem Entwurf am Ende der ersten Nacht steht, in einer anderen Fassung der dritten, dann aber wieder der zweiten Nacht zugeordnet ist. Brecht hat größtenteils auf den einzelnen Blättern vermerkt, in welche Nacht er sie eingliedern wollte. Aber sowohl die Dispositionen als auch die geschriebenen Dialoge differieren außerordentlich. So sehen die Pläne Komplexe vor, die nicht ausgearbeitet sind, andererseits finden sich Dialoge, die keinem der vorhandenen Komplexe untergliedert werden konnten. Außerdem liegt ein Teil der in den Dispositionen erwähnten Kapitel in Essayform vor, und es ist unentschieden, ob Brecht eine Auflösung in den Dialog beabsichtigte oder ob sich die ursprüngliche Idee des »Messingkaufs« nicht immer weiter von dem ersten Plan entfernte. In dem letzten Fall wäre der Begriff des »Messingkaufs« zu einer Metapher für Beiträge über eine neue Art des Theaterspielens geworden. Dafür spricht die Tatsache, daß Brecht später die Bruchstücke niemals nach einem einheitlichen Plan geordnet hat.

Die Zusammenstellung versucht eine Gliederung nach den ersten Entwürfen. Die außerordentliche Materialfülle, innerhalb der theoretischen Schriften ungewöhnlich durch die Form der Gestaltung, schien eine editorische Rekonstruktion zu rechtfertigen. Dazu war allerdings notwendig, daß eine Reihe von Beiträgen, die in den Dispositionen Brechts zum »Messingkauf« mehrfach erwähnt, dann aber nicht in die Dialoge aufgenommen wurden, den betreffenden Nächten zugeordnet werden mußten. Die vorliegende vom Herausgeber zusammengestellte und ausgewählte Lesefassung weicht dann von den Plänen ab, wenn sie von Brecht nicht ausgeführt wurden. So war ursprünglich vorgesehen, in der vierten Nacht quasi eine »Auflösung« der aufgeworfenen Probleme zu geben. Brecht schrieb: »In der ästhetischen Sphäre, die übrigens keineswegs als ›über‹ der doktrinären gelegen anzusehen ist, wird die Frage des Lehrhaften eine absolut ästhetische Frage, die sozusagen autark gelöst wird. Das Utilitaristische verschwindet hier in eigentümlicher Weise: Es taucht nicht anders auf als etwa in der Aussage, Nützliches sei schön. Die praktikablen Abbildungen der Realität entsprechen lediglich dem Schönheitsgefühl unserer Epoche. Die ›Träume‹ der Dichter sind lediglich an einen neuen, der Praxis anders als früher verbundenen Zuschauer adressiert, und sie selber sind Menschen dieser Epoche. Dies ist die dialektische Wendung in der *vierten Nacht* des ›Messingkaufs‹. Dort geht der Plan des Philosophen, die Kunst für Lehrzwecke zu verwerten, auf in dem Plan der Künstler, ihr Wissen, ihre Erfahrung und ihre Fragen gesellschaftlicher Art in der Kunst zu plazieren.«

Die Erwähnung des »Stückeschreibers« in der dritten Nacht sowie die später geschriebene »Rede des Stückeschreibers über das Theater des Bühnenbauers Caspar Neher«, auch das »Lied des Stückeschreibers« lassen vermuten, daß unter »die Künstler« auch der Dramatiker eingeführt werden sollte. Mit Hilfe des vorliegenden Materials war eine »Auflösung« im Sinne der Notiz nicht möglich.

Eine weitere Schwierigkeit bestand darin, die Bruchstücke des »Messingkaufs« aneinanderzufügen. Die Zusammenstellung wollte auf jeden Fall die »Nahtstellen« sichtbar machen, denn die Buchausgabe hat nicht die Aufgabe, eine Bearbeitung zu liefern, sondern lediglich das Material in einer lesbaren Anordnung vorzulegen. Die Leerzeilen zwischen den Bruchstücken bezeichnen die »Nähte«. Die in Klammern gesetzten Titel stammen nicht von Brecht. Sie weisen auf Komplexe hin, die von Brecht meist für die entsprechende Nacht vorgesehen waren, aber in den Dispositionen fehlen. Alle anderen Titel sind diesen Gliederungen entnommen. Die zum »Messingkauf« gehörigen »Übungsstücke für Schauspieler« sind in dieser Ausgabe den »Stücken«, die »Gedichte aus dem Messingkauf« den »Gedichten« zugeordnet.

Die erste Nacht

Für diesen Komplex gibt es die meisten Notizen und Dispositionen. In dem an den Anfang gestellten Dialog (S. 501) hat Brecht einen der Pläne durchgeführt. Er kann als der einzige Dialog gelten, der die »Fassung« einer Nacht darstellt, wenn dabei auch am Anfang die vorgesehene »Begrüßung des Philosophen im Theater« und am Ende die »Begrüßung des Philosophen auf dem Theater« nicht eingearbeitet sind.

S. 514 Der Naturalismus. Der Text »Der Naturalismus konnte sich . . .« (S. 518) ist von Brecht »Naturalismus – Realismus« überschrieben.

S. 520 Die Einfühlung. Bei dem Text: »Als die Stückeschreiber lange, ruhige Akte . . .« (S. 522) fehlt im Original die Personenangabe. Da im ganzen »Messingkauf« der Dramaturg als Kenner der Theatergeschichte und -formen auftritt, wurde ihm die Passage zugeordnet.

S. 524 Über die Unwissenheit. Unter der Überschrift »Aus der Rede des Philosophen über die Unwissenheit der vielen vor Theaterleuten« sind außer dem ersten Abschnitt, der diesen Titel trägt (statt »des Philosophen« steht im Original »des Gastes«), weitere Bruchstücke des gleichen Themas vom Herausgeber angefügt. Die Texte: »Daß die Menschen so wenig . . .«, »Da der Mensch heute . . .« und »Die Alten haben das Ziel der Tragödie . . .« (S. 525) sind von Brecht überschrieben mit »Aus der Rede des Philosophen über die Unwissenheit«.

Die zweite Nacht

S. 539 *K-Typus und P-Typus.* Diese Ausführungen, deren Titel in allen Dispositionen zum »Messingkauf« angeführt ist und die nach der erwähnten Konzeption einen wesentlichen Gesichtspunkt im Ablauf des Gespräches darstellen, wurden in einer Mappe unter philosophischen Schriften Brechts vorgefunden. Sie sind dort nicht ausdrücklich als Beitrag zum »Messingkauf« gekennzeichnet. Die einzelnen Texte wurden vom Herausgeber in dieser Form zusammengestellt. Die Überschrift »K-Typus und P-Typus in der Dramatik« steht bei Brecht nur über dem Text 1 (S. 540).

S. 546 *Die Straßenszene.* Der Essay wurde im Juni 1938 geschrieben. Er wird in den beiden Entwürfen zur dritten Nacht erwähnt. Möglicherweise sollte das Beispiel der Straßenszene vom Philosophen dargeboten werden, aber da es den Rahmen der ursprünglichen Dialoge sprengte, ordnete Brecht den Essay später nicht zum 26. Versuch (»Der Messingkauf«), sondern zum 9. Versuch (»Über eine nichtaristotelische Dramatik«). Der Grund für die Rückführung der »Straßenszene« in dieser Zusammenstellung des »Messingkaufs« ist in einer Notiz Brechts zu suchen: »Für den ›Messingkauf‹ wäre auszuarbeiten das Thema *angewandtes Theater,* das heißt, es müßten einige Grundbeispiele des Einander-Vormachens im täglichen Leben beschrieben werden sowie einige Elemente theatralischer Aufführungen im privaten und öffentlichen Leben«. – *Die Straßenszene* erschien zuerst 1950 im 10. Heft der *Versuche.* Die hier abgedruckte Fassung berücksichtigt Brechts erste Niederschrift des Aufsatzes.

S. 558 *Über die Theatralik des Faschismus.* Dieser Beitrag erscheint in einem Plan der zweiten Nacht. Auf dem Manuskript des Dialogs befindet sich kein Verweis auf seine Zugehörigkeit zum »Messingkauf«. Da er eindeutig auf »Die Straßenszene« Bezug nimmt, wurde er danach angeordnet, das heißt, *Die Straßenszene* wurde aus der dritten Nacht in die zweite vorgezogen. Wenn man an Brechts Absicht denkt, im »Messingkauf« einige Beispiele für »angewandtes Theater« einzufügen, kann man annehmen, daß dieser Dialog beim Beginn der Arbeiten bereits vorlag und in Zusammenhang steht mit den »Gesprächen mit dem ungläubigen Thomas« sowie dem »Dreigespräch über das Tragische« zwischen Thomas, Karl und Lukas (siehe S. 309).

S. 568 Rede des Schauspielers über die Darstellung eines kleinen Nazis. Von Brecht keiner bestimmten Nacht zugeordnet.

S. 570 Die Wissenschaft. Der Text »Leute, die weder etwas von der Wissenschaft verstehen . . .« war für die vierte Nacht vorgesehen. Wegen seiner thematischen Zugehörigkeit zu diesem Komplex wurde die Passage vorgezogen und dem Philosophen in den Mund gelegt. — Der Dialog »Du räumst dem Verstand . . .« (S. 577) ist im Original keiner bestimmten Nacht zugeordnet.

S. 578 Abbau der Illusion und der Einfühlung. Der erste Dialog war für die dritte Nacht vorgesehen. — Die Ausführungen des Philosophen (S. 581): »Um was für ein Denken handelt es sich nun?« sind von Brecht mit der Überschrift »Das Denken« versehen. — Der Text »Sicher doch, du willst nicht sagen . . .« (S. 582) ist keiner bestimmten Nacht zugeordnet.

S. 585 Das Theater des Shakespeare. Die Beiträge sind von Brecht meist für die zweite, ein Teil auch für die vierte Nacht vorgesehen. Der Dialog »Und die Tragik beim Shakespeare?« (S. 587) trägt im Original die Überschrift »Tragik bei Shakespeare«.

S. 594 Das Theater des Piscator. Der erste Text trägt die Überschrift »Aus der Beschreibung des Piscatortheaters in der zweiten Nacht«, der zweite (S. 595) die Überschrift »Das Theater des Piscator«.

Die dritte Nacht

S. 598 Das Theater des Stückeschreibers. Die Beschreibungen und Dialoge sind der dritten Nacht, einige der vierten Nacht zugeordnet. Der Text »Der Piscator machte . . .« (S. 598) ist im Original überschrieben »Verhältnis des Stückeschreibers zum Piscator« und ist dort keiner bestimmten Nacht untergliedert. — Der Beitrag »Er war ein junger Mann . . .« (S. 599) trägt die Überschrift »Der Augsburger«. Gemäß einer später von Brecht eingetragenen handschriftlichen Notiz soll statt der Bezeichnung »Augsburger«, die im »Messingkauf« fast ausschließlich verwendet wurde, immer »Der Stückeschreiber« gesetzt werden. — Der Text »Das Theater des Stückeschreibers« (S. 600) ist mit den gleichen Worten des Anfangs überschrieben.

S. 607 Abstieg der Weigel in den Ruhm. Der Text gehört nach der Angabe auf dem Manuskript in die dritte Nacht (nach einem Plan aber zur vierten). — Der Text »Hier gab sie jene Prästation . . .«

(S. 609) ist überschrieben »Aus: Abstieg der Weigel in den Ruhm«.
– Der erste Text wurde zuerst 1959 veröffentlicht in dem Fotobuch
Die Schauspielerin Helene Weigel, Henschelverlag Berlin.

S. 610 Der V-Effekt. Der Text »So wie die Einfühlung . . .« sollte
in die zweite Nacht aufgenommen werden, die Texte »Der Haupt-
grund dafür . . .« (beide Texte S. 610), »Verwendet nicht auch der
Surrealismus . . .« (S. 612), »Aber zu den größten Leistungen der
Künste . . .« (S. 616) sind keiner Nacht zugeordnet. Alle anderen
Texte sind von Brecht für die dritte Nacht vorgesehen.

S. 619 Verfremdungseffekte in der chinesischen Schauspielkunst. In
den Dispositionen sollte dieser Aufsatz innerhalb der vierten Nacht
erscheinen. Da über den V-Effekt bereits in der dritten Nacht gesprochen wird, schien eine Umstellung ratsam. Der Aufsatz ist 1937
geschrieben. Er wurde zuerst in der einbändigen Ausgabe der
»Schriften zum Theater« 1957 veröffentlicht. Der hier wiedergegebene Text berücksichtigt die von Brecht vorgesehenen Auszeich-
nungen. – Unmittelbar nachdem Brecht im Mai 1935 den chinesischen Schauspieler Mei Lan-fang in Moskau gesehen hatte, entstand
eine kürzere frühe Fassung des Aufsatzes mit dem Titel »Bemerkungen über die chinesische Schauspielkunst«. Dieser Text soll im
Winter 1936 in englischer Sprache von der Zeitschrift »Life and
Letters«, London, veröffentlicht worden sein.

Die vierte Nacht

*S. 632 Rede des Stückeschreibers über das Theater des Bühnen-
bauers Caspar Neher.* Die Rede ist in den frühen Dispositionen
nicht vorgesehen, ebenfalls nicht die *Rede des Dramaturgen über
Rollenbesetzung* (S. 635). – Beide Texte wurden zuerst 1952 in der
Theaterarbeit veröffentlicht.

S. 637 Die fröhliche Kritik. Der Dialog »Also der erhobene Zeigefinger!« (S. 638) war vorgesehen für die zweite Nacht, die Texte
»Die Gegner des Proletariats . . .« (S. 642) und »Wieviel wir immer
aufgeben wollen . . .« (S. 643), der letzte im Original überschrieben
»Über die Leichtigkeit«, sind keiner bestimmten Nacht zugeordnet.

S. 644 Definition der Kunst. Mit diesem Titel hat Brecht den ersten
Dialog überschrieben. Darunter wurden vom Herausgeber auch
die weiteren Texte angeordnet. Der Dialog »Diese ganze Idee von
den praktikablen Definitionen . . .« (S. 647) ist keiner Nacht zugeordnet.

S. 649 Das Auditorium der Staatsmänner. Mit diesem Komplex sollte nach den Plänen der »Messingkauf« schließen. Der erste Text, überschrieben »Das *Theater*«, ist keiner Nacht untergliedert.
S. 651 Nachträge zur Theorie des »Messingkaufs«. Die Nachträge schrieb Brecht am 2. und 3. August 1940.

Kleines Organon für das Theater

S. 661 Kleines Organon für das Theater. Geschrieben 1948: »Es wird ein Theater des wissenschaftlichen Zeitalters beschrieben.« Brecht notierte nach der Fertigstellung im August 1948 über das »Kleine Organon«: »Es ist eine Zusammenfassung des ›Messingkaufs‹. Hauptthese: daß ein bestimmtes Lernen das wichtigste Vergnügen unseres Zeitalters ist, so daß es in unserm Theater eine große Stellung einnehmen muß. Auf diese Weise konnte ich das Theater als ein ästhetisches Unternehmen behandeln, was es mir leichter macht, die diversen Neuerungen zu beschreiben. Von der kritischen Haltung gegenüber der gesellschaftlichen Welt ist so der Makel des Unsinnlichen, Negativen, Unkünstlerischen genommen, den die herrschende Ästhetik ihm aufgedrückt hat.« – Das »Kleine Organon für das Theater« wurde zuerst 1949 in *Sinn und Form,* 1. Sonderheft Bertolt Brecht, veröffentlicht.
S. 701 Nachträge zum »Kleinen Organon«. Die Nachträge schrieb Brecht 1954 unter dem Eindruck der Theaterpraxis mit dem Berliner Ensemble zur Ergänzung des »Kleinen Organons«. Ein Teil der Texte wurde 1960 in den *suhrkamp texten 4* veröffentlicht. – Die vorliegende Reihenfolge der Nachträge wurde für die *Schriften zum Theater* vom Herausgeber festgelegt. Einige Nachträge hat Brecht bestimmten Paragraphen des »Kleinen Organons« zugeordnet. Der Text »Es handelt sich nicht nur darum . . .« (S. 701) ist als Ergänzung zum § 3 des »Kleinen Organons« geschrieben. Weitere Zuordnungen Brechts: »Wenn jetzt der Begriff . . .« (S. 701) und »Auch der Begriff . . .« (S. 701) zum § 4, »Der Genuß an allen Stücken . . .« (S. 702) zum § 12, »In den Zeiten der Umwälzung . . .« (S. 702) zum § 19, »Das Theater des wissenschaftlichen Zeitalters . . .« (S. 702) zum § 45, »Es ist für unsere Generation nützlich . . .« (S. 702) und »Der Widerspruch zwischen . . .« (S. 703) zum § 53, »Und doch wendet sich die Kunst an alle . . .«

(S. 703) zum § 55. – Die übrigen Texte hat Brecht in ihrer Zuordnung nicht bezeichnet.

Neue Technik der Schauspielkunst 2

S. 709 Neue Technik der Schauspielkunst 2. Der erste Teil dieses Kapitels mit Texten, die im Exil geschrieben wurden, befindet sich auf den Seiten 337–388.

S. 710 Es gilt zwei Künste zu entwickeln ... Brecht schrieb die Sentenz für einen Werbedruck, der die *Theaterarbeit* ankündigte.

S. 711 Über die Benutzung von Modellen. Als die Theaterkunst nach Beendigung des Krieges in Deutschland darniederlag, gab Brecht eine Zeitlang nur solchen Bühnen die Genehmigung zur Aufführung seiner Stücke, die sich bereit erklärten, die vorliegenden Aufführungsmodelle zu benutzen.

S. 712 Hemmt die Benutzung des Modells die künstlerische Bewegungsfreiheit? Der Text enthält Antworten Brechts auf Fragen des damaligen Wuppertaler Intendanten Erich Alexander Winds, die er anläßlich der Aufführung des Stücks (Premiere: 1. Oktober 1949) in seinem Theater stellte. Das Gespräch wurde zuerst unter dem Titel »Gespräche mit E. A. Winds über Modellaufführungen« am 22. September 1949 in der »Westdeutschen Rundschau«, Wuppertal, veröffentlicht. Für den Abdruck des Dialogs in der *Theaterarbeit* änderte Brecht den Titel.

S. 719. Wie Erich Engel das Modell benutzt. Der Text sollte ursprünglich den Titel »Kopie eines Meisters« erhalten. Für die »Theaterarbeit« wurde die Überschrift neu formuliert.

S. 721 Theater im Geist des Fortschritts. Der Komplex entspricht dem Teilkapitel »Theaterarbeit am Berliner Ensemble« in Band 6 der siebenbändigen Ausgabe der *Schriften zum Theater*. Die Texte wurden teilweise neu geordnet und ergänzt.

S. 721 Einige Bemerkungen über mein Fach. Die Rede wurde 1952 in *Theaterarbeit* gekürzt abgedruckt. Hier erscheint zum erstenmal die vollständige Fassung.

S. 723 Notwendigkeit und Vorbedingung eines realistischen und sozialistischen Theaters. Zuerst in der *Theaterarbeit* veröffentlicht.

S. 724 Eigenarten des Berliner Ensembles. Zum Vergleich werden beide Entwürfe des Briefes wiedergegeben, den Brecht 1955 an das Zentralkomitee der SED schrieb.

S. 727 Zum 1. Mai 1953. Der Vorschlag über die Formierung von Brigaden entstand während der Probenarbeit an der Komödie »Katzgraben« von Erwin Strittmatter.

S. 729 Diskussion meiner Arbeiten am Theater. Fritz Erpenbeck hatte in zahlreichen Aufsätzen Bedenken gegen Brechts Theaterarbeit geäußert. Der Text Brechts ist wahrscheinlich auf Erpenbecks Diskussionsbeitrag »Episches Theater oder Dramatik?«, in *Theater der Zeit,* Berlin, Heft 11, 1954, geschrieben worden.

S. 729 Aus einem Brief an einen Schauspieler. Von Brecht für die *Theaterarbeit* geschrieben.

S. 733 Leidenschaftlichkeit neuer Art. Der Text wurde ergänzt.

S. 736 Über Theater und Publikum. Der Text ist der *Theaterarbeit* entnommen und erscheint in den *Schriften zum Theater* zum erstenmal.

S. 737 Schauspielerausbildung. Die Texte »Schulung des Schauspielernachwuchses« (S. 740), »Allgemeine Tendenzen, welche der Schauspieler bekämpfen solle«, »Will man Schweres bewältigen, muß man es sich leicht machen« (beide S. 746), »Kontrolle des ›Bühnentemperaments‹ und Reinigung der Bühnensprache« (S. 747), »Abnehmen des Tons« (S. 748) schrieb Brecht für die *Theaterarbeit.* Von dem bisher als fragmentarisch angesehenen Text »Über den Schauspielerberuf« (S. 742) wurde das fehlende Blatt in einer anderen Sammelmappe aufgefunden. Der Text wird nunmehr erstmals vollständig gedruckt.

S. 755 Inszenierung. Der Aufsatz »Die Spielleitung Brechts« (S. 759) wurde in dieser Fassung von Brecht geschrieben. Durch Kontrolle der Originale konnte ermittelt werden, daß zwei der in der früheren Ausgabe unter dem Titel »Erfahrungen« veröffentlichte Texte zu dem obengenannten Beitrag gehören. Der Aufsatz wurde später von Käthe Rülicke für die *Theaterarbeit* redigiert. – Die Gedanken der Arbeiten »Helle gleichmäßige Beleuchtung« (S. 756) und »Warum die halbhohe, leicht flatternde Gardine?« (S. 757) gestaltete Brecht danach für die *Theaterarbeit* nochmals in den Gedichten »Die Vorhänge« und »Die Beleuchtung« und ordnete sie dem »Messingkauf« zu (s. »Gedichte«). Die Darstellung über den »Volksschauspieler Ernst Busch« (S. 764) erschien 1952 in *Theaterarbeit.*

Die Ausführungen über die Arbeit des Kostümbildners Kurt Palm
(S. 768) erschienen 1952 in dem Band »Nationalpreisträger 1952«
in Berlin. Der Text über Hanns Eisler (S. 771) wurde 1955 als
Vorwort des 1. Bandes der »Lieder und Kantaten« von Hanns
Eisler gedruckt.

»Katzgraben«-Notate

S. 773 »Katzgraben«-Notate. Während der Inszenierung der Komödie »Katzgraben« von Erwin Strittmatter (24. Februar bis
12. Mai 1953) und danach schrieb Brecht zahlreiche Probennotate,
von denen hier die wichtigsten ausgewählt und zusammengestellt
wurden. Eine vollständigere Sammlung wurde in den Schriften zum
Theater, Band 7, veröffentlicht. Brecht machte bei seiner ersten
Inszenierung eines Stücks, das auf dichterische Weise die Veränderung der Verhältnisse in der DDR darstellt, den Versuch, die Bewältigung der neuen Probleme auf dem Theater zu beschreiben. –
Die Komödie »Katzgraben« mit der Musik von Hanns Eisler wurde
von Bertolt Brecht inszeniert, Ausstattung: Karl von Appen. Es
spielten in der Premiere (23. Mai 1953): Friedrich Gnass (Kleinschmidt), Angelika Hurwicz (Frau Kleinschmidt), Gerhard Bienert
(Mittelländer), Bella Waldritter (Frau Mittelländer), Erwin Geschonneck (Großmann), Helene Weigel (Frau Großmann), Willi
Kleinoschegg (Steinert), Regine Lutz (Elli Steinert), Sabine Thal-
bach (Erna), Horst Günter Fiegler (Günter), Ekkehard Schall (Hermann), Wolf Kaiser (Mammler), Erich Franz (Weidling), Mathilde
Danegger (Frau Weidling) u. a. Von dieser Inszenierung wurde
1957 unter der Regie von Manfred Wekwerth eine Filmdokumen-
tation hergestellt. – Anregung für diejenigen Notate, die Brecht in
Dialogform geschrieben hat, gaben Gespräche mit seinen Mitarbei-
tern. Brechts Abkürzungen bedeuten: A. = Karl von Appen, B. =
Bertolt Brecht, BE. = Ruth Berlau, G. = Erwin Geschonneck,
GN. = Friedrich Gnass, H. = Angelika Hurwicz, K. = Willi
Kleinoschegg, P. = Peter Palitzsch, PA. = Kurt Palm, R. = Käthe
Rülicke, ST. =Erwin Strittmatter, W. = Manfred Wekwerth,
HW. = Helene Weigel. – Eine kleine Auswahl der »Katzgraben«-
Notate wurde in einer Zusammenstellung von Wolfgang Pintzka
in Nr. 1, 1958 der Monatsschrift Junge Kunst, Berlin, veröffentlicht.

S. 775 Erwin Strittmatters »Katzgraben«. Der Aufsatz erschien in Heft 3/4, 1953 von *Sinn und Form.*

Stanislawski-Studien

S. 841 Stanislawski-Studien. Brecht schrieb den Text »Was unter anderem vom Theater Stanislawskis gelernt werden kann« (S. 859) 1951 für die *Theaterarbeit.* Alle anderen Studien stammen aus dem Jahr 1953. Der größte Teil entstand vor und nach der Stanislawski-Konferenz, die vom 17. bis 19. April 1953 auf Einladung der Staatlichen Kommission für Kunstangelegenheiten in der Deutschen Akademie der Künste zu Berlin durchgeführt wurde. Das Thema der Konferenz lautete: Wie können wir uns die Methode Stanislawskis aneignen? – Weitere Studien schrieb Brecht im Sommer 1953 bei der Lektüre einer deutschen Rohübersetzung von N. Gortschakows Buch »Regie, Unterricht bei Stanislawski«, das 1951 in Moskau herausgekommen war.

S. 845 Sprechen von Versen und *»Mache« und Einfühlung für die Probe* (S. 846). Die Texte beziehen sich auf die in Gortschakows Buch »Regie« beschriebene Inszenierung von Nikolai Ostrowskis »Verstand schafft Leiden«.

S. 846 Die Wahrheit. Geschrieben als »Katzgraben«-Notat, wegen der thematischen Zugehörigkeit aber in den Komplex der »Stanislawski«-Studien gestellt. Die beiden Abschnitte wurden für diese Ausgabe zusammengestellt.

S. 849 Viele Proben und *Einfühlung* (S. 852). Die Texte gehören zu den »Katzgraben«-Notaten.

S. 855 Einige Gedanken zur Stanislawski-Konferenz. Die Konferenz begann mit einem gemeinsamen Besuch der »Egmont«-Aufführung des Deutschen Theaters, über die der Regisseur, Intendant Wolfgang Langhoff, referierte.

S. 860 Stanislawski-Konferenz und *Das »Kleine Organon« und Stanislawskis System* (S. 862). Beide Texte gehören zu den »Katzgraben«-Notaten.

Die Dialektik auf dem Theater

S. 867 Kapitel *Die Dialektik auf dem Theater*. Das Kapitel wurde nach dem Titel einer Mappe benannt, in der Brecht den größten Teil der hier abgedruckten Aufsätze und Notizen gesammelt hat. Ein Teil der Aufsätze war von ihm bereits für eine Publikation ausgewählt und zusammengestellt worden. Diese Auswahl wurde in der von Brecht vorgesehenen Reihenfolge an den Anfang des Kapitels gestellt. Die übrigen Texte sind vom Herausgeber zusammengestellt. Einige Arbeiten, die in Band 7 der *Schriften zum Theater* in diesem Kapitel zu finden waren, sind, ihrer Thematik entsprechend, jetzt den *Schriften zur Literatur und Kunst* zugeordnet (Kapitel »Die Künste in der Umwälzung«).

S. 869 Die Dialektik auf dem Theater. Der Dialog »Studium des ersten Auftritts in Shakespeares ›Coriolan‹« entstand 1953, als sich Brecht und seine Mitarbeiter, angeregt durch Lenins »Zur Frage der Dialektik« und Mao Tse-tungs »Über den Widerspruch«, mit der Dialektik auf dem Theater beschäftigten. Bei der Durchsicht der vorliegenden Fassungen des Dialogs fand sich eine Version, in der Brecht weitere Korrekturen gemacht hat. Der Text ist in dieser Ausgabe so gedruckt, daß die fünf Abschnitte, in die Brecht das Gespräch unterteilt hat, sichtbar werden. – »Relative Eile« (S. 888): Die Regie von Ostrowskis »Ziehtochter« am Berliner Ensemble (Premiere: 12. Dezember 1955) führte Angelika Hurwicz. – »Anderer Fall angewandter Dialektik« (S. 890): »Die Gewehre der Frau Carrar« wurde unter der künstlerischen Leitung Brechts von Egon Monk inszeniert (Premiere: 16. November 1952). – »Brief an den Darsteller des jungen Hörder in der ›Winterschlacht‹« (S. 891): »Winterschlacht« von Johannes R. Becher (Premiere: 12. Januar 1955) inszenierten Bertolt Brecht und Manfred Wekwerth; Ekkehard Schall spielte den jungen Hörder. – »Beispiel der szenischen Erfindung durch Wahrnehmen eines Fehlers« (S. 896) und »Etwas über Charakterdarstellung« (S. 898): Bei dem chinesischen Volksstück »Hirse für die Achte« von Lo Ding, Tschang Fan, Tschu Dschin-nan, bearbeitet für das Berliner Ensemble von Elisabeth Hauptmann und Manfred Wekwerth (Premiere: 1. April 1954), führte Manfred Wekwerth Regie; die Rolle des Bürgermeisters wurde von Raimund Schelcher gespielt.

S. 901 Einige Irrtümer über die Spielweise des Berliner Ensembles.
Brecht schrieb das Gespräch nach der Aufführung der Tragödie
»Winterschlacht« von Johannes R. Becher 1955. Der Text wurde
zuerst 1957 in *Sinn und Form*, 2. Sonderheft Bertolt Brecht, veröffentlicht. Die hier wiedergegebene Fassung berücksichtigt Korrekturen Brechts, die in einem der Typoskripte (das bisher als
Vorlage gedient hatte) handschriftlich eingetragen sind.

S. 919 Notizen über die Dialektik auf dem Theater. Die einzelnen
Texte wurden in dieser Auswahl und Anordnung vom Herausgeber
zusammengestellt.

S. 923 Episches Theater und dialektisches Theater. Zusammengestellt nach Angaben Brechts. Das in den Punkten 1–7 ausgeführte
Fragment enthält für zwei weitere Punkte folgende Überschriften:
8) »Fluß der Dinge« und 9) »Der Sprung«.

S. 928 Zeigen ist mehr als sein. Zuerst gedruckt 1957 im Sammel-
band *Schriften zum Theater.*

*S. 929 Kann die heutige Welt durch Theater wiedergegeben wer-
den?* Schriftlicher Diskussionsbeitrag Brechts zum »5. Darmstädter
Gespräch 1955: Über das Theater«. Veröffentlicht in *Sonntag* am
8. Mai 1955 und (als Entwurf) in *Sinn und Form*, H. 2, 1955.

S. 931 Der Platz des Theaters. Der dritte Abschnitt des Komplexes
wurde vom Herausgeber dazugestellt.

S. 937 Verschiedene Bauarten von Stücken. Die Texte wurden in
dieser Weise für die Ausgabe angeordnet. Zur Vorbereitung des
IV. Deutschen Schriftstellerkongresses richtete Brecht 1955 eine Um-
frage an die jungen Dramatiker, um ihre Probleme und Schwierigkeiten kennenzulernen. Die Texte gehören zu den Notizen, die
Brecht für die jungen Dramatiker aufschrieb.

S. 940 Ein paar Worte zum Schluß. Auswahl aus den zahlreichen
Entwürfen und Notizen Brechts für seinen Diskussionsbeitrag auf
dem IV. Deutschen Schriftstellerkongreß vor der Sektion Dramatik,
den er am 12. Januar 1956 frei sprach. Das stenographische Proto-
koll des Diskussionsbeitrages ist in der Broschüre »Beiträge zur
Gegenwartsliteratur«, Nr. 1, Berlin, 1956 gedruckt. Vgl. dazu weitere Notizen und die »Rede auf dem IV. Deutschen Schriftstellerkongreß« in den »Schriften zur Literatur und Kunst«, S. 552 ff.

Inhalt